Annette von Boetticher / Georg Ruppelt

DichterWald – Literarische Streifzüge

Annette von Boetticher
Georg Ruppelt

DichterWald

Literarische Streifzüge

Olms Presse

Bibliografische Information der Deutschen Nationalbibliothek
Die Deutsche Nationalbibliothek verzeichnet diese Publikation in der Deutschen Nationalbibliografie; detaillierte bibliografische Daten sind im Inter-
net über http://dnb.d-nb.de abrufbar.

© Georg Olms Verlag AG, Hildesheim 2023
www.olms.de
Printed in Lithuania
Gedruckt auf säurefreiem und alterungsbeständigem Papier
Satz: Michael Schmitz, Hildesheim
Herstellung: UAB BALTO print
ISBN 978-3-7582-0000-7

Inhalt

Bodetal im Harz.
Aquarell, gemalt von dem Quedlinburger Künstler
Manfred Sturm (1924–2013) um 1990.

Geleitworte

Kennen Sie diesen Moment, wo das Laub über Ihnen zu rauschen beginnt, die Äste unter den Füßen knacken, das Wasser im Bachlauf leise plätschert, der Wind zur Luftdusche wird – und plötzlich der Kopf frei und die Welt eine andere ist? Solche oder ähnliche Gefühle einen uns Menschen, seien wir Spaziergänger, Wanderer, Waldarbeiter oder eben Künstler. Letzteren widmet sich auf inspirierend liebenswerte Weise der „Dichterwald" von Annette von Boetticher und Georg Ruppelt.

Wahrlich eine spannende und auch höchst aktuelle Herausforderung, denn der Wald bietet unzählige Facetten – in der Realität wie in der Literatur. Gerade boomt er, wird zum Zufluchts- und Sehnsuchtsort in einer immer komplexer werdenden Welt. Gleichzeitig aber kränkelt er. Dort, wo einst Wald war, blickt man vielerorts auf ein kahles Stück Land voller abgestorbener Bäume. Es ist das Werk des Borkenkäfers – und ein Anblick, der Angst machen kann. Doch die Natur ist stark, hier und da schimmert bereits Zuversicht durch das nachwachsende frische Grün, dass irgendwann wieder Wald zu sehen sein wird. Ein Mischwald mit Buchen, Bergahorn, Spitzahorn, Weißtanne und Birken, der mit den veränderten klimatischen Bedingungen besser zurechtkommt als ein reiner Fichtenwald und mehr noch selbst Klimaschützer ist.

Auch wir als Zeitung möchten Verantwortung übernehmen und haben gemeinsam mit den Niedersächsischen Landesforsten ein Pflanzgebiet im Harz ausgewählt, das wir durch Spendenaktionen zu einem neuen Wald gedeihen lassen wollen. Dieser „Zeitungswald" ist für uns eine echte Herzensangelegenheit. Ganz ähnlich wie dieser „Dichterwald", der auf literarischen Streifzügen die Welt des Waldes erfühlen und verstehen lässt und uns zeigt, wie Naturphänomene uns Menschen seit jeher beschäftigt, ja berührt und zu Worten und Bildern bewegt haben.

Dr. Kerstin Loehr,
Chefredakteurin FUNKE Medien Niedersachsen

Liebe Leserin, lieber Leser,

Sie halten ein besonderes Buch in Ihren Händen!

Mir als Förster spricht es aus der Seele. Wer einen Lieblingsplatz in einem Wald hat, einen Ort, der mit einem besonderen Ausblick, ganz persönlichen Erlebnissen, Erinnerungen, Geschichten oder Gedanken verbunden ist, einen Ort des Trostes, der Hoffnung, des ersten Kusses, über dem ein Duft von Nadeln oder Blättern weht, der Unerklärliches auslöst – auch Jahre später noch…, dem dürfte es ähnlich gehen. Für Sie ist dieses Buch!

Als Förster wird man häufig als Romantiker verortet – und ganz abwegig ist dies auch nicht. Förster und Dichter haben über die Jahrhunderte eine enge Beziehung gepflegt. Eichendorff, Novalis, Schiller oder Goethe verkörpern diese Seelenverwandtschaft. Aber hat sich daran eigentlich etwas geändert? Nüchternem Alltag muss man doch geradezu gesetzesmäßig entfliehen, in emotionale Rückzugsräume wie in eine anscheinend harmonische Natur zum Beispiel. An Geheimnissen, mythischen Erzählungen, individuellen Freiräumen, an Zukunftsversprechen und Inspiration haben Wälder nichts eingebüßt seit der Romantik – trotz des Klimawandels. Vielleicht sind gerade auch deshalb in den letzten Jahren Waldbücher wie Pilze aus dem Boden geschossen.

Ein solches Buch hat jedoch gefehlt. Annette von Boetticher und Georg Ruppelt ist es zu verdanken, dass diese Lücke nun geschlossen wird. Ich wünsche dem Buch die ihm gebührende Verbreitung und allen Leserinnen und Lesern literarische Höhenflüge und großes Lesevergnügen.

Ihr

Dr. Klaus Merker,
Präsident der Niedersächsischen Landesforsten

Zur Einführung

Viele Wege führen in den Wald

In der von Helmut J. Schneider im Jahr 1981 unter dem Titel „Deutsche Landschaft" zusammengestellten und im Insel Verlag erschienenen Textsammlung heißt es in der Einleitung:

> „Vor noch nicht langer Zeit hätte aus dem Titel ein patriotischer Unterton herausgehört werden können. Heute brauchen wir uns gegen nationale und ähnliche Mißverständnisse nicht abzugrenzen. Die überall sichtbare, auch dem verdrängungsbereitesten Blick sich aufdrängende Zerstörung der Landschaft erzeugt Trauer und Wut. Die Existenz ‚deutscher Landschaften' steht auf dem Spiel, und die Vernichtung kennt keine nationalen Grenzen."

Für den Wald als Teil dieser grenzüberschreitenden geographischen Naturgegebenheit gilt dies in besonderem Maße. Die Erkenntnis, dass unser „modernes Natur- und Landschaftsempfinden" sich zwar im Prozess der Zivilisation entwickelt hat, dass aber genau dadurch heute Mittel der gänzlichen Beseitigung von Natur und somit unserer Lebensgrundlagen zur Verfügung stehen, lässt den Begriff der Zivilisation in einem bedenkenswert ambivalenten Licht erscheinen. Verstärkt durch die aktuelle Klimadebatte steht der Wald in seiner Funktion als besonderer ökonomischer und ökologischer Lebensraum mehr denn je im Fokus wissenschaftlicher Forschung sowie gesellschaftlichen Interesses.

Bei unseren Bemühungen, diesen Lebensraum zu bewahren und mit ihm in nachhaltiger Weise umzugehen, geht es nicht allein um die Frage, wie der Mensch den Wald retten kann, sondern vielmehr auch darum zu erkennen, dass der Wald uns zu retten vermag. Der von Hans Carl von Carlowitz 1713 erstmals

Wegentscheidung.

Der mühevolle Weg.

verwendete Begriff der forstwirtschaftlichen Nachhaltigkeit gilt daher nach wie vor.

Ein besonderer Fokus richtet sich auf die in Europa und vor allem im Bereich Deutschlands vorherrschende Rotbuche, von den Förstern auch gerne „die Mutter des Waldes" genannt. Seit 2011 gehören mittlerweile 94 noch verbliebene Buchenwälder in 18 europäischen Ländern zum UNESCO-Weltnaturerbe, in Deutschland sind dies der Grumsiner Forst in Brandenburg, der Hainich in Thüringen, Jasmund (Rügen) und Serrahn (Teilgebiet des Nationalparks Müritz) in Mecklenburg-Vorpommern sowie der Kellerwald in Hessen.

Der Wald ist ein einmaliges Naturphänomen, das entgegen seiner scheinbaren unerschütterlichen Beständigkeit einem steten Wandel und einer permanenten Entwicklung unterworfen ist. Zugleich handelt es sich um ein sensibles ober- wie unterirdisches Ökosystem, für das die kanadische Forstwissenschaftlerin Suzanne Simard in ihrem kürzlich erschienenen Band „Die Weisheit des Waldes" (2022) feststellt: „Im Wald hängt alles mit allem zusammen."

Wald und Literatur

In der Lyrik wie auch in Prosawerken des 18., 19. und beginnenden 20. Jahrhunderts ist der Wald nahezu omnipräsent, sei es als Ort der Märchen und Mythen, als Symbol für Weltflucht oder als Gegenwelt, als besonderer Schutz- und Sehnsuchtsort, aber auch als Ort dunkler Geheimnisse und Machenschaften. In bestimmten Situationen, beispielsweise in Umbruchszeiten, die zwangsläufig eine Verunsicherung von bestehenden politischen Verhältnissen und sozialen Strukturen mit sich bringen, wird nicht selten auf den Wald als nationales oder auch ideologisches Argument zurückgegriffen.

Der leichte Weg.

Den Wald mit seiner eigenen Welt verstehen zu wollen, mit ihm in Kontakt zu treten, ihn – auch im engsten Sinne des Wortes – zu begreifen, sich seiner als Kraftquelle für Körper, Geist und Seele zu bemächtigen und sinnlich zu erfahren, gleichzeitig aber auch teilhaben zu wollen an seinem unerschöpflich erscheinenden Materialreichtum, ist ein ureigenes Bedürfnis des Menschen, das in zahlreichen literarischen Werken in den verschiedensten Facetten und „Waldperspektiven" zum Ausdruck kommt.

Der mystische Weg.

Zur Einführung

Doch kommen wir noch einmal auf die Buche zurück. Schließlich ist sie auch Namensgeberin dessen, was wir in der Hand halten und lesen können: nämlich des Buches. Im Duden heißt es dazu: „Ein Beispiel für die Verflechtung der Sphären ‚Natur' und ‚Kultur' bieten die Wörter Buche, Buch und Buchstabe" (althochdeutsch: buohha, buoh, buostab bzw. germanisch: bok, staba). Buchenstäbchen wurden von den Germanen als Runen verwendet, aus denen man Vorhersagen ablesen konnte. Die Bezeichnung ging später allgemein über auf Schriftseiten, die zwischen zwei (Buchen-) Holzdeckel zusammengebunden wurden. Die Buche ist also nicht nur die „Mutter des Waldes" und ein „Schicksalsbaum", sondern im übertragenen Sinne auch unsere wichtigste „Kulturträgerin", egal, ob in Form eines gebundenen Buches oder als E-book.

Die Autoren dieses Bandes beschränken sich bei der Zusammenstellung der Texte im Wesentlichen auf die deutschsprachige Literatur des obengenannten Zeitraums, von der nur eine – zugegeben – subjektive Auswahl hier präsentiert werden kann.

Doch eins ist sicher: Es führen viele Wege in den Wald, und bei jedem der literarischen Streifzüge gibt es Bekanntes und Neues, Erstaunliches und Überraschendes zu entdecken.

Der literarische Weg.

Dichterwald

Ein Dichterwald ist durchaus mehr als ein metaphorisches Wortspiel. Räumlich gesehen ist der Wald mit seinem unendlichen Reservoir an geistigen Inspirationsquellen der ideale Ort für die Entfaltung einer freien „Poeterei" – so Georg Neumark bereits in der Mitte des 17. Jahrhunderts, und zwar frei von jeglicher obrigkeitlichen Einflussnahme durch die Fürsten und sozialpolitischer Bevormundung durch eine städtische Kommune.

Im Übrigen avancierte der „Dichterwald" im 19. Jahrhundert zu einem beliebten Buchtitel: Justinus Kerner, Friedrich Baron de la Motte Fouqué und Ludwig Uhland überschrieben ihre 1813 herausgegebene lyrische Anthologie mit „Deutscher Dichterwald". Zufall oder nicht: Auch die Brüder Grimm griffen auf den Wald zurück, indem sie ihre 1813–1817 erschienene, dreibändige Zusammenstellung altdeutscher Prosa und Poesie „Altdeutsche Wälder" nannten. Der Dichterwald wurde wiederum von Georg Scherer für die ab 1853 in erster Auflage erschienene Gedichtsammlung aufgegriffen, ebenso von Theodor Colshorn, Lehrer an der Höheren Töchterschule in Hannover, der seinen für den Schulunterricht für Mädchen herausgegebenen Gedichtband aus dem Jahr 1871 „Des Mägdleins Dichterwald" betitelte. Und auch der von Friedrich Haug 1819 herausgegebene Band „Poetischer Lustwald" wäre hier noch zu nennen. Und mehr noch: Der Dichterwald-Titel wurde sogar in die USA importiert. 1856 erschien in Detroit (Michigan/USA) die Anthologie des dortigen deutschstämmigen Verlegers Conrad Marxhausen „Deutsch-amerikanischer Dichterwald". Auch der deutsch-amerikanische Schriftsteller und Politiker Rudolf Doehn wählte 1881 für seinen Band einen ähnlichen Titel: „Aus dem amerikanischen Dichterwald".

Der zum geflügelten Begriff gewordene Dichterwald lässt durchaus noch weitere Assoziationen zu: Dichterinnen und Dichter

„Willst du wirklich gute Verse reimen,
geh' hinaus zu luft'gen Waldesräumen."
(H. Kämpchen).

des 19. Jahrhunderts begriffen sich und ihre Werke im übertragenen Sinne als Teile eines geistig-schöpferischen Waldes und damit eines virtuellen Bereichs, in dem sie eine Synthese von Lyrik und Natur schufen, sozusagen eine Art „Dichter-Wald-Community". Hier konnte man unter sich bleiben, auch wenn man von den berühmt-berüchtigten „Unkenrufen" und dem „Gequacke" aus den eigenen Reihen nicht immer verschont blieb, wie es Gottlob Kemmler in Reime fasste. Fakt ist jedoch, dass in diesem speziellen Wald für eine ausreichende Artenvielfalt gesorgt war, zumindest was die einzelnen Persönlichkeiten, Charaktere, Weltanschauungen, Ausdrucksformen und Einzelthemen angeht.

Kurzbiographien und Texte

Georg Neumark

geboren 1621 in Langensalza, studierte Jura in Königsberg, arbeitete als Hauslehrer und widmete sich der Musik und Komposition von Kirchenliedern, von denen „Wer nur den lieben Gott lässt walten" (1641) das wohl bekannteste ist. Herzog Wilhelm IV. von Sachsen-Weimar ernannte ihn zum Bibliothekar in Weimar und vermittelte die Mitgliedschaft in der „Fruchtbringenden Gesellschaft" (auch: Palmorden), der damals bedeutendsten deutschen Sprachgesellschaft. Enge Verbindungen unterhielt Neumark auch zur Nürnberger Dichtergesellschaft und zu Sigmund von Birken, dem Hauslehrer Herzog Anton Ulrichs zu Braunschweig-Wolfenbüttel. Neumark starb 1681 in Weimar.

Loblied des Feld- und Waldlebens

Aus meiner Schäferei Filamon

Wohl dem, der in den Wäldern lebet,
In unsrer edlen Schäferlust,
Derselbe stets in Freuden schwebet,
Kein Jammer ist ihm je bewußt.
Unsterblich ist und bleibet frei
Die Schäfer- und Poeterei.

Was sind doch anders Fürstensachen
Als lauter Ungemach und Streit.
Allhier ist nichts, das uns kann machen
Betrübet: Trotz sei allem Neid.
Unsterblich ist und bleibet frei
Die Schäfer- und Poeterei.

Die Stadt ist reich an hohen Dingen,
Doch voll von Falschheit und von List,
Wir aber mögen fröhlich singen,
Bis Cynthia aufgegangen ist.
Unsterblich ist und bleibet frei
Die Schäfer- und Poeterei.

In unsern Wäldern Phoebus glänzet,
In unsern Wäldern Pallas lacht,
Manch edler Schäfer wird bekränzet
Durch der Poeten starke Macht.
Unsterblich ist und bleibet frei
Die Schäfer- und Poeterei.

Bei uns die hohen Bäume prangen,
Bei uns ist Floren Blumenkraft,
Bei uns die schönen Äpfel hangen,
Bei uns ist süßer Bienensaft.
Unsterblich ist und bleibet frei
Die Schäfer- und Poeterei.

Drüm wohl dem, der in Wäldern lebet,
In unsrer edlen Schäferlust,
Derselbe stets in Freuden schwebet,
Kein Jammer ist ihm je bewußt.
Unsterblich ist und bleibet frei
Die Schäfer- und Poeterei.

Georg Scherer

geboren 1824 in Dennenlohe bei Ansbach war Professor und Bibliothekar an der Königlichen Kunstschule in Stuttgart. Er war weiterhin als freier Schriftsteller und Dichter sowie als Sammler und Herausgeber von Volksliedern, Gedichtbänden und illustrierten Kinderbüchern tätig. Scherer starb 1909 in Eglfing in Oberbayern.

Deutscher Dichterwald
(aus dem Vorwort zur 6. Auflage)

Die Verlagshandlung hat mich vor geraumer Zeit beauftragt, dem Borel'schen „Album lyrique de la France moderne" und dem Freiligrath'schen „The Rose, Thistle and Shamrock" eine ähnliche deutsche Anthologie beizufügen. Die 1. Auflage des „Dichterwaldes" erschien im Jahr 1853. Seitdem ist eine solche Unzahl von Blumenlesen aller Farben und Formen auf den Markt gekommen, daß wir, der Verleger und Herausgeber, lange Zeit Bedenken trugen, unser seit Jahren vergriffenes Buch neu drucken zu lassen. Eine genauere Durchsicht der erwähnten Concurrenz-Artikel hat uns indessen die beruhigende Ueberzeugung

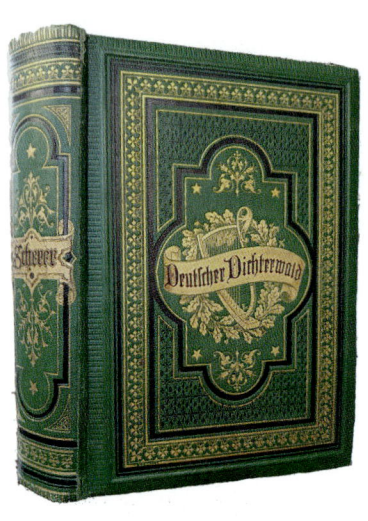

Georg Scherers „Dichterwald" von 1874.

verschafft, daß unsre Sammlung, sowohl was Vollständigkeit und Reichhaltigkeit, als auch was den bei der Auswahl in Betracht kommenden Geschmack betrifft, noch keineswegs überholt worden ist [...]. Und da für pädagogische und literaturgeschichtliche Zwecke Anthologien nun einmal nicht zu entbehren sind, so mag das Buch in neuer verschönerter Form wieder in die Welt hinausgehen und sich zu den alten viele neue Freunde erwerben.

Der „Dichterwald" war früher nach dem Inhalt der Gedichte zusammengestellt; von der vierten Auflage ab ist der literaturhistorische Gesichtspunkt in den Vordergrund getreten: Die Auswahl sollte ein geschloßenes Bild jeder einzelnen Dichterpersönlichkeit geben und so zugleich

Titelseite „Deutsch-amerikanischer Dichterwald" von Conrad Marxhausen.

der auf allen Gebieten sich geltend machenden historischen Richtung unserer Tage Rechnung tragen. [...]

Heinrich Kämpchen

wurde 1847 in Altendorf (heute Essen-Burgaltendorf) geboren und entstammte einer Bergmannsfamilie. Er erlernte ebenfalls den Beruf des Bergmanns und arbeitete eine Zeit lang auf der Zeche Hasenwinkel, einem Steinkohlebergwerk in Dahlhausen (heute Bochum). Über seine Jugend und schulische Ausbildung ist wenig bekannt. Sein umfangreiches Wissen erwarb er möglicherweise durch einen zweijährigen Privatunterricht sowie als Autodidakt. 1889 beteiligte er sich am Streik der Ruhrbergarbeiter, zu deren Sprecher er wurde. Seitdem stand er auf der „Schwarzen Liste" und wurde überwacht. In Kämpchens Gedichten geht es vorrangig um sozialkritische Themen, die sich im Wesentlichen auf seine Heimat an der Ruhr beziehen, der er emotional sehr verbunden war. Weite Verbreitung und Berühmtheit erlangte sein Liedtext „Glückauf Kameraden durch Nacht zum Licht", allgemein bekannt als „Internationales Knappenlied". Kämpchen starb 1912 in Linden (heute Bochum).

Waldpoesie

Willst du wirklich gute Verse reimen,
Geh' hinaus zu luft'gen Waldesräumen,
Wo mit Eichen Buchen sich vermählen.
Und wenn ihre schwanken Gipfel rauschen,
Werde nimmer müde dann zu lauschen,
Was dem jungen Dichter sie erzählen. –

Waldnacht ist die heil'ge Zauberbinde,
Die dem jungen Genius gelinde
Von der Stirn die letzten Schatten streift. –
Waldnacht leiht der Dichterseele Flügel
Und verschiebt der Phantasie den Riegel,
Daß sie in Unendlichkeiten schweift. –

Frontispiz aus Friedrich Haugs „Poetischer Lustwald" von 1819.

Ludwig Uhland

wurde 1787 in Tübingen geboren und entstammte einer alteingesessenen Gelehrtenfamilie. Als studierter und promovierter Jurist unternahm er eine Bildungsreise nach Frankreich und beschäftigte sich intensiv mit dem von Napoleon 1804 eingeführten Code civil (auch: Code Napoléon), einem Gesetzeswerk, das das französische Zivilrecht neu regelte. Durch die Freundschaft mit Justinus Kerner wandte sich Uhland zunehmend mehr der Literatur und Poesie zu. 1815 erschien sein erster Gedichtband, der zu seinen Lebzeiten 42 Auflagen erreichte. Zahlreiche Gedichte wurden von namhaften Komponisten der damaligen Zeit vertont. 1829 wurde er zum Professor für deutsche Sprache und Literatur an die Universität Tübingen berufen, wo die germanistische Mediävistik sein Spezialfach wurde. Uhland engagierte sich auch politisch. Bis 1838 war er Abgeordneter des württembergischen Landtags, 1848 Abgeordneter der Nationalversammlung in Frankfurt. In den letzten Lebensjahren zog er sich aus dem öffentlichen Leben zurück und war als Privatlehrer in Tübingen tätig, wo er 1862 starb.

Freie Kunst

Singe, wem Gesang gegeben,
In dem deutschen Dichterwald!
Das ist Freude, das ist Leben,
Wenn's von allen Zweigen schallt.

Nicht an wenig stolze Namen
Ist die Liederkunst gebannt;
Ausgestreuet ist der Samen
Ueber alles deutsche Land.

Deines vollen Herzens Triebe,
Gib sie keck im Klange frei!
Säuselnd wandle deine Liebe,
Donnernd uns dein Zorn vorbei!

Singst du nicht dein ganzes Leben,
Sing doch in der Jugend Drang!
Nur im Blüthenmond erheben
Nachtigallen ihren Sang.

Kann man's nicht in Bücher binden,
Was die Stunden dir verleihn:
Gib ein fliegend Blatt den Winden,
Muntre Jugend hascht es ein.

Gottlob Kemmler

geboren 1823 in Reutlingen, gestorben 1907 in Cannstatt (heute:
Bad Cannstatt, Stadtbezirk von Stuttgart), war Theologe, Dekan
und Dichter. 1867 war er Dekan in Kirchheim u. T., 1873 Stadt-
pfarrer in Lauffen, 1878–1886 Dekan in Nagold, anschließend
in Herrenberg. 1892–1900 gehörte er der von Königin Katharina
von Württemberg 1817 ins Leben gerufenen „Zentralleitung des
Wohltätigkeitsvereins Württemberg" an (heute als Stiftung des
bürgerlichen Rechts: Wohlfahrtswerk für Baden-Württemberg).
Er verfasste zahlreiche Naturgedichte.

Im Dichterwald

Jüngst nach Jahren wollt' ich wieder
Wandern zu dem hohen Wald,
Drin von allen Zweigen Lieder
Herzerfreuend einst erschallt;
Denn es krächzten krit'sche Raben,
Ächte Sangkunst sei begraben.

Anders fand ich's; ja mich wollte
Dünken, als ob nie zuvor
Solche mannigfaltig holde
Töne noch berührt mein Ohr,
Und in stets erneutem Schimmer
Grünt und rauscht der Wald noch immer.

Doch was ist's? Auf einmal höre
Ich ein widriges Gequack,
Als ob Frosch' und Unkenchöre
Hielten ihren Sommerschnack,
Und mich hemmt an mancher Stelle
Grüner Sumpf und schmutz'ge Welle.

Und wo mir die Froschge-
    stalten
Sumpfgewächse nicht ver-
    deckt,
Wie sie da mit glasig kalten
Augen stolz den Kopf ge-
    reckt,
Aufgebläht bis zum Zersprin-
    gen,
Und ich höre, was sie singen.

„Aus dem Sumpf sind wir
    geboren,
Anfangs nur den Quappen
    gleich,
Bis wir, als der Schwanz ver-
    loren,
traten ins Amphibienreich;
Da sind wir in Kunst und
    Sitten
Ganz gewaltig fortgeschritten.“

„In dem Sumpf nur ist's ge-
    mütlich,
Warm und wohlig überaus,
In dem Sumpf tun wir uns
    gütlich,
Halten unfern Fliegen-
    schmaus,
Bis wir, wie es ziemet Unken,
Selig in das Nichts versunken.“

„Über uns da droben sollen
Sterne und ein Himmel sein?
Doch wer wird auch jetzt noch wollen
Achten solcher Fabelein!
Hier im Sumpf nur ist die Wahrheit
Und für uns exakte Klarheit.“

„Sehet dort die Vögel fliegen
Fernhin hoch im Luftrevier,
O die Thoren, statt zu liegen
Sicher, fest im Schlamme hier!
Nun, es muß ja wohl im Leben
Auch solch närr'sche Käuze geben.“

Frontispiz aus Theodor Colshorns
„Mägdleins Dichterwald“ von 1862.

„Singe, wem Gesang gegeben
in dem deutschen Dichterwald!“
(L. Uhland).

Doch ein Laubfrosch schilt vom Stumpfe
Eines Baums „Wie singt ihr schlecht!
Zwar sind wir aus Einem Sumpfe
Und ihr habt im Grunde recht,
Doch mit idealen Tönen
Solltet ihr den Schlamm verschönen."

Aber Eins ertrug nicht länger
Mein beleidigtes Gehör,
Daß sich hier auch bessre Sänger
Eingenistet im Geröhr,
Liedervolk von ächtem Samen,
Um das Froschvolk nachzuahmen.

Welch ein Dissonanzgewühle!
Und da Wetterwolken hoch
Drohten schon in dumpfer Schwüle,
Gilt' ich fort und wünschte noch:
Daß doch drein der Donner krache
Und den Sumpf Verstummen mache!

Wald und Mensch

Der Mensch ist mit dem Wald aufs Engste verbunden, er wäre ohne ihn gar nicht lebensfähig: Wälder sind Sauerstoff-, Rohstoff- und Nahrungslieferanten, Wasserspeicher, Garanten für Artenvielfalt und bieten zudem Schutz vor größeren Umweltkatastrophen.

Schon im 19. Jahrhundert, dem Zeitalter der Verkoppelung, der Umverteilung von Wirtschafts- und Agrarflächen sowie der Industrialisierung, wies Wilhelm Heinrich Riehl auf eine zunehmende Entfremdung zwischen dem Wald und vor allem der städtischen Bevölkerung hin. Zu einem gleichen Ergebnis kamen die österreichischen Vertreter der Forst- und Waldwirtschaft, die an der „Agricultur- und Industrie-Ausstellung zu Paris im Jahre 1855" teilgenommen hatten. Angesichts eines nahenden „Waureluntergangs" – bereits um 1800 gab es kaum noch größere zusammenhängende Waldgebiete – findet sich vor allem in der Literatur eine zunehmend romantisierende Waldsehnsucht. Erst in der Zeit des drohenden Verlustes wird den Menschen also der Wert des Waldes bewusst. Doch eindringliche Appelle gab es mehr als genug sowohl in der forstwirtschaftlichen Fachliteratur als auch in der Poesie.

Auch wenn sich die besorgniserregende Tendenz im folgenden Jahrhundert weiter fortsetzen sollte, so lässt sich doch im 21. Jahrhundert angesichts eines neuen ökologischen Bewusstseins als positives Zeichen feststellen, dass der Wald als schützenswerter und zugleich kraftspendender Raum neu entdeckt wird: Mit dem Waldbaden und der Waldmedizin werden unter wissenschaftlichen Aspekten Heilmethoden entwickelt, mit der Waldpädagogik alternative Unterrichtsangebote erprobt, mit der Schaffung von Schutz- und Naturerbegebieten die Möglichkeit geschaffen, „neue Urwälder" entstehen zu lassen.

Forstbegehung 1915.

Nicht alle diese Mahnungen und Waldaktivitäten sind neu. In zahlreichen forstwirtschaftlichen Abhandlungen sowie literarischen Werken wurden die Probleme bereits im 19. Jahrhundert thematisiert. Aus beiden Bereichen stammt die hier angeführte Auswahl.

Kurzbiographien und Texte

Paul Heyse

Paul Johann Ludwig Heyse, ab 1910 von Heyse, geboren 1830 in Berlin, 1914 in München gestorben, schrieb bereits als Schüler seine ersten Gedichte. Durch die gesellschaftlichen Beziehungen seiner Mutter kam er in Kontakt zu bedeutenden Berliner Kulturpersönlichkeiten, wodurch sich zahlreiche Freundschaften und Bekanntschaften ergaben. Nach dem Studium der Kunstgeschichte und Romanistik sowie einer Forschungsreise nach Italien entschloss sich Heyse, als freier Schriftsteller, Dichter und Übersetzer zu arbeiten. In München gehörte er u. a. dem Dichterkreis „Die Krokodile" an, erlangte aber auch Bekanntschaft über Deutschland hinaus und wurde Mitglied der „American Philosophical Society". Für sein umfangreiches Gesamtwerk erhielt er 1910 als erster deutscher Autor den Nobelpreis für Literatur.

Waldchronik

Meine Kinder, sprach der Waldesgreis
Zu den jugendgrünen Stämmen,
Das Verhängniß bricht in unsern Kreis,
Keine fromme Bitte mag es hemmen.

Ein Jahrtausend wurzl' ich hier im Grund,
Vielumstürmt und blitzzerissen.
Manch verschollne Mär' ist mir noch kund
Aus der trauten Jugend Dämmernissen.

Damals war ich frohgemuth wie ihr,
Und die Väter hört ich klagen,
Wie viel freud'ger doch das Leben hier
Rauscht' in ihren eignen Jugendtagen.

„Meine Kinder,
sprach der Wal-
desgreis zu den
jugendgrünen
Stämmen, das
Verhängniß bricht
in unsern Kreis.“
(P. Heyse).

Als in jedem Stamm ein schlanker Gast,
Eine Dryas heimlich lebte,
liebevoll beseelend jeden Ast,
Daß in stolzer Lust der Wipfel bebte.

Damals auf den Waldeskronen hin
Wandelte verstohlne Pfade
Zu dem Freund die Mondeskönigin
Und mit ihrer Nymphenschaar zum Bade.

Wilde blonde Männer kamen drauf,
Scheuchten all die Huldgestalten.
Da ich selber schlug die Augen auf,
sah ich nur noch Elfen Tänze halten;

Hört' in Lüften hoch die wilde Jagd
Und der Höllenhunde Bellen,
Sah am Kreuzweg oft um Mitternacht
Wundersame Geister sich gesellen.

Erlenkönig jagte grimm vorbei,
Nixen plätscherten im Bache,
Bärt'ge Zwerge flohn mit Wehgeschrei,
Wenn des Weges schnob der Feuerdrache.

Da verlohnt' es, jung und wach zu sein.
Ha, wie saust es in den Zweigen,
Wenn die Hexen wild im Mondenschein
Schwangen durch die Lust den Zauberreigen.

So erwuchs ich, bis an einem Tag
Menschen kamen, Lieder singend,
In den lichtgewordnen Eichenhag
Ein Gebild von Künstlerhänden bringend;

Eines Mannes bleiche Gramgestalt,
An ein Marterholz geschlagen,
Und an meinem Stamme rauh und alt
Mußt ich nun das zarte Bildniß tragen.

Stille ward's auf einmal um mich her
Von dem Nachtspuk wilder Gäste,
Denn gebannt war das verwünschte Heer
Durch das Bild im Schatten meiner Aeste.

Aber einsam blieb die Stätte nicht.
Viele nahten schwerbeladen,
Und mit frohverklärtem Angesicht
Singen sie, wie überströmt mit Gnaden.

Und ein Bienenvölkchen kam von fern,
Nistet' in des Stammes Tiefen.
Lieblich war es, fühlt' im alten Kern
Ich die reine Blumensüße triefen.

Und so sah ich wechselnd fort und fort
Zeiten aufblühn und veralten.
Mark und Säfte sind mir abgedorrt,
Doch in Ehren ward mein Stamm gehalten.

Aber heut ist eine Schaar genaht,
Frech, mit ehrfurchtslosen Augen,
Und sie sprechen hört' ich: Dieser Pfad
Wird zur neuen Bahn am besten taugen.

Morgen fällen wir den alten Stamm.
Schad' ist's um die fleiß'gen Bienen!
Nicht einmal zu Schwellen für den Damm
Kann der morsche Knorren dienen.

Und sie gingen. Nur noch eine Nacht
Soll ich Greiser überleben,

Nur noch einmal in die Sternenpracht
Den entlaubten müden Wipfel heben.

Gute Nacht denn! Sei es euch nicht leid,
Daß auch ihr dem Tod verfallen.
Allen Wundern abhold ist die Zeit,
Oeder Tod beschleicht die Waldeshallen.

Rauscht noch einmal ein Fahrwohl euch zu,
Jung Geschlecht! dann lasst uns schweigen,
Bis in Flammen wir zur ew'gen Ruh'
Blüh'nde und verdorrte Wipfel neigen.

Holzflößerei auf dem Rhein bei Koblenz. Gemälde von Johann Adolf Lansinsky 1828.

Max Dauthendey

(Biographie auf Seite 63)

Holzflöße

Es sind Holzflöße den Fluß herabgekommen,
Die sind über die Spiegelbilder der Ufer geschwommen,
Es sind tote Wälder, die den Fluß hinabgleiten,
Schiffshölzer, die bald in die Salzmeere reiten,
Tote Leiber, um die einst grüne Kleider gehangen,
Über deren Falten die Sonne streichelnd gegangen.
In ihren Brüsten sangen die Vogelscharen,
Und ihre Brüste voll singender Seufzer waren.
Stumm schwimmen sie weiter, die hölzernen Leichen,
Bald werden sie die bitteren Meere erreichen,
Wo sie wie Geister durch Unendlichkeit jagen
Und die Sehnsucht rund um die Erde tragen.

August Heinrich Schumacher

geboren 1790 in Korbach, war Pfarrer, Rektor der Bürgerschule in Arolsen, Erzieher und Reisebegleiter des Prinzen Karl von Waldeck, nach seinem Jurastudium in Heidelberg Assessor, später Kammerrat bei der Domänen- und Forstkammer in Arolsen. Berufliche Reisen führten ihn in viele europäische Länder, die ihn zu seinen Dichtungen anregten. Schumacher starb 1864 in Moskau. Sein Gedichtband erschien im gleichen Jahr, jedoch erst nach seinem Tode. Seine Dramen wurden sogar in Wien am Theater an der Wien aufgeführt.

Wald und Welt

Im Walde, wo mir Busch und Baum
Sonst längst Bekannte waren,
Find' ich mich nun zurecht noch kaum
Nach einem Dutzend Jahren.

Hochstämmig prangt das junge Holz
Und Dickicht deckt die Blöße,

Ach, mancher Baum, so schön, so stolz
Sank hin in Kraft und Größe.

Die altergrauen Burschen gar,
Wahrzeichen and'rer Zeiten,
Sind abgeräumt, ihr dünnes Haar
Weht mir nicht mehr vom Weiten.

Rings schaut der Nachwuchs fremd mich an,
Im Luftzug rauscht die Frage:
„Was will der unbekannte Mann
„Allhier in unserm Schlage?" –

Jüngst aus der Fremde heimgekehrt
Wollt fremd die Heimat scheinen,
Die ich geliebt, die ich geehrt, –
Fern oder todt die Meinen.

Ich wandte mich zur jungen Welt
Bei Kerzenschein und Tanze,
Ich kam mir vor wie ausgestellt
Zur Schau – entfloh dem Glanze.

Schlich nächtlich einsam durch die Stadt
Zum Hause, wo sie wohnte,
Die nie mein Herz vergessen hat,
Worin allein sie thronte.

Das Haus, so einst mich angelacht
Mit hellen Fensterscheiben,
lag todt, die Straße unbewacht –
Ich konnt' und mocht' nicht bleiben. –

So treibt mit Macht durch Wald und Welt
Der rasche Strom des Lebens,
Wer ihm nicht folgen mag, der hält
Am Ufer sich vergebens. –

Wilhelm Heinrich Riehl

wurde 1823 in Biebrich geboren und starb 1897 in München.
Riehl war Journalist, Novellist und Kulturhistoriker und gilt
durch seine Werke zur Volkswirtschaft, Kirchenpolitik, Forst-
und Agrarwirtschaft sowie durch seine Arbeiten über die sozialen Strukturen der Gesellschaft als Begründer der Volkskunde,

weiterhin als Wegbereiter des Naturschutzes und zwar nicht nur der kultivierten Landschaften, sondern auch des Schutzes der noch verbliebenen Wildnis. König Maximilian II. von Bayern berief ihn als Honorarprofessor an die Münchner Universität. Riehl wurde weiterhin Mitglied der Bayerischen Akademie der Wissenschaften, 1883 in den Adelsstand erhoben und schließlich Direktor des Bayerischen Nationalmuseums und Generalkonservator der Kunstdenkmäler und Altertümer Bayerns.

Kapitel „Land und Leute"

Der Wald allein läßt uns Culturmenschen noch den Raum einer von der Polizeiaufsicht unberührten persönlichen Freiheit genießen. Man kann da doch wenigstens noch in die Kreuz und Quere gehen nach eigenen Gelüsten, ohne an die patentirte allgemeine Heerstraße gebunden zu seyn. Ein gesetzter Mann kann da noch laufen, springen, klettern nach Herzenslust, ohne daß ihn die altkluge Tante Decenz für einen Narren hält. Diese Trümmer germanischer Waldfreiheit sind in Deutschland fast überall glücklich gerettet worden. [...]

„Der Wald allein läßt uns Culturmenschen noch den Raum einer von der Polizeiaufsicht unberührten persönlichen Freiheit genießen." (W. H. Riehl).

Den Wald ausrotten könnte man vielleicht in Deutschland, aber ihn sperren, das würde eine Revolution hervorrufen. In dieser deutschen Waldfreiheit, die so fremdartig aus unsern übrigen modernen Einrichtungen hervorlugt, liegen mehr bestimmende Einflüsse auf unser höheres Bildungsleben, und namentlich auf die romantische Stimmung in demselben, als mancher sich träumen läßt. Unserm speciell großstädtischen Leben merkt man es dann wieder in tausend Zügen an, wie weit sich der ächte Wald von diesen Städten zurückgezogen hat, wie entfremdet die Bevölkerung dem Walde geworden ist.

Den freien Wald und das freie Meer hat die Poesie mit tiefsinnigem Wort auch den heiligen Wald und das heilige Meer genannt, und nirgends wirkt darum diese Heiligkeit der unberührten Natur ergreifender, als wo der Wald unmittelbar dem Meer entsteigt. Wo der Wogenschlag des branden-den Meeres mit den rauschenden Wipfeln der Bäume zu einem Hymnus zusammenbraust, aber auch in dem lautlosen mittägigen Schweigen des deutschen Gebirgswaldes, wo der Wanderer, meilenweit von jeder menschlichen Niederlassung entfernt, nur den Schlag des eigenen Her-zens in der Kirchenstille der Wildnis hört, da ist der rechte heilige Wald. Doch selbst für den freien, heiligen Wald gibt es in Deutschland Pracht-stücke polizeilichen Humors. Wenn man auf der Insel Rügen in den von den Norddeutschen als eine Art Urwald gepriesenen uralten Buchenforst der Granitz tritt, so leuchtet dem Wanderer an einem mächtigen Baumstamm ein Placat entgegen mit der Inschrift: daß man in diesem Wald nur umher-gehen dürfe in Begleitung eines fürstlich Putbusischen Forstaufsehers zu 5 Sgr. [Silbergroschen] die Stunde. Die Schauer eines Urwaldes in forstpoli-zeilicher Begleitung zu 5 Sgr. die Stunde genießen, das kann doch nur ein geborener Berliner.

Rudolph Skuherský

wurde 1828 geboren und starb 1863. Er studierte an der Tech-nischen Universität in Prag, an der er später als Professor für Beschreibende (Deskriptive) Geometrie lehrte. Seine Vorlesun-gen hielt er sowohl in tschechischer als auch in deutscher Spra-che. Er wechselte schließlich als k. k. Professor nach Wien. 1855 verfasste er den offiziellen Bericht über die Weltausstellung in Paris, die erste Weltausstellung in Frankreich, konkret über die „II. Classe: Forst- und Waldwirthschaft, Jagd, Fischerei und Pro-ducte, die ohne Cultur gewonnen werden." Vorangestellt wird ein einleitender Bericht über den Zustand der Wälder allgemein.

Bericht über die Allgemeine Agricultur- und Industrie-Ausstellung zu Paris im Jahr 1855 der österreichischen Berichterstatter und Ju-ry-Mitglieder:

Der Wald.

Lange Zeit hindurch wurde der Wald nur als ein Territorium angesehen, woraus man beliebige Mengen an Holz entnehmen konnte, die dem Waldbesitzer, ohne seine Thätigkeit allzusehr in Anspruch zu nehmen, eine Rente abwarfen. In dem Maasse als die Wälder sich lichteten, erhielt das Holz einen höheren, steigenden Preis; Grund genug, so schien es, um allen wirthschaftlichen Anschauungen zum Hohne den Wald für unerschöpflich zu halten und über jene Grenzen hinaus auszubeuten, wo dies mit Rücksicht auf allgemeine Cultur- und wirthschaftliche Verhältnisse ungestraft geschehen konnte.

Die Folgen blieben nicht aus und was der Egoismus des Einzelnen verschuldete, das musste oft genug die Gemeinschaft büssen.

Durch ein unverantwortliches Ausbeuten, Plündern und Zerstören der Wälder wurden oft ganze Landstriche und Ländergebiete nicht nur holz- und wasserarm, sondern, weil sie ihrer natürlichen Schutzmauern gegen klimatische und Elementar-Einflüsse beraubt wurden, auch ganz unfruchtbar, öde und leer. […]

Europa, dieser alte Continent, ausgebeutet in jeder Art, hat uns nichts Neues mehr zu zeigen. Die Geschichte seiner Wälder ist in vielen Fällen nichts anderes als ein Lamento über die Verheerungen, zu denen es durch ein unvernünftiges Ausbeuten, durch Habsucht und – man muss es gestehen – auch durch den natürlichen Gang der Civilisation verurtheilt war.

Die Civilisation, sagt Maury[1], ist der erbittertste Feind der Wälder und das aus doppelten Gründen, des Nutzens wegen, den der gefällte Wald gibt und des Hindernisses wegen, den derselbe der Entwicklung eines Volkes entgegensetzt. So schwanden die Wälder Spaniens, die ungeheuren Waldstrecken Frankreichs, so der herzinische Wald, der sich vom Rhein bis an die Karpathen erstreckte, bis auf wenige Reste, die sich noch auf den Grenzgebirgen vorfinden. […]

Emil Adolf Roßmäßler

geboren 1806 in Leipzig, begann zunächst ein Theologiestudium, widmete sich dann aber vor allem der Zoologie und Botanik. Seine politische Tätigkeit als Abgeordneter für Pirna in der

---

[1]　Matthew Fontaine Maury (1806–1873), amerikanischer Marineoffizier und Hydrograph.

Frankfurter Nationalversammlung währte nur kurz, da er den konservativen Kräften als zu „links" erschien. Als Schriftsteller wird er heute als Vorreiter der populärwissenschaftlichen Literatur gesehen. Neben der Aquaristik galt dem Wald sein besonderes Interesse. Seine Forschungsergebnisse veröffentlichte er in zahlreichen Fachzeitschriften. 1827 veranstaltete er botanische Führungen für Apotheker und wurde schließlich Professor für Zoologie an der „Königlichen Akademie für Forst- und Landwirte" im sächsischen Tharandt, wo er auch das Fach Mineralogie übernahm. 1863 erschien sein bedeutendes Werk „Der Wald". Roßmäßler, auf dessen Initiative hin im Übrigen auch das Naturkundemuseum in Leipzig gegründet wurde, starb 1867 in seiner Heimatstadt.

Der Wald. Die Lebensgesetze des Waldes (aus dem Vorwort)

[…]

Den „Freunden" des Waldes und den „Pflegern" des Waldes ist das Buch gewidmet.

Den F r e u n d e n – und gar auch sehr den F r e u n d i n n e n – des Waldes bin ich Rechenschaft über mein Verfahren schuldig, obgleich ich andeutend schon in dem der 1. Lieferung veröffentlichten Vorworte sagte, „daß es Diejenigen nur theilweise befriedigt aus der Hand legen würden, welche bei dem Walde nur an „Vogelgezwitscher", an „Maiblümlein" und an „zartes Säuseln" oder „gewaltiges Rauschen" in den Laubkronen denken können." M e i n B u c h m u t h e t i h n e n e t w a s z u. Es will sie nicht blos unterhaltend belehren, oder meinetwegen auch belehrend unterhalten – nein es will sie einfach b e l e h r e n. […]

„Ich denke", sage ich bei jener Gelegenheit, „der Wald ist es werth

Titelseite „Der Wald" von E. A. Roßmäßler 1863.

und verdient es um uns jeden Augenblick, daß wir unter seiner schönen Außenseite auch die innerlichen Regungen seines Lebens aufsuchen. Unsere Waldliebe verliert nichts, wenn wir den Wald nicht blos mit genußsuchendem sondern auch mit verständißsuchendem Auge ansehen."

Wenn es so mein Vorsatz war, die rechte Bedeutung des Waldes in möglichst weiten Kreisen zum Bewußtsein zu bringen und doch dabei der Waldlust ihr volles Recht zu lassen, so ist es nicht minder meine Absicht gewesen, die Zucht, Pflege und Bewirthschaftung desselben möglichst vielen von den Millionen Deutschen zu einem übersichtlichen Verständnis zu bringen, die davon kaum die Anfänge eines Begriffes besitzen, die da nicht ahnen, welch ein wichtiges Glied der Staatsgesellschaft der Mann im grünen Rocke ist.

[…]

Was also dachte ich dabei, indem ich mein Buch auch für die Pfleger des Waldes bestimmte? Abgesehen davon, daß aus dem botanischen Theile desselben Manchem eine Auffrischung alten ja hie und da vielleicht selbst Gewinnung einiges neuen Wissens erwachsen kann, so wollte ich an ihr Urtheil darüber appelliren, wie weit es mir gelungen sei, den Schauplatz ihres segensreichen Wirkens und dieses selbst dem Nicht-Forstmanne anschaulich zu machen und dann auch wollte ich ihnen – den Pflegern des Waldes – eine Freude damit machen, wenn mir diese Schilderung so weit gelingen sollte, daß daraus eine verständnisvolle Werthschätzung ihres Berufes von Seiten des Volkes hervorgehe, woran es so sehr gebricht.

[…]

Endlich habe ich noch ein Wort an die L a n d w i r t h e zu richten. Sie vor Allem sind von ihrem eigenen Interesse zu Beschützern des Waldes berufen, besonders die großen Grundbesitzer unter ihnen, welche meist auch zugleich Besitzer von Waldungen sind. In dem bewaldeten Theile ihres Grundbesitzes ruht großentheils die Gewähr der Fruchtbarkeit ihres Feldbesitzes, wenn auch nicht für einen Einzelnen von ihnen, so doch für sie alle zusammen. Darum ist es als ein unnatürliches Verhältniß tief zu beklagen, welches wesentlich auf Unkenntniß der einfachsten Naturgesetze beruht, daß der Forstwirth den Landwirth beinahe als seinen Feind ansieht, da dieser zuweilen nicht blos seine eignen Wälder verwüstet, sondern auch fremden durch Streu- und Hutungsservitute Schaden zufügt. Hier ist es ein Verdienst, Verständniß zu verbreiten.

[…]

Und so möge denn mein „Wald" wenn sein Vorbild draußen erstorben scheint dem Leser und der Leserin ein kleiner Ersatz sein, oder ein Begleiter in den wieder lebendig gewordenen Wald, und in beiden Fällen werden

die zwei Jahre meines Lebens, die ich dieser Arbeit gewidmet habe, nütz-
lich verstrichen sein, wenn sie dazu beiträgt, d e n   W a l d   u n t e r   d e n
S c h u t z   d e s   W i s s e n s   A l l e r   z u   s t e l l e n .

Carl Reuss und Julius von Schroeder

Reuss (auch: Karl Reuß) wurde 1844 in Harzgerode geboren, absolvierte sein Forststudium an der Forstakademie in Tharandt,
arbeitete nach seiner Ausbildung in Lautenthal und Osterode
und wurde schließlich städtischer Oberförster in Goslar. Er
zählte zu den Mitbegründern des 1886 in Seesen gegründeten
Harzklubs und engagierte sich darüber hinaus noch in 40 weiteren Natur- und forstwirtschaftlichen Vereinigungen. Reuss setzte sich für die Wiederaufforstung um Goslar ein und erkannte
den Wert des Waldes als Naherholungsgebiet, wobei er das Motto
vertrat: „Der Wald ist für alle da". 1893 wurde Reuss Oberforstrat in Dessau, 1917 zum dortigen Landforstmeister ernannt. Er
starb 1918 in Dessau.

Eine enge Freundschaft verband Reuss mit Julius von Schroeder, der 1808 in Lemsal bei Riga geboren wurde und seinem
Studium der Theologie ein weiteres Studium der Mathematik
und Naturwissenschaften in Dorpat anschloss. Schroeder wurde
Rektor des Dorpater Gymnasiums, dessen Lehrbetrieb er grundlegend neu strukturierte. Später leitete er ein von ihm mitbe-
gründetes Privatgymnasium. Er starb 1888 in Dorpat.

Die Beschädigung der Vegetation durch Rauch und die Oberharzer Hüttenrauchschäden

Entstehung und Inhalt: Carl Reuss konnte seinen Freund Julius
von Schroeder für die Idee gewinnen, sich für ein Forschungspro-
jekt für Umweltschäden an der Forstakademie Tharandt einzuset-
zen, und das mit Erfolg: Das damalige Sächsische Finanzministe-
rium genehmigte und finanzierte das Unternehmen für zwei Jahre.
Reuss und von Schroeder untersuchten die Schäden, die infolge
des Hüttenrauchs im Harz entstanden waren und fertigten detaillierte Tabellen, Dokumentationen und Karten an. Ihre Ergebnisse
veröffentlichten die beiden Forscher 1883 in dem oben genannten
Band. Sie forderten nicht nur die Stilllegung der Hüttenbetriebe,
eine Kondensierung der schwefelhaltigen Säure zu verkaufsfähiger

Schäden an Blättern und Nadeln im Harz 1882.

Schwefelsäure sowie generell gezielte Maßnahmen von Seiten der Politik und Industrie, sondern erstellten auch Gutachten für private Waldbesitzer als Grundlage für deren Klagen vor Gericht. Die Industrie reagierte jedoch mit Gegengutachten, die letztlich zu einem Verbot der Weiterverbreitung des Buches führten. Der Band wurde 1983 unter dem Titel: „Hundert Jahre Waldsterben. Hundert Jahre Wissen ignoriert" in der DDR neu aufgelegt. 1986 erschien die weitere Neuauflage im Georg Olms Verlag Hildesheim. Hier Passagen aus der Einleitung:

[...] Seit Jahren hatten die Verfasser Gelegenheit die Rauchbeschädigungen theoretisch und praktisch zu studiren. Es wird daher erlaubt sein darauf hinzuweisen, dass es sich bei dem vorliegenden Werke nicht allein darum handelt, dem Leser eine blosse Zusammenstellung der Literatur zu bieten, dass wir vielmehr in erster Linie die Ergebnisse unserer eigenen Forschung und Beobachtung zu verwerthen gedenken. Namentlich ist in

letzter Beziehung unsere gemeinsame Arbeit über die Hüttenrauchschäden in den Waldungen des Oberharzes hervorzuheben. Diese wurde in
den Jahren 1877–1880 ausgeführt, und aus derselben ergiebt sich, wie wir
glauben, der richtige Weg, der in allen Fällen beim Nachweise von Rauchschäden zum Ziele führen muss. Wir bestimmten hier den Umfang des
Schädigungsrayon der Hütten auf Grund zahlreicher chemischer Analysen
der beschädigten und gesunden Bäume des gesammten Gebietes, indem
wir speciell die Schwefelsäuregehalte der Nadeln als Massstab gelten lies-
sen. Diese Methode hat sich im Einzelnen so vollständig und über Erwarten
günstig bewährt, dass wir wohl behaupten dürfen, erst dadurch den Werth
und die Zuverlässigkeit der chemischen Analyse für alle derartige Arbeiten
sicher begründet zu haben. [...]

Es ist von vornherein anzunehmen, dass die in Rede stehenden nachtheili-
gen Wirkungen in der Hauptsache oder ausschliesslich chemischer Natur
sein müssen, indem gewisse schädliche Stoffe durch den Rauch mit den

Pflanzen entweder direct in Berührung kommen, oder auch indirect durch Vermittelung des Bodens die Wachstumsvorgänge stören und beeinträchtigen. Auf solche chemische Wirkungen lassen sich in der That die allermeisten Rauchschäden zurückführen. Denkbar sind indessen auch einige andere Ursachen. [...]

Von Seiten der Industrie wird zuweilen geltend gemacht, dass die gesammte Rauchfrage in neuerer Zeit an Interesse und Bedeutung sehr verloren habe, weil es der Technik in so vielen Fällen gelungen sei, diese Calamität, wenn auch nicht ganz zu beseitigen, so doch auf ein geringeres und erträglicheres Mass zurückzuführen. Umgekehrt hört man von Vertretern der Land- und Forstwirthschaft häufig die Anschauung aussprechen wie die fortwährende Zunahme der industriellen Etablissements, die Betriebssteigerung der vorhandenen Werke, der jährlich sich mehrende Steinkohlenconsum u.s.w., eine entsprechend anwachsende Benachtheiligung von Wald und Feld nach sich ziehe und wie es in Aussicht steht, dass dieser schädliche Einfluss der Industrie nicht nur nicht abnehmen, sondern mit der fortschreitenden Cultur an Intensität und Umfang gewinnen werde. Dieser Widerstreit der Meinungen berührt die Rauchfrage in ihrer volkswirthschaftlichen und allgemeinen Bedeutung. [...]

Endlich ist noch hervorzuheben, wie überaus verbreitet die schädlichen Wirkungen des Steinkohlerauches sind. Diese werden häufig unterschätzt, namentlich an solchen Orten, wo viele technische Etablissements zusammenliegen und zugleich chemische und Hüttenindustrie betrieben wird. [...] Die schädliche Wirkung der Koksöfen, der Ziegeleien, der Kalköfen, Dampfkesselfeuerungen, überhaupt aller in grösserer Menge Steinkohlen consumirenden Etablissements ist in neuerer Zeit öfter besprochen worden, und sie tritt namentlich dort hervor, wo Waldbestände und vorzüglich die empfindlichen Nadelhölzer von dem Rauche getroffen werden. Selbstverständlich ist es aber nicht die Industrie allein, welcher die Verunreinigung der Atmosphäre durch Steinkohlenrauch zur Last fällt, werden ja doch enorme Mengen von Steinkohlen auch zu häuslichen Zwecken und auf unseren Verkehrswegen consumirt. [...]

Die Verunreinigung der Atmosphäre durch Rauch ist ein Culturübel, welches allem Anscheine nach durch die Technik niemals vollständig zu beseitigen sein wird. In erster Linie fällt es allerdings der Industrie zu Mittel und Wege zu suchen, der Rauchcalamität thunlichst zu begegnen, das liegt in ihrem eigenen Interesse. Es dürfte unserem Dafürhalten nach aber auch dem Landwirthe und namentlich dem Forstwirthe, mit Rücksicht auf Erzielung einer höheren Bodenrente, zum Vortheile gereichen, sich dieser Frage gegenüber weniger passiv als bisher zu verhalten.

Christian Friedrich Wagner

wurde 1835 in Warmbronn (heute Ortsteil von Leonberg in Baden-Württemberg) geboren, wuchs in einfachen bäuerlichen Verhältnissen auf und arbeitete zunächst auf dem elterlichen Hof und als Holzfäller, las neben dieser Tätigkeit intensiv die Werke von Schiller, Goethe, Lessing u. a. Seine eigenen ersten literarischen Versuche erschienen, von ihm selbst finanziert, 1885 in Stuttgart und stießen auf wohlwollende Anerkennung. Weitere lyrische Werke folgten. Die Deutsche Schillerstiftung ermöglichte ihm Reisen und schließlich durch Zahlung einer Rente eine gesicherte Lebensexistenz. Wagner starb hoch geachtet 1918 in seiner Heimatstadt.

Der gefällte Wald

Wo sie den heiligen Eichenwald gefällt,
Da stehen Stümpfe, ringsum Stock an Stock,
Und Pilze sind auf dem und jenem Block
Als ird'ne Tränenschalen aufgestellt.

Und Tau und Regen füllt sie spät und bald,
Und wenn das Wetter hier vorüber rollt,
Hier mehr als sonst der Donners Bannfluch grollt,
Hier mehr als sonst der Blitz durchzuckt den Wald.

„Wie Sterbegestöhne
hallt's aus dem Geäst."
(Chr. F. Wagner).

Wie einen Kaiser einst ein altes Weib,
So hält geringes unscheinbares Moos
Mitleidig nun als Leichen in dem Schoß
Der Wälderfürsten wunden Heldenleib.

Wie Sterbegestöhne hallt's aus dem Geäst –
Und da und dort schleicht einer stumm vorbei,
Und lauscht des Regens Trauermelodei
Und hört die Vögel klagen aus dem Nest.

„Soll ich, du Finstrer,
einzutreten wagen?"
(L. Greiner).

Leo Greiner

geboren 1876 in Brünn, gestorben 1928 in Berlin, war ein öster-
reichisch-deutscher Schriftsteller, dessen Gedichte der Spätromantik zuzuordnen sind. Als Literaturwissenschaftler war er als
bedeutender Lenau-Forscher Übersetzer, Dramaturg und Lek-
tor. Seine Gedichte erschienen 1906 unter dem Titel „Tagebuch".

Der Wald

Soll ich, du Finstrer, einzutreten wagen?
Wirst du nicht zürnen der Vermessenheit,
dass ich den unruhvollen Funken Zeit
unter das Dach des ewigen Schattens trage?

Wird nicht das Rauschen im verdorrten Laub
dich aus versteinerter Erhebung schrecken,
wenn meine Füße deinen eignen Staub,
uralte Herbste aus dem Schlafe wecken?

Du starrst gedächtnislos aus hohlen Kronen
hinab auf deinen hundertfachen Tod
und schauderst nicht, und deine Wipfel wohnen
der Erde fern im kalten Abendrot.

Ich aber bin der Mensch, des Todes Raub,
bin Zeit und Glut, bin Schmerz und wilde Blüten!
In dunkler Brust will ich den Funken hüten,
sonst brächst du brennend hinter mir in Staub.

Hermann Hesse

1877 in Calw geboren, studierte auf Wunsch der Eltern Theologie, gab das Studium jedoch auf, machte eine Uhrmacher-, dann eine Buchhändlerlehre, arbeitete in Basel als Buchhändler. Nach dem Erfolg seiner ersten eigenen Werke wurde er freier Schriftsteller. 1911 unternahm er eine Reise nach Asien, die ihn zu seiner Novelle „Der Waldmensch" (1914) inspirierte. Nach seiner Rückkehr lebte er in Bern, die letzten Lebensjahre in Montagnola bei Lugano, wo er 1962 starb. 1946 erhielt er für sein Gesamtwerk den Nobelpreis für Literatur.

Der Waldmensch

Zum Inhalt: Der alte, blinde Waldpriester mata dalam herrscht über eine Gruppe von Waldmenschen und fordert deren vollkommene Unterwerfung unter die von ihm aufgestellten Gesetze. Es ist ihnen u. a. verboten, den Wald zu verlassen und den angrenzenden Strom zu überqueren. Auch dürfen sie niemals die Sonne erblicken. Einige junge Waldmenschen widersetzen sich mehr und mehr diesen Regeln, dazu gehört der junge Kubu. Als eine rituelle Zeremonie eskaliert, lehnt er sich gegen den Priester auf, wird verbannt und tötet kurz darauf den Priester. Auf sich allein gestellt, überschreitet er die Grenze des Waldes bis zum Meer, erblickt erstmals die Sonne und stellt fest, dass sich keine der schrecklichen Prophezeiungen des Priesters erfüllt, obwohl er alle dessen Gesetze gebrochen hat.

„Die traumhafte Ahnung einer hellen, von der Sonne regierten Erde." (H. Hesse).

Im Anfang der ersten Zeitalter, noch ehe die junge Menschheit sich über die Erde verbreitet hatte, waren die Waldmenschen. Diese lebten eng und scheu in der Dämmerung der tropischen Urwälder, stets im Streit mit ihren Verwandten, den Affen, und über ihrem Tun und Sein stand als einzige Gottheit und einziges Gesetz: der Wald. Der Wald war Heimat, Schutzort, Wiege, Nest und Grab, und außerhalb des Waldes vermochte man sich kein Leben denken. Man vermied es, bis an seine Ränder vorzudringen, und wer je durch besondere Schicksale auf der Jagd oder Flucht dorthin verschlagen worden war, der erzählte zitternd und verängstigt von der weißen Leere draußen, wo man das furchtbare Nichts im tödlichen Sonnenbrande gleißen sähe. Es lebte ein alter Waldmann, der war vor Jahrzehnten, durch wilde Tiere verfolgt, über den äußersten Rand des Waldes hinaus geflohen und alsbald blind geworden. Er war jetzt eine Art Priester oder Heiliger und hieß mata dalam (der das Auge inwendig hat); er hatte das heilige Waldlied gedichtet, das bei allen großen Gewittern gesungen wurde, und

auf ihn hörten die Waldleute. Daß er die Sonne mit Augen gesehen hatte, ohne daran zu sterben, das war sein Ruhm und sein Geheimnis.

[...]

Zu jenem Stamme der Waldleute gehörte auch der Jüngling Kubu, und er war der Führer und Vertreter der Jungen und Unzufriedenen. Es gab näm-lich Unzufriedene, seit mata dalam älter und herrschsüchtiger geworden war. [...] Allmählich aber führte er allerlei neue und lästige Bräuche ein, welche ihm, wie er sagte, von der Gottheit des Waldes im Traum waren geoffenbart worden. Ein paar Junge und Zweifler aber behaupteten, der Alte sei ein Betrüger und suche nur seinen eigenen Vorteil.

Das Neueste, was mata dalam eingeführt hatte, war eine Neumondfeier, wobei er in der Mitte eines Kreises saß und die Rindentrommel schlug. Die anderen Waldleute aber mußten so lange im Kreis tanzen und das Lied golo elah dazu singen, bis sie todmüde waren und in die Knie sanken. Dann mußte ein jeder sich das linke Ohr mit einem Dorn durchbohren, und die jungen Weiber mußten zu dem Priester geführt werden, und er durchbohrte einer jeden das Ohr mit einem Dorn.

Dieser Sitte hatte sich Kubu samt einigen seiner Altersgenossen entzogen, und ihr Bestreben war, auch die jungen Mädchen zum Widerstand zu überreden. Einmal hatten sie Aussicht, zu siegen und die Macht des Priesters zu brechen. Der Alte nämlich hielt wieder Neumondfest und durchbohrte den Weibchen das linke Ohr. Eine kräftige Junge aber schrie dabei furchtbar und leistete Widerstand, und darüber passierte es dem Blinden, daß er ihr mit dem Dorn ins Auge stach, und das Auge lief aus. Jetzt schrie das Mädchen so verzweifelt, daß alle herbeiliefen, und als man sah, was geschehen war, schwieg man betroffen und unwillig. Als aber die Jungen sich triumphierend darein mischten und als Kubu den Priester an der Schulter zu packen wagte, da stand der Alte vor seiner Trommel auf und sagte mit krähend höhnischer Stimme einen so grauenhaften Fluch, daß alle entsetzt zurückflohen und dem Jüngling selber das Herz vor Entsetzen gefror. […] Dann aber befahl der Priester, der im Augenblick mehr Macht hatte als jemals, das junge Mädchen nochmals zu sich und stieß ihr den Dorn auch ins zweite Auge, und jedermann sah es mit Entsetzen, und niemand wagte zu atmen.

„Du wirst draußen sterben", hatte der Alte den Kubu verflucht, und seither mied man den Jüngling als einen Hoffnungslosen. […] Entsetzt war Kubu weit hinweg geflohen, und als er sah, daß jedermann vor ihm zurückwich, da verbarg er sich in einem hohlen Baum und gab sich verloren.

[…]

Dann gab es also keinen anderen Weg in die Zukunft als den, den Wald an seinem Rande zu verlassen, falls es überhaupt ein Ende des Waldes gab, und sich alsdann der glühenden Leere, dem bösen „Draußen" anzuvertrauen. Jenes Ungeheuer, die Sonne, mußte aufgesucht und bestanden werden. Denn wer weiß? Am Ende war auch die uralte Lehre von der Furchtbarkeit der Sonne nur so eine Lüge?

[…]

Er schlich mit Zittern am hellen Mittag gegen den Fluß, näherte sich lauernd dem glitzernden Ufer und suchte mit bangen Augen das Bildnis der Sonne im Wasser. Der Galanz schmerzte heftig in den geblendeten Augen, er mußte sie rasch wieder schließen, aber nach einer Weile wagte er es wieder und dann nochmals, und es gelang. Es war möglich, es war zu ertragen, und es machte sogar froh und mutig.

[…]

Jetzt war sein Entschluß reif geworden, und er pflückte die Tat wie eine süße Frucht. Mit einem neuen, zügigen Hammer aus Eisenholz, dem er einen ganz dünnen und leichten Stiel gegeben hatte, ging er in der nächsten Morgenfrühe dem mata dalam nach, fand seine Spur und fand in selbst, schlug ihm den Hammer auf den Kopf und sah seine Seele aus dem gekrümmten Maul entfliehen.

[…]

Kubu setzte sich an den Rand der Welt und band sich an den Schlingpflanzen fest, daß er nicht hinunterfalle. Im Grauen und wilder Erregung verbrachte er kauernd die Nacht, ohne ein Auge zu schließen, und beim ersten Grauen der Frühe sprang er ungeduldig auf seine Füße und wartete, über das Leere gebeugte, auf den Tag.

[…]

Kubu vermochte nicht, der Sonne ins Gesicht zu sehen. Aber er sah ihr Licht in farbigen Fluten um die Berge und Felsen und Küsten und fernen blauen Inseln strömen, und er sank nieder und neigte sein Gesicht zur Erde vor den Göttern dieser strahlenden Welt, Ach, wer war er, Kubu? Er war ein kleines schmutziges Tier, das sein ganzes dumpfes Leben im dämmrigen Sumpfloch des dichten Waldes hingebracht hatte, scheu und finster und niederträchtigen Winkelgottheiten untertan. Aber hier war die Welt, und ihr oberster Gott war die Sonne, und der lange schmähliche Traum seines Waldlebens lag dahinten und begann schon jetzt in seiner Seele zu erlöschen wie das fahle Bild des toten Priesters. Auf Händen und Füßen kletterte Kubu den steilen Abhang hinab, dem Licht und dem Meer entgegen, und über seine Seele zitterte in flüchtigem Glücksrausch die traumhafte Ahnung einer hellen, von der Sonne regierten Erde, auf welcher helle, befreite Wesen im Lichte lebten und niemand untertan wären als der Sonne.

Waldgespräche

Suzanne Simard, Professorin für Forstökologie an der University of British Columbia, entdeckte in ihren langjährigen Studien, dass die Bäume eines Waldes durch ein geheimnisvolles unterirdisches Netzwerk aus Pilzen verbunden sind, über das sie mithilfe chemischer Signale kommunizieren können. Und nicht nur das: Es handelt sich dabei um „Stoffe, die identisch mit unseren eigenen Neurotransmittern sind. Signale, geschaffen von Ionen, die durch die Membran der Pilze sickern." Außerdem übernehmen ältere Bäume, so genannte „Mutterbäume", eine Schutzfunktion und sorgen für eine stabile Nährstoffgrundlage für ihre unmittelbare Umgebung.

Noch ist es den Menschen nicht gelungen, sich in dieses „Wood Wide Web" einzuloggen. Um uns eine ungefähre Vorstellung von solchen Waldgesprächen zu machen, sind wir zunächst weiterhin auf die dichterische Phantasie und die Intuition eines lyrischen Ichs angewiesen. Ein Waldgespräch kann dabei als Gespräch zweier Menschen im Wald, als innerer Monolog oder als Dialog der Pflanzen und Bäume untereinander geführt werden oder sich auch als emotionales und haptisches Erleben entwickeln.

Eine Vielzahl von Gedichten trägt den Titel „Waldgespräch". Stets geht es um den Versuch, mit dem Wald Kontakt aufzunehmen, seine geheime Kommunikation zu erahnen und seine Geräusche und Töne zu entschlüsseln.

„Stets sind Gespräche im Wald:
Bald winkt dir ein Blatt, das dir etwas zu deuten hat."
(M. Dauthendey).

Kurzbiographien und Texte

Emanuel Geibel

1815 in Lübeck geboren, war einer der produktivsten Dichter, Übersetzer und Novellisten des 19. Jahrhunderts. Zahlreiche seiner Gedichte wurden vertont, u. a. von Robert Schumann. Nach Lebensstationen in Bonn, Berlin, Athen und München kehrte er 1869 in seine Heimatstadt zurück, wo er 1884 starb. Sein bevorzugter Rückzugsort war das Forsthaus Waldhausen des befreundeten Oberförsters Carl Hermann Haug im Lübecker Stadtteil Kücknitz, wo 1847 das Gedicht „Aus dem Walde" entstand. In seinem 1870 erschienenen Gedichtband ist das Gedicht „Waldgespräch" zu finden:

Waldgespräch
Aus einer Komödie

Linde.
Guten Abend. Wie steht's?

Eichbaum.
Einstweilen noch fest.
Feststehn dünkt mich das allerbest'
In diesen irren Zeiten,
Wo unter uns der kleinen Welt
Ein rastlos Wandeln nur gefällt,
Ein Schwanken, Streiten, Gleiten.
Schau' ich so aus meiner Ruh'
Der eitlen Hast der Menschen zu,
Wie in Sorgen ihr Tag vergeht,
Und was sie bau'n der Wind verweht:
Dann mit den bärtigen Wurzeln munter
Fass' ich tief in den Grund hinunter,
Der uns trägt seit undenklicher Zeit,
Dann wipfl' ich mit Zweig und Laube
Voller und höher vom Staube
Wolkenhinan in die Lüfte weit.
Und tief erquickt aus des Erdreichs Kerne,
Getränkt vom Thauen der Sterne,
Rausch ich behaglich vor mich hin,

„Wir stehn in Sonn' und Sternenschein
an unserm Ort, und lächeln drein,
und rauschen fort, und grünen."
(E. Geibel).

Und freue mich, daß ich nicht bin
Wie dies Geschlecht.

Linde.
Bruder, hast Recht.
Sind sie nicht Thoren?
Für eine Spanne Zeit geboren,
Füllen sie die mit Grillen und Mühn;
Wissen nichts von der Wonne
Badend im Glanz der Sonne
Still heraus von innen zu blühn;
Im heimlichen Wachsen und Weben
Zu schauen wonnereich,
Alte Tage träumend zu leben,
Und neue zugleich.
Laß sie denn schwanken
In ihren Gedanken,
Täglich scheitern und neu sich erkühnen!
Wir bleiben fest an unserm Ort,
Lächeln darein und rauschen fort,
Und grünen.

Stimmen
(in den Wipfeln weiter wandelnd).
Wir stehn in Sonn' und Sternenschein
An unserm Ort, und lächeln drein,
und rauschen fort, und grünen.

August Wilhelm Schlegel

seit 1812 von Schlegel, geboren 1767 in Hannover, studierte
Theologie in Göttingen, klassische Sprachen und Literatur und
gehört zu den Begründern der vergleichenden Sprachwissen-
schaft. Er übersetzte 17 Dramen Shakespeares ins Deutsche.
Nach Lebensstationen in Jena, Amsterdam, Berlin, Schloss Cop-
pet am Genfer See, Dresden und Weimar lehrte er an der Universität in Bonn. Enge Beziehungen bestanden zu Friedrich Schiller
und Gottfried August Bürger, der ihn zum Dichten und Über-
setzen anregte. Schlegel starb 1845 in Bonn. Sein Sonett „Waldgespräch" findet in der Vers- und Reimlehre häufig als Beispiel
für einen doppelten Reim Erwähnung, da sich das Gespräch des
Ichs durch die Antwort des Echos ergibt.

Waldgespräch

Hier bin ich einsam, keiner hört die Klage. klage!
Niemand vertrau' ich mein verzagtes Stöhnen. Tönen.
Soll ich stets ungeliebt der Spröden stöhnen? höhnen.
Wie lang harr' ich umsonst, daß es mir tage? Tage.

Mich findet Gunst zu leicht auf ihrer Wage. wage!
Wem liegt wohl dran, mein Leben zu verschönen? Schönen.
So wird das holde Glück mich endlich krönen? krönen.
Wer giebt mir frohe Kund' auf jede Frage? frage!

Was ist dein Thun dort in den Felsenhallen? hallen.
Und was ist Schuld, daß du nur Laut geblieben? lieben.
So fühlst du etwas bei Verliebter Schmerzen? Schmerzen.

Glaubst du, dein Spiel könnt' irgend wem gefallen? allen.
Wem wird es denn zu lieb mit uns getrieben? Trieben.
Wer sehnt sich leeren Wiederhall zu herzen? Herzen.

Justinus Kerner

(ab 1850 von Kerner), geboren 1786 in Ludwigsburg, gestorben 1862 in Weinsberg, war Arzt und Dichter. Nach einer Kaufmannslehre studierte er Medizin und hatte bereits während seines Studiums Kontakt zu Schriftsteller- und Dichterkreisen seiner baden-württembergischen Heimat, u. a. zu Hölderlin, den er auch medizinisch behandelte, und zu Uhland. Neben medizinischen und naturwissenschaftlichen Schriften verfasste er zahlreiche Gedichte, Romane und Erzählungen. Berühmt wurden auch seine „Klecksographien". Tintenkleckse („Dintensäure"), die bisweilen während des Schreibens entstanden, wandelte er in Zeichnungen um und verfasste dazu passende Verse. Im nachfolgenden Gedicht werden die Töne des Waldes als Ausdruck eines tieferliegenden Schmerzes gedeutet, eines Schmerzes, den letztlich der Mensch zu verantworten hat.

Der Grundton der Natur

Wenn der Wald im Winde rauscht,
Blatt mit Blatt die Rede tauscht,
Möcht' ich gern die Blätter fragen:
Tönt ihr Wonnen? tönt ihr Klagen?

Springt der Waldbach Tal entlang
Mit melodischem Gesang,
Frag' ich still in meinem Herzen:
Singt er Wonne? singt er Schmerzen?

Lausch' der Äolsharfe nur!
Schmerz ist Grundton der Natur;

Schmerz des Waldes rauschend Singen,
Schmerz – des Baches murmelnd Springen,
Und am meist aus Menschen Scherz
Tönt als Grundton Schmerz, nur Schmerz.

August Schnezler

Ferdinand Alexander August Schnezler, geboren 1809 in Freiburg im Breisgau, war nach dem Studium der Geschichte, Philosophie und Naturwissenschaften als Postbeamter im badischen Staatsdienst tätig, wandte sich dann aber als Dichter und Redakteur des „Rheinischen Odeon" literarischen Tätigkeiten zu. Er verfasste Novellen, Gedichte und Lustspiele und gab 1846 das zweibändige „Badische Sagenbuch" heraus. Er starb 1853 in München.

Waldgespräch

Es rauscht im Walde
Der Morgenwind,
Und schaukelt leise
Die zarten Kinder
Der Nachtigallen
In grünen Wiegen;
Und Mährchen flüstert
Er ihnen zu,
Von Schmetterlingen
Und bunten Blumen,
Bringt ihnen Düfte
Von fernen Rosen,
Und schaukelt leise
Die grünen Wiegen.

Seyd mir gegrüßt
Ihr wohlbekannten
Geliebten Bäume!
Kennt ihr mich noch?
Es ist wohl lange,
Daß ich ein Kind war,
Und selig träumte
In euren Schatten
Von Engeln Gottes,
Die mit mir spielten.

Ich habe lange
Die Welt durchstreifet;
Ich haschte lange
Nach Nebelbildern,
Doch hier zurück
Ließ ich die Ruhe,
Und kehre wieder
In ihren Arm.

Aus eurem Flüstern
Kann ich verstehen:

Ihr kennt mich noch!
Ich bin nur älter,
nicht k l u g geworden,
Die Liebe wollte
Mich unterrichten,
Ich war zu störrisch
Und eigensinnig.

Es rauscht im Walde
Der Morgenwind,
Und bringt mir Düfte
Von fernen Rosen,
Und bringt mir Klänge
Von alten Liedern.
O Sehnsucht! Sehnsucht!
Wann einmal ruhst du?
Wohin! Wohin?

Adolf Ritter von Tschabuschnigg

wurde 1809 in Klagenfurt (Kärnten/Österreich) geboren, studierte Rechtswissenschaften und setzte sich nach der 1848er
Revolution für umfassende Reformen ein: im Rechtswesen, in
Verfassungsfragen sowie bei der Grundablösung der Bauern.
1861 wurde er zum Justizminister ernannt. Neben seiner politischen Karriere war er schriftstellerisch tätig und schrieb zahlreiche Gedichte und Prosawerke. Tschabuschnigg starb 1877 in
Wien.

Waldgespräch

Das Laub ist gelb, nun sinkt es bald,
Einsam und öde wird's im Wald,
Hoch durch die Wipfel zieht's und rauscht,
Als würde heimlich Wort getauscht.

Ein Kukuk sitzt im Buchenhag,
Er denkt des Lenzes Nacht und Tag,
Als Frühlingsbote zog er ein,
Im Herbste schaut er traurig drein.

Zur Seite nikt am Tannenbaum
Ein alter Rabe fast im Traum,

„Einsam und öde wird's im Wald,
hoch durch die Wipfel zieht's und rauscht,
als würde heimlich Wort getauscht."
(A. v. Tschabuschnigg).

Fing' nicht der Kukuk an zu schrein,
Der Rabe schlief noch völlig ein.

Der Kukuk ruft: Im Maien hell
Da saß ich einst an dieser Stell'
Es kam herbei ein liebend Par,
Des Frühlings Blumen trug's im Haar.

Wo jetzt die Beeren glühn im Moos
Entsank sein Kopf in ihren Schooß,
Sie küßte ihn in holder Ruh',
Da schrie ich oft voll Lust dazu.

Und wie ich schrie und wie ich sang,
So küßten sie sich süß und lang,
Und lächelten des Zeugen fein
Und luden mich zur Hochzeit ein.

Das Feld ist leer, der Frost nicht weit,
Nun ist es wol zum Freien Zeit,
Ein Glockenläuten klingt durchs Thal,
Ich flieg' hinaus zum Hochzeitsmahl.

Drauf wetzt der Rab' den Schnabel aus,
Als gäb's für ihn auch einen Schmaus:
Auch ich hab' von Waldeinsamkeit
Ein Märlein so wie du bereit.

Wo jetzt so roth die Beeren glühn,
Dort saß ein Knab' bei Lenzes Blühn,
Am Tannenbaum, am Wasser hell
Erkenn' ich noch genau die Stell'.

Dort saß so wie der Frühling hold
Ein Knab' mit Locken blank wie Gold,
Ihm sank, als wär's der Liebe Schooß,
Sein träumend Haupt in Waldes Moos.

Da schlich der böse Schelm herbei,
Rasch war die That und kurz der Schrei,
Am Strauch auf weißen Blüten hing
Manch rother Tropfen, als er ging.

Wie mag's dem Schalk seitdem ergehn,
Ich hab' ihn nirgend mehr gesehn,
Er lud mich auch zum Mahl nicht ein,
Doch gibt's wol Schmaus am Rabenstein.

Leo Greiner

(Biographie auf Seite 44)

Waldgespräch

Hoch in den Kronen rauscht der Wind,
da wir tief unten in der Stille sind.
Wie ruht sich's süss in überrauschter Stille,
die unsre Seelen langsam liebgewinnt
und immer kühlender um sie die Hülle
verstaubter Schlafgewebe spinnt.
Wenn so das Leben im verlornen Rauschen
verwildert dunkler Wipfelstrassen irrt,
zu flüchtig, um zu uns herabzulauschen,
in unsrem Haar zu leisem Spiele wird,
dann naht dem Leid der Schlaf. Und das Verzichten
hat keine Schwere mehr, wird süss und weit,
ein Wunder, welches stille Kraft verleiht,
sich wie ein Glücklicher zurückzudichten
in Kindheitssehnsucht: treu und traumbereit.

Nikolaus Lenau

(Biographie auf Seite 157)

Das Waldgespräch (aus: Faust)

Mephistopheles.

Hörst du im Wald des Herbstes Räuberpfiff,
Mein Freund, und hörst du rauschen seinen Griff?
O Schade, daß der Lenz nicht hundertmal
Mehr grünes Laub getrieben hat im Thal,
Auf daß der Herbst mit hundertfacher Beute
Hinsausend jetzo mir das Herz erfreute!
Denn weh zumal thut Menschen das Verlieren,
Und nach der Sommerlust ihr erstes Frieren.

Faust.

Nein! es ist elend, daß des Frühlings Leiter
Zu Blüth' und Lust hinauf nicht reichet weiter,
Daß alles ist so knapp gezählt auf Erden!
Bankbrüchig muß Natur in allen Jahren
Der Forderung der armen Menschen werden,
Und zur Erholung lange Winter sparen.
[...]

Rose Ausländer

wurde 1901 in Czernowitz im ehemaligen Österreich-Ungarn
(heute Ukraine) geboren und wuchs in einem streng orthodoxen
chassidischen Elternhaus auf. Bedingt durch die beiden Welt-
kriege führte sie ein ruheloses Leben in mehreren Ländern, ent-
ging der Verfolgung und Deportation in Rumänien und war in
verschiedenen Berufen – als Journalistin, Übersetzerin, Kran-
kenschwester – tätig. 1965 wählte sie Düsseldorf als Wohnsitz.
Erst zehn Jahre später wurde sie als Lyrikerin allgemein bekannt. Sie starb 1988 in Düsseldorf im Nelly-Sachs-Haus, einem
jüdischen Pflegeheim.

"Hörst du im Wald des Herbstes Räuberpfiff,
mein Freund, und hörst du rauschen seinen Griff?"
(N. Lenau).

Der Wald erzählt

Mein Herz ist grün und meine abertausend Glieder
sind meine Kinder all im keimenden Gefieder.
Und Stamm neigt sich zu Stamme, Wipfel schließ an Wipfel.
Von meinem hohen, stolzen Pappelgipfel
erschau ich rings die landschaftliche Weite:
der Silberfluß gibt schlängelnd meinem Fuß Geleite;
fern ins Gewölke steigen welligweiche Hügel,
und unter ihnen ruht ein Wiesenplan, ein grüner Spiegel. –
Mein Blätterblut ist süßer Unruh voll, es will zerrauschen, –
doch still! Die bunten Vögel singen, laßt uns lauschen! –

Die Sonne blickt mich glühend an, da muß ich wachsen, steigen.
Der feuchte Erdenschoß zieht meine Wurzeln tiefer in sein Schweigen.
Mein Herz ist grün und sommerjung und voll von warmem Leben
und will der weiten Winterwelt die große Freude geben.

Peter Hille

wurde 1854 im westfälischen Erwitzen geboren. Sein literarisches Werk ist der Spätromantik und dem Naturalismus zuzuordnen. Hilles Leben war geprägt von einem ruhelosen Va-
gantentum und ständigen finanziellen Nöten, aus denen ihm
mehrfach befreundete Dichter helfen mussten. In Berlin galt er
als Kultfigur der dortigen Bohème, doch machte ihn seine Nähe
zu Sozialisten und Anarchisten polizeiverdächtig. Er starb 1904
in Groß-Lichterfelde (heute Berlin-Lichterfelde).

Waldstimme

Wie deine grüngoldenen Augen funkeln,
Wald, du moosiger Träumer,
Wie so versonnen deine Gedanken dunkeln,
Kraftstrotzender Tagesversäumer,
Einsiedel, schwer von Leben!

Über der Wipfel Hin- und Herschweben:
Wie's Atem holt
Und näher kommt
Und braust,
Und weiter zieht
Und stille wird
Und saust!

Über der Wipfel Hin- und Herschweben,
Hochoben steht ein ernster Ton,

Dem lauschen tausend Jahre schon
Und werden tausend Jahre lauschen,
und immer dieses starke, donnerdunkle Rauschen.

„Wie deine grüngoldenen Augen funkeln,
Wald, du moosiger Träumer."
(P. Hille).

Max Dauthendey

Maximilian Dauthendey wurde 1867 in Würzburg geboren und entschied sich gegen den Willen seines Vaters für eine Künstlerkarriere als Maler und Dichter. Trotz ständiger Geldnot unternahm er mehrfach längere Reisen, deren Eindrücke sich in seinen Bildern und Gedichten widerspiegeln. 1912 konnte er sich kurzfristig seinen Traum von einem Waldhaus im japanischen Stil in der Nähe von Höchberg (Unterfranken) erfüllen, jedoch überstiegen die Folgekosten schon bald seine finanziellen Verhältnisse, so dass das berühmte Waldhaus am Guggelesgraben aufgegeben werden musste. Sprache, Töne und Natur in Verbindung mit Farben spielen im Werk von Dauthendey die vorherrschende Rolle. Er zählt somit zu den wichtigsten deutschen Impressionisten. Dauthendey starb 1918 während seiner zweiten Weltreise auf Java. Er wurde in seiner Heimatstadt beigesetzt.

Stets sind Gespräche im Wald

Stets sind Gespräche im Wald:
Bald winkt dir ein Blatt,
Das dir etwas zu deuten hat.
Bald sitzt ein Käfer auf deinem Ärmel und blinkt.
Sein Flüglein blitzt wie ein Liebesgedanke,
Der augenblicklich wieder versinkt.
Die Mücke singend ums Ohr dir schwebt,
Wie Sehnsucht, die vom Blute lebt
Und dir von deinen Poren trinkt.
Wo der Wald sich lichtet,
Steht ungeschlachten Scheitholz geschichtet,
Weht Rindengeruch, der von Bränden dichtet.
Bleibt in den Kleidern dir lang noch hocken,
Als will es dich in ein Feuer locken.

Max Schlierbach

eigentlich: Maximilian Anton Seydel, ab 1893 von Seydel, geboren 1846 in Germersheim, gestorben 1901 in München, war Jurist, ab 1881 Professor für bayrische Verfassungs- und Verwaltungslehre an der Ludwig-Maximilians-Universität München sowie Autor zahlreicher rechtswissenschaftlicher Arbeiten zur Staatslehre und Staatenbundtheorie. Unter dem Pseudonym Max Schlierbach veröffentlichte er mehrere Gedichtbände.

Waldgespräch
An Clemens v. P.

Die Sonne stand hellleuchtend am Zenith
Und durch den Waldgang scholl der Drossel Lied.
Wir wandelten dahin in froher Schaar,
Die Stirne wolkenlos, das Auge klar.
Ein Lebensodem, leise wogend zog
Durch die Natur, soweit das Auge flog.
Du sprachst: Sieh dieses Leben hier im Staube,
Mit tausend Zungen ruft es: Staun' und glaube!
Die Sonne dort am Himmel, purpurscheinig
Spricht sie vom Gotte, der da herrscht dreieinig:
So schöpfe du aus menschlicher Erfahrung

Das Zeugnis dir der höchsten Offenbarung.
Ich sprach: Laß durch ein Wort uns nimmer trennen;
Du nennst es Glauben, laß mich's Ahnung nennen.
Nah'n nicht, wenn hingelagert unter Bäume
Wir schlummern, diese dir, mir jene Träume?
So glaub' ich dies, du dies. Wie sich's erfülle,
Wer weiß es? Wahrheit ruht in dichter Hülle.
Uns, die wir zwischen Licht und Dunkel wandeln,
Uns bleibt nur Eines, edel sein im Handeln
Und festzuhalten in der Welt Getriebe
Am alten, heiligen Gesetz der Liebe.
Wo, wie aus deinen, mir aus reinen Zügen
Ein reiner Sinn strahlt, dort find' ich Genügen;
Nicht frag' ich mehr: mein Alles ist das Eine.
Mit tiefstem Haß nur haß' ich das Gemeine.

Friedrich von Heyden

Friedrich August von Heyden-Nerfken wurde 1789 auf Gut Nerfken/Preußisch Eylau geboren. Nach dem Studium der Sprachen, Literatur und Geschichte und dem Militärdienst trat er in den preußischen Staatsdienst und war zuletzt Oberregierungsrat von Breslau. Er veröffentlichte zahlreiche Novellen und Gedichte. Sein dichterischer Schwerpunkt lag auf der Poesie und der romantischen Epik. Friedrich von Heyden starb 1851 in Breslau.

Waldgespräch

me gelidum nemus
secernit populo   Horat.

Der Einsiedler.
Schon siegt das Licht, schon weicht die Nacht,
Schon glänzt der Wald in Morgenpracht.
Die holden Blumen sonder Zahl,
Die Grünen Zweiglein allzumahl,
Bewegt von lauer Weste Wehn
Voll Duft und Thauesperlen stehn,
Darinnen sich der Sonne Licht
In tausend bunten Farben bricht.

Hier in dem lauen Schattenwald,
Hier herrscht nicht Tücke, nicht Gewalt,

Da keimt es, wächst an Segen reich,
Und Eich' und Epheu sind sich gleich.
Kein Menschenruf stört meine Ruh,
Doch reden mir die Bäume zu.
Fort Menschenwitz, fort Trug und Schein,
Mir rauscht mein Wald, – bin nicht allein.

Die Tannen und Fichten.
Wohl zieht der Wind im Forst einher,
Wir rauschen hin, wir rauschen her.
Die höchsten sind wir in dem Haine,
Zunächst begrüßt vom Morgenscheine.
Doch ach! – kaum daß der Wipfel regt,
Gleich ist der ganze Stamm bewegt.

„Kein Menschenruf stört meine Ruh,
doch reden mir die Bäume zu."
(F. v. Heyden).

Das Grün wird uns kein Winter rauben,
Doch wird uns auch kein Lenz belauben.

Einsiedler.
Der, welcher sich zu hoch erhebt,
Macht, daß er iedem Hauch erbebt.
Was gleich sich bleibt Jahr aus Jahr ein,
Mag haltbar, doch nicht reizend sein.

Die Birke.
Durchzogen ganz von süßem Saft
Erheb' ich schlank den Silberschaft.
Mich liebt der west, der leise kühlet,
Mit meinen zarten Ästen spielet.
Es weckt so gern die Nachtigall
Aus meinem Grün den Wiederhall.
    Wenn plötzlich Nachts die Zweige beben,
    Sinds Elfen die mich leicht umweben.

Einsiedler.
Wohl dem, den, leis nur angeregt,
Ein jedes Schöne tief bewegt;
Höhnt auch das Volk als Wahn sein Thun,
Das Beste wird im Arm ihm ruh'n.

Die Eller.
Ich hier im Thal, ich hier am Bach,
Seh' meinen lieben Wellen nach,
Sie spülen schmeichelnd mir zu Füßen,
Ich tauch die Blätter sie zu küssen.
Doch treulos ist mein nasser Freund
Wenn angeschwollen er erscheint,
    Die Schollen, die mir Nahrung geben,
    Entreißt er mir, bedroht mein Leben.

Einsiedler.
Weh dem, der nicht das Beste liebt,
Sich schwach und willenlos ergiebt!

Die süße Täuschung wehrt nicht lang,
Auf blinde Neigung Untergang.

Ulmenbaum und Epheu.
Hat Rang und Baum in eins verwebt.
Der Baum ist stark, die Ranke schwach,
Doch steigt er hoch, so muß sie nach.

Sollt' er auch trocknen und vergehen
Die Ranke muß er grünend sehen.

Einsiedler.
O Glück! – wenn Liebe deine Kraft
Das Schwäch're zu dem Stärkern schafft,
Daß eins des Andern Größe hebt,
Und eines durch das andre lebt.

Eiche.
Die Wurzeln senk ich klaftertief,
Der Stamm ist fest wie Felsenrief,
Die Aeste sind von Kraft geschwollen,
Ein Feld muß mir die Nahrung zollen.
Wenn auch der wind die Blätter regt,
Die Zweige starren unbewegt.
    Entwurzeln mag der Stamm mich immer,
    Mich beugen wird er nun und nimmer.

Einsiedler.
O Heil! dem der in Schicksalswuth
Voll festen Sinns auf sich beruht,
Den keines Schmeichlers Lobspruch neigt,
Den nicht Gewalt zu Boden beugt,
Der, eh' ein Starker untergeht,
Als schwach sich schmiegt, damit er steht.

Chor der Bäume.
Uns röthet Früh- und Abendschein,
Doch Schmuck kann nicht beständig seyn.
Der Ast wird kahl, vom Schnee gebogen,
Von Eis und Reif ringsher umzogen.
Der Frühling kommt mit neuem Grün,
Jahr aus, Jahr ein; – die Zeiten fliehn,
    Bis uns kein Laub mehr sanft umzittert,
    Das todte Holz der Sturm zersplittert.

Einsiedler
Nur einer Oben kann bestehn,
Was wird, das muß zu Grunde gehen.
Der Fels, der Wald, die Büth' am Baum.
Der Mensch, die Flieg' im blauen Raum.
Was dasteht ist aus Staub gefügt,
Zerfällt in Staub, – die That nur siegt.
    Drum Mensch von Gott, zur That ersehn,
    Laß siegend deinen Ruf bestehn.

Waldblumen.
Wir Kleinen hier in Moos und Gras
Bunt zwar, doch halb verstecket,
Von jedem Wind genecket,
Umbuhlt von Flie' und Schmetterling,
Sind in so lauten Chören
Gewißlich nicht zu hören,
Ein Blümchen ist ein armes Ding.

Uns schmeichelt aus dem Winterschlaf
Das Wehn der lauen Lüfte,
Wir spenden süße Düfte,
Doch ehe noch der Tag vergeht,
An welchem wir entsprossen,
Ist unser Kelch geschlossen,
Ist Duft und Blättergier verweht.

Jüngling.
Ihr Blumen in des Thales Schoos,
Nicht klagt um euer flüchtig Loos,
Das Schönste kann nicht währen,
Drum hält mans hoch in Ehren;
So pflück ich euch für Liebchens Brust.
O, könnt' ich mit euch tauschen,
An ihrem Busen lauschen,
Und da verblühen; – welche Lust! –

Die Vögel.
Frisch auf und munter,
Im Flug, im Lauf,
Den Baum hinunter,
Den Baum hinauf.
Vom Neste genickt,
Geschnäbelt, gepickt.
Hast lieb mich du Weibchen?
„Ja ja, – so so!"
Sie wollen uns fangen;
Paßt auf! – Nun wo? –

Wir sind keine Narren,
Wir sehn so hell.
Könnt schleichen und harren,
Wir sind zu schnell.
Nach Mücken und Fliegen,
Sieh sieh, – husch husch!

„Durch's Blaue, durch's Grüne.
– du Wald, lebe wohl!"
(F. v. Heyden).

Durch Blätter und Zweige,
Zu Busch zu Busch!! –

Der Zephir.
Ich wehte, da sprachen
Die rauschenden Bäume,
Die nickenden Blumen
Sie spendeten Duft.
Nun nehm' ich den Balsam
Behend auf die Schwingen.
Dort gehet der Jüngling
Zum Mädchen am Bach.
Wie wonnig ihr Lächeln!
Sie will mich umfächeln,
Ihr trag ich ihn nach.
Und schwärme dann weiter
Durch Gärten so heiter.
Die Schmetterlingsheerden
Die treib' ich durch's Blaue,
Ein luftiger Schäfer
Im Scherz vor mir her.
Ich jage nach Blüthen,
Nach zärtlichen Blumen,
Nach wallenden Locken,

Nach wogenden Schleyern
Um schwellende Busen;
Stets lustig ins Weite
Behend' in das Freye,
Durch's Blaue, durch's Grüne.
– Du Wald, lebe wohl!

Joseph von Eichendorff

Freiherr Joseph Karl Benedikt von Eichendorff, geboren 1788 auf Schloss Lubowitz bei Ratibor, gehört zu den bedeutendsten Dichtern des romantischen Zeitalters. Ihm gelingt es, durch eine einfach erscheinende Bildsprache sublime Botschaften zu vermitteln. Neben Gedichten verfasste Eichendorff, der in Halle und Heidelberg Jura studierte, zahlreiche Novellen, Romane, Epen und Theaterstücke und unterhielt Kontakt u. a. zu Novalis, Schlegel und Brentano. 1813 bis 1815 nahm er als Lützower Jäger an den Befreiungskriegen gegen Napoleon teil. Später bekleidete er verschiedene Ämter im preußischen Staatsdienst. Er starb 1857 im oberschlesischen Neiße, im heutigen Polen.

Waldgespräch

Es ist schon spät, es wird schon kalt,
was reitst du einsam durch den Wald?
Der Wald ist lang, du bist allein,
du schöne Braut! Ich führ dich heim!

„Groß ist der Männer Trug und List,
vor Schmerz mein Herz gebrochen ist,
wohl irrt das Waldhorn her und hin,
o flieh! Du weißt nicht wer ich bin."

So reich geschmückt ist Roß und Weib,
so wunderschön der junge Leib,
Jetzt kenn ich dich – Gott steh mir bei!
Du bist die Hexe Lorelei.

„Du kennst mich wohl – von hohem Stein
Schaut still mein Schloß tief in den Rhein.
Es ist schon spät, es wird schon kalt,
kommst nimmermehr aus diesem Wald!"

Eichendorffs Gedicht wurde von Robert Schumann vertont. „Jetzt kenn ich dich, Gott steh mir bey, du bist die Hexe Loreley."

Conrad Ferdinand Meyer

geboren 1825 in Zürich, war ein Schweizer Dichter und Schriftsteller, dessen erfolgreiche Karriere jedoch erst im Alter von 46 Jahren mit der Publikation seines ersten Gedichtbandes begann. Weitere Romane, Novellen und Gedichte folgten. Meyer, der seit seiner Jugendzeit mit psychischen Problemen zu kämpfen hatte, starb 1898 in Kilchberg bei Zürich, wo er mit seiner Frau die letzten Lebensjahre verbracht hatte.

Jetzt rede du!

Du warest mir ein täglich Wanderziel,
Viellieber Wald, in dumpfen Jugendtagen,
Ich hatte dir geträumten Glücks so viel
Anzuvertrauen, so wahren Schmerz zu klagen.

Und wieder such' ich dich, du dunkler Hort,
Und deines Wipfelmeers gewaltig Rauschen –
Jetzt rede du! Ich lasse dir das Wort!
Verstummt ist Klag' und Jubel. Ich will lauschen.

Die Wodanseiche am Philo-
sophenweg bei Bad Harzburg
existiert nicht mehr. Hier eine
Ansicht von 1903.

Waldeinsamkeit

„Waldeinsamkeit" ist eine Wortneuschöpfung der romantischen Literatur, die erstmals in Ludwig Tiecks Kunstmärchen „Der blonde Eckbert" aus dem Jahr 1796 erscheint. Vielfach wird sie in Gedichten und Erzählungen aufgegriffen, so beispielsweise von Joseph von Eichendorff, Heinrich Heine oder Viktor von Scheffel, der seinen zwölfteiligen Gedichtzyklus „Waldeinsamkeit" betitelte. Und auch in der Malerei und Druckgraphik des 19. Jahrhunderts häufen sich die Waldeinsamkeit-Bilder. Literatur und Kunst treffen mit diesem Begriff ganz offensichtlich den Nerv der Zeit und symbolisieren auf diese Weise die Suche der Menschen nach Stille und Geborgenheit. „Waldeinsamkeit" wird geradezu zum Sehnsuchtswort und Sehnsuchtsort.

Der Rückzug in die Einsamkeit eines Waldes kann, je nach Lebenssituation oder Gemütszustand, im Sinne einer Weltentsagung dauerhaft oder aber lediglich temporärer Natur sein, beispielsweise, um für einen Moment ungestört durchatmen zu können, Abstand vom Alltag zu gewinnen, die Gedanken zu ordnen oder – um es mit den treffenden Worten Wilhelm Buschs auszudrücken – sich einmal in Ruhe „die Seele schneuzen" zu können. Der Wald bietet somit genügend Raum und die Freiheit, sich zumindest zeitweise so zu geben, wie man sich fühlt, und dies unbeobachtet und unkontrolliert. Einsamkeit in Verbindung mit der Vorstellung von persönlicher Freiheit und Menschenferne sind in der romantischen Literatur positiv besetzte Motive. Der Lärm der Welt steht im Kontrast zur Stille des Waldes. Neueste Studien bestätigen im Übrigen die wohltuende Wirkung eines auch nur kurzzeitigen Aufenthaltes in der Natur oder im Wald auf die menschliche Psyche, vor allem – so die Erkenntnis der Neurowissenschaft – in Verbindung mit den Farben Blau und Grün.

„Waldeinsamkeit."
Gemälde von Eduard Leonhardi von 1859.

Die Waldeinsamkeit wurde jedoch nicht nur poetisch-künstlerisch verarbeitet, sondern durchaus auch philosophisch-praktisch umgesetzt. Der amerikanische Philosoph Henry David Thoreau zog sich 1845 für zwei Jahre an den Walden Pond bei Concord (Massachusetts/USA) in eine selbst gebaute Blockhütte zurück, um das einfache Leben im Wald als Selbstexperiment zu erproben. Seine Tagebuchnotizen aus jener Zeit, die unter dem Titel „Walden or Life in the Woods" 1854 erschienen, wurden auch in Europa zum Bestseller, auch die deutschen Übersetzungen von Emma Emmerich (München) 1897 sowie von Wilhelm Nobbe (Jena 1905) und anderen. Interessanterweise finden wir hier bereits eine frühe Bestätigung für die einzigartige Farbkombination vom Blau des Sees und dem Grün des Waldes.

Kurzbiographien und Texte

Ludwig Tieck

geboren 1773 in Berlin, studierte in Halle, Göttingen und Erlangen Geschichte, Philologie und Literatur mit dem Ziel, sich als freier Schriftsteller niederzulassen. Die wichtigsten Lebensstationen waren Berlin, Jena, Ziebingen/Neumark sowie Dresden, wo Tieck zum Dramaturgen am Hoftheater ernannt wurde. Längere Reisen führten ihn nach England, Frankreich und Italien. Enge Kontakte unterhielt er zu den führenden Dichterkreisen seiner Zeit, u. a. zu Goethe, Schiller und den Brüdern Schlegel. 1826 übernahm er die von August Wilhelm Schlegel begonnene Herausgabe und Übersetzung der Werke Shakespeares. Tiecks literarisches Werk umfasst zahlreiche Novellen, Märchen und Gedichte. Die letzten Lebensjahre verbrachte er in seiner Heimatstadt Berlin, wo er am 28. April 1853 starb.

Der blonde Eckbert

Zum Inhalt: „Der blonde Eckbert" ist ein Kunstmärchen, ein „modernes" Märchen des späten 18. Jahrhunderts, das einem tradierten Volksmärchen nachempfunden wurde. Es gilt als das erste Meisterwerk Tieckscher Stimmungsmalerei. Wie sich erst am Ende der Geschichte herausstellt, sind die Hauptfiguren miteinander verbunden

gewesen: der Ritter Eckbert und seine Frau Bertha, die tragischer-
weise nicht wissen, dass sie Halbgeschwister sind, die Waldfrau,
die Bertha aufgezogen hat, von dieser aber später betrogen wird,
sowie die Freunde Eckberts Walther und Hugo, in deren Gestalt sich
die Waldfrau verwandeln kann. An drei Stellen wird die Handlung
durch das Lied eines geheimnisvollen Waldvogels, der die Waldeinsamkeit besingt, unterbrochen:

Waldeinsamkeit,
Die mich erfreut,
So morgen wie heut
In ewger Zeit.
O wie mich freut
Waldeinsamkeit.

Waldeinsamkeit,
Wie liegst du weit!
O Dir gereut
Einst mit der Zeit.
Ach einzge Freud
Waldeinsamkeit.

Waldeinsamkeit
Mich wieder freut,
Mir geschieht kein Leid,
Hier wohnt kein Neid,
Von neuem mich freut
Waldeinsamkeit.

Waldeinsamkeit (Novelle)

Zum Inhalt: In seiner 1841 erschienenen Novelle „Waldeinsamkeit" gelingt Tieck ein besonderer literarischer Überraschungseffekt:
Er macht sowohl seine eigene Person sowie auch den Begriff der
Waldeinsamkeit in seinem Märchen „Der blonde Eckbert" zu einem
gesellschaftlichen und durchaus kontroversen Gesprächsthema.
Für die Hauptfigur der Novelle, den jungen, zur Melancholie
neigenden Ferdinand von Linden, wird die Waldeinsamkeit sogar
zum erstrebenswerten Lebensziel. Nichts wünscht er sich sehnlicher,
als mit der von ihm angebeteten Sidonie ein in der Idylle des Waldes
zurückgezogenes Leben zu verbringen. Bevor sich das Paar findet,
muss Ferdinand jedoch noch Betrug und Hinterhältigkeiten seiner
vermeintlichen Freunde sowie eine unfreiwillige Waldeinsamkeit erfahren. Hier der Beginn der Novelle:

Es war der Geburtstag des schon ältlichen Barons von Wangen. Einige
seiner Freunde hatten ihm Glück gewünscht und waren mit ihm beim Frühstück versammelt. Die älteren erinnerten sich der frühen Zeiten und die
jungen sprachen und stritten lebhaft über Vorfälle des Tages. Da man sich
nicht einig werden konnte, hörte man endlich nothgedrungen auf die Reden der bejahrten Männer.

Wangen, der älteste von ihnen, erzählte eben einige Begebenheiten, die
er in seiner Jugend erfahren hatte, er schilderte Bekannte, die großtheils
nicht mehr lebten, und erging sich so mit Freude und Lust in diesen Erinnerungen, daß ihm endlich auch die Jünglinge mit Vergnügen zuhörten. Da
sein gutes Gedächtniß ihm auch die kleinsten Verhältnisse zuführten, so
erhielten seine Schilderungen gerade durch das Geringfügige Leben und
Frische. Wenn die Jugend oft voreilig diese Darstellungen ehemaliger Zeit
und ihrer Verhältnisse verwirft, so vergißt sie, daß sie sich dadurch das
Verständniß der Gegenwart erschwert und den Blick in die Zukunft verdunkelt.

Da Wangen auch viele Autoren des vorigen Jahrhunderts gekannt hatte, so
wendete sich die Erzählung ebenfalls auf diese, und Lob und Tadel mancher poetischen Produktionen jener Zeiten ward angesprochen. Der Be-
diente störte, welcher dem alten Baron das neueste Zeitungsblatt übergab.

So wie Wangen nun hineinsah, lachte er überlaut. –

Was giebt es? Fragte der junge Helmfried mit entgegenkommendem Lächeln.

Oh Ihr, sagte Wangen, junger Mensch, erwartet irgend etwas Boshaftes,
um Euch Eurer Art nach daran zu ergötzen: dergleichen hat mich aber gar
nicht spaßhaft aufgeregt, sondern eine ganz unschuldige Anzeige hier, wo
ein Gut ausgeboten wird, nicht von großem Umfange, und indem der Ver-
käufer das Haus, den Garten und die Aecker beschreibt, fügt er hinzu, es
finde der Liebhaber zugleich hinter dem Gemüsegarten eine sehr vortreff-
liche W a l d e i n s a m k e i t .

Er lachte von Neuem und Helmfried sagte: Aber worüber spaßt und ergötzt
Ihr Euch denn so sehr, alter Herr? Der Ausdruck ist ja ein ganz gewöhn-
licher, alltäglicher, man hört, man lieset ihn in allen Blättern und an allen
Orten.

Nun ja, sagte der Alte, jetzt; doch fällt es mir immer wieder als komisch auf,
wenn dies kühne Wort, diese gewagte Zusammensetzung so in Zeitungen
und Ankündigungen gebraucht wird. Es werden jetzt ungefähr zehn oder
acht Jahre vorüber seyn, als ich zuerst im Hamburger Korrespondenten
auch ein Gut mit einer Waldeinsamkeit ausbieten sah. Seitdem, wie oft!

„Waldeinsamkeit,
die mich erfreut,
so morgen wie heut
in ewger Zeit.
O wie mich freut
Waldeinsamkeit."
(L. Tieck).

Nun also! sagte Helmfried mit seinem etwas hämischen Lächeln, das fast immer sich wider seinen Willen auf seinen Lippen zeigte. Und kühn gewagt nennt Ihr dies Substantiv? Wenn es in die Aufschlagzettel und Auktionsanzeigen übergegangen ist?

Sonderbar genug, antwortete der Baron, daß ein vor Jahren unerhörter Ausdruck, der sein poetisches Gewand nicht ablegen kann, ebenso in das alltägliche Geschäftswesen übergegangen ist, wie die Ausdrücke „ins Leben treten – Leistungen – sich herausstellen – Begebnisse – etwas beleben, statt erleben" – und dergleichen mehr, oder wie „Zunftzwang, Fabrikanstalt, Besserungshaus" V die mehr oder minder nothwendig, oder uns für das Alltägliche aufgedrungen sind. – Wir kennen doch alle jenes jugendliche Mährchen unseres Freundes „Der blonde Eckbert". –

Ja wohl, riefen die Versammelten, es ist eins der frühesten oder wohl das älteste jenes Autors.

Abseits hatte sich ein junge schwermüthiger Mann gesetzt, der bisher an Allem, was gesprochen wurde, einen Theil genommen hatte. Jetzt stand er auf und sagte mit lauter, aber wehmüthiger Stimme die Verse her:

> Waldeinsamkeit,
> Die mich erfreut,
> So morgen wie heut
> In ewiger Zeit:
> O wie mich freut
> Waldeinsamkeit!

Ich war noch sehr jung, begann Wangen wieder, so jung, daß ich nicht den Muth hatte, mitzusprechen oder eine Meinung abzugeben, wenn ich unter verständigen Männern mich befand: ein Beweis, daß ich vom vorigen Jahrhundert spreche. So war ich denn im Hause jenes Autors oft ein stummer Zuhörer, der lieber lernte als lehrte. Der Dichter jenes Mährchen erhielt den Korrekturbogen desselben und theilte auf Verlangen die kleine Erzählung seinen Zuhörern mit. Die Gesellschaft bestand aus der Schwester des Dichters, die sich auch als Schriftstellerin bekannt gemacht hat, dem liebenswürdigen Wackenroder, dem jungen Hausarzt, Byng, ein ächter Mensch, wie es nur wenige giebt, dem Musikdirektor des Berliner Theaters, Wessely, und dem bekannten Musikus Zelter. Es war im Sommer 1796, als sich diese Gesellschaft zusammengefunden hatte. Man billigte, amn lobte das Mährchen, aber Alle vereinigten sich mit Wackenroder, als dieser laut und bestimmt erklärte, das Wort „Waldeinsamkeit" sei undeutsch, unerhört und durchaus nicht zu gebrauchen. Der Autor, der das Wort, ohne darüber zu denken oder zu zweifeln, viel weniger, um einen Anstoß zu erregen, geschrieben, war nicht wenig über den Chor seiner Freunde erstaunt, der einstimmig das Wort verdammte und verlangte, daß es wenigstens, der Natur der Sprache zu gefallen, Waldeseinsamkeit schreiben sollte. Vergebens, daß der Autor „Frühlingsglanz" und selbst „Herbstmanoeuvre" für sich anführte, jeder der Gegenwärtigen, die alle Deutsch zu verstehen glaubten, hatte wichtige Gründe, den ketzerischen Ausdruck zu verwerfen. Der überstrittene, aber nicht überzeugte Autor schwieg endlich, korrigirte aber nicht. Und, wie der Erfolg gezeigt, er war so sehr im Recht, daß Zeitungsnachrichten jetzt den damals angefochtenen Ausdruck nicht vermeiden.

Es ist mir ganz neu, sagte Helmfried, daß das Wort jemals nur auffallen konnte. Solche Umgestaltunge, Gewöhnungen sind aber überhaupt nicht selten; geht es doch mit manchen Tugenden und Lastern ebenso, die nach zwanzig Jahren die Namen tauschen und Hocherrath zu Patriotismus, Lüge und Betrug in Klugheit umstempeln, wenn Beharrlichkeit, Aufopferung, Selbständigkeit und Tiefsinn zu Philisterei umgeschmolzen werden.

Er lachte wieder auf jene unangenehme Art, von welcher der alte Wangen sich immer verletzt fühlte. Die Freunde verließen bald darauf den Baron, und nur jener schweigsame, trübsinnige Jüngling blieb allein bei ihm zurück.

Was ist Dir nur, Ferdinand, begann der Alte: Du sprichst nicht, an nichts nimmst Du Antheil, ich fürchte, Dein Leben wird sich ganz und gar in Träumerei verlieren.

Ach! antwortete Ferdinand von Linden mit dem Ausdruck schwärmender Trauer, tadeln Sie mich, lieber Oheim, schelten Sie, nur glauben Sie mir auch, ich kann nicht anders seyn. Der Ausdruck der Franzosen, „das ist stärker als ich" ist ein sehr richtiger.

Ist ein Unsinn, lieber Sohn, rief der Oheim aus: der Blitz, der mich erschlägt, das Erdbeben, welches mir mein Haus über dem Kopf einstürzt, diese Begebenheiten sind stärker als ich; nichts aber, wo mein freier Wille, mein kräftiger Entschluß hineinwirken kann. Rüttle Dich auf aus dieser Gefühllosigkeit und denke an Die bevorstehendes Examen, damit Du als Rath künftig einrücken kannst, und übe Dich vorher noch ein, damit nicht etwa das Examen stärker seyn mag, als Du es bist.

Aus seinen Träumereien heraus antwortete Linde: Dies Examen kümmert mich nicht sonderlich, denn ich denke meiner Sache gewiß zu sein, – aber es giebt Tage, in welchen ich gleichsam aus meinem poetischen Schlummer gar nicht zur Wirklichkeit erwachen kann. Gestehe ich es nur, jenes kleine Gedicht, diese Waldeinsamkeit, hat mich erst recht tief wieder eingewiegt. Das Grün des Waldes, die lichte Dämmerung, das heilige Rauschen der mannichfaltigen Wipfel, alles dies zog mich von frühester Jugend wie mit Zauber in diese Einsamkeit. Wie gern verirrte ich, verlor ich mich schon als Knabe in jenem Walde meiner Heimat. In den innersten, fast unzugänglichen Theilen fühlte ich mich, von der Welt ganz abgesondert, unbeschreiblich glücklich, und vergaß gern Schule, das elterliche Haus und die Mittagmahlzeit. Auf meinen Fußreisen nachher habe ich, die Straße vorsätzlich verlassend, so manche schöne Nacht in Wäldern zugebracht: und wenn ich dann am Morgen, weiter wandernd, den erfrischenden Gesang der Vögel vernahm, das Krähen der Hähne, die mir endlich das nahe Dorf und Wohnungen der Menschen verkündigten, so strömte in meiner Wildniß ein Schauer von Entzücken durch mein ganzes Wesen. Und alles dies und was ich jemals von Sehnsucht nach Natur empfunden habe, wachte vorhin in meinem Busen wieder ganz lebendig auf, als das Wort Waldeinsamkeit nur genannt wurde.

Soll man dergleichen nun poetische Stimmung oder gar schon Poesie nennen? warf der Oheim ein. Vielleicht am ersten Krankheit.

Oder auch Gesundheit! rief der Neffe, nur in einer anderen Gestaltung, wie bei so vielen gesunden Menschen.

Und wie steht es mit Deiner Liebe? fragte Wangen: bist Du hier nicht auch von der Landstraße weit ab in einen unwirthbaren Wald verirrt, in welchem Du in Gefahr zu verschmachten bist?

[...]

Joseph von Eichendorff

(Biographie auf Seite 71)

Waldeinsamkeit

Waldeinsamkeit!
Du grünes Revier,
Wie liegt so weit
Die Welt von hier!
Schlaf nur, wie bald
Kommt der Abend schön,
Durch den stillen Wald
Die Quellen gehn,
Die Mutter Gottes wacht,
Mit ihrem Sternenkleid
Bedeckt sie dich sacht
In der Waldeinsamkeit,
Gute Nacht, gute Nacht! –

Ludwig von Pocci

Graf Franz Ludwig Evarist Alexander von Pocci, geboren 1807 in München, starb ebendort im Jahr 1876. Pocci war studierter Jurist, wurde unter König Ludwig I. Zeremonienmeister und Hofmusikintendant, unter Ludwig II. königlich-bayerischer Oberstkämmerer. Pocci widmete sich weniger der Jurisprudenz als vielmehr der Zeichenkunst, Schriftstellerei und Komposition. Berühmt wurde er durch Märchen, humoristische Beiträge in den „Fliegenden Blättern" und dem „Münchner Bilderbogen" und vor allem durch seine Werke für das Kasperl- und Marionettentheater. Im Volksmund war er seitdem der „Kasperl-Graf".

Zu seinem Repertoire gehörten jedoch auch eine Reihe romantischer Gedichte.

Waldeinsamkeit

Waldeinsamkeit, Waldeinsamkeit!
Wie oft wardst du besungen!
Wie oft ist in dem stillen Hain
Zu dir ein Lied gedrungen?

Wer wollte nicht in deinem Schooß
So stillvergnügt gern liegen,
Und sich auf schwanken Zweigen dann
Wie Vöglein schlummernd wiegen?

Wer wollte nicht in deiner Nacht
Den süßen Hauch genießen,
Dem du aus Blatt und Kräutern hast
Geboten auszusprießen?

Waldeinsamkeit, Waldeinsamkeit,
Zu dir flücht' ich mich gerne;
Verlassen hab ich's Kämmerlein
Floh' hieher aus der Ferne.

Zu dir in deine grüne Pracht
Hat mich das Herz gezogen,
Der Amsel gleich, die in ihr Nest
Mit mir kam hergeflogen.

Heinrich Heine

eigentlich: Harry Heine, geboren 1797 in Düsseldorf als Sohn eines jüdischen Kaufmanns, erlernte zunächst ebenfalls den Kaufmannsberuf, studierte dann in Bonn, Berlin und Göttingen Rechtswissenschaften und konvertierte zum Christentum. Die erhoffte persönliche wie auch gesellschaftliche Anerkennung blieb ihm trotz vieler Kontakte versagt, ebenso die Übernahme einer Professur in München. Heine versuchte, sich als freier Schriftsteller eine bürgerliche Existenz aufzubauen, verkehrte in den einschlägigen literarischen Kreisen und Salons und veröffentlichte 1817 seine ersten Gedichte. Sowohl sein romantisch-ästhetischer als auch sein ironisch-kritischer Schreibstil stieß auf ein unterschiedliches Echo. Mit seinen Reise- und Wanderungswerken widmete er sich einem damals neu aufkommenden literarischen Genre. Auch nach seiner politisch bedingten Emigration nach Frankreich blieb eine enge Bindung und Orientierung an Deutschland bestehen. Durch Krankheit seit 1848 ans Bett gefesselt, war er dennoch auch in seiner „Matratzengruft" literarisch sehr produktiv. Heine starb 1856 in Paris. Von seinem 39 Strophen umfassenden Gedicht „Waldeinsamkeit" hier als Auswahl die Strophen 1 bis 6 und 30 bis 39.

Waldeinsamkeit

Ich hab in meinen Jugendtagen
Wohl auf dem Haupt einen Kranz getragen;
Die Blumen glänzten wunderbar,
Ein Zauber in dem Kranze war.

Der schöne Kranz gefiel wohl allen
Doch der ihn trug, hat manchem mißfallen;
Ich floh den gelben Menschenneid,
Ich floh in die grüne Waldeinsamkeit.

Im Wald, im Wald! da konnt ich führen
Ein freies Leben mit Geistern und Tieren;
Feen und Hochwild von stolzem Geweih,
Sie nahten sich mir ganz ohne Scheu.

Sie nahten sich mir ganz ohne Zagnis,
Sie wußten, das sei kein schreckliches Wagnis;
Daß ich kein Jäger, das wußte das Reh,
Daß ich kein Vernunftmensch, das wußte die Fee.

Von Feenbegünstigung plaudern nur Toren –
Doch wie die übrigen Honoratioren
Des Waldes mir huldreich gewesen, fürwahr,
Ich darf es bekennen offenbar.

Wie haben mich lieblich die Elfen umflattert!
Ein luftiges Völkchen! das plaudert und schnattert!
Ein bißchen stechend ist der Blick,
Verheißend ein süßes, doch tödliches Glück.

[...]

Oh, schöne Zeit! wo voller Geigen
Der Himmel hing, wo Elfenreigen
Und Nixentanz und Koboldscherz
Umgaukelt mein märchentrunkenes Herz!

Oh, schöne Zeit! wo sich zu grünen
Triumphespforten zu wölben schienen
Die Bäume des Waldes – ich ging einher,
Bekränzt, als ob ich der Sieger wär!

Die schöne Zeit, sie ist verschlendert,
Und alles hat sich seitdem verändert,
Und ach! mir ist der Kranz geraubt,
Den ich getragen auf meinem Haupt.

„Ich floh den gelben Menschenneid,
ich floh in die grüne Waldeinsamkeit."
(H. Heine).

Der Kranz ist mir vom Haupt genommen,
ich weiß es nicht, wie es gekommen;
Doch seit der schöne Kranz mir fehlt,
Ist meine Seele wie entseelt.

Es glotzen mich an unheimlich blöde
Die Larven der Welt! Der Himmel ist öde,
Ein blauer Kirchhof, entgöttert und stumm.
Ich gehe gebückt im Wald herum.

Im Walde sind die Elfen verschwunden,
Jagdhörner hör ich, Gekläffe von Hunden;
Im Dickicht ist das Reh versteckt,
Das tränend seine Wunden leckt.

Wo sind die Alräunchen? Ich glaube, sie halten
Sich ängstlich verborgen in Felsenspalten.
Ihr kleinen Freunde, ich komme zurück,
Doch ohne Kranz und ohne Glück.

Wo ist die Fee mit dem langen Goldhaar,
Die erste Schönheit, die mir hold war?
Der Eichenbaum, worin sie gehaust,
Steht traurig entlaubt, vom Winde zerzaust.

Der Bach rauscht trostlos gleich dem Styxe;
Am einsamen Ufer sitzt eine Nixe,
Todblaß und stumm, wie 'n Bild vom Stein,
Scheint tief in Kummer versunken zu sein.

Mitleidig tret ich zu ihr heran –
Da fährt sie auf und schaut mich an,
Und sie entflieht mit entsetzten Mienen,
Als sei ihr ein Gespenst erschienen.

Auguste Kurs

(geb. Rosenberg) wurde 1815 oder 1810 in Berlin geboren und
starb 1892 in ihrer Heimatstadt. Bereits als Kind verfasste sie
erste Gedichte und Lieder, veröffentlichte ihren ersten Gedichtband jedoch noch anonym. Nach dessen großem Erfolg erschienen unter ihrem Namen weitere Gedichte mit dem Titel „Epheublätter", weiterhin Novellen und Reiseberichte. Auguste Kurs
war Mitarbeiterin des Modemagazins „Victoria. Illustrierte Mus-
ter- und Mode-Zeitschrift".

Nur eine Stunde im grünen Wald

Nur eine Stunde von Menschen fern,
Nur eine einzige Stunde!
Statt der tönenden Worte des Waldes Schweigen,
Statt des wirbelnden Tanzes der Elfen Reigen,
Statt der leuchtenden Kerzen den Abendstern,
Nur eine Stunde von Menschen fern!

Nur eine Stunde im grünen Wald,
Nur eine einzige Stunde!
Auf dem schwellenden Rasen umhaucht von Düften,

Holzschnitt
„Waldeinsamkeit"
von Otto Ubbelohde.

„Waldesnacht,
Waldesnacht,
schließe mich ein."
(J. N. Vogl).

Gekühlt von den reinen balsamischen Lüften,
Wo von ferne leise das Echo schallt,
Nur eine Stunde im grünen Wald!

Nur eine Stunde im grünen Wald,
Nur eine einzige Stunde!
Wo die Halme und Blumen sich flüsternd neigen,
Wo die Vögel sich wiegen auf schwankenden Zweigen,
Wo die Quelle rauscht aus dem Felsenspalt,
Nur eine Stunde im grünen Wald!

Johann Nepomuk Vogl

geboren 1802 in Wien, war nach Beendigung der Schule als Beamter in der Kanzlei der niederösterreichischen Stände tätig. Sein Beruf, aber auch seine Vorgesetzten, ließen ihm genügend Raum und Zeit, um seinen dichterischen Neigungen nachzugehen. Nach 40 Dienstjahren ließ er sich auf eigenen Wunsch in den Ruhestand versetzen, unternahm Reisen und Wanderungen und war Mitglied mehrerer historischer und literarischer Gesellschaften. Seine Gedichte und Balladen werden beschrieben als von „wenig behaglicher Art, die ein rechtes Wohlgefallen nicht aufkommen lassen." (BLKÖ). Vogl starb 1866 in Wien.

Waldeinsamkeit

Waldesnacht,
Waldesnacht,
Schließe mich ein.

Könnt' ich für immer,
Immer und immer
Eigen dir seyn.

Tannen und Rüstern,
Traulich Umdüstern,
Rauschen und Neigen,
Winken und Beugen,
Durch all' das Schweigen,
Durch all' die Ruh' –
Grüßen und flüstern
Immer mir zu.

Hin durch das Dunkel,
Waldes entlang,
Schwätzige Bronnen,
Felsen entronnen
Strahlengefunkel,
Vogelgesang,
Summen und Regen
Freudig Bewegen,
Düfte und Klang.

Wirres Gerütte,
Schlingende Ranken,
Wuchernd die schlanken

Stämme umwanken,
Dort über Wipfel,
Ginster und Strauch
Einsamer Hütten
Kräuselnder Rauch,

Und von den blauen,
Sonnigen Auen,
Senken die Träume
Ihre Gefieder
Rosig hernieder,
Ueber die weiten,
Wellenden Räume,
Ueber der Schlüfte
Reglos Gestein.

Wiegen und weben
Heimlich und leise,
Alles was Leben
In ihrer Kreise
Magische Reih'n.

Waldesnacht,
Waldesnacht
Hülle mich ein!

„Waldeinsamkeit". Nach einem Gemälde von Karl Bodmer Ende 19.
Jahrhundert

Adolf Ritter von Tschabuschnigg

(Biographie auf Seite 57)

Waldeinsamkeit

Schwüler, glühender Mittag zittert
Ueber die Flur, die Pflugschar ruht verlassen;
Unter dem Lindenbaum, mancher Jahrhunderte
Harmlos sinnigem Zeugen,

Liegt die müde Schar der Mäher,
Froh des kreisenden Henkelkrugs;
Selbst die Axt im Walde verstummt,
Durch welke Wipfel dringen
Goldene Sonnenstrahlen, entsandt wie
Feurige Pfeile.

Aber tief in des Waldes innerstem Schattenkreis,
Wo uralte Bäume, dorischen Säulen gleich,
Ueberwölbt zum Tempel vom Laubdach stehn,
Wo den cyklopischen Felsen
Des Epheus Ranke umflattert
Und der blaue Glocken schwankender Blumenstrauß,
Sitzt der große Pan
In beschaulicher Heimlichkeit.

Zerstört sind seine Altäre längst,
Und nicht mehr raucht ihm
Auf goldner Schale köstliches Opferblut;
Doch in Waldeinsamkeit schleicht er sich oft noch,
Und erfreut sich wie einst der süßen Kühle
Auf weich schwellendem Moos des Waldes.

Abseits rauscht eine Quelle, die Najade
Lagert sich traut zu ihm und mahnt ihn
Froh geschwätzig an Götterfabeln
Schönen, uralt fröhlichen Inhalts;
Scheuen Gangs drauf aus des Waldes Dickicht
Naht die Schar der Nymphen,
Furchtsam zagenden Blickes um sich spähend,

Nach des krystallnen Wassers
Kühlendem Bade sehnsuchtsvoll.
Silbern umspielt den Fuß die Welle,
Die holde Einsamkeit erweckt
Bald Vertraun und schalkhaftes Wohlbehagen;
Glänzende Schleier sinken, und es feiert der Wald
Enthüllter Schönheit heilige Gegenwart.

Ueber den Uferplan schäkert harmlose Luft,
Jetzt ins Gebüsch entspringend, dann gehascht
Und bestraft mit Küssen;
Andre plätschern in heller Flut,
Schaukeln, wiegen sich drauf und tauchen unter,
Und die Wellen drängen einander lüstern,

Neidvoll um die tadellosen Glieder
Holde Berührung.

Horch, da tönt das Horn der Jagd,
Nur ein Triller, und schon zerstäubt das
Unvergleichliche Götterbild;
Wie der Sprung des Rehbocks
Bricht's ins Dickicht,
Und über des Ufers Blumen flatterm
Glänzende, zarte Libellen hin.

Friedrich von Sallet

geboren 1812 in Neiße, gestorben 1843 in Reichau (im heutigen Polen), schlug zunächst eine militärische Laufbahn ein, widmete sich später jedoch ausschießlich der Dichtkunst und Schriftstellerei. Bekannt wurde er vor allem durch seine politischen und religionskritischen Gedichte, die ihm den Ruf eines Atheisten bzw. Pantheisten einbrachten. Um den Welt-Wald-Gegensatz geht es in seinem gleichnamigen kurzen, aber phonetisch eindringlichen Gedicht.

Welt, Wald

Welt – das gellt so hell und grell;
Wald – das schallt und hallt so hold;
Welt – das schnellt und prellt so schnell;
Wald – da wallt und waltet Ruh;
Welt, so lasse mich!
Wald, umfasse mich!
Welt, so dreh' und kräus'le dich!
Wald, umweh', umsäus'le mich!

Theobald Kerner

geboren1817, war der Sohn Justinus Kerners und wie sein Vater Arzt und Dichter. Er übernahm nach dessen Tod die Praxis in Weinsberg und gab den Briefwechsel seines Vaters heraus. Seit der Märzrevolution 1848/49 war Kerner politisch aktiv, wurde Hauptmann der Bürgerwehr in Weinsberg und äußerte auch öffentlich seine demokratische Gesinnung. Er verfasste eine Reihe von politischen, historischen und Naturgedichten und Novellen.

Zuflucht

Waldeinsamkeit, Waldeinsamkeit,
daß ich dir fern wie thut mir's leid!
Mir ist, als ob mein beß'res Ich,
Als ob mein Schutzgeist von mir wich.
Oft in der Nacht hör' ich Gesang,
Wie einer fernen Glocke Klang,
Das ist das Heimweh wohl in mir,
Das mächtig mich hinzieht zu dir,
Von der ich ach so weit, so weit
Du Zauberkind Waldeinsamkeit!

Im Wald, inmitten in dem Wald,
Wo nur des Vogels Sang erschallt,
Ein Flüstern geht durch Strauch und Baum,
Wie träumt man da so sel'gen Traum,
Fühlt sich so schmerzlos, wünschefrei,
Als ob man selbst jetzt Pflanze sey,
Und wie ein Kind im Mutterschoos
Ruht man beglückt im weichen Moos.

Der Zweige Grün erglänzt im Gold
Der Sonne magisch, wunderhold,
Auf Ast und Blättern hüpft der Glanz
Wie lichter Geister Zaubertanz,
Selbst in der Buchen Dämmerschein
Bricht triumphirend er herein,
Geheimnisvoll aus Schatten schaut
Der Fingerhut, das Farrenkraut,
Der Birke Stamm blinkt silberweiß
Durch das tiefdunkle Tannenreis,
Und ob der alten Eiche zieh'n
Die Wolken vielgestaltig hin –
Ja da ist Ruhe! da ist Frieden!
O wär' ich nie von dir geschieden
Waldeinsamkeit! –

„Waldeinsamkeit! Waldeinsamkeit!
Hier winkt ein Plätzchen, dir geweiht."
(V. v. Scheffel).

Viktor von Scheffel

Joseph Viktor Scheffel, ab 1876 von Scheffel, geboren 1826 in Karlsruhe, war Schriftsteller, Dichter, Verfasser von Novellen, Versepen und Liedtexten der Biedermeierzeit, deren Begriff er mit prägte. Seinen Beruf als Jurist übte er nie aktiv aus. Ab 1848 war er Legationssekretär der Frankfurter Nationalversammlung, war mit diplomatischen Missionen beauftragt und unternahm viele berufliche und private Reisen. Ab 1858 war er für kurze Zeit Bibliothekar Groherzog Friedrichs I. von Baden. Seine finanzielle Unabhängigkeit erlaubte es ihm, sich ganz der Dichtung und Literatur zu widmen. Viktor von Scheffel starb 1886 in Karlsruhe.

Morgengesang

Waldeinsamkeit, Waldeinsamkeit!
Hier winkt ein Plätzchen, dir geweiht.
Verschwunden die Fernsicht auf Thäler und Au,
Nur lichtgrün verschwiegene Wildniß allum
Und der Hainbuchen Scharen verträumt und stumm.
Man meint zu vernehmen im lauschenden Geist,
Wie schwellend ihr Saft durch die Stammfasern kreist.
Wie ein Regenbogen mit Goldflimmerschein
Fällt ein Sonnenstrahl schräg in das Dickicht herein.
Eine Sandsteinplatte wölbt sich als Steg,
Ein Quell rinnt träufelnd darüber hinweg,
Gebüsch, dürre Aeste und Ranken von Dorn
Sperren wildwuchernd die Pfade nach vorn.

Das Einz'ge, was Laute des Lebens anschlägt,
Ist ein Buchfinkenpärlein, das munter sich regt;
Das eine sitz auf dem schwanken Gesträuch
Und wiegt sich und schaukelt sich keck auf dem Zweig,
Das andere freut sich des Sonnenstrahls im Laub
Und der Irisfarben im Wasserstaub,
Schwingt im schimmernden Flimmer auf sich und nieder,
badet im Sprühregenduft das Gefieder
Und trocknet sich wieder;

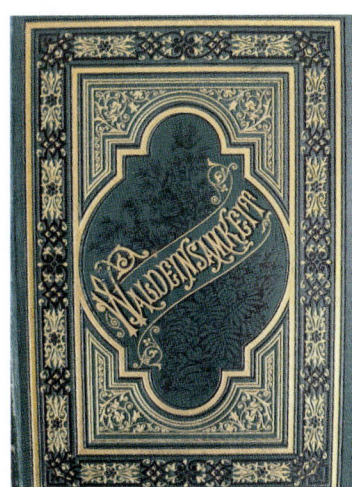

Viktor von Scheffels
„Waldeinsamkeit",
Ausgabe von 1884.

Und sie wetzen die Schnäbel zum Morgengesang.
Dreisilbig im Wort, ein kurzer Accord,
Schallt ihr Frühlingskonzert das Dickicht entlang.
Und das Männchen singt hin:
„Eins allein … Noth und Pein!"
Und das Weibchen singt her:
„Ich und du .. Glück und Ruh!"
Und das Männchen singt hin:
„Eigen Nest .. stets das Best!"
Und das Weibchen singt her:
„Eins und Zwei .. bald auch Drei!"
Und beide stimmen nun höher den Laut
Und zwitschern helljubelnd wie Bräut'gam und Braut:
„Hab nur Muth! Alles gut!
Eiaho! Popeiaho!"
Der Wasserquell plätschert stillfriedlich dazu –
Ob Wipfeln und Dickicht schwebt selige Ruh
Und Gottes allwärmendes Sonnenlicht.

Heinrich Seidel

wurde 1842 in Perlin (Mecklenburg) geboren, studierte am damaligen Polytechnikum in Hannover und an der Gewerbeakademie (Gewerbeinstitut) Berlin Maschinenbau, arbeitete als Ingenieur in Berlin, wo er am dortigen Anhalter Bahnhof die Bedachung konstruierte. Ab 1880 war er freier Schriftsteller, verfasste zahlreiche Gedichte, Erzählungen sowie Kindergeschichten, die er auch selbst illustrierte. Er starb 1906 in Groß-Lichterfelde (Berlin-Lichterfelde).

Waldeinsamkeit

Es steht der Wald im Mittagsduft
Im blassen Dunst die fernen Gipfel,
Und trinkend still die Sonnenluft
Rührt sich kein Blatt im Meer der Wipfel.
In Sommermittagsglut verlor'n
Liegt Wald und Feld im Bann der Schwüle –
Da ruht sich's gut, wo Quell und Born
Hinrieselt durch die Schattenkühle.

Hast du gehört in solcher Zeit
Wie Harfenton ein fernes Klingen?
Hin schwebt es durch die Einsamkeit
Durchschwimmt die Luft auf Bienenschwingen.
Du weisst es nicht, woher es kam,
Noch was es Holdes mag verkünden
Von einem Märchen wundersam,
Das heimlich blüht in Waldesgründen.

Im tiefen Wald, wo nur allein
Der Häher schreit, die Spechte klopfen,
Da rinnt ein Quell aus Feldgestein,
Aus feuchtem Moos die Wasser tropfen.
Es rinnt und quillt und fliesst gemach
Von einer Schale zu der andern,
Derweil durch's dichte Blätterdach
Die Sonnenlichter tanzend wandern.

Sahst du am Quell das schlanke Weib
Von holder Schönheit Glanz umflossen?
Sahst du den schimmernd schönen Leib
Von sel'ger Ruhe ganz durchgossen?
Zuweilen rührt mit weisser Hand
Wie träumend sie die goldnen Saiten –
Es leuchtet warm die Felsenwand –
Es rinnt der Quell, die Wasser gleiten.

O süsses Bild der Einsamkeit
Du selig Weib im Felsengrunde,
Wer dich geschaut, trägt alle Zeit
Im Herzen still die holde Kunde.
O selig, wer aus Schall und Rauch
Dich Holde, reine hat gefunden,
Und wer, in deinem frischen Hauch
Die Seele badend, darf gesunden!

Henry David Thoreau

wurde 1817 als Sohn französischsprachiger Eltern von der Insel
Guernsey in Concord (Massachusetts/USA) geboren und starb
1862 in seinem Heimatort. Thoreau arbeitete zunächst als Lehrer, nach der Schließung der von ihm gegründeten Privatschule
verdiente er seinen Lebensunterhalt durch verschiedene Gele-

genheitsarbeiten. Eine enge Freundschaft verband ihn mit Ralph Waldo Emerson, einem Vertreter des Transzendentalismus, einer philosophischen Strömung in Amerika, die stark vom deutschen Idealismus, der englischen Romantik sowie der indischen Philosophie beeinflusst wurde. Emerson überließ Thoreau auf seinem Grundstück ein Areal im Wald am Walden Pond, wo dieser zwei Jahre lang in einer selbstgebauten Blockhütte zubrachte. Zwar war Thoreau keineswegs gänzlich von der Zivilisation abgeschieden, jedoch galt er nach der Veröffentlichung seiner Erfahrungsberichte als Prototyp des gesellschaftlichen Aussteigers. Seine Weigerung, Steuerschulden zu begleichen, führte zu seiner Inhaftierung und war Anlass für seinen 1849 erschienenen Essay über das Recht auf zivilen Ungehorsam (Civil Disobedience). Der Natur blieb Thoreau weiterhin eng verbunden. Sein Reisebericht über die Botanik, Geologie und Ethnologie in den Wäldern im Bundesstaat Maine erschien jedoch erst nach seinem Tod.

Walden oder Leben in den Wäldern

Als ich die folgenden Seiten, oder vielmehr den größten Teil derselben schrieb, lebte ich allein im Walde, eine Meile weit von jedem Nachbarn entfernt in einem Hause, das ich selbst am Ufer des Waldenteiches bei Concord, Massachusetts, erbaut hatte und erwarb meinen Lebensunterhalt einzig durch meiner Hände Arbeit. Ich lebte dort zwei Jahre und zwei Monate. Jetzt nehme ich wieder am zivilisierten Leben teil.

[…]

Am Ufer eines kleinen Teiches, etwa anderthalb Meilen südlich von dem Dörfchen Concord schlug ich mein Heim auf. Es lag etwas höher als Concord, mitten in den ausgedehnten Waldungen zwischen diesem Dorf und Lincoln, etwa zwei Meilen südlich von unserem einzigen, rühmlich bekannten Felde: dem Schlachtfeld von Concord. Meine Wohnung lag aber so niedrig in den Wäldern, daß das gegenüberliegende, eine Meile entfernte, und – wie alles übrige – bewaldete Ufer meinen Horizont begrenzte. Wenn ich im Laufe der ersten Woch nach dem Teich hinausblickte, schien er mir immer einem hoch oben auf einem Bergabhang liegenden See zu gleichen, dessen Grund sich noch weit oberhalb des Spiegels anderer Seen befand. Stieg aber die Sonne empor, dann sah ich, wie er sein nebelgewobenes Nachtgewand abwarf. Hie und da wurde ganz allmählich sein zartes Wellengekräusel oder seine glatte, leuchtende Oberfläche sichtbar, während die Nebel nach allen Seiten verstohlen in die Wälder flüchteten, wie Geister, die von einer nächtlichen Zusammenkunft heimziehen. Selbst der Tau

schien hier, wie an Bergeshängen länger
an den Bäumen zu haften.

Dieser kleine See war der angenehmste
Nachbar in den Pausen zwischen leichten
Regenschauern im August, wenn Luft
und Wasser völlig regungslos waren,
wenn bei bedecktem Himmel der Spät-
nachmittag schon die friedvolle Ruhe des
Abends aushauchte, wenn ringsum der
Walddrossel Gesang erscholl, von Ufer zu
Ufer widerhallend. Nie ist ein See glatter
als um diese Zeit. Und da die Luft über
ihm nur bis zu geringer Höhe klar und von
Wolken verdunkelt war, wurde das Wasser
selbst, mit all seiner Leuchtkraft und all
seinen Reflexen ein Himmel in der Tiefe,
der um so gewaltiger wirkte. Von dem
Gipfel eines benachbarten Hügels aus,
wo er vor kurzem Holz gefällt war, genoß

Frontispiz von Thoreaus
Walden-Erstausgabe von 1854.

ich eine schöne Aussicht südwärts über den Teich. Die Hügel, die das Ufer
dort bildeten, öffneten sich ein wenig zu einem Tal und ihre sanft gegeneinander geneigten Hänge erweckten den Eindruck, als ob dort ein Strom
durch ein waldiges Tal fließe. Es gab da aber keinen Strom. In weiter Ferne
sah ich zwischen und über diesen grünen Hügeln höhere Berge im blauen
Glanz am Horizont.

[…]

Ich zog in die Wälder, weil ich den Wunsch hatte mit Überlegung zu leben,
„alle Wirkenskraft und Samen" zu schau'n, zu ergründen, ob ich nicht lernen konnte, was ich lehren sollte, um beim Sterben vor der Entdeckung
bewahrt zu bleiben, daß ich nicht gelebt habe. Ich wollte nicht das leben,
was kein Leben war; das Leben ist so kostbar.

[…]

Der Waldenteich ist, von demselben Ort aus betrachtet, das eine Mal blau
und das andere Mal grün. Da er zwischen Himmel und Erde liegt, vereint
er die Farben der beiden in sich. Sieht man ihn von einer Hügelkuppe aus,
dann spiegelt er die Himmelsfarbe wieder; in der Nähe gesehen, zeigt er
unmittelbar am Ufer, dort wo man den sandigen Grund erkennen kann, eine
gelbliche Färbung; dann folgt Hellgrün und dieser Farbton geht allmählich
nach der Teichmitte zu in ein gleichmäßiges Dunkelgrün über. Es gibt jedoch Beleuchtungen, wo er, auch von einer Hügelkuppe aus gesehen, nahe

am Ufer lebhaft grün gefärbt ist. Man hat dies Phänomen oft auf die Spiegelung der grünen Pflanzenwelt am Ufer zurückgeführt.

[…]

Es ist erstaunlich, wie viele Geschöpfe wild und frei, wenn auch verborgen in den Wäldern leben und, nur von Jägern gekannt, in der Nähe der Städte sich zu behaupten wissen. Wie verborgen lebt der Otter hier! Er wird vier Fuß lang, so groß wie ein kleiner Knabe, und doch wird er vielleicht nie von Menschenaugen erblickt. Früher sah ich Waschbären in den Wäldern hinter jener Stelle, wo mein Haus errichtet wurde, und nachts höre ich auch noch ihr Winseln. Meistens ruhte ich mich in der Mittagszeit im Schatten ein bis zwei Stunden von der Feldarbeit aus, aß mein Frühstück und las ein wenig an der Quelle, welche das Moor durchtränkt und einem Bächlein Nahrung gibt. Sie sickert unter Brister's Hügel, eine halbe Meile von meinem Feld entfernt, hervor. Um dorthin zu gelangen, mußte ich erst eine Reihe grasbewachsener, welliger Niederungen durchwandern, in denen junge Pechtannen wuchsen. Dann erst kam ich bei dem Moor in einen größeren Wald. Hier gab es unter dem Dach einer Weißtanne ein abgelegenes schattiges Plätzchen, eine saubere feste Grasbank, auf welcher man niedersitzen konnte. Ich hatte die Quelle ausgegraben und einen Brunnen mit klarem, grauen Wasser geschaffen, aus dem ich eimerweise schöpfen konnte, ohne ihn zu trüben. Im Hochsommer, wenn der Teich am wärmsten war, ging ich fast täglich zum Wasserholen hierher. Dorthin führte auch die Waldschnepfe ihre Jungen, um im Schlamm nach Würmern zu suchen. […] Man braucht nur lange genug an einem schönen Platz im Walde ruhig sitzen zu bleiben, um mit allen Bewohnern der Reihe nach Bekanntschaft zu schließen.

[…]

Der Anlaß, der mich in die Wälder führte, war ebenso triftig wie der, welcher mich zum Fortgehen bewog. Vielleicht glaubte ich, daß ich noch verschiedene Leben zu leben habe und auf dieses keine Zeit mehr verwenden dürfe. […] Das eine wenigstens lernte ich durch mein Experiment, daß, wenn der Mensch vertrauensvoll in der Richtung seiner Träume fortschreitet, wenn er sich bemüht, *das* Leben zu leben, welches die Phantasie ihm ausmalt, Erfolge von ihm erzielt werden können, von denen er sich in Alltagsstunden nichts träumen ließ. Manche Dinge wird er aufgeben, eine unsichtbare Grenze überschreiten. Neue, universelle und freiere Gesetze

„Der Waldenteich ist, von demselben Ort aus betrachtet, das eine Mal blau und das andere Mal grün."

werden in ihm und um ihn herum Wurzeln fassen. Oder die alten Gesetze werden umfassender, zu seinen Gunsten im freieren Sinne gedeutet werden, und es wird ihm vergönnt sein, unter Geschöpfen höherer Ordnung zu leben. Je mehr er sein Leben vereinfacht, desto weniger schwierig werden die Gesetze des Kosmos ihm erscheinen. Einsamkeit wird nicht Einsamkeit, Armut nicht Armut und Schwäche nicht Schwäche sein. Hast Du Schlösser in die Luft gebaut, so war diese Arbeit nicht notwendigerweise vergeblich. Gerade dort sollen sie sich befinden! Jetzt gib ihnen ein Fundament.

[…]

Waldmärchen, Märchenwald

„Märchen, noch so wunderbar, Dichterkünste machen's wahr", heißt es bei Goethe. Märchen gehören zu den „zeitlosen literarischen Aussageweisen" und leben „von der unaufhebbaren, nichtsdestoweniger fruchtbaren Spannung zwischen dem Wirklichen und dem Möglichen" (W. Freund). In dieses Spannungsfeld begeben sich unsere Sinne, wenn wir in die Märchen der Gebrüder Grimm, Ludwig Bechsteins, Wilhelm Hauffs oder in die vielen regionalen Märchen eintauchen, in denen Begebenheiten im Wald oft eine zentrale Rolle spielen. Der Wald ist dabei keineswegs nur dekorative Kulisse, sondern wird zur Erfahrungswelt des Menschen, seien es Erwachsene oder – wie so häufig – Kinder, denn gerade sie sind nicht nur den Gefahren der Natur und übersinnlicher Kräfte ausgeliefert, sondern sehen sich erstmals mit den dunklen Seiten menschlicher Handlungsweisen und Charaktereigenschaften konfrontiert.

So erleben Hänsel und Gretel Lieblosigkeit und Alleingelassenwerden durch ihre eigenen Eltern. Brüderchen und Schwesterchen suchen Schutz im Wald, um der Vernachlässigung, Verfolgung und Missgunst der bösen Stiefmutter zu entgehen. Rotkäppchen, das behütete kleine Mädchen, das alle nur gernhaben, begegnet dem Bösen, Heuchlerischen in Gestalt des Wolfes, und Schneeweißchen und Rosenrot erfahren Undankbarkeit und Bosheit in Gestalt des Zwerges. Doch wäre ein Märchen kein Märchen, wenn es nicht doch noch am Ende eine unerwartete und durch das Eingreifen einer positiven Macht gute Wendung nimmt, ein happy end, das wir uns alle wünschen, wenn wir in einer ausweglos erscheinenden Situation keine Hoffnung mehr haben.

„Im Sagenwald" von Otto Ubbelohde 1921.

Dank zahlreicher als „Märchenwald" bezeichneter Freizeitparks können wir uns heute problemlos in ein virtuell märchenhaftes Ambiente versetzen und Kindheitserinnerungen Revue passieren lassen Die beiden ältesten dieser Parks befinden sich im Thüringischen Wünschendorf (1927) und in Altenberg im Bergischen Land in Westfalen (1937). Märchenwälder erfreuen sich zunehmender Beliebtheit und sind keineswegs nostalgische Relikte aus der Vergangenheit: 2011 wurde im baden-württembergischen Rust der Europa-Park mit Dornröschenschloss, Hexenhaus, einer Märchengalerie und einer Grimm-Bibliothek eröffnet.

Doch schon ein Waldspaziergang, mit oder ohne Märchenbuch in der Tasche, kann zu einem fundamentalen Erlebnis werden. In der besonderen Atmosphäre kann es passieren, dass Fiktion und Realität ineinander übergehen. Unsere Gedanken und Wahrnehmungen lassen sich gerne auf eine Sinnestäuschung ein, sodass wir uns auf einmal in einem Märchen wiederfinden und feststellen müssen: Goethe hat – wieder einmal – recht.

Kurzbiographien und Texte

Jacob und Wilhelm Grimm

Die Lebensläufe von Jacob, geboren 1785 in Hanau, und seines Bruders Wilhelm Grimm, geboren 1786, sind untrennbar miteinander verbunden: beide studierten Jura in Marburg, beide waren leidenschaftliche Märchen- und Sagen-Sammler, erarbeiteten gemeinsam das „Deutsche Wörterbuch", waren später an der Göttinger Universität tätig, die sie beide nach dem Protest der „Göttinger Sieben" verlassen mussten. In Berlin wurden die Brüder Mitglieder der Preußischen Akademie der Wissenschaften und hielten Vorlesungen an der dortigen Universität, auch wurden sie gemeinsam zu Mitgliedern des Vorparlaments der Frankfurter Nationalversammlung berufen. Wilhelm Grimm starb 1859, Jacob Grimm 1863 in Berlin. Von dem Märchen „Hänsel und Gretel" gibt es zwei Fassungen, die leicht voneinander abweichen. Hier die Fassung im Erstdruck von 1812:

Hänsel und Gretel

Vor einem großen Walde wohnte ein armer Holzhacker, der hatte nichts zu beißen und zu brechen, und kaum das tägliche Brod für seine Frau und seine zwei Kinder, Hänsel und Gretel. Einmal konnte er auch das nicht mehr schaffen, und wußte sich nicht zu helfen in seiner Noth. Wie er Abends vor Sorge sich im Bett herumwälzte, da sagte seine Frau zu ihm: „höre Mann, morgen früh nimm die beiden Kinder, gieb jedem noch ein Stückchen Brod, dann führ sie hinaus in den Wald, mitten inne, wo er am dicksten ist, da mach ihnen ein Feuer an, und dann geh weg und laß sie dort, wir können sie nicht länger ernähren." „Nein Frau, sagte der Mann, das kann ich nicht über mein Herz bringen, meine eigenen lieben Kinder zu den wilden Thieren zu führen, die sie bald in dem Wald zerreißen würden." „Wenn du das nicht thust, sprach die Frau, so müssen wir alle miteinander Hungers sterben;" da ließ sie ihm keine Ruhe, bis er Ja sagte.

Titelseite „Kinder- und Hausmärchen" der Brüder Grimm, Ausgabe von 1843.

Die zwei Kinder waren auch noch wach von Hunger, und hatten alles gehört, was die Mutter zum Vater gesagt hatte. Gretel dachte, nun ist es um mich geschehen und fing erbärmlich an zu weinen, Hänsel aber sprach: „sey still, Gretel, und gräm dich nicht, ich will uns helfen." Damit stieg er auf, zog sein Röcklein an, machte die Unterthüre auf und schlich hinaus. Da schien der Mond hell und die weißen Rieselsteine glänzten wie lauter Batzen. Hänsel bückte sich und machte sich sein ganz Rocktäschlein voll davon, so viel nur hinein wollten, dann ging er zurück ins Haus: „tröste dich, Gretel, und schlaf nur ruhig," legte sich wieder ins Bett und schlief ein.

Morgens früh, ehe die Sonne noch aufgegangen war, kam die Mutter und weckte sie alle beide: „steht auf, ihr Kinder, wir wollen in den Wald gehen, da habt ihr jedes ein Stücklein Brod, aber haltets zu Rathe und hebts euch für den Mittag auf." Gretel nahm das Brod unter die Schürze, weil Hänsel die Steine in der Tasche hatte, dann machten sie sich auf den Weg in den Wald hinein. Wie sie ein Weilchen gegangen waren, stand Hänsel still und guckte nach dem Haus zurück, bald darauf wieder und immer wieder. Der

Vater sprach: „Hänsel, was guckst du zurück und hältst dich auf, hab Acht und marschir zu." – „Ach, Vatter, ich seh nach meinem weißen Kätzchen, das sitzt oben auf dem Dach und will mir Ade sagen." Die Mutter sprach: „ei Narr, das ist dein Kätzchen nicht, das ist die Morgensonne, die auf den Schornstein scheint." Hänsel aber hatte nicht nach dem Kätzchen gesehen, sondern immer einen von den blanken Kieselsteinen aus seiner Tasche auf den Weg geworfen.

Wie sie mitten in den Wald gekommen waren, sprach der Vater, „nun sammelt Holz, ihr Kinder, ich will ein Feuer anmachen, daß wir nicht frieren." Hänsel und Gretel trugen Reisig zusammen, einen kleinen Berg hoch. Da steckten sie es an, und wie die Flamme recht groß brannte, sagte die Mutter: „nun legt euch ans Feuer und schlaft, wir wollen in dem Wald das Holz fällen, wartet, bis wir wieder kommen, und euch abholen."

Hänsel und Gretel saßen an dem Feuer, bis Mittag, da aß jedes sein Stücklein Brod, und dann wieder bis an den Abend: aber Vater und Mutter blieben aus, und niemand wollte kommen und sie abholen. Wie es nun finstere Nacht wurde, fing Gretel an zu weinen, Hänsel aber sprach: „wart nur ein Weilchen, bis der Mond aufgegangen ist." Und als der Mond aufgegangen war, faßte er die Gretel bei der Hand, da lagen die Kieselsteine wie neugeschlagene Batzen und schimmerten und zeigten ihnen den Weg. Da gingen sie die ganze Nacht durch, und wie es Morgen war, kamen sie wieder bei ihres Vaters Haus an. Der Vater freute sich von Herzen, als er seine Kinder wieder sah, denn er hatte sie ungern allein gelassen, die Mutter stellte sich auch, als wenn sie sich freute, heimlich aber war sie bös.

Nicht lange darnach, war wieder kein Brod im Hause und Hänsel und Gretel hörten wie Abends die Mutter zum Vater sagte: „einmal haben die Kinder den Weg zurückgefunden, und da habe ichs gut seyn lassen, aber jetzt ist wieder nichts, als nur noch ein halber Laib Brod im Haus, du mußt sie morgen tiefer in den Wald führen, daß sie nicht wieder heim kommen können, es ist sonst keine Hülfe für uns mehr." Dem Mann fiels schwer aufs Herz, und er gedachte, es wäre doch besser, wenn du den letzten Bissen mit deinen Kindern theiltest, weil er es aber einmal gethan hatte, so durfte er nicht nein sagen. Hänsel und Gretel hörten das Gespräch der Eltern; Hänsel stand auf und wollte wieder Kieselsteine auflesen, wie er aber an die Thüre kam, da hatte sie die Mutter zugeschlossen. Doch tröstete er die Gretel und sprach: „schlaf nur, lieb Gretel, der liebe Gott wird uns schon helfen."

Morgens früh erhielten sie ihr Stücklein Brod, noch kleiner als das vorigemal. Auf dem Wege bröckelte es Hänsel in der Tasche, stand oft still, und warf ein Bröcklein an die Erde. „Was bleibst du immer stehen, Hänsel, und guckst dich um, sagte der Vater, geh deiner Wege." – „Ach! ich seh nach

„Hänsel und Gretel". Illustration von Alexander Zick um 1900.

meinem Täubchen, das sitzt auf dem Dach und will mir Ade sagen" – „du Narr, sagte die Mutter, das ist dein Täubchen nicht, das ist die Morgensonne, die auf den Schornstein oben scheint." Hänsel aber zerbröckelte all sein Brod und warf die Bröcklein auf den Weg.

Die Mutter führte sie noch tiefer in den Wald hinein, wo sie ihr Lebtag nicht gewesen waren, da sollten sie wieder einschlafen bei einem großen Feuer, und Abends wollten die Eltern kommen und sie abholen. Zu Mittag theilte Gretel ihr Brod mit Hänsel, weil der seins all auf den Weg gestreut; der Mittag verging und der Abend verging, aber niemand kam zu den armen Kindern. Hänsel tröstete die Gretel und sagte: „wart, wenn der Mond aufgeht, dann seh ich die Bröcklein Brod, die ich ausgestreut habe, die zeigen uns den Weg nach Haus." Der Mond ging auf, wie aber Hänsel nach den Bröcklein sah, da waren sie weg, die viel tausend Vöglein in dem Wald, die hatten sie gefunden und aufgepickt. Hänsel meinte doch den Weg nach Haus zu finden und zog die Gretel mit sich, aber sie verirrten sich bald in der großen Wildniß und gingen die Nacht und den ganzen Tag, da schliefen sie vor Müdigkeit ein; und gingen noch einen Tag, aber sie kamen nicht aus den Wald heraus, und waren so hungrig, denn sie hatten nichts zu essen, als ein paar kleine Beerlein, die auf der Erde standen.

Am dritten Tage gingen sie wieder bis zu Mittag, da kamen sie an ein Häuslein, das war ganz aus Brod gebaut und war mit Kuchen gedeckt, und die Fenster waren von hellem Zucker. „Da wollen wir uns niedersetzen und uns satt essen, sagte Hänsel; ich will vom Dach essen, iß du vom Fenster, Gretel, das ist fein süß für dich." Hänsel hatte, schon ein gut Stück vom Dach und Gretel schon ein paar runde Fensterscheiben gegessen, und brach sich eben eine neue aus, da hörten sie eine feine Stimme, die von innen herausrief:

> „knuper, knuper, kneischen!
> wer knupert an meinem Häuschen!"

Hänsel und Gretel erschracken so gewaltig, daß sie fallen ließen, was sie in der Hand hielten, und gleich darauf sahen sie aus der Thüre eine kleine steinalte Frau schleichen. Sie wackelte mit dem Kopf und sagte: „ei, ihr lieben Kinder, wo seyd ihr denn hergelaufen, kommt herein mit mir, ihr sollts gut haben," faßte beide an der Hand und führte sie in ihr Häuschen. Da ward gutes Essen aufgetragen, Milch und Pfannkuchen mit Zucker, Aepfel und Nüsse, und dann wurden zwei schöne Bettlein bereitet, da legten sich Hänsel und Gretel hinein, und meinten sie wären wie im Himmel.

Die Alte aber war eine böse Hexe, die lauerte den Kindern auf, und hatte um sie zu locken ihr Brodhäuslein gebaut, und wenn eins in ihre Gewalt kam, da machte sie es todt, kochte es und aß es, und das war ihr ein Festtag. Da war sie nun recht froh, wie Hänsel und Gretel ihr zugelaufen kamen. Früh, ehe sie noch erwacht waren, stand sie schon auf, ging an ihre Bettlein und wie sie die zwei so lieblich ruhen sah, freute sie sich und gedachte, das wird ein guter Bissen für dich seyn. Sie packte Hänsel und steckte ihn in einen kleinen Stall, und wie er da aufwachte, war er von einem Gitter umschlossen, wie man junge Hühnlein einsperrt, und konnte nur ein paar Schritte gehen. Das Gretel aber schüttelte sie und rief: „steh auf, du Faullenzerin, hol Wasser und geh in die Küche und koch gut zu essen, dort steckt dein Bruder in einem Stall, den will ich erst fett machen, und wann er fett ist, dann will ich ihn essen, jetzt sollst du ihn füttern." Gretel erschrak und weinte, mußte aber thun, was die Hexe verlangte. Da ward nun alle Tage dem Hänsel das beste Essen gekocht, daß er fett werden sollte, Gretel aber bekam nichts, als die Krebsschalen, und alle Tage kam die Alte und sagte: „Hänsel, streck deine Finger heraus, daß ich fühle, ob du bald fett genug bist." Hänsel streckte ihr aber immer ein Knöchlein heraus, da verwunderte sie sich, daß er gar nicht zunehmen wolle.

Nach vier Wochen sagte sie eines Abends zu Gretel: „sey flink, geh und trag Wasser herbei, dein Brüderchen mag nun fett genug seyn oder nicht, morgen will ich es schlachten und sieden, ich will derweile den Teig anmachen, daß wir auch dazu backen können." Da ging Gretel mit traurigem

Herzen und trug das Wasser, worin Hänsel sollte gesotten werden. Früh Morgens mußte Gretel aufstehen, Feuer anmachen und den Kessel mit Wasser aufhängen. „Gieb nun Acht, bis es siedet, sagte die Hexe, ich will Feuer in den Backofen machen und das Brod hineinschieben;" Gretel stand in der Küche und weinte blutige Thränen, und dachte, hätten uns lieber die wilden Thiere im Walde gefressen, so wären wir zusammen gestorben und müßten nun nicht das Herzeleid tragen, und ich müßte nicht selber das Wasser zu dem Tod meines lieben Bruders; sieden, du lieber Gott, hilf uns armen Kindern aus der Noth.

Da rief die Alte: „Gretel komm gleich einmal hierher zu dem Backofen," wie Gretel kam, sagte sie: „guck hinein, ob das Brod schon hübsch braun und gar ist, meine Augen sind schwach, ich kann nicht so weit sehen, und wenn du auch nicht kannst, so setz dich auf das Brett, so will ich dich hineinschieben, da kannst du darin herumgehen und nachsehen." Wenn aber Gretel darin war, da wollte sie zumachen und Gretel sollte in dem heißen Ofen backen, und sie wollte es auch aufessen: das dachte die böse Hexe, und darum hatte sie das Gretel gerufen. Gott gab es aber Gretel ein und sie sagte: „ich weiß nicht, wie ich das anfangen soll, zeigs mirs erst, setz dich drauf, ich will dich hineinschieben." Und die Alte setzte sich auf das Brett, und weil sie leicht war, schob sie Gretel hinein so weit sie konnte, und dann machte sie geschwind die Thüre zu, und steckte den eisernen Riegel vor. Da fing die Alte an in dem heißen Backofen zu schreien und zu jammern, Gretel aber lief fort, und sie mußte elendiglich verbrennen.

Und Gretel lief zum Hänsel, machte ihm sein Thürchen auf und Hänsel sprang heraus, und sie küßten sich einander und waren froh.Das ganze Häuschen war voll von Edelgesteinen und Perlen, davon füllten sie ihre Taschen, gingen fort und fanden den Weg nach Haus. Der Vater freute sich als er sie wieder sah, er hatte keinen vergnügten Tag gehabt, seit seine Kinder fort waren, und ward nun ein reicher Mann. Die Mutter aber war gestorben.

Eduard Mörike

1804 in Ludwigsburg geboren, 1875 in Stuttgart gestorben, war zunächst als evangelischer Pfarrer in Cleversulzbach (heute Ortsteil von Neuenstadt am Kocher in Baden-Württemberg) tätig. Aus seiner Zeit als Vikar stammen seine ersten Gedichte und literarischen Werke. Aus gesundheitlichen Gründen ließ er sich vorzeitig in den Ruhestand versetzen, war aber von 1856 an für zehn Jahre als Professor für Literatur am Königin-Katharinen-Stift in Stuttgart angestellt. Mörike übersetzte griechische und römische Lyrikwerke und verfasste mit seiner Novelle „Mozart auf der Reise nach Prag" (1855) die erste bedeutende Künstlernovelle. Für seinen Freund, den Historiker Johannes Mährlen, schrieb er seine märchenhafte „Waldidylle".

Waldidylle.

An J. M.

Unter die Eiche gestreckt, im jung belaubten Gehölze
  Lag ich, ein Büchlein vor mir, das mir das lieblichste bleibt.
Alle die Märchen erzählt's, von der Gänsemagd und vom Machandel-
  Baum und des Fischers Frau; wahrlich, man wird sie nicht satt.
Grünlicher Maienschein warf mir die geringelten Lichter
  Auf das beschattete Buch, neckische Bilder zum Text.
Schläge der Holzaxt hört ich von fern, ich hörte den Kuckuck
  Und das Gelispel des Bachs wenige Schritte vor mir.
Märchenhaft fühlt ich mich selbst, mit aufgeschlossenen Sinnen
  Sah ich, wie helle! den Wald, rief mir der Kuckuck, wie fremd!
Plötzlich da rauscht es im Laub – wird doch Schneewittchen nicht
    kommen
  Oder, bezaubert, ein Reh? Nicht doch, kein Wunder geschieht.
Siehe, mein Nachbarskind aus dem Dorf, mein artiges Schätzchen!
  Müßig lief es im Wald, weil es den Vater dort weiß.
Ehrbar setzt es sich an meine Seite, vertraulich
  Plaudern wir dieses und das, und ich erzähle sofort
Gar ausführlich die Leiden des unvergleichlichen Mädchens,
  Welchem der Tod dreimal, ach! durch die Mutter gedroht;
Denn die eitle, die Königin, haßte sie, weil sie so schön war,
  Grimmig: da mußte sie fliehn, wohnte bei Zwergen sich ein.
Aber die Königin findet sie bald; sie klopfet am Hause,
  Bietet als Krämerin, schlau, lockende Ware zum Kauf.
Arglos öffnet das Kind, den Rat der Zwerge vergessend,
  Und das Liebchen empfängt, weh! den vergifteten Kamm.
Welch ein Jammer, da nun die Kleinen nach Hause gekehrt sind!
  Welcher Künste bedarf's, bis die Erstarrte erwacht!
Doch zum zweitenmal kommt, zum dritten Male, verkleidet,
  Kommt die Verderberin: leicht hat sie das Mädchen beschwatzt,
Schnürt in das zierliche Leibchen sie ein, den Atem erstickend
  In dem Busen; zuletzt bringt sie die tödliche Frucht.
Nun ist alle Hilfe umsonst; wie weinen die Zwerge!
  Ein kristallener Sarg schließet die Ärmste nun ein,
Frei gestellt auf dem Berg, ein Anblick allen Gestirnen;
  Unverwelklich ruht innen die süße Gestalt. –

So weit war ich gekommen, da
    drang aus dem nächsten
    Gebüsche
  Hinter mir Nachtigallenschlag
    herrlich auf einmal hervor,
Troff wie Honig durch das Ge-
    zweig und sprühte wie Feuer
  Zackige Töne; mir traf freudig ein
    Schauer das Herz,
Wie wenn der Göttinnen eine, vor-
    überfliehend, dem Dichter
  Durch ambrosischen Duft ihre Be-
    gegnung verrät.
Leider verstummte die Sängerin
    bald; ich horchte noch lange,
  Doch vergeblich, und so brachte
    ich mein Märchen zum Schluß. –
[…].

Wilhelm Hauff

geboren 1802 in Stuttgart, studierte Theologie in Tübingen und erlangte dort auch seinen Doktorgrad. Nach seiner Tätigkeit als Hauslehrer wurde er 1827 Redakteur der im Stuttgarter Cotta-Verlag erscheinenden Zeitschrift „Morgenblätter für gebildete Stände". Hauff war sowohl Sammler als auch Verfasser von Märchen. Eins seiner bekanntesten ist das im Stil des literarischen Realismus gestaltete Kunstmärchen „Das kalte Herz". Hauff starb 1827 an einer Typhuserkrankung in Stuttgart.

Das kalte Herz

Zum Inhalt: Der junge Peter Munk arbeitet als Köhler im Schwarzwald und ist unzufrieden mit seinem, wie er meint, wenig anerkannten sozialen Status. Er sucht, als Sonntagskind hat er die Möglichkeit dazu, einen guten Waldgeist, das Glasmännlein, auf, das ihm drei Wünsche erfüllen kann. Als es sich weigert, auf seine

Peter Munk und das Glasmännchen aus
Wilhelm Hauffs „Das kalte Herz".
Illustration von Carl Offterdinger 1869.

geldgierigen Wünsche einzugehen, wendet sich Peter an den bösen Waldgeist, den Holländermichel, der seinem Wunsch entspricht, aber das warme, menschliche Herz fordert, das er gegen ein kaltes Herz austauscht. Peter wird daraufhin zu einem reichen Glashüttenbesitzer, einem skrupellosen Kaufmann und Bankier. Er erkennt schließlich seinen Fehler und kann nur mit Hilfe des Glasmännleins sein warmes Herz wiedererlangen. Mit Frau und Mutter lebt er nun ein zufriedenes und angesehenes Leben als Köhler. In der hier ausgewählten Textpassage geht es um Peters erste Begegnung mit dem Glasmännlein.

Der junge Peter Munk, ein schlanker Bursche, ließ es sich gefallen, weil er dies bei seinem Vater auch nicht anders gesehen hatte, die ganze Woche über am rauchenden Meiler zu sitzen oder, schwarz und berußt und den Leuten ein Abscheu, hinab in die Städte zu fahren und seine Kohlen zu verkaufen. Aber ein Köhler hat viel Zeit zum Nachdenken über sich und andere, und wenn Peter Munk an seinem Meiler saß, stimmten die dunklen Bäume umher und die tiefe Waldesstille sein Herz zu Tränen und unbewußter Sehnsucht. Es betrübte ihn etwas, es ärgerte ihn etwas, er wußte nicht recht was. Endlich merkte er sich ab, was ihn ärgerte, und das war – sein Stand. „Ein schwarzer, einsamer Kohlenbrenner!" sagte er sich. „Es ist ein elend Leben. Wie angesehen sind die Glasmänner, die Uhrmacher, selbst die Musikanten am Sonntag abends! […]"

So lang sein Vater noch lebte, kamen oft andere Leute zum Besuch, und da wurde oft lang und breit von reichen Menschen gesprochen, und wie sie reich geworden; da spielte nun oft das Glasmännlein eine Rolle; ja wenn er recht nachsann, konnte er sich beinahe noch des Versleins erinnern, das man am Tannenbühl in der Mitte des Waldes sprechen mußte, wenn es erscheinen sollte.

[...]

Er brachte endlich einmal seine Mutter auf das Männlein zu sprechen, und diese erzählte ihm, was er schon wußte, kannte auch nur noch die erste Zeile von dem Spruch und sagte ihm endlich, nur Leuten, die an einem Sonntag zwischen elf und zwei Uhr geboren seien, zeige sich das Geistchen. Er selbst würde wohl dazu passen, wenn er nur das Sprüchlein wüßte, denn er sei Sonntag mittags zwölf Uhr geboren.

[...]

Kohlenmunk-Peter hatte jetzt den höchsten Punkt des Tannenbühls erreicht und stand vor einer Tanne von ungeheurem Umfang, um die ein holländischer Schffsherr an Ort und Stelle viele hundert Gulden gegeben hätte. Hier, dachte er, wird wohl der Schatzhauser wohnen, zog seinen großen Sonntagshut, machte vor dem Baum eine tiefe Verbeugung, räusperte sich und sprach mit zitternder Stimme: „Wünsche glückseligen Abend, Herr Glasmann." Aber es erfolgte keine Antwort und alles umher war so still wie zuvor. Vielleicht muß ich doch das Verslein sprechen, dachte er weiter und murmelte:

> „Schatzhauser im grünen Tannenwald,
> bist schon viel hundert Jahre alt;
> dir gehört all Land, wo Tannen stehn – „

Indem er diese Worte sprach, sah er zu seinem großen Schrecken eine ganz kleine, sonderbare Gestalt hinter der dicken Tanne hervorschauen; es war ihm, als habe er das Glasmännlein gesehen, wie man es beschrieben, das schwarze Wämschen, die roten Strümpfchen, das Hütchen, alles war so, selbst das blasse, aber feine und kluge Gesichtchen, wovon man erzählte, glaubte er gesehen zu haben. Aber ach, so schnell es hervorgeschaut hatte, das Glasmännlein, so schnell war es auch wieder verschwunden!

[...]

[Am nächsten Tag]. Erschöpft und zitternd setzte Peter seinen Weg fort; der Pfad wurde steiler, die Gegend wilder, und bald befand er sich an der ungeheuren Tanne. Er machte wieder wie gestern seine Verbeugung gegen das unsichtbare Glasmännlein und hub dann an:

> „Schatzhauser im grünen Tannenwald,
> bist schon viel hundert Jahre alt;
> dein ist all Land, wo Tannen stehn,
> läßt dich nur Sonntagskindern sehn."

„Hast's zwar nicht ganz getroffen; aber weil du es bist, Kohlenmunk-Peter, so soll es hingehen", sprach eine zarte, feine Stimme neben ihm. Erstaunt sah er sich um, und unter einer schönen Tanne saß ein kleines, altes Männlein in schwarzem Wams und roten Strümpfen und den großen Hut auf dem Kopf. Er hatte ein feines, freundliches Gesichtchen und ein Bärtchen so zart wie aus Spinnweben; er rauchte, was sonderbar anzusehen war, aus einer Pfeife aus blauem Glas, und als Peter näher trat, sah er zu seinem Erstaunen, daß auch Kleider, Schuhe und Hut des Kleinen aus gefärbtem Glas bestanden; aber es war geschmeidig, als ob es noch heiß wäre; denn es schmiegte sich wie Tuch nach jeder Bewegung des Männleins.

[…]

„ja, Herr Schatzhauser", erwiderte Peter mit einer tiefen Verbeugung […] Ich komme aber, um mich Rats zu erholen bei Euch; es geht mir gar schlecht und hinderlich; ein Kohlenbrenner bringt es nicht weit, und da ich noch jung bin, dächte ich doch, es könnte noch was Besseres aus mir werden; und wenn ich oft andere sehe, wie weit die es in kurzer Zeit gebracht haben – wenn ich nur den Ezechiel nehme und den Tanzbodenkönig, die haben Geld wie Heu."

„Peter", sagte der Kleine sehr ernst und blies den Rauch aus seiner Pfeife weit hinweg, „Peter", sag mir nichts von diesen! Was haben sie davon, wenn sie hier ein paar Jahre dem Schein nach glücklich und dann nachher desto unglücklicher sind? Du mußt dein Handwerk nicht verachten; dein Vater und Großvater waren Ehrenleute und haben es auch getrieben, Peter Munk! Ich will nicht hoffen, daß es Liebe und Müßiggang ist, was dich zu mir führt."

Peter erschrak vor dem Ernst des Männleins und errötete. „Nein", sagte er, „Müßiggang, weiß ich wohl, Herr Schatzhauser im Tannenwald, Müßiggang ist aller Laster Anfang; aber das könnet Ihr mir nicht übelnehmen, wenn mir ein anderer Stand besser gefällt als der meinige. Ein Kohlenbrenner ist so gar etwas Geringes auf der Welt, und die Glasleute und Flözer und Uhrmacher und alle sind angesehener.

„Hochmut kommt oft vor dem Fall", erwiderte der kleine Herr vom Tannenwald etwas freundlicher. Ihr seid ein sonderbar Geschlecht, ihr Menschen! Selten ist einer mit dem Stand ganz zufrieden, in dem er geboren und erzogen ist, und was gilt's, wenn du ein Glasmann wärest, möchtest du gern ein Holzherr sein, und wärest du Holzherr, so stünde dir des Försters Dienst oder des Amtmanns Wohnung an. Aber es sei! Wenn du versprichst, brav zu arbeiten, so will ich dir zu etwas Besserem verhelfen, Peter. Ich pflege jedem Sonntagskind, das sich zu mir finden weiß, drei Wünsche zu gewähren. Die ersten zwei sind frei, den dritten kann ich verweigern, wenn er töricht ist. So wünsche dir also jetzt etwas, aber – Peter, etwas Gutes und Nützliches."

[…]

Ferdinand Freiligrath

1810 in Detmold geboren, verfasste bereits im Kindesalter erste Gedichte. Nach seiner kaufmännischen Ausbildung widmete er sich zunehmend der politisch-revolutionären Dichtung und ging als „Trompeter der Revolution" – so der Titel eines seiner Gedichte – in die Literaturgeschichte ein. Ab 1851 lebte Freiligrath mit seiner Familie im Exil in London. Ein Spendenaufruf seines Freundes Emil Rittershaus ermöglichte ihm die Rückkehr nach Deutschland, wo er begeistert empfangen wurde. Die letzten Lebensjahre verbrachte Freiligrath in Cannstatt, wo er 1876 starb. Zuvor war seine revolutionäre Einstellung einer eher nationalen Gesinnung gewichen. Sein Gedicht „Im Walde" entstand während eines Aufenthaltes im Schwarzwald.

Ferdinand Freiligrath: Im Walde

Geh' ich einsam durch den Wald,
Durch den grünen, düstern,
Keines Menschen Stimme schallt,
Nur die Bäume flüstern:

O, wie wird mein Herz so weit,
Wie so hell mein Sinn!
Märchen aus der Kinderzeit
Treten vor mich hin.

Ja, ein Zauberwald ist hier:
Was hier lebt und wächst,
Stein und Blume, Baum und Tier,
Alles ist verhext.

Die auf dürren Laubes Gold
Sich hier sonnt und sinnt,
Diese Natter, krausgerollt,
Ist ein Königskind.

„Waldesruhe, Waldeslust,
bunte Märchenträume."
(F. Freiligrath).

Dort, in jenen dunklen Teich,
Der die Hindin tränkt,
Ist ihr Palast, hoch und reich,
Tief hinabgesenkt.

Den Herrn König, sein Gemahl,
Und das Burggesinde
Und die Ritter allzumal
Halten jene Gründe;

Und der Habicht, der am Rand
Des Gehölzes schwebt,
Ist der Zaubrer, dessen Hand
Diesen Zauber webt.

O, wüßt' ich die Formel nun,
So den Zauber löst:
Gleich in meinen Armen ruhn
Sollte sie erlöst,

Von der Schlangenhülle frei,
Mit der Krone blank,
In den Augen süße Scheu,
Auf den Lippen Dank.

Aus dem Teiche wunderlich
Stiege das alte Schloß;
Ans Gestade drängte sich
Ritterlicher Troß.

Und die alte Königin
Und der König, beide,
Unter samtem Baldachin
Säßen sie; der Bäume Grün
Zitterte vor Freude.

Und der Habicht, jetzt gewiegt
Von Gewölk und Winden,
Sollte machtlos und besiegt
Sich im Staube winden. –

Waldesruhe, Waldeslust,
Bunte Märchenträume,
O, wie labt ihr meine Brust,
Lockt ihr meine Reime!

Max Herrmann-Neiße

(eigentlich: Max Herrmann), geboren 1886 im schlesischen Neiße, war freier Schriftsteller, Journalist und Korrektor beim Fischer Verlag. Zwischen 1919 und 1933 war er mit seinen Gedichtbänden und Theaterstücken erfolgreich, verließ 1933 jedoch Deutschland und ließ sich in London nieder. Dort gehörte er im folgenden Jahr neben Lion Feuchtwanger und anderen Schriftstellern zu den Gründungsmitgliedern des Deutschen PEN-Clubs im Exil (auch: Exil P.E.N.). Max Herrmann-Neiße starb 1941 in London.

Ballade vom Zauberwald

Schon lang' war er durch diesen Wald gegangen
und sehnte sich, daß er ein Ende nehme.
Der Abend kam, ihn faßte fast ein Bangen:
er denkt an Räuber und die schwarze Feme.

Was er als Knabe las, war da: Sphinxschreie,
die Bäume drängten enger sich zusammen,

„Schon lang' war er durch diesen Wald gegangen
und sehnte sich, daß er ein Ende nehme."
(M. Herrmann-Neiße).

bald blieb kein Durchschlupf mehr für ihn ins Freie,
rings um ihn stand der Fabelwald in Flammen.

Plötzlich lief es wie Klingen durch die Halme,
Musik schien eine List ihm zuzuflüstern,
und mitten in des Waldbrands schwarzem Qualme
war er auf neue Abenteuer lüstern.

Und wußte, daß ihn dieses nicht behalten
Und strafen durfte, daß ihn Starkes schütze:
Starr wandelt er, die Flammen rings erkalten,
dann trägt ihn eines Mooses samtne Pfütze.

Wo alle sanken, die den Schritt verfehlten,
den einen schwierigen Halt zu Halt:
nur er, als einer von den Auserwählten,
traumwandelnd glitt leicht aus dem Schreckenswald.

Er lächelt, denn das Buch ist ausgelesen,
es war sehr leicht, sich so hinauszuwagen:
beim letzten Wort war alles nicht gewesen,
und vor ihm bleicht ein neuer Wald von Tagen.

Die waren zahm. Was sollte er sich bangen!
Kurzweil die Mär von Räubern und der Feme.
Und wieder kam er durch den Wald gegangen
Und wünschte sehr, daß dies kein Ende nehme.

Adolf Ritter von Tschabuschnigg

(Biographie auf Seite 57)

Waldmährchen

1.

Im Walde, im grünen Walde,
Von heimlichem Flüstern durchweht,
Wo sich auf einsamer Halde
Hindin und Reh ergeht, –

Im tiefen Wald, im dunkeln
Da sitzt im Sammetkleid,
Drauf Edelsteine funkeln
Die allerschönste Maid.

Sie sitzt in stillen Träumen,
Fast nikt sie und dämmert ein,
Es leuchtet unter den Bäumen
Ihr Antlitz wie Mondenschein.

Die Harfe ihr zu Seiten
Liegt unberührt und stumm,
Die Vöglein schwirren und gleiten
Um ihre Saiten herum.

Sie ist in Zauber befangen,
Seit ihr vom schönen Haupt
Die Königin der Schlangen
Die güldne Krone geraubt.

„Die Waldfee".
Gemälde von Karl Mediz 1894.

Wer Schleier und Krone bringen
Und wieder gewinnen kann,
Der wird den Zauber bezwingen,
Der sie so lang umspann.

2.

Oft sieht man den Junker gehen
In den grünen Wald hinein,
Er möchte das Wunder bestehen
Und die holde Prinzessin befrein.

Und bellt die lustige Meute,
Da schleicht er sich abseits bald,
Ihn kümmert nicht edle Beute,
Er irrt durch den tiefen Wald.

Er wandelt in stillen Gründen,
Vergißt auf Jagd und Birsch,
Ob auch die Hörner verkünden,
Gefallen sei der Hirsch.

Wenn hoch die Falken steigen,
Da reitet er in den Tann,
Wollt' sich die Jungfrau zeigen,
Er lösete ihren Bann;

Von der Königin der Schlangen
Erzwäng' er die Krone zumal,
Drauf möchte' er sie umfangen
Und küssen als Gemal.

Gustav Heick

Wilhelm Gustav Heick wurde 1852 in Kerpen geboren und besuchte vermutlich die Höhere Knabenschule in seinem Heimatort. Ab 1897 führte er zusammen mit seinem Bruder die „Woll-Waaren-Manufaktur" seiner Eltern in der heutigen Stiftstraße weiter. Als Beruf gab er jedoch nicht Kaufmann, sondern „Schriftsteller" an. Von ihm stammt eine Reihe von Waldmärchen, die 1905 zusammen mit Märchen von Frida von Kronoff (eigentlich: Frida Hummel) in einem mit Jugendstilbildern von Maria Hohneck illustrierten Band erschienen. Heick ist zudem

Verfasser mehrerer naturkundlicher Abhandlungen, in denen er bereits 1912 von zunehmend häufigeren heißen Sommern und milden Wintern berichtete. Heick starb ca. 1934 in Köln-Dellbrück.

Waldtreue

Es lebte einmal auf einem prächtigen Schlosse ein mächtiger König, umgeben von einem glänzenden Hofstaat und einer zahlreichen Dienerschaft.

Wie stattlich und vornehm der König aber auch in seiner äußeren Erscheinung war, im Grunde seines Herzens war er doch ein wüster, roher Mann, dessen höchste Lust es war, in den Wäldern und Feldern den Hirschen und wilden Auerochsen nachzustellen, unbekümmert darum, daß die Äcker seiner armen Untertanen verwüstet wurden. Die Nächte verbrachte er schwelgend im Kreise seiner Hofleute und Ritter.

Seine edle Gemahlin hingegen fand ihre größte Freude darin, den Armen und Notleidenden beizustehen.

Ihren Gatten liebte sie und war ihm mit ganzem Herzen ergeben; aber ihr edles Herz fand kein Vergnügen daran, an den lärmenden, rauschenden Festlichkeiten teilzunehmen, wie der König es wünschte. Erschien sie bei den Hoffesten an der Seite ihres Gemahls, so schlugen ihr alle Herzen entgegen, und mancher Ritter hätte für seine hohe Herrin mit Freuden Gut und Blut hingegeben. Ähnlich so dachte ihr ganzes Hofgesinde bis herab zu dem jüngsten Edelknaben.

Als der König sah, daß es ihm nicht gelingen wollte, seiner Gemahlin mehr Sinn für seine Vergnügungen einzuflößen, wurde sein Benehmen gegen sie immer unfreundlicher, so daß sich die Königin im Geräusche des Hoflebens sehr vereinsamt fühlte, und ihre Wangen von Tag zu Tag bleicher wurden.

Als er sie eines Tages nach einem wüsten Gelage in Gegenwart ihrer Dienerschaft wieder einmal hart anfuhr, war ihr Herz völlig gebrochen, und um sich zu beruhigen, suchte sie die Einsamkeit des Waldes auf.

Wie war es dort so feierlich still! Leises Flüstern ging durch die grünen Zweige, über welche der eben aufgehende Vollmond sein sanftes Licht ergoß. Der Abendwind umfächelte ihre glühend heiße Stirn. Hin und wieder zwitscherte ein Vöglein wie im Traum einige abgebrochene Töne; dann war es so still, als ob der ganze Wald eingeschlafen wäre.

Die Königin hatte sich am Fuße einer alten Eiche ins weiche Moos gesetzt und schaute gedankenvoll hinauf in die Abendwolken, welche die untergegangene Sonne goldig umsäumt hatte. Wie war die Welt so reich, so schön!

Und doch konnte sich ein Menschenkind, dem sie so viele ihrer Glücks-
güter in den Schoß geschüttet hatte, so unaussprechlich arm und einsam
fühlen.

Nachdem die hohe Frau eine Weile ihren trüben Gedanken nachgehangen
hatte, merkte sie, daß es anfing, kühl und dunkel zu werden, und sie stand
auf und eilte ihrem Schlosse zu; denn sie fürchtete, daß man sie dort ver-
missen würde.

Von nun an wurde der Wald ihr liebster Freund, den sie täglich besuchte,
dem sie ihr Herz ausschütten konnte wie keinem Menschen, und bei dem
sie immer den Frieden ihrer Seele wiederfand. Im Kreise des Hofgesindes
nannte man sie jetzt nur noch die „Königin Waldlieb".

Der König stürzte sich immer tiefer in den Strudel seiner wilden Vergnügungen, fand aber je länger je weniger Befriedigung darin. Mit sich selbst
und der ganzen Welt zerfallen, trat seine tyrannische Gesinnung immer
mehr hervor, so daß er der Schrecken seiner Umgebung wurde. Seine edle
Gemahlin, die darunter am meisten zu leiden hatte, siechte langsam dahin,
aber er schien es gar nicht zu bemerken und kümmerte sich nicht um sie.

…Als die Königin so schwach geworden war, daß sie nicht mehr allein in
den Wald gehen konnte, sagte sie zu ihren Hoffrauen: „Ich fühle, daß ich
bald sterben werde, darum möchte ich meinen treuen Freund, den lieben
Wald, noch einmal sehen."

Da wurde die Königin in eine Sänfte gesetzt und von Knappen in den Wald
getragen. Ihre Frauen und Edelknaben begleiteten sie.

…Als man bei der alten Eiche angekommen war, wurden weiche Teppiche
ausgebreitet, und die Kranke, von schwellenden Kissen gestützt, darauf
niedergesetzt. Das geschah so still und feierlich, als brächte man eine geliebte Tote zu ihrer letzten Ruhestatt.

…Die Abenddämmerung schlich herauf und umhüllte Wald und Berge mit
ihrem duftigen Schleier. Aus braunem Felsengestein floß silbern ein Bächlein und rieselte murmelnd durchs grüne Moos. Leise rauschten die Blätter,
und aus dem nahen Dickicht erklang in langgezogenen Tönen das Lied der
Nachtigall.

Wie wunderbar herrlich war dieser Abend im Walde, und wie glücklich fühlte sich die Königin Waldlieb. Still und friedlich lag sie da. Ihre Hände ruhten
ineinandergeschlungen im Schoße, und ihre Augen schauten beseeligt
hinein in das grüne Laubdach.

…„Habe Dank, du lieber Wald," sprach sie, „für alle Freuden, die ich in dir
gefunden habe. Bald werde ich nun erlöst sein von allem Leid, und dann
soll mein müder Leib unter deinem Schatten ruhen. Dein liebliches Säuseln

und dein Vogelgesang wird mein Schlummerlied sein."

Der Wald rauschte, als wolle er ihr dadurch die Erfüllung ihres Wunsches zusagen.

„Er hat meine Bitte verstanden," flüsterte die Königin beruhigt. Dann wandte sie sich an ihre Frauen: „Gebt mir noch einmal meine Laute, damit ich in ihren lieblichen Tönen ausspreche, was ich durch Worte nicht zu sagen vermag."

…Wunderbar erklang die mit zitternder Hand vorgetragene Melodie durch die Stille des Waldes. Alle lauschten auf's tiefste bewegt. Es war ihnen nicht anders, als ob sie die Stimme eines Engels vernähmen. All ihre heiße Liebe, all ihr bitteres Leid schien die Spielende in diesen ergreifenden Klängen auszuströmen. Als der letzte Ton verhallte, sank ihre Hand müde herab. Ein tiefer Friede ruhte auf ihrem Antlitz.

„Waldtreue."
Illustration von
Maria Hohneck 1905.

In andächtigem Schweigen harrte das Gefolge rings herum, bis eine der Frauen herzutrat, ihre Hand zu fassen. Laut schluchzend beugte sie sich über dieselbe, die Hand war kalt und starr – die geliebte Königin war tot.

Da verwandelte sich die feierliche Stille mit einem Mal in lautes Weinen und Wehklagen; jeder empfand den herben Verlust, der ihn betroffen. Nur der Wald stand schweigend da und breitete schützend seine Zweige über die Tote.

…Oben in dem Rittersaal des königlichen Schlosses erschallte wieder lauter, wüster Lärm; der König hielt in gewohnter Weise mit seinen Rittern ein Gelage, und alle waren bereits erregt und erhitzt von dem zu reichlich genossenen Wein.

Welch ein seltsamer Zug nahte sich dort dem Schlosse?

Der König schaute hinaus, vermochte aber nicht zu erkennen, was es sei. So rief er mit dröhnender Stimme in den Hof hinab, damit ihm der Torwächter Bescheid gäbe, bekam aber keine Antwort.

Von allen Seiten strömten die Leute herbei, hoch und niedrig, Ritter und Edelfrauen; der Burghof war in kurzer Zeit mit Menschen angefüllt. Der König trat auf die Schloßtreppe hinaus, als eben der Zug anlangte. Knappen trugen die Bahre, auf welcher die tote Königin ruhte, von Blumen und

Farnwedeln bedeckt; ihr folgten die weinenden Frauen, während die Edelknaben zur Seite ihrer Herrin schritten mit Eichenzweigen in den Händen,
die sie wie ein Laubdach über die Königin neigten.

Zögernd trat der König heran, und als man das Tuch hinwegzog, schaute er
in das liebliche, totblasse Antlitz seiner Gemahlin.

Ein Schauer durchrieselte ihn, und seine Kniee wankten. Wie unerbittliche
Ankläger traten plötzlich alle bösen Worte vor seine Seele, mit denen er die
Entschlafene gekränkt hatte. Überwältigt von dem Gefühl bitterer Reue sank
er an der Bahre nieder und benetzte die kalten Hände mit einem Strom
heißer Tränen.

„Zu spät! zu spät!" erklang es in seinem Herzen.

Die Menge stand schweigend und tief ergriffen umher, und manchem harten Rittersmann rannen die Tränen in den Bart. Als man dem Könige mit-
teilte, es sei der letzte Wunsch seiner sterbenden Gemahlin gewesen, im
Walde begraben zu werden, sprach er: „Die Königin sollte einsam im Walde
ruhen? – Nimmermehr! Ich werde ihr ein Denkmal setzen lassen, wie man
es schöner noch nicht gesehen hat."

Die Leiche wurde vorläufig mit großem Gepränge in der alten Königsgruft
beigesetzt. Dann aber berief der König die berühmtesten Baumeister und
Bildhauer, die mußten aus rotem und grauem Marmor eine prachtvolle
Grabkapelle ausführen.

Das Gewölbe wurde im Innern von schlanken Säulen getragen, und durch
die hohen Spitzbogenfenster leuchtete ein buntfarbiges Licht in den geweihten Raum.

In der Mitte der Kapelle erhob sich auf schwarzen Marmorstufen das
Grabmal der Königin. Der Sarkophag war von Künstlerhand aus weißem
Marmor gemeißelt und stellte die Fürstin ruhend dar, das schöne Haupt wie
im Schlaf leicht zu Seite geneigt. Ihr weißes Gewand floß in so natürlichen
Falten bis auf die schwarzen Stufen herab, als ob es weiche Seide wäre.

Als das herrliche Kunstwerk fertig war, wurden die sterblichen Überreste
der entschlafenen Königin dorthin zur letzten Ruhe gebettet. Die Frauen
aber, eingedenk des Wunsches ihrer geliebten Herrin, ließen mit Bewilli-
gung des Königs eine Anzahl junger Bäume im Walde ausgraben, Eichen,
Buchen, Tannen und Birken, die pflanzten sie rings um die Kapelle her.

Der König lebte zwar noch eine Reihe von Jahren, aber er war seit dem
Tode seiner Gemahlin ein anderer geworden. Seine Lust an prunkvollen
Festen war einer tiefen Schwermut gewichen. Als seine Zechgenossen sahen, daß es für sie an dem stillen Hofe keine Vergnügungen mehr gab, verließen sie ihn, einer nach dem anderen. Sein stattliches Schloß, an dessen

Ausschmückung er früher viel Kosten gewendet hatte, war ihm jetzt gleichgültig geworden, und mit der Zeit geriet es ganz und gar in Verfall.

Als der König endlich ohne Nachkommen starb, kam ein neuer Herrscher zur Regierung, der seinen Hofhalt auf einer andern Burg einrichtete. Den Wohnsitz seines Vorgängers mied er.

So stand das Schloß völlig verlassen, und Sturm, Regen und Schnee zerstörten im Laufe der Jahre den einst so schönen Palast. An den Mauerresten kletterten die Waldrebe und der Efeu empor. Auf der Ruine des alten Turmes erhob die Königskerze ihr goldenes Zepter. Die Ranken der Waldrose überwucherten das Geröll; dazwischen erhob sich der rote Fingerhut, und Moos und Gräser überzogen wie mit einem weichen Teppich die Trümmerhaufen.

Aber gleich dem Dornröschenschloß hinter seiner undurchdringlichen Hecke stand die Grabkapelle noch unversehrt inmitten der schützenden Waldbäume, die sich prächtig entwickelt und ihren Samen weithin ausgestreut hatten. Das sproßte und grünte ringsum von jungem Gehölz. Schlanke Tannen, kräftige Eichen und die Birken mit ihren silberweißen Stämmen strebten freudig himmelan, dazwischen wucherten Brombeerranken und allerlei Strauchwerk.

Jahre waren vergangen, und gleich einer Sage lebte noch im Volksmund die Geschichte von der stillen Dulderin, der Königin Waldlieb, die tief verborgen in der Hut des Waldes schlummerte. Wer einmal an der geweihten Stätte gestanden hatte und in das wunderliebliche Marmor-Antlitz geschaut hatte, wenn der Abend seinen rosigen Schein darüber ausgoß, wenn die Nachtigallen ihr Schlummerlied sangen und der Wind in den Baumwipfeln rauschte, der vergaß es sicher nicht wieder.

So hatte der Wald sein Versprechen gehalten, das er der sterbenden Königin gegeben hatte. Da man sie nach ihrem Tode nicht zu ihm hinaustrug, so war er zu ihr gekommen und hatte sie in seinen Schutz genommen. Das feste Königsschloß mit all seiner Pracht und Herrlichkeit war längst von der Erde verschwunden, aber das Grabmal von der Königin Waldlieb hatte allen Stürmen der Zeit getrotzt, um noch späteren Geschlechtern zu erzählen von der königlichen Dulderin, die in der Stille des Waldes Frieden gefunden hatte.

Signatur von Gustav Heick 1895.

Waldfrauen

In Mythen, Legenden, tradierten wie auch in den Kunstmärchen des 19. Jahrhunderts begegnen sie uns in vielerlei Gestalt und sorgen stets für ein spannendes, emotionales oder auch schauriges Leseerlebnis. Die Rede ist von den Waldfrauen, die mit der Natur und dem Übersinnlichen in Verbindung stehen und der Zauberei mächtig sind. Zwar finden sich auch vergleichbare männliche Wesen, wie beispielsweise gute und böse Zwerge oder Riesen, doch für sie gibt es keine so charakteristische Bezeichnung wie für die Waldfrauen, die hier in einem eigenen Kapitel berücksichtigt werden sollen, zumal eine Reihe von Gedichten, Erzählungen oder Kapitelüberschriften einen solchen Titel trägt.

Der Begriff der Waldfrau lässt sich keineswegs nur auf die Gestalt der alten, hässlichen Hexe reduzieren, die Erwachsene und Kinder im Wald in ihren Bann zieht und ihnen Schaden zufügt. Diese Figur ist vermutlich auf die Baba Jaga aus der slawischen Mythologie zurückzuführen, eine im Wald lebende Frau, die ihren Ort jedoch nicht verlassen kann, da sie sonst ihre Zauberkraft verlieren würde. Waldfrauen können magische Wesen wie Feen, Elfen, Nymphen, Heilerinnen, Beschützerinnen und Helferinnen sein, ebenso kundige Kräuterfrauen, Wahrsagerinnen und Verführerinnen oder vielleicht auch lediglich ein Phantasie- oder Traumbild. Allen gemeinsam ist, dass der Wald ihre Wohnstätte ist. Vor allem mit den Waldnymphen ist die in der griechischen Mythologie verankerte Vorstellung verbunden, dass sie die Seelen des Waldes sind, deren Leben und Sterben untrennbar an einen Baum gebunden ist.

Die Begegnung mit einer Waldfrau ist in der Regel der Beginn eines Wandlungsgeschehens. Es tritt dann jener magische Moment ein, der das Schicksal eines Menschen in eine entschei-

„Aus der Bäume dunklem Schatten kommt
die Waldfrau singend gegangen."
(M. Raven).

dende Richtung lenkt, und nichts mehr so ist, wie es zuvor war. Ist man zur falschen Zeit am falschen Ort, so kann dies tragisch enden, wie im Gedicht von Friedrich de la Motte Fouqué: Das Mädchen, das sich im Wald verirrt hat, gerät in die Fänge einer bösen Waldfrau, die sie als Magd und Hüterin für ihre Ziegen für immer im Wald gefangen halten will, da sie sich zur „bösen Stunde" im Wald aufgehalten hat. Anders als in ähnlichen Märchen greift hier keine rettende Macht ein, um die Situation ins Gute zu wenden. Doch auch das Erscheinungsbild einer Waldhexe fällt unterschiedlich aus. In Julius Lohmeyers gleichnamigem Gedicht ist es keineswegs die Baba Jaga, die den Kindern Angst einflößt. Es ist vielmehr eine Frau aus dem Dorf, die einen schweren Schicksalsschlag erlitten, freiwillig allen gesellschaftlichen Bindungen entsagt und sich verbittert in den Wald zurückgezogen hat und seitdem bei der einheimischen Bevölkerung als „Hexe" angesehen wird, ähnliches gilt auch für Viktor von Scheffels Waldfrau.

Kurzbiographien und Texte

Friedrich de la Motte Fouqué

Baron Friedrich Heinrich de la Motte Fouqué, geboren 1777 in Brandenburg/Havel, entstammte einer altadeligen französischen Hugenottenfamilie. Bis 1802 absolvierte er seinen Militärdienst in der preußischen Armee. Animiert durch Begegnungen mit Goethe, Schiller, Herder und Schlegel wandte er sich ganz der Dichtung und Schriftstellerei zu und gehört heute zu einem der frühesten Dichter der Romantik. Sein Werk umfasst Gedichte, romantische Ritter- und Liebesromane sowie zahlreiche Erzählungen und Märchen, von denen „Undine" das wohl bekannteste ist. 1813 nahm Fouqué als Freiwilliger an den Freiheitskriegen gegen Napoleon teil. Er starb 1843 in Berlin.

Die Waldfrau

Schaurig ist's im wald'gen Runde,
Schaurig in den Thälern unten,
Wenn, vom Wolkenschley'r umwunden,
Mitternacht auf ihrem Zuge
Hoch und ernst hernieder dunkelt.
Eichen selbst und mächt'ge Buchen
Beben, unberührt vom Sturme,
Rauschen, wie vor graus'ger Kunde.
Wild, in seinen Höhlen ruhend,
Starrt empor vom tiefen Schlummer,
Schmiegt sich näher, wie zum Schutze,
Den Genossen; Adler ducken
Scheu das Haupt dem Flügel unter.
Wie nun dir, o zarte, junge
Königstochter, holde Blume?

„Stehst nun in der Waldfrau Bunde, siehst nicht Vater mehr und Bruder." (F. de la Motte Fouqué).

Wie nun dir allein im Dunkel.
Pfadlos auf dem feuchten Grunde?
Licht der Helden, süßes Wunder,
Strahlenauge, soll dein Funkeln,
Hier erbleichen, sonder Spuren
In dem mächt'gen Wald verschwunden? –
Nein, Syritha, noch des Muthes
War in deinem zarten Busen;
Schöne, nein, du gehst nicht unter.
Siehst du nicht des Lichtes Funken,
Schimmernd aus dem finsteren Busche?
Auf nun, auf, das Licht zu suchen!
Licht ist ja dem Reitz verbunden. –
Zwischen Ästen, unter Wurzeln,
Schwankt sie fort mit scheuem Fuße,
Klimmt bergan, und klimmt bergunter,
Hat zuletzt ihr Ziel gefunden,
Steht als wie vor einem Thurme,
Wie vor eines Felsens Kuppe,
Weiß nicht: rollten's wilde Fluthen
So zusammen aus dem Grunde?
Bracht' es Menschenhand in Fugen?
Oder hat sich's vor dem Gruße
Bösen Zaubers so gerundet?
Ängstlich blickt sie durch die Luken,
Sieht ein gräßlich Weib, mit bunten
Fellen wilder Thier' umwunden,
Riesengroß der Leib, der Busen
Gelb und hager; über Gluthen,
Halb erloschen, auf dem Grunde
Beugt sie sich, und haucht und hustet.
Zitternd wendet sich nach dem Busche
Sich das Mägdlein, doch ein Rufen
Krächzt ihr drohend nach vom Thurme:
„Halt! Halt an, du Kleine, Junge!
Halt! du kommst mir recht zu Gute!
Hier herein! Ich brauch' 'ne muntre
Hausmagd, brauch' 'ne leicht beschuhte
Hirtinn, die durch Wald und Schluften,
Durch der wilden Bäche Furten,
Meiner Ziegen Spur erkundet.
Nur herein! zu schlimmem Gruße
Komm' ich sonst hinaus ins Dunkel,
Messend deiner Schrittchen hundert

Leicht mit drey'n von meinem Zuge.
Gingst im Wald zur bösen Stunde,
Zartes Mägdlein! Hast 'nen Buhlen?
Wirst von ihm nichts mehr erkunden.
Käm' er her, dich aufzusuchen,
Tränk' ich bald von seinem Blute.
Stehst nun in der Waldfrau Bunde,
Siehst nicht Vater mehr und Bruder,
Spendest meinem Dienst die Jugend.
Munter, Magd und Hirtinn, munter!"

Johann Karl August Musäus

geboren 1735 in Jena, war Schriftsteller, Literaturkritiker, Märchendichter. Seine „Volksmärchen der Deutschen" erschienen in fünf Bänden in den Jahren 1782–1786 und zählen zu den ersten Märchensammlungen, die in Deutschland gedruckt wurden. Es handelt sich hier mehrheitlich um Kunstmärchen, zu denen sich Musäus gezielt durch die Erzählungen von Frauen und Kindern inspirieren ließ und die er in einer Mischung aus Alltagssprache und tradierter Märchensprache mit vielen Anspielungen auf aktuelle Themen seiner Zeit niederschrieb. 1763 wurde er von Herzogin Anna Amalia von Sachsen-Weimar und Eisenach zum Pagenhofmeister berufen. Gleichzeitig war er als Mitarbeiter der „Allgemeinen deutschen Bibliothek", einer von dem Verleger Friedrich Nicolai herausgegebenen Rezensionszeitschrift, tätig. 1769 wurde er zum Professor für klassische Sprachen und Geschichte am Weimarer Gymnasium ernannt, wo er auch seinen Neffen August von Kotzebue, der später ebenfalls als Schriftsteller bekannt werden sollte, unterrichtete. Musäus starb 1787 in Weimar.

Libussa

Zum Inhalt: Herzog Czech von Ungerland dringt in das Böhmerland ein und verwüstet die Wälder, die Dryaden oder Waldnymphen als Wohnstatt dienen. Die Nymphen fliehen, nur eine bleibt in ihrem Baum zurück. Der junge Krokus, Knappe des Königs Czech, der die Pferde seines Herrn hüten soll, beschützt ihren Baum, sie wiederum wacht über ihn und die Tiere, wenn er schläft. Aus der Liebe zwischen der Nymphe und Krokus gehen drei Töchter hervor: Therba,

Bela und Libussa. Eines Tages stirbt die Nymphe, und Krokus, der als der weiseste Mann im Lande gilt, wird zum neuen Herzog erhoben und regiert das Land mit Klugheit und Gerechtigkeit. Als auch er stirbt, soll ihm die klügste seiner Töchter folgen. Die Wahl fällt auf Libussa. Lange weist sie alle Freier ab, bis sie sich für den weisen Junker Primislas entscheidet. Mit ihm gründet sie eine neue Stadt: Prag.

Vorlage für Musäus Märchen waren verschiedene böhmische Chroniken aus dem Mittelalter und der frühen Neuzeit. Hier Passagen vom Beginn des Märchens:

[…]. Unter dem Hofgesinde des Herzogs [Czech] befand sich ein junger Knappe, Krokus genannt, voll Mut und Jugendfeuer, rüstig und wohlgebaut, auch von edler Bildung, dem die Hut der Leibrosse seines Herrn anbefohlen war, die er zuweilen weit in den Wald auf die Weide trieb. Oft rastete er unter der Eiche, welche die Elfe bewohnte, sie bemerkte den Fremdlinge mit Wohlgefallen, und wenn er zur Nachtzeit unten an der Wurzel schlummerte, flüsterte sie ihm angenehme Träume ins Ohr, verkündete ihm in bedeutsamen Bildern die Begegnisse des künftigen Tages; oder wenn sich irgend ein Pferd in die Wildnis verlaufen hatte, und der Hüter die Spur verloren hatte es aufzusuchen, und mit Kummer einschlief, sah er im Traum die Merkzeichen des verborgenen Pfades, welcher zu dem Ort führte, wo der verirrte Gaul weidete.

Je weiter sich die neuen Anpflanzer ausbreiteten, desto näher rückten sie an die Wohnung der Elfe, und vermöge der Gabe ihrer Divination sah sie ein, wie bald die Axt ihren Lebensbaum bedrohen würde; darum beschloß sie, ihrem Gastfreund diesen Kummer zu entdecken. An einem mondhellen Sommerabend trieb Krokus seine Herde später als gewöhnlich in die Verzäunung, und eilte eilte unter den hochgegipfelten Eichbaum zu seiner Lagerstatt. Sein Weg dahin krümmte sich um einen fischreichen Weiher, in dessen Silberwellen die güldne Mondensichel in Form eines leuchtenden Kegels sich spiegelte; und über diesem schimmernden Teil des Sees hinweg, am jenseitigen Gestade in der Gegend der Eiche, erblickte er eine weibliche Gestalt, die an dem kühlen Ufer zu lustwandeln schien. Diese Erscheinung befremdete den jungen Kriegsmann; woher dies Mädchen, dacht' er bei sich selbst, so allein in dieser Wüste, zur Zeit der nächtlichen Dämmerung? Aber das Abenteuer war doch von einer solchen Beschaffenheit, daß es für einen Jüngling mehr anlokend als abschreckend schien, die Sache genauer zu untersuchen. Er verdoppelte seine Schritte, ohne die Gestalt die seine Aufmerksamkeit beschäftigte aus den Augen zu verlieren, und gelangte bald an den Ort, wo er sie zuerst wahrgenommen hatte, unter der Eiche. Jetzt kam's ihm vor, als sei's mehr Schatten als Körper was er sah, er stund verwundernd da, und es überlief ihn die Haut mit einem kalten Schauer; aber er vernahm eine sanfte Stimme, die ihm diese Worte entgegenlispelte: „Tritt herzu lieber Fremdling und scheue dich nicht, ich bin keine Truggestalt, kein täuschender Schatten: ich bin die Elfe dieses Hains, die Bewohnerin der Eiche, unter deren dichtbelaubten Ästen du oft gerastet hast; ich wiegte dich in süße ergötzende Träume, und verkündete dir deine Begegnisse, und wenn ein Mutterpferd oder ein Füllen von der Herde sich verirret hatte, wies ich dir den Ort, wo es zu finden war. Vergilt diese Gunst durch einen Gegendienst, den ich von dir fordere: sei der Beschützer dieses Baums, der dich für Sonnenbrand und Regen so oft in Schutz genommen hat, und wehre der mörderischen Axt deiner Brüder welche die Wälder verheeren, daß sie diesen ehrwürdigen Stamm nicht verletze."

Der junge Krieger, durch diese sanfte Rede wieder beherzt gemacht, antwortete also: „Göttin oder Sterbliche wer du auch sein magst, heische von mir was dir lüstet, so ich' vermag, will ich's enden. Aber ich bin nur ein geringer Mann aus meinem Volk, meines Herrn des Herzogs Knecht. So der zu mir spricht, heute oder morgen:

„König Krokus und die Waldnymphe."
Gemälde von Moritz von Schwind
um 1855/60.

„Weide hie, weide da", wie soll ich deines Baums hüten in diesem fernen Walde? Doch so du gebeutst, will ich mich abtun des Fürstendienstes, im Schatten deines Eichbaums wohnen, und seiner hüten mein Leben lang." „Tue also", sprach die Elfe, „es soll dich nicht gereuen." Hierauf verschwand sie, und es rauschte oben in de Wipfel nicht anders als ob sich ein laues Abendlüftchen darin verfangen hätte, und das Laub bewegte. […] Er [Krokus] flog bei frühem Morgen zum Hoflager des Herzogs, begehrte seinen Abschied, packte seine Heergeräte zusammen, und wandelte mit seinem Kopf voll glühender Schwärmerei und seiner Bürde auf dem Rücken, der wonniglichen Waldeinsiedelei wiederum mit raschen Schritten zu.

In dessen hatte in seiner Abwesenheit ein Kunstmeister im Volke, seinem Gewerbe nach ein Müller, den gesunden geraden Stamm der Eiche zu einem Wellbaum sich ausersehen, und ging mit seinen Mühlknappen hin sie zu fällen. [...] Krokus war gleichwohl im Anzuge, und dem Schauplatz dieser traurigen Katastrophe so nahe, daß das Geräusch der keuchenden Säge ihm in die Ohren drang. Von diesem Getöse im Walde ahndete ihm nicht Gutes, er beflügelte seine Füße und sah den Greuel der bevorstehenden Verwüstung des von ihm in Schutz genommenen Baumes vor Augen. Wie ein Rasender stürmte er flugs auf die Holzhauer ein mit seinem Spieß und blankem Schwert, und scheuchte sie von der Arbeit; denn sie glaubten einen Bergdämon zu sehen und entflohen in großer Bestürzung. Zum Glück war die Wunde des Baumes noch heilbar und die Narbe verlief in wenigen Sommern.

[...]

Der junge Eremit [Krokus] bereitete sich sein Bett von Moos unter der Eiche, höchst zufrieden über die Aufnahme welche ihm die Elfe hatte widerfahren lassen. Der Schlaf fiel über ihn wie ein gewappneter Mann, heitere Morgenträume umtanzten seine Scheitel und nährten seine Phantasie mit dem Dunste glücklicher Ahnungen. Beim Erwachen begann er fröhlich sein Tagwerk, erbaute sich eine bequeme Einsiedlerhütte, grub seinen Garten, und pflanzte Rosen und Lilien, auch andere Wohlgeruch düftende Blumen und Kräuter, nicht minder Kohl und Küchengewächse nebst fruchtbringenden Obstbäumen hinein. Die Elfe unterließ nie jeden Abend im Zwielichten ihm einen Besuch zu machen, erfreute sich über den Gewinn seines Fleißes, lustwandelte mit ihm Hand in Hand am schilfreichen Gestade des Weihers auf und ab, und der bewegliche Schilf flötete dem traulichen Paare einen melodischen Abendgruß zu, wenn es die Luft durchsäuselte. Sie unterwies ihren horchsamen Lehrjünger in den Geheimnissen der Natur, unterrichtete ihn von dem Ursprung und dem Wesen der Dinge, lehrte ihn die natürlichen magischen Eigenschaften und Wirkungen derselben, und bildete den rohen Kriegsmann zu einem Denker und Weltweisen um.

In dem Maße wie durch den Umgang mit der schönen Schattengestalt die Empfindungen und der Gefühlssinn des jungen Mannes sich verfeinerten, schien sich die zarte Form der Elfe zu verdichten und mehrere Konsistenz zu gewinnen. Ihr Busen empfing Wärme und Leben, ihre bräunlichen Augen sprühten Feuer und sie schien mit der Gestalt einer jungen Dirne auch die Gefühle eines blühenden Mädchens angenommen zu haben. Die empfindsame Schäferstunde, die dazu recht wie gemacht ist, schlafende Gefühle aufzuwecken, tat die gewöhnliche Wirkung: nach wenigen Mondenwechseln von der ersten Bekanntschaft an, war der seufzende Krokus im Besitz des Minneglücks welches die dritte Schilfhülse ihm verheißen hatte, und bereute es nicht, durch die Falltür der Liebe die Freiheit des Herzens eingebüßt zu haben. Obgleich die Vermählung des zärtlichen Paares nur unter vier Augen geschah, so wurde sie doch mit eben dem Vergnügen als das geräuschvollste Beilager vollzogen, und es fehlte in der Folge nicht an sprechenden Beweisen der belohnten Liebe. Die Elfe beschenkte ihren Gemahl mit drei Töchtern die zu gleicher Zeit geboren wurden, und der über die Fruchtbarkeit seiner anderen Hälfte entzückte Vater, nannte bei der ersten Umarmung die, welche früher als die beiden Zwillingsschwestern seine vier Wände beschrie, Bela, die nachgeborene Therba und die jüngstgeborene Libussa.

[...]

Christoph von Schmid

wurde 1768 in Dinkelsbühl geboren und entwickelte schon frühzeitig ein erzählerisches Talent, das ihn später zu einem der bekanntesten Jugendbuchautoren, Dichter und Verfasser von Kirchenliedern seiner Zeit machte, so stammt beispielsweise „Ihr Kinderlein kommet" aus seiner Feder. In seinen Werken kommt immer wieder seine tiefreligiöse Naturverbundenheit zum Ausdruck. 1791 empfing er die Priesterweihe. Neben seiner pfarramtlichen Tätigkeit wurde er auch mit schulischen Aufgaben betraut. So war er als Domkapitular in Augsburg auch für das dortige Schulwesen zuständig. 1776 wirkte er als Schuldirektor in Thannhausen (Landkreis Günzburg). In den Jahren 1853–1857 erschien seine vier Bände umfassende Autobiographie. Christoph von Schmid, der 1837 von König Ludwig I. von Bayern in den persönlichen Adelsstand erhoben worden war, starb 1854 in Augsburg.

Genovefa

Zum Inhalt: Die Erzählung basiert auf einer mittelalterlichen Sage, deren Ursprung unbekannt ist. Hauptfigur ist Genoveva von Brabant, die Gemahlin des Pfalzgrafen Siegfried. Als dieser in den Krieg ziehen und seine junge, schwangere Frau zurücklassen muss, wird diese von dem Ritter Golo begehrt. Als sie sich ihm verweigert, lässt er sie unter falschen Beschuldigungen ins Gefängnis werfen und

zum Tode verurteilen. Der Henker verschont sie jedoch, bringt sie
in einen Wald und überlässt sie und ihr in der Haft geborenes Kind
dem Schicksal. Gerettet werden beide von einer Hirschkuh, die sie
mit ihrer Milch versorgt. Genoveva versorgt sich und ihren kleinen
Sohn mit dem, was der Wald ihr an Nahrung und Schutz bietet, bis
sie schließlich von ihrem Ehemann, der stets an ihre Unschuld ge-
glaubt hat, wiedergefunden wird.

**Achtes Kapitel: Genovefa und ihr Kind werden durch eine Hirschkuh vom
Hungertode errettet.**

**Genovefa blieb lange ohnmächtig unter der Tanne liegen. Endlich erwachte
sie – und sah sich mit ihrem Kinde in dem wilden Walde allein. Der ganze
Himmel hatte sich indeß mit Wolken bedeckt. Der Mond war längst unter-
gegangen. Es war sehr finster. Ein fürchterlicher Sturm brauste durch die
Bäume. In dem Baume über ihr schrie eine Eule – und nicht weit von ihr
heulte ein Wolf. Sie schauderte vor Furcht zusammen.**

**„O Gott, o Gott, rief sie, welch ein Entsetzen ergreift mich! Doch – Du bist
ja auch hier bey mir. Vor Dir ist die Nacht helle. Du siehst mich! Wo kein**

Mensch ist, da bist Du. Du verläßt diejenigen nie, die auf Dich trauen. Du hast mich und mein Kind – unendlicher Dank sey Dir dafür! – aus der Hand der Menschen errettet. Du wirst uns nicht durch wilde Thiere umkommen lassen. Auf Dich will ich vertrauen, und mich nicht fürchten!"

Sie blieb nun mit dem Kinde auf dem Schooße so unter dem Baum sitzen, faltete ihre Hände über ihren Knien zusammen, blickte mit stillen Thränen zum Himmel, und wartete, bis der tag anbrach. Allein er brachte ihr neuen Jammer. Es war ein trüber, neblicher Herbstmorgen. Die ganze Gegend umher war rauh, wild und schrecklich anzusehen. Ueberall nichts als kahle Felsen, schwarze Tannen, Dornen und Wacholdergesträuch. Die Morgenluft wehte schneidend kalt – und endlich fing es gar an heftig zu regnen und zu schneyen. Genovefa zitterte vor Frost, und ihr liebes Kind fing vor Kälte, Nässe und Hunger laut an zu weinen.

[…]

Darauf ging sie, so matt und kraftlos sie war, mit ihrem Kinde auf dem Arme in Schnee und Regen durch die fürchterliche Wüste weiter, ohne zu wissen wohin. Als sie abermals einen Felsen überstiegen hatte, da sah sie unten zwischen den rauhen Felsen ein kleines, schmales Wiesthälchen. Sie kletterte hinab. In einem Felsen, der dicht mit Tannen bewachsen war, erblickte sie unter den überhängenden Aesten endlich eine kleine Oeffnung. Diese führte in eine Höhle, die geräumig genug war, zur Noth zwey oder drey Menschen zu beherbergen. Nicht weit davon rauschte eine Quelle, hell wie Kristall, aus dem Felsen hervor. Eine Art Kürbisstaude rankte am Felsen hinauf. Ihre Blätter waren aber verdorrt, und ihre halbverfaulten Früchte lagen am Boden umher, und waren nicht zu genießen.

Genovefa ging mit ihrem Kinde in die Höhle hinein. Hier war sie endlich gegen Wind und Regen geschützt. Allein noch immer zitterte und bebte sie vor Frost. Es war jetzt Mittag. Der Hunger quälte sie schrecklich, und auch ihr Kind fing wieder an vor Hunger zu weinen und zu schreyen. Da kniete sie in der Höhle nieder, legte ihr Kind vor sich auf den Boden hin, blickte durch die Oeffnung der Höhle zum Himmel, faltete die Hände und betete: O Du guter Vater im Himmel! Blicke hernieder auf eine weinende Mutter und ihr verschmachtendes Kind! […] Du wirst uns nicht verschmachten lassen! Du hast uns eben jetzt eine Wohnung finden lassen. Du wirst auch für Nahrung sorgen!" –

Sieh, da zerteilten sich mit Einem Male die Wolken, und die Sonne schien mild und warm in die Höhle herein. Es rauschte etwas in dem abgefallenen Laube – und plötzlich stand eine Hirschkuh vor der Höhle, die ihr gewöhnlicher Aufenthalt war, ungescheut herein, und blieb so neben Genovefa stehen. Genovefa erschrak anfangs über das Thier; nach und nach wurde sie aber kühner, und streichelte es. Das Thier schien gegen diese Freundlichkeit nicht ganz ohne Gefühl zu seyn. Nun kam Genovefa auf den Gedanken, sich mit der Milch dieses Thieres zu ernähren. „O Gott, wozu zwingt die Noth eine arme Mutter!" sagte sie – und ließ das Kind an der Hirschkuh trinken. Das Thier, dem ein Wolf das Junge gerissen hatte, und das von der überflüssigen Milch gequält wurde, ließ es gern geschehen. Genovefa wickelte hierauf das Kind, das jetzt schwieg und schlafen wollte, in einen Theil ihrer Kleidungsstücke, und legte es in eine Ecke der Höhle, wo ein recht bequemes Plätzchen hierzu war.

[…]

Viktor von Scheffel

(Biographie auf Seite 94)

Ekkehard (aus dem Kapitel: Die Waldfrau)

Zum Inhalt: Im Mittelpunkt der Handlung steht die historische Gestalt Ekkehards I., Mönch und Kaplan des Klosters St. Gallen, der im Roman jedoch mit seinem Neffen gleichen Namens zu einer Person verschmilzt. Zwischen Ekkehard und der verwitweten Herzogin von Schwaben kommt es zu einer problematischen Liebesbeziehung, die damit endet, dass Ekkehard in Ungnade fällt und in den Kerker geworfen wird, aus dem er jedoch entfliehen kann. Als Einsiedler findet er Zuflucht in einer Höhle beim Wildkirchlein am Säntis, wo er sein berühmtes „Waltharilied" dichtet. Im Kapitel „Die Waldfrau" geht es um eine alte, im Wald zurückgezogene Frau, der nachgesagt wird, unter einer Eiche weiterhin germanische Opferrituale zu praktizieren. Sie wird vertrieben, die Eiche gefällt.

[…] Bald kamen sie vor der Waldfrau Behausung. Auf einem Vorsprung in halber Höhe des steilen Felsens stand ihre steinerne Hütte, mächtige Eich- und Buchstämme breiteten ihre Aeste drüber und verdeckten den ragenden Gipfel des hohen Krähen. Drei wie Stufen geschichtete Klingsteinplatten führten ins Innere. Es war eine hohe dunkle Stube. Viel getrocknete Waldkräuter lagen aufgehäuft. Würziger Geruch entströmte ihnen; drei weißgebleichte Pferdsschädel grinsten gespenstisch von den Pfeilern der Wand herab, ein riesig Hirschgeweih hing dabei. In den hölzernen Thürpfosten war ein verschlungenes Doppeldreieck geschnitten. Ein zahmer Waldspecht hüpfte in der Stube umher, ein Rabe, dem die Schwingen gekürzt, war sein Genosse.

Die Inwohnerin saß am glimmen-
den Feuer des Herdes und nähte
an einem Gewand. Ein hoher be-
hauener halb verwitterter Stein
stand ihr zur Seite. Von Zeit zu Zeit
bückte sie sich zum Herde und hielt
ihre magere Hand über die Kohlen;
Novemberkälte lag auf Berg und
Wald. Die Zweige der alten Buche
neigten sich schier zum Fenster
herein, ein leiser Windeshauch bewegte sie, das Laub war herbstgelb
und morsch und zitterte und brach
ab, etliche welke Blätter wirbelten
in die Stube.

Die Waldfrau war einsam und alt
und mochte frieren: da liegt ihr nun
verachtet und welk und todt, sprach
sie zu den Blättern, und ich gleiche
euch. Ein fremdartiger Zug umflog
ihr runzlig Antlitz. Sie dachte ver-
gangener Zeiten, da sie noch jung
und frühlingsgrün gewesen und
einen Liebsten gehabt – aber den
hatte sein Schicksal weit hinausge-
trieben aus dem heimischen Tann-
wald, raubende Nordmänner, die
einst mit Sengen und Brennen den
Rhein herauf fuhren, hatten ihn und
viel andere Heerbannleute gefangen mitgeschleppt und er war bei
ihnen geblieben über Jahresfrist

„Austreibung der Waldfrau".
Illustration zu Scheffels „Ekkehard"
von L. v. Hoffmann-Zeitz
Ende 19. Jahrhundert.

und hatte den Seemannsdienst gelernt und war wild und trotzig geworden
in der Strandluft des Meeres, und wie sie ihn wieder frei gaben, trug er die
Nordseesehnsucht mit sich in den schwäbischen Wald, – die Gesichter
der Heimath gefielen ihm nimmer wieder, die der Mönche und Priester am
wenigsten, und das Unglück fügte es, daß er in zornigem Aufbrausen einen
wandernden Mönch erschlug, der ihn gescholten, da war seines Bleibens
nicht fürder.

[…]

Das war schon lange, lange her, aber der Waldfrau war es, als sähe sie
ihren Friduhelm noch, wie er in's Waldesdunkel sprang; sie hatte damals

in's Weiterdinger Kirchlein einen Kranz von Eisenkraut gehängt und viel Thränen vergossen … kein Anderer hatte sein Bild aus ihrer Seele verdrängt. Die traurige Jahreszeit gemahnte an ein altes Nordmännerlied, das er sie einst gelehrt; das summte sie vor sich hin. [

[…]

Ekkehard war indeß draußen abgestiegen und hatte sein Roß an eine Tanne gebunden. Jetzt trat er über die Schwelle; scheu ging Audifax hinter ihm drein. Die Waldfrau warf das Gewand über den Stein, faltete die Hände in ihren Schooß und sah starr dem eintretenden Mann im Mönchsgewand entgegen. Sie stand nicht auf.

[…]

Eure Götter? fuhr Ekkehard in seinem Fragen fort – wer sind Eure Götter?

Das müßt Ihr wissen, sprach die Alte. Ihr habt sie vertrieben und in See gebannt: in der Fluthen Tiefe liegt Alles begraben, der Hort alter Zeiten und die alten Götter, wir sehen sie nicht mehr und wissen nur noch die Plätze, wo unsere Väter sie verehrt, eh' der Franke kam und die Männer in den Kutten. Aber wenn der Wind die Wipfel des Eichbaums droben schüttelt, dann kommt's wie Stimmen durch die Lüfte, das ist ihr Klagen – und in gefeiten Nächten rauscht und brauset es und der Wald leuchtet, Schlangen winden sich an den Stämmen empor, da jagt's über die Berge wie ein Zug verzweifelter Geister, die nach der alten Heimath schauen …

Ekkehard bekreuzte sich.

Ich sag's wie ich's weiß, sprach die Alte. Ich will den Heiland nicht beleidigen; aber er ist als ein Fremder in's Land gekommen, Ihr dienet ihm in fremder Sprache, die verstehen wir nicht. Wenn er auf unserem Grund und Boden erwachsen wäre, dann könnten wir zu ihm reden und wären seine treuesten Diener, und es stünd' besser um's alemannische Wesen.

Weib! rief Ekkehard zürnend, wir werden Euch verbrennen lassen …

Wenn's in Euern Büchern steht, war die Antwort, daß das Holz des Waldes aufwächst, um alte Frauen zu verbrennen: ich hab' genug gelebt. Der Blitz hat neulich Einkehr bei der Waldfrau genommen – fuhr sie fort und deutete auf einen schwärzlichen Streif an der Wand – der Blitz hat die Waldfrau verschont.

[…]

Weib! rief Ekkehard und trat hart vor sie hin, – du treibst Zauberkunst und Hexenwerk!

Da stand die Alte auf. Ihre Stirn runzelte sich, unheimlich glänzten die grauen Augen. Ihr tragt ein geistlich Gewand, sprach sie, Ihr möget mir das sagen. Gegen euch hat eine alte Waldfrau kein Recht.

[…]

Marie Itzerott

wurde 1857 in Polkritz (Altmark) als Tochter des dortigen Pastors geboren. Sie war Lehrerin, Dichterin und Schriftstellerin, verfasste auch Liedtexte, Dramen und Märchen. Nach einer unglücklichen Ehe, die mit einer Scheidung endete, widmete sie sich dem Studium der englischen, französischen und italienischen Sprache, das sie in Berlin mit einem Examen abschloss. 1895 ging sie nach London, wo sie in Forest Hill an einer deutschen sowie an einer englischen High School Deutsch unterrichtete. Ihr genaues Sterbedatum ist unbekannt. Vermutlich starb sie nach 1905 in London.

Die Waldfrau (Ballade)

Die Waldfrau schaut spähend zum Fenster hinaus:
„Wird niemand zu Forst sich denn wagen
Durch Regenfluten und Wettergebraus,
Die Zukunft bei mir zu erfragen?"
Und pfeifend der Sturm, reißt die Thüre auf,
Und ein Ritter erscheint auf der Schwelle
Und trägt seiner Schönheit siegenden Glanz
In des spärlichen Lichtleins Welle:
„He, Alte, he, – heran geschwind,
Du sollst nur heute sagen,
Wo ich das blinde, lächelnde Glück
Am schnellsten könnte erjagen,
Ob zürnend es gar vorbei mir fliegt
Auf stolzem Siegeswagen?
Die Wahrheit und nichts als die Wahrheit sollst
Du, Alte mir jetzt sagen."
Die Waldfrau sieht in's Feuer still:
„Ich brauch' deine Hand nicht zu sehen,
Es wird um deine Stirne einst
Des Glückes Fittig wehen
Doch hör', das Glück von ungefähr

Waldfrauen

„Der Traum des Ritters."
Gemälde von Moritz von
Schwind um 1859.

Nicht kommt in deine Hände;
Je heißer der Kampf, je süßer der
    Lohn,
je grüner der Lorbeer am Ende."
„Hab' Dank, hab' Dank, du Alte mein!"
– Es klirren die gold'nen Stücke –
„Jetzt bin ich gefeit, unverwundbar
    gemacht
Gegen Schicksals heimliche Tücke.
Nun brauset ihr Wetter, nun ziehet he-
    ran,
Ihr feindlichen, grimmigen Mächte!
Bestrahlt von des Glückes fern glän-
    zendem Schein
Gegen Erde und Himmel ich fechte." –

Es graust der Sturm, es zuckt der Blitz,
Im Walde zersplittern die Bäume.
Wie gingen so schnell die Jahre hin
Wie kurze Sommerträume. –
Die Waldfrau schaut spähend zum
    Fenster hinaus
„Wird niemand zum Forste sich wagen,
Durch Regenfluten und Wettergebraus
Die Zukunft bei mir zu erfragen?"
Da reißt der Sturm die Thüre auf:
Der Ritter erscheint auf der Schwelle
Und trägt seines Alters silbernen
    Schein

In des spärlichen Lichtleins Helle. –
„Betrügerin, du," so herrscht er sie an,
„Ich komme, an dir mich zu rächen;
Wie konntest du denn – 's ist so lange schon –
Das Glück mir, das holde, versprechen?
Ich habe geschwungen an fünfzig Jahr
Wohl muthig das Schwert und den Degen,
Doch das edelste Wild, das schimmernde Glück,
Ich könnt' es nicht erlegen.
Durch Wüstensand, auf wildem Meer
Bin ich ihm nachgezogen;
Doch stets, wenn ich glaubte, ich hätt' es berührt,
So war es davon geflogen!
Ich grub nach ihm bei des Mondes Licht
Auf schneeigen Bergeszinnen,

Doch den Schatz, den ich mir ergraben wollt',
Ihn konnte ich nicht gewinnen. –
Ich klomm empor den schwindelndsten Pfad
Nach der Wunderblume, der blauen,
Doch könnt ich dem Glück nicht ein einziges Mal
In's blendende Antlitz schauen.
Mit wunder Seele, mit wundem Fuß,
So folgte ich seine Spuren,
Doch fand ich es nicht an dem fernen Strand
Und nicht in der Heimat Fluren. –
Drum, Elende du, nun mach dich bereit,
Den Todesstreich zu empfangen:
Du hast mich getrieben von Kampf zu Kampf
In der Hoffnung, das Glück zu erlangen –
Und mit leeren Händen nun steh' ich da,
Als Schmuck nur die schneeigen Haare,
Mit dem einzigen Schatz, den gewonnen ich hab',
Die Fülle der lastenden Jahre. –
Doch eines noch sag' mir, du Alte du,
Wie hast du es können wagen,
Statt des ernsten, wahren, heiligen Wort's
Mir die gleißende Lüge zu sagen?"
Ein Lächeln der Waldfrau Mund umspielt:
„Die Wahrheit könnt' ich dir sagen;
Doch sprich, stolzer Ritter – – wie hättest du dann
Das Leben wollen ertragen?"

Mathilde Raven

1817 als Mathilde Beckmann in Meppen geboren, wuchs in ihrer Heimatstadt sowie in Münster und Osnabrück auf, wohnte eine Zeit lang in Celle, wo ihr Ehemann als Jurist am Oberappellationsgericht tätig war. Nach seinem Tod lebte sie in Leer, Berlin, Bremen und Dresden. Sie schrieb eine Reihe von Romanen, Erzählungen und Gedichten, zeigte großes Interesse an der politischen Situation ihrer Zeit und verfasste zudem 1872 in der Zeitschrift „Frauen-Anwalt" einen Artikel „Über den Schriftstellerberuf der Frauen". Sie starb 1902 in Dresden.

Die Waldfrau

Im grünen Wald, wo die Quelle springt,
Wo blühet die wilde Rose,
Wo die Drossel schlägt und die Nachtigall singt,
Wo das Reh durch Schlehdorn und Epheu dringt,
Da ruht ein Knab' auf dem Moose.

Aus der Bäume dunklem Schatten kommt
Die Waldfrau singend gegangen.
Ihr Aug' ist blau wie der Himmel und klar,
Braun wie das Moos ist ihr lockiges Haar,
das spielt um Schläfen und Wangen.

Ihr Athem ist würzig wie Veilchenduft,
Wie Ros' ihre Lippe blühet,
Wie Schlehdornblüthe ist weiß ihre Hand,
Maigrün und golden ist ihr Gewand,
Wie das Laub, das im Sonnenlicht glühet.

Sie sieht den träumenden Knaben. Sie neigt
Süß schmeichelnd zu ihm sich nieder.
Seine Wange berührt ihr duftendes Haar,
Es spiegelt ihr Auge, tiefblau und klar,
Sein trotziges Angesicht wider.

Sie flüstert: Bleib bei mir, bleib bei mir im Wald!
Sieh! Alles sei dein, was ich habe:
Waldkräuter und Bäume und Vögel und Wild,
Der Bach, der rieselnd zu Füßen mir quillt,
Und die Blumen, nimm Alles zur Gabe!

Meine Liebe, sie soll, herzliebster Knab,
Dich glücklich und selig machen.
Ich schläfre mit lieblichen Märchen dich ein,
Mein Lied soll beim dämmernden Mondenschein
Dir tönen zum frohen Erwachen.

Ich mag deine Blumen und märchen nicht,
Dein Lied, es weckt nicht die Freude.
Zu bleich und zu trüb ist dein Angesicht,
Dein grünes Gewand, es ist mir zu schlicht,
Dich schmückt ja nicht Perl' noch Geschmeide!

So sprechend enteilt er. – Der Wald ertönt
Von der Waldfrau mit Weinen und Klagen,
Die Bäume schütteln die Häupter stumm,

Es singen die Vögel: Kehr um, kehr um!
Sein Herz fühlt der Knabe schlagen.

Die Blumen sehen mit Thränen ihn an,
Seine Seele wird trüber und trüber.
Es weitet und lichtet sich vor ihm der Wald,
Und ferne das Klagen und Singen verhallt.
Seine Augen fließen ihm über.

Grell scheint ihm die Sonne in's Angesicht.
Da kann er es nicht mehr ertragen.
Er stürzet zurück in die Waldesnacht
Wo die Quelle springt, wo die Blume lacht,
Wo Drossel und Nachtigall schlagen.

Wo die Waldfrau wohnt mit dem blauen Aug,
mit dem rosenrothen Munde,
Mit den süßen Märchen, mit ihrem Lied,
Mit ihrer Liebe, die lieblich blüht,
Wie die Lilie im kühlen Grunde.

Er ruft ihren Namen in's grüne Gezweig:
Es tönt keine Antwort ihm wider.
Sein Auge sieht nicht mehr ihr grünes Gewand,
ihm winket nicht mehr die schneeweiße Hand,
Nicht wallt mehr ihr Haar auf ihn nieder.

Sie ist verschwunden. Die Zweige durchläuft
Ein Murmeln, unwillig und traurig,
Die Vögel seufzen, die Blumen steh'n
Gesenktes Hauptes, die Baumwipfel weh'n
Im Wirbelwind wild und schaurig.

Otto Franz Gensichen

geboren 1847 in Driesen in der Neumark, studierte Mathematik, Philosophie und Klassische Philologie und war als Journalist und politischer Schriftsteller für verschiedene Zeitungen tätig. Von 1847 bis 1878 war er künstlerischer Leiter und Dramaturg am Wallner-Theater in Berlin, arbeitete anschließend als freier Schriftsteller und Herausgeber in Berlin, wo er 1933 starb.

Waldgeheimniß

Zum Inhalt: Der junge Adlige Walter verliebt sich in die schöne Waldfrau, die ihm jedes Mal erscheint, wenn er im Wald unter den Bäumen seinen Träumen nachhängt. Als seine Verlobte erkennt, dass
er die Waldfrau mehr liebt als sie, wird sie eifersüchtig. Ein Wald-
zwerg verrät ihr das Waldgeheimnis, dass nämlich auf einer Insel
im Waldsee die Blume der Waldfrau wächst, von denen diese ihrem
Geliebten Saft in die Augen geträufelt hat. Die Waldfrau merkt, dass
ihre Konkurrentin die Blume entwenden will, versetzt sie in einen
dauerhaften Schlaf und lässt ihre Seele als ewige Flamme über dem
See flackern. Walter sieht weder seine Verlobte noch die Waldfrau je
wieder. Hier der Beginn des Märchens:

Wann die Mittagsschwüle ruht über dem schweigenden Haine und der Sonne güldene Strahlen durch das grüne Laubgewölbe zittern, tausendfaches
Leben weckend son in den Zweigen hoch oben, wie in den Kräutern tief
unten, dann schreitet die Waldfrau mit leichtem Fuße durch ihr Heiligthum
und breitet segnend die Hände über die ihr geweihte Stätte. Unsichtbar
dem Auge des Sterblichen, wandelt sie dahin, ein maßlos schönes Weib,
umflossen von dem dichten Mantel ihres sonnenfarbenen Haares. Oft
steigt sie hinab in die kühle Quelle, um dort zu baden ihren ewig jungen
Leib und sich hernach zu strecken in das schwellende Gras, horchend den
Liedern der Vögel, dem Murmeln des rastlos rauschenden Wassers.

Mehr und mehr machen die Menschen den Erdgeistern die Herrschaft
streitig. Wo die Axt erklingt und der Mühle Sägen in's Mark der Bäume
schneiden, wo dampfschnaubende Maschinen dahinbrausen auf eisernen
Pfaden, wo die Ambosse dröhnen im Takte der Hammer, da ist kein Raum
mehr für die nur im Frieden athmende Waldfrau. Tiefer und tiefer flint sie
zurück in das Dickicht der noch wenig durchholzten Haine, ein einsam Leben führend an lauschigen Plätzen. Dort erblüht auf wasserumzirkter Stätte ihre wunderherrliche Blume, deren Saft sie zuweilen träufelt auf ihrer
Lieblinge schlafgeschlossene Wimpern. Nur die so bevorzugten erkennen
in den durch grüne Wipfel fallenden Sonnenschein das glühende Haar der
Waldfrau, nur sie vernehmen in dem leisen Geflüster des stillen Haines das
liebliche Rauschen ihres sanft nachwallenden Gewandes.

Keinem war sie je holder als dem jugend-schönen Walter. Täglich schritt er
hernieder von seiner väterlichen Burg, sich zu erfreuen des schattenden
Waldes. Näher glaubte er sich dem Herzen der Natur, wann er im Frieden
des Haines lauschte dem tausendfachen Weben der allschaffenden Kräfte.
Im Säuseln des Windes, im Sange der Vögel, im geschäftigen Treiben des
harmlosen Gewürmes erkannte er mit liebevollem Auge die in Vielheit sich
bethätigende Einheit des alleinen Seins. Wohl ward er ein Träumer ge-

scholten, von denen, welche sich an dem Außen der Dinge genügen ließen und nie das Innen zu begreifen strebten. Er aber fühlte, daß des Lebens reinste Freuden nur dem erblühen, der im eigenen Herzen nachempfindet das ewige Wirken der wesenbildenden Gotteskraft. Ihm hatte ja einst die Muse bei der Geburt segnend die Augen geküßt, ihm hatte die Waldfrau den Saft ihrer Blume auf die schlummermüden Wimpern geträufelt, daß er verstehen konnte der Vögel mannigfache Lieder, der Bäume wunderbares Rauschen. Dann gab er den Bildern, die er im Haine erblickte, den Weisen, die er dort gehört, menschliche Sprache und ließ in frischen Sängen ertönen, was seine Brust bewegte. Oft klang es von seinen Lippen hinaus in die echoliebende Stille des Waldes:

„Sie mögen singen und sagen
Von Frauen, schön und mild,
Ich will im Herzen tragen
Nur ein geweihtes Bild.

Das hat kein Mensch erschauet
Auf einer ird'schen Flur;
Ihr holdes Auge blauet
In's Aug' des Dichters nur.

Lieg' ich im Wald zu lauschen
Der stillen Einsamkeit,

Dann hör' ich leise rauschen
Ihr sanft nachwallend Kleid.

Hör' ich die Vöglein singen
Im harzig duft'gen Hain,
Ich weiß es ja, sie bringen
Ihr Lied der Fraue mein.

Und lugt durchs Laubdach oben
Die Sonne mild und klar,
Seh' ich ihr Haupt, umwoben
Von langem, güld'nen Haar.

Die du zu süßem Frieden
Mich locktest schattenwärts,
Du schönstes Weib hienieden,
Dir, Waldfrau, glüht mein Herz!"

Und doch war die Zeit nahe, da der Jüngling über die Liebe zu einem irdischen Weibe fast völlig der Waldfrau vergessen sollte.

[…]

Julius Lohmeyer

1834 in Neiße geboren, war Naturwissenschaftler, Apotheker,
patriotischer Dichter und Jugendschriftsteller. 1872 gründete
er die Zeitschrift „Die deutsche Jugend", die bis 1893 bestand
und als Volksausgabe in 18 Bänden unter dem Titel „Deutscher
Jugendschatz für Knaben und Mädchen" erschien. Namhafte
Schriftsteller wirkten daran mit, u. a. Theodor Storm und Heinrich Seidel. Julius Lohmeyer starb 1903 in Berlin-Charlotten-
burg.

Die Waldhexe

„Die Hexe kommt!" Voll Schrecken, bang und bleich
Duckt sich die Schar der Kleinen ins Gesträuch,
Wenn sie im Walde naht die finstre Alte. –
Ihr kennt das Hüttlein an der Rothwandspalte,
Das wie ein morsches Nest am Abgrund schwebt,
Von Waldgerank und Tobeldunst umwebt,
Dort haust sie, einsam wie ein Uhu haust,
Vom Volk gemieden. Selbst den Förster graust,

Wenn er des Nachts am
　　Kreuzpfad ihr begegnet,
Daß er, ein Sprüchlein mur-
　　melnd, fromm sich segnet:
Denn schier unhörbar, meint
　　er, schritt ihr Fuß. –
Wohl dreizehn Jahre hat sie
　　Dank und Gruß
Nicht einem mehr gegönnt;
　　seit man im Tann
Am Hochstein fand erschla-
　　gen ihren Mann,
Den Waldwart, hingestreckt
　　in blut'ge Lache –
Es war ein Graus! Doch
　　schreit das Blut nach
　　Rache!

Den rothen Bernd sprach der
　　Gerichtshof frei
Ob mangelnder Beweise.
Keck vorbei An ihrem Zeugen-
　　stuhl mit Hohngelächter
Schritt er zum Saal hinaus,
　　der reiche Pächter.
Fest, aufrecht hinter ihren
　　Gitterstäben
Stand sie, die Faust geballt in
　　Wuth und Beben,
Den Blick gewandt nach ihm
　　voll Hassesflammen –
„Frei war er! Frei!" Erschöpft
　　brach sie zusammen.

„Die Waldhexe."
Zeichnung von Hermann Vogel 1888.

Dann schritt sie heim, starr, wortlos, ohne Klage.
Vom Leben aber wandt' seit jenem Tage
Ihr Herz sich ab und schloß der Welt die Thür –
Wohl zahlt den Zins, den Schoß sie nach Gebühr –
Doch nie mehr sah man sie im Kirchlein Knie'n
Und nie hat sie den Spruch der Welt verzieh'n.

Der Pfarrherr sprach: „Die Rache steht bei Gott!"
„Nein, Herr!" rief sie, „hier muß er aufs Schafott!"
Und als der Graf das Gnadenbrot ihr bot,
Sprach sie: „Herr Graf, mir thut nur *eines* Noth –

So lang' die Blutthat nicht an *ihm* gerächt,
Will ich nicht Gnade, Herr – ich will mein Recht!"

Dann ging sie. Nur das Hüttlein nahm sie an,
Das einst aus Trümmern hier erbaut ihr Mann;
Drin lebt sie dorffern, freundlos, winterhart,
Vom Schnee umbaut, in Grimm und Gram erstarrt.

Der Amtmann meint, da? Wahn ihr Hirn umstrickt;
Doch wer ins strenge Auge ihr geblickt,
In ihre Antlitz' Runen las, der weiß,
Daß hier ein Geist noch lodert hell und heiß.

Der Wald nur ist ihr Freund. Sein fromm' Gethier,
Selbst Reh und Häslein flieh'n nicht mehr vor ihr;
Oft dünkt ihr fast, als lausche er vertraut,
Spricht sie mit ihrem Gott geheim und laut.
Kaum von der Kreatur des Wald's geschieden,
Lebt sie dahin in seinem Bann und Frieden,
Verwittert selbst schon wie ein greiser Baum –
O spinne um sie deinen stillen Traum,
Gieb ihr ein Grab, o Wald, in kühler Erde,
Daß endlich Ruh' auch diesem Herzen werde!

Else Galen-Gube

eigentlich Elisabeth Lange, verheiratete Gube, wurde 1869 in
Potsdam geboren. Sie war die Tochter des Arztes Ernst Philipp
Karl Lange, der unter dem Pseudonym Philipp Galen ein bekann-
ter Schriftsteller war. Von ihm übernahm sie das Pseudonym,
ein Anagramm des Namens Lange. Sie starb 1922 in Potsdam.

Waldhexe

„Du, meine Sinne sind wild nach dir –
nichts fühl ich, als das tolle Verlangen,
daß du nur einmal am Halse mir
selig-gekreuzigt möchtest hangen!"

„Dann will ich dich küssen im taumelnden Rausch,
glühend – bis deine Lippen bluten,
bis im glückseligen Wonnetausch
auflodern all die verhaltenen Gluten!"

Das Hexenweib lag am Felsenschacht
und blickte hinauf zu den Höhn;
sie seufzte so wild in die herbstliche Nacht
und klagte ihr Sehnen dem Föhn.

Und der Föhn, der trug es weit fort ins Land
und erzählte von ihrer Qual
dem wogenumbrandeten Meeresstrand
und den murmelnden Quellen im Tal.

Der erzählte: Da unten im Zauberwald
haust eine verwunschene Fei,
allnächtlich vernehm ich der Huldgestalt
wahnsinnigen Sehnsuchtsschrei.

Ich höre die Worte, die sie spricht,
in atemverhaltendem Lauschen,
seh, wie sie wankend zusammenbricht,
wenn im Dickicht die Zweige rauschen.

Und ich seh eine nordische Reckengestalt
Im Mondlicht, dem totenblassen,
die sie an sich preßt mit Titanengewalt
im tollen selgen Umfassen.

Dann wird es lebendig im stillen Grund,
dann weichen die Nebelschleier,
dann saugt sich die Teuflin ihm fest an den Mund,
dämonisch mit Höllenfeuer –

Und sie schluchzt:" Was weißt du von meinem Begehr,
und daß ich nach dir fast verschmachtet,
daß ich deiner geharrt, mein Pfühl blieb leer – n
Komm, teil ihn mit mir, wenn es nachtet …

Teil alles mit mir, was ich geben kann,
was mein in der Hölle, auf Erden –
du sollst noch heut der glückseligste Mann
in meinem Zauberwald werden.

Meinen schimmernden Perlenschmuck wirst du mir
In die wallenden Locken binden,
und Seide vom Indusstrand wollen wir
um die schlanken Glieder uns winden.

Laß meiner Zähne aufleuchtendes Weiß
In die nackte Brust sich dir graben,

laß dich küssen, – küssen so glühend heiß,
ich muß, ich will dich ja haben! …

Mit lechzenden Lippen will ich heut Nacht
Deine schäumende Jugendkraft trinken,
bis goldig im Osten das Frührot erwacht,
und taumelnd zu Füßen dir sinken.

Und du lösest mit wollustbebender Hand
Meine Haare, die goldig-roten,
die wallen hernieder auf mein Gewand,
als wenn feurige Schlangen lohten.

Und ich werfe mich über mein Lager hin,
bebend vor tollem Begehren …
So sehnsuchtsdurchglüht war noch nie mein Sinn,
du, – heut will ich nichts dir verwehren!"

„Dein eigen bin ich im Liebesrausch
so ganz, bis die Sinne dir schwinden –
du sollst im wahnsinnigen Wonnetausch
die Seligkeit bei mir finden …

Komm, laß mich endlich an deiner Brust,
einschlummern, wenn es nachtet,
ich hab, wie kein Weib sonst, nach dir in Lust
heimlich – glühend geschmachtet!"

Jetzt hab ich dich endlich, jetzt bist du mein,
doch bald deckt Frührot die Halde –
und ich weiß es: Beim dämmerden Morgenschein
mußt du fort von mir und läßt mich allein,
verwunschen im Zauberwalde!"

Flora und Fauna

Flora und Fauna – die Pflanzen- und Tierwelt – eines Waldes sind untrennbar miteinander verbunden, den geographischen, geologischen und klimatischen Bedingungen angepasst und in jedem Fall einzigartig. Sie bewirken die besondere Faszination, die den Menschen intuitiv bei einem Spaziergang oder einem auch nur kurzen Aufenthalt im Wald ergreift, sei es in einem als Wildnis belassenen oder in einem kultivierten Wald. Doch die menschlichen Sinne können sich nur von Äußerlichkeiten leiten lassen. Zwar besteht heute die Möglichkeit, auf Baumwipfelwegen und Wurzelpfaden den Wald aus einer anderen Perspektive zu erkunden, doch was sich im Dickicht, im Waldboden, in Baumrinden und -höhlen abspielt, bleibt uns größtenteils verborgen. So bietet beispielsweise 1 m^3 Waldboden gleich auf mehreren Ebenen unzähligen Lebewesen Schutz, Nahrung und „Arbeitsstätte", denn im dunklen Erdreich wimmelt es von Milben, Bärtierchen, Springschwänzen, Würmern, Asseln – um nur einige zu nennen – die abgestorbenes Material zersetzen, ständig Humus produzieren und die gleichzeitig wiederum als Nahrung für andere Tiere dienen.

Dichter und Schriftsteller finden – ohne zuvor lange biologische Forschungen oder mikroskopische Beobachtungen betrieben zu haben – ihre eigenen Ausdruckmöglichkeiten, diese komplizierten Naturvorgänge zu beschreiben, die letztlich ein „Waldgeheimnis" bleiben. So erklärt Heinrich Seidel einem imaginären Freund in poetischen Worten die „Wälder im Wald", in denen es keineswegs „langweilig" ist, während Eduard Mörike deutlich zum Ausdruck bringt, dass der unter einem Baum Ruhe suchende Mensch die vielen nützlichen Insekten durchaus als „Waldplage" empfindet.

„In des Waldes Geheimniß entflieht mir auf einmal die Landschaft und ein schlängelnder Pfad leitet mich steigend empor." (F. Schiller).

Zwar lassen sich Flora und Fauna des Waldes heute mit modernsten Untersuchungsmethoden genau bestimmen und klassifizieren, doch neben aller wissenschaftlich möglichen Exaktheit waren und sind sie für Dichter, Künstler und Komponisten Motive von besonders berührender Ausdruckskraft.

Kurzbiographien und Texte

Friedrich von Schiller

Johann Christoph Friedrich Schiller, ab 1802 von Schiller, 1759 in Marbach am Neckar geboren, besuchte die Karlsschule in Stuttgart, studierte Medizin und war zunächst al Regimentsarzt tätig, floh aber 1782 aus dem von Herzog Karl Eugen absolutistisch regierten Württemberg. Sein erstes Drama „Die Räuber" verschaffte ihm die Anstellung als Theaterdichter in Mannheim, wo weitere Dramen entstanden. In den folgenden Jahren hielt sich Schiller in Weimar, Jena und Leipzig auf. 1789 erhielt er eine Professur für Geschichte an der Universität Jena und verfasste in den Jahren 1790–1793 seine „Geschichte des Dreißigjährigen Krieges". Seit 1794 kam es zu einer engen Zusammenarbeit mit Goethe, nachdem Schiller ganz nach Weimar übergesiedelt war, wo er, bereits schon schwerkrank, seine bedeutenden klassisch-historischen Dramen schrieb. 1802 wurde er in den Adelsstand erhoben, 1805 starb er in Weimar.

Der Spaziergang

Sey mir gegrüßt mein Berg mit dem röthlich strahlenden Gipfel,
  Sey mir Sonne gegrüßt, die ihn so lieblich bescheint;
Dich auch grüß ich belebte Flur, euch säuselnde Linden,
  Und den fröhlichen Chor, der auf den Aesten sich wiegt,
Ruhige Bläue dich auch, die unermeßlich sich ausgießt
  Um das braune Gebirg, über den grünenden Wald,
Auch um mich, der endlich entflohn des Zimmers Gefängniß
  Und dem engen Gespräch freudig sich rettet zu dir,
Deiner Lüfte balsamischer Strom durchrinnt mich erquickend,
  Und den durstigen Blick labt das energische Licht,
Kräftig auf blühender Au erglänzen die wechselnden Farben,
  Aber der reizende Streit löset in Anmuth sich auf,
Frei empfängt mich die Wiese mit weithin verbreitetem Teppich,

Durch ihr freundliches Grün schlingt sich der ländliche Pfad,
Um mich summt die geschäftige Bien', mit zweifelndem Flügel
  Wiegt der Schmetterling sich über dem röthlichen Klee,
Glühend trifft mich der Sonne Pfeil, still liegen die Weste,
  Nur der Lerche Gesang wirbelt in heiterer Luft.
Doch jetzt braust's aus dem nahen Gebüsch, tief neigen der Erlen
  Kronen sich, und im Wind wogt das versilberte Gras,
Mich umfängt ambrosische Nacht; in duftende Kühlung
  Nimmt ein prächtiges Dach schattender Buchen mich ein,
In des Waldes Geheimniß entflieht mir auf einmal die Landschaft,
  Und ein schlängelnder Pfad leitet mich steigend empor.
Nur verstohlen durchdringt der Zweige laubigtes Gitter
  Sparsames Licht, und es blickt lachend das Blaue herein.
Und plötzlich zerreißt der Flor. Der geöffnete Wald giebt
  Ueberraschend des Tags blendendem Glanz mich zurück.
Unabsehbar ergießt sich vor meinen Blicken die Ferne,
  Und ein blaues Gebirg endigt im Dufte die Welt.
  [...]

Nikolaus Lenau

eigentlich: Nikolaus Niembsch, seit 1820 Edler von Strehlau, wurde 1802 in Csatád (Ungarn) geboren, studierte Jura und Medizin und gilt als bedeutendster österreichischer Dichter der Spätromantik sowie als typischer Vertreter des Weltschmerzes und des Pessimismus im Zeitalter des Biedermeier. 1831 veröffentlichte er erfolgreich seinen ersten Gedichtband, wodurch er in Kontakt mit dem schwäbischen Dichterkreis um Justinus Kerner kam. Ein Jahr später unternahm er eine Amerikareise, angeblich um sich dort dauerhaft niederzulassen, kehrte aber, von Land und Leuten enttäuscht, zurück. Lenau starb 1850 an den Folgen eines Schlaganfalls in Oberdöbling bei Wien. Das folgende Gedicht widmete er „Emilie, Tochter des Geheimrats Hartmann in Stuttgart, mit dem Hofrat Reinbeck daselbst verheiratet."

In das Stammbuch einer Künstlerin

Erinnerung an einen Spaziergang

Nach langem Wege durch die Sommerschwüle
Rauscht' uns ein Wald entgegen seinen Gruß,
Uns übergoß die Lust mit süßer Kühle,
Die Blätternacht mit ihrem Labekuß.
Und wie wir aus den heißen, hellen Triften,
Wo mühend sich der Mensch dem Leben weiht,
In's Waldgeheimnis weiter und vertieften,
Und in den Schatten Gottes: Einsamkeit; –
So flohen deine heiteren Gespräche
Fort aus des Lebens wüsten, steilem Hang
Waldein, und wanden sich als klare Bäche
Durch's Labyrinth der Kunst mit leisem Klang.
Auf ihren Wellen bebten die Gestalten
Von all den Blumen, die ihr Lauf berührt;
Ich aber sah, nachhängend ihrem Walten,
Die froherstaunte Seele mir entführt.

Friedrich von Matthisson

wurde 1761 in Hohendodeleben bei Magdeburg geboren. Seit seiner Schulzeit verfasste er Gedichte, eine Tätigkeit, die er später
auch neben seinem Beruf als Lehrer und Erzieher sowie als Hofrat in Hessen-Homburg und Legationsrat des Markgrafen Karl
Friedrich von Baden fortführte. König Wilhelm I. von Württemberg ernannte Matthisson in Stuttgart zum Theaterintendanten
und Oberbibliothekar. Zahlreiche Gedichte wurden vertont, von
Beethoven u. a. „Adelaide". 1828 verließ Matthisson Stuttgart
und ließ sich in Wörlitz bei Dessau nieder, wo er 1831 starb.

Der Wald

me gelidum nemus
secernit populo   Horat.

Herrlich ists im Grünen!
Mehr als Opernbühnen
Ist mir Abends unser Wald,
Wenn das Dorfgeläute

Dumpfig aus der Weite
Durch der Wipfel Dämmrung hallt.

Hoch aus mildem Glanze
Streut im leichten Tanze
Mir das Eichhorn Laub und Moos;
Fink’ und Amsel rauschen
Durch die Zweig’ und lauschen
Rings im jungen Maigesproß.

Gern am Ellernholze
Grast in Ruh’ der stolze
Kronhirsch längs dem Weidendamm;
Ueberhüllt von Laube
Girrt die Ringeltaube
Im Gerank am Eichenstamm.

In der Abendhelle
Funkelt die Libelle,
Sanft am Farrenkraut gewiegt;
Mückenschwärm erheben
Sich aus Binsengräben
Und der braune Schröter fliegt.

Iris und Ranunkel
Blühn im Weidendunkel,
Wo durch Tuf die Quelle schäumt,
Die mit Spiegelglätte
Dort im Rasenbette
Wies’ und Birkenthal umsäumt.

Ob dem Felsenpfade
Schimmert die Kaskade,
Wie ein flatternd Silberband.
Hell durch Laubgewimmel
Blinkt der Frühlingshimmel,
Und der Berge Schneegewand.

Zauberisch erneuern
Sich die Phantaseyen
Meiner Kindheit hier so licht!
Rosenfarbig schweben
Duftgebild’, und weben
Ein elysisch Traumgesicht.

„Waldleben.“
Kupferstich des
19. Jahrhunderts.

Friedrich Ludewig Bouterweck (auch: Bouterwek)

wurde 1766 in Oker (heute OT von Goslar) geboren, war als Jurist am Oberappellationsgericht in Hannover tätig und verfasste auch selber – beeinflusst von Schiller und Rousseau – Gedichte, Romane und Dramen und unterhielt engen Kontakt zu Dichterkreisen in Berlin. In Göttingen lehrte er Geschichte und war Mitglied mehrerer Akademien der Wissenschaften. Er starb 1828 in Göttingen.

Das Mühlenwäldchen

Nimm du mich auf mit allen meinen Träumen,
Vertrauliches, geliebtes Dämmergrün!
Hier gaukelt hin, Erinnerungs-Phantasien!
Umschwebt den Quell, und flüsterte mit den Bäumen;

Mich lockt des lauten Mühlrades Schäumen.
Ich folge diesen Wellen, wie sie fliehn.
Ich sehe, wie die Quellenufer blühn,
Für mich des Lebens Blume neu zu entkeimen.

Nur, Wäldchen, weil du mein Vertrauter bist,
Laß immer deine stillen Wipfel schweigen!
Nur wehe Hoffnung mir aus deinen Zweigen!

Zum schwachen Herzen, das zu leicht vergißt,
Daß ungestüm sein böser Dämon ist,
Wird dann der Friedensengel nieder steigen.

Theodor Fontane

Heinrich Theodor Fontane, geboren 1819 in Neuruppin, gab seinen Beruf als Apotheker auf, um als Dichter und Schriftsteller, Journalist und Theaterkritiker zu arbeiten. Seit seinem fünfbändigen Opus „Wanderungen durch die Mark Brandenburg" und den darauf folgenden Romanen gilt er als der bedeutendste Vertreter des literarischen Realismus. Als Journalist der Berliner „Neuen Preußischen Zeitung" hielt er sich längere Zeit in England und Schottland auf, als Schriftsteller bereiste er Dänemark, Italien, Österreich und die Schweiz, suchte auch die Kriegsschauplätze des Deutsch-Dänischen und Deutsch-Französischen Krieges auf. Fontane starb 1898 in Berlin.

„Die Blumen des Waldes sind abgemäht."
(Th. Fontane).

Die Blumen des Waldes

Ich höre sie singen, wenn morgens sie gingen,
Die Herde zu melken, die draußen steht;
Nur hör ich ihr Wehe, wo immer ich gehe –
Die Blumen des Waldes sind abgemäht.

Vorüber das Necken an Wegen und Hecken,
Still eine neben der anderen geht.
Sie können nicht scherzen mit Trauer im Herzen,
Und was sie sprechen ist leises Gebet.

Kein Erntereigen; es schweigen die Geigen,
Kein Tänzer, der fröhlich sich dreht.

Auf Märkten und Messen die Lust ist vergessen –
Die Blumen des Waldes sind abgemäht.

Kommt Dämmerstunde, nicht mehr in die Runde
Das Häschen und Pfänderspielen geht,
In stiller Kammer verbirgt sich ihr Jammer –
Die Blumen des Waldes sind abgemäht.

Dahin unsre Kränze! wir zogen zur Grenze,
Wo Englands Banner im Winde geweht.
Unsre Blumen vom Walde, sie ruhn auf der Halde,
Die Blüten des Landes sind abgemäht.

Ich hörte sie singen, wenn morgens sie gingen,
Die Herde zu melken, die draußen steht;
Nun klingt ihre Klage von Tage zu Tage:
Die Blumen des Waldes sind abgemäht.

Wanderungen durch die Mark Brandenburg

Zum Inhalt: Im vierten Band von Fontanes „Wanderungen" steht „Das Spreeland" im Mittelpunkt, das mit seinem Wasser- und Kanalnetz sowie seinen Niederungswäldern und Feuchtwiesen heute ein von der UNESCO ausgewiesenes Biosphärenreservat ist. Detailgenau werden Land und Leute, die sorbische Bevölkerung, die kulturellen Besonderheiten, die ansässigen Familien, Ortschaften, Burgen und Landschaften sowie deren Geschichte beschrieben. Auch die kulinarischen Spezialitäten finden Beachtung.

In den Spreewald

Und daß dem Netze dieser Spree-Kanäle
Nichts von dem Zauber von Venedig fehle,
Durchfurcht das endlos wirre Flußrevier
In seinem Boot der Spreewalds-Gondolier.

Eine Nachtpost fährt oder fuhr wenigstens zwischen Berlin und Lübbenau.

Mit Tagesanbruch haben wir Lübben, die letzte Station erreicht und fahren nunmehr am Rande des hier beginnenden S p r e e w a l d e s hin, der sich anscheinend endlos, und nach Art einer mit Heuschobern und Erlen bestandenen Wiese, zur Linken unseres Weges dehnt. Ein vom Frühlicht umglühter Kirchthurm wird sichtbar und spielt eine Weile Versteckens mit uns; aber nun haben wir ihn wirklich und fahren durch einen hochgewölbten Thorweg in L ü b b e n a u „die Spreewald-Hauptstadt" ein.

„Dieser Kanal, eine halbe Meile lang,
zählt zu den besonderen Schönheiten des Spreewaldes."
(Th. Fontane).

1.
Lübbenau.

Es ist Sonntag, und die Stille, die wir vorfinden, verräth nichts von dem sonst hier herrschenden lebhaften Verkehre. Die Spreewald-Produkte haben nämlich in Lübbenau ihren vorzüglichsten Stapelplatz und gehen erst von hier aus in die Welt. Unter diesen Producten stehen die Gurken obenan. In einem der Vorjahre wurden seitens eines einzigen Händlers 800 Schock pro Woche verkauft. Das würde nichts sagen in Hamburg oder Liverpool, wo man gewohnt ist nach Lasten oder Tonnen zu rechnen, aber „jede Stelle hat ihre Elle", was erwogen für diese 800 Schock eine gute Reputation ergiebt. Im Übrigen verweilt Lübbenau nicht einseitig bei dem Verkauf eines Artikels, der schließlich doch vielleicht den Spott herausfordern könnte, Kürbis und Meerrettig […] schließen sich ebenbürtig an und vor allem die Sellerie, hinsichtlich deren Vorzüge die Meinungen nicht leicht auseinandergehen.

Wir halten nun vor dem geräumigen Gasthofe „Zum braunen Hirsch", darin das Amt eines Kellners noch ausschließlich durch eine Spreewalds-Schönheit verwaltet wird, und nachdem wir Toilette gemacht und einen Imbiß genommen haben, brechen wir auf, um keine der spärlich zugemessenen Stunden zu verlieren. Ein Leichenzug kommt über den Platz und acht Träger tragen den Sarg, über den eine schwarze, tief herabhängende Sammetdecke gebreitet ist, aus dem Kirchenportal aber, daran der Zug eben vorüberzieht, erklingt Orgel und Gesang, und wir treten ein, um eine wendische Gemeinde, lauter S p r e e w a l d s -Leute , versammelt zu sehen.

[…]

Die letzten Häuser von Lehde liegen hinter uns, und wieder dehnen sich Wiesen zu beiden Seiten aus, nur hier und da durch Erlengruppen oder ein paar einzelnstehende Eichen unterbrochen. In südöstlicher Richtung geht es stroman, eine Biegung noch und jetzt eine zweite, bis sich unser Flachkahn durch allerlei Tang und Kraut in einen schmalen und gradlinigen Kanal einschiebt, der die Verbindungsstraße zwischen zwischen den zwei Hauptarmen der Spree bildet.

Dieser Kanal, eine halbe Meile lang, zählt mit zu den besonderen Schönheiten des Spreewaldes. Im allgemeinen wird sich sagen lassen, daß eine mit einem Lineal gezogene Linie nie landschaftlich ohne Reiz sei, jede Regel aber hat ihre Ausnahme (gewißlich hat sie sie hier), und ein Vergleich mag diese Wasserstraße beschreiben. Jeder kennt die langgestreckten Laubgänge, die sich unter dem Namen „Poetensteige" in allen altfranzösischen Parkanlagen vorfinden. Ein solcher Poetensteig ist nun der Kanal, der eben jetzt in seiner ganzen Länge vor uns liegt, und, ein niedriges und dicht gewölbtes Laubdach über uns, so gleiten wir im Boot die Straße hinauf, die, nach Art einer Tute sich zuspitzend, an ihrem äußersten Ausgang ein phantastisch verkleinertes und nur noch halb erkennbares Pflanzengewirre zeigt. Alles in einem wunderbaren Licht.

[…]

Paul Heyse

(Biographie auf Seite 28)

Den Wald durchläuft verworrner Stimmen Klang

Den Wald durchläuft verworrner Stimmen Klang,
Der Winde seufzender Gesang,
Des Taubers Gurren tief im Neste;
Am Tag der Mücken schwirrend Geigenspiel,
Und nun das Mondlicht durch die Büsche fiel,
Des Hirsches Ruf, der dumpfgepresste.

Horch! endlos sich verschlingend irrt und schweift
Das süße Flüstern. Welcher Sinn begreift,
Was die Natur hinstammelt sommertrunken!
Wir lauschen, unter Farn' und Dorngerank,
Vom Wald umsäuselt auf der dunklen Bank,
Und zählten hoch am Firmament die Funken.

Ich hielt den Mund dicht an dein Ohr gepreßt.
Weich wie das Vögelchen im Nest
An deinem Busen lag mein Herz gebettet.
Wir sprachen – was? wir wußten's selber nicht;
Ein Stammeln war's, wie wenn die Seele spricht,
Vom Bann der Weisheit losgekettet.

Wie Blume, Baum und Strauch war uns geschehn.
In unvernüftig sel'gem Einverstehn
Fing unser Innres wortlos an zu lallen.
Was Wunder! Sind nicht unsere Herzen auch
Ein Stück Natur, wie Blume, Baum und Strauch,
Des Einklangs froh mit den Geschwistern allen?

Stephan Milow

eigentlich: Stephan von Millenkovich, geboren 1836 in Orsowa (Banat), wurde von seinen Eltern für eine Militärkarriere bestimmt und war als Militärgeograph tätig, widmete sich jedoch hauptsächlich der Dichtkunst und Literatur. 1865 erschien sein erster Lyrikband. Milow starb 1915 in Mödling (Niederösterreich).

Im Walde

Du, Wald mit deinem Dämmern, deinem Rauschen,
Oft meines müden Schritts erquickend Ziel,
Nicht will ich heute deinen Stimmen lauschen,
Nicht folgen deiner Lichter buntem Spiel;
Noch durchs Gezweige, das mich überlaubt,
Die Ewigkeit erspähn, die ferne webt:
Ich senke, mich verschließend, still das Haupt
Und sinne, was in dir verborgen lebt.
Auf weichem Grunde ausgestreckt zur Rast,
Vertief' ich mich ins Nächste um mich her:
Da liegt vor mir ein abgefallner Ast –
O ist, was er mir weist, nicht räthselschwer?
Ich heb' ihn auf: die Rinde dürr und faltig,

„Solch eine Welt auf solchem engen Raum!“
(S. Milow).

Umwuchert Moos und saugt den letzten Saft,
Indeß ein Schwarm von Thierchen, vielgestaltig,
Darunter wohnt und froh sich regt und schafft.
Und jetzt – wie ich das Völkchen aufgescheucht
Mit einem Risse in der Pflanzenhülle,
Da schwillt es gar zum Knäul; das jagt und fleucht!
Wer nennt ein jedes dieser Überfülle!
Allein was find'ich vollends noch zuletzt,
Als prüfend ich das Holz entzweigebrochen:
Von ausgehöhlten Gängen ist's durchsetzt,
Und mitten drinnen, in das Mark verkrochen,
Haust wohlversteckt der Meister, nur ein Käfer!
Hinausgedrängt urplötzlich an den Tag,
Der ihn so unwillkommen stört, den Schläfer,
Verschlüpft er eilig sich so gut er mag.
Solch eine Welt auf solchem engen Raum!
Und weiter – hier, wo dürres Laub geschichtet –
Darf ich mich regen noch? Ich wag' es kaum.
Wer weiß, was meines Leibes Druck vernichtet!
Wie viel umschließt nicht schon das Fleckchen Erde,
Das meine ausgespannte Hand bedeckt!
Was keimt da heimlich nicht, damit es werde!
Was pulst und lebt nicht schon, zum Sein erweckt! –
O Fülle, ausgestreut allüberall!
Mit jedem Druck zerstör' ich Leben,
Ein jeder Fußtritt tödtet einen Schwall
Begier'ger Keime, die ins Dasein streben.
Kein Punkt, der ruht, rings drängende Bewegung
In nimmermüder Kräfte buntem Spiel;
Es faßt mich eine wundersame Regung
Und rufen möchte ich bang: Zu viel! zu viel!
Mir fängt zu wimmeln an das weite Rund,
Durchhaucht, belebt in jeglichem Atom;
Das sprudelt, taucht empor und sinkt zu Grund
Im reißend jähen, mächt'gen Werdestrom.
Zu reich und wahllos schleuderst du, Natur,
Was du erzeugst, aus in den Strahl des Lichts;
Denn dieser Reichthum er besagt ja nur,
Daß jedes Einzelwesen, ach! ein Nichts.

Eduard Mörike

(Biographie auf Seite 109 f.)

Waldplage

Im Walde deucht mir alles miteinander schön
Und nichts Mißliebiges darin, so vielerlei
Er hegen mag, es krieche zwischen Gras und Moos
Am Boden oder jage reißend durchs Gebüsch,
Es singe oder kreische von den Gipfeln hoch
Und hacke mit dem Schnabel in der Fichte Stamm,
Daß lieblich sie ertönet durch den ganzen Saal.
Ja machte je sich irgend etwas unbequem,
Verdrießt es nicht zu suchen einen andern Sitz,
Der schöner bald, der allerschönste dich bedünkt.
Ein einzig Übel aber hat der Wald für mich,
Ein grausames und unausweichliches beinah.
Sogleich beschreib ich dieses Scheusal, daß ihr's kennt:
Noch kennt ihr's kaum und merkt es nicht, bis unversehns
Die Hand euch und, noch schrecklicher, die Wange schmerzt.
Geflügelt kommt es, säuselnd, fast unhörbarlich;
Auf Füßen, zweimal dreien, ist es hoch gestellt
(Deswegen ich, in Versen es zu schmähen, auch
Den klassischen Senarium mit Fug erwählt);
Und wie es anfliegt, augenblicklich lässet es
Den langen Rüssel senkrecht in die zarte Haut.
Erschrocken schlagt ihr schnell danach, jedoch umsonst,
Denn graziöser Wendung schon entschwebt es.
Und sobald, entzündet von dem raschen Gift,
Schwillt euch die Hand zum ungestalten Kissen auf
Und juckt und spannt und brennet zum Verzweifeln euch
Viel Stunden, ja zuweilen noch den dritten Tag.

So unter meiner Lieblingsfichte saß ich jüngst –
Zur Lehne wie gedrechselt für den Rücken, steigt
Zweistämmig, nah dem Boden, sie als Gabel auf – ,
Den Dichter lesend, den ich jahrelang vergaß:
An Fanni singt er Cidli und den Zürcher See,
Die frühen Gräber und des Rheines goldnen Wein.
(Oh, sein Gestade brütet jenes Greuels auch
Ein größeres Geschlechte noch und schlimmres aus;
Ich kenn es wohl, doch höflicher dem Gaste war's.)
Nun aber hatte geigend schon ein kleiner Trupp

„Ein einzig Übel aber hat der Wald für mich,
ein grausames und unausweichliches beinah.“
(E. Mörike).

Mich ausgewittert, den geruhig Sitzenden;
Mir um die Schläfe tanzet er in Lüsternheit.
Ein Stich, der erste! Er empört die Galle schon.
Zerstreuten Sinnes immer schiel ich übers Blatt.
Ein zweiter macht, ein dritter mich zum Rasenden.
Das holde Zwillings-Nymphenpaar des Fichtenbaums
Vernahm da Worte, die es nicht bei mir gesucht;
Zuletzt geboten sie mir flüsternd Mäßigung:
Wo nicht, so sollt ich meiden ihren Ruhbezirk.
Beschämt gehorcht ich, sinnend still auf Grausamtat.
Ich hielt geöffnet auf der flachen Hand das Buch,
Das schwebende Geziefer, wie sich eines naht',
Mit raschem Klapp zu töten. Ha! Da kommt schon eins!
„Du fliehst! O bleibe, eile nicht, Gedankenfreund!“
(Dem hohen Mond rief jener Dichter zu dies Wort.)
Patsch! Hab ich dich, Kanaille, oder hab ich nicht?
Und hastig – denn schon hatte meine Mordbegier
Zum stllen Wahnsinn sich verirrt, zum kleinlichen –
Begierig blättre ich: ja, da liegst du plattgedrückt,
Bevor du stachst, nun aber stichst du nimmermehr,
Du zierlich Langgebeinetes, Jungfräuliches!
Also, nicht achtend eines schönen Buchs Verderb,

Trieb ich erheitert noch die schnöde Jagd,
Unglücklich oft, doch öfter glücklichen Erfolgs.

So mag es kommen, daß ein künftger Leser wohl
Einmal in Klopstocks Oden, nicht ohn einiges
Verwundern, auch etwelcher Schnaken sich erfreut.

Heinrich Seidel

(Biographie auf Seite 96)

Wälder im Walde

„Langweilig ist der Kiefernwald?"
Mein Freund, das widerrufst du bald!

Da denk' ich wohl, du sahst ihn nimmer,
Wenn röthlich in den Wipfeln träumt
So still der letzte Sonnenschimmer,
Und alles rings mit Gold sich säumt.
Wenn sanfte Schwermuth wie ein Duft
Liegt in der weichen Abendluft,
Und sich der Wald im letzten Strahle
Abspiegelt in dem glatten See,
Indess zum Wiesengrund im Thale
Vorsichtig zieht das schlanke Reh,
Und bei der Drossel letztem Liede
Sich niedersenkt der Abendfriede.

Doch auch im stillen Sonnenschein
Und bei des Mittags heissen Lüften,
Wo alles schwimmt in harz'gen Düften,
Da wandr' ich gerne dort allein.
Zu Häupten nur ein sanftes Singen,
Und niederwärts im sonn'gen Kraut
Ein Wetzen, Schwirren und ein Klingen.
Am Sandhang stehn die Schwebefliegen,
Und die Perlmutterfalter wiegen
Am Thymian sich. – Sonst kaum ein Laut,
Als aus der hohen Luft zuweilen,
Wo der Milan die Kreise schwingt,
Ein ferner Schrei. – Die Ammer singt
Verschlafen ihre kurzen Zeilen

Am Waldesrand. Auch flötet wohl
Versteckt im Wipfel ein Pirol.
Hier schreit ein Häher rauh und
  eigen,
Dort klopft der Specht. –

Dann wieder Schweigen.

Doch wenn das rothe Stammge-
  wimmel,
In dessen Wipfeldecke blaut
Manch zackig Stück vom Sommer-
  himmel,
Der müde Blick genug geschaut,
Da magst du ihn zum Boden sen-
  ken,
Und neue Wunder wirst du sehn:
Ein zierlich Wäldchen siehst du
  stehn,
Viel schöner, als du mochtest den-
  ken,
von Heidekraut und Heidelbeeren.
Die kleinen Bäumchen stehn so
  zierlich,
So feinverzweigt und so manierlich,
Als ob der wahre Wald sie wären.
Viel Thierchen halten darin Haus:
Das Hochwild ist die braune Maus,
Eidechsen huschen dort am Grun-
  de,
Und Käfer krabbeln durch das
  Laub.
Die Spitzmaus schnüffelt dort nach
  Raub,
Und in der sonn'gen Mittagsstunde,
Da fliegt um seine niedern Wipfel
Manch Schmetterling mit buntem
Tipfel
Und bietet seine Pracht zur Schau:
Gelb, hellbraun, feuerfarb und blau.

Bist du auch dieses Anblicks müd,
So mag dein Blick noch tiefer steigen:
Ein drittes Wäldchen wird sich zeigen,
Darin es eifrig lebt und blüht.

„Langweilig ist der Kiefernwald?
Mein Freund, das widerrufst du
bald!" (H. Seidel).

Und wahrlich keines von den schlechten:
Es baut sich auf aus Moos und Flechten,
Und sieh, wie reizend es sich zeigt:
Hier zierlich tannenbaumverzweigt,
Dort fein verästelt wie Korallen,
Und hier bebechert und beknopft,
Dort Keulchen siegellackbetropft,
Und dort Trompetchen, die nicht schallen.
Und in dem wunderwinz'gen Wald,
Wie es von tausend Thierchen wimmelt,
Wie's lebt und webt und kriecht und krimmelt
Und von den feinsten Stimmlein schallt!
Und scheint das Völkchen noch so nichtig,
Sie treiben es genau so wichtig
Wie all die Grossen ringsumher
Und freun sich ihres Lebens sehr!

Nun, lieber Freund, ich frage wieder:
Schlägst du nicht deine Augen nieder
Und sprichst beschämt: „Man irrt sich bald!
Ich bin besiegt und ganz geschlagen
Und will es niemals wieder sagen:
Langweilig ist der Kiefernwald!"

Theophania

eigentlich: Pauline Maria Juliane von Brochowska, geboren 1795
(oder 1794) in Dresden, war die Tochter eines Königlich-sächsi-
schen Generals. Sie erhielt ihre Erziehung im Ursulinenkloster
in Prag und wurde Hofdame und Oberhofmeisterin bei Prinzessin
Amalie von Sachsen. Nach einer schweren Erkrankung wandte
sie sich unter dem Pseudonym Theophania dem Schreiben religiöser Gedichte zu, weiterhin entstanden kurze Geschichten und
Libretti. Sie starb 1853 während einer Reise in Spanien.

Waldröschen

Warum stehst du so verborgen
In dem dunklen Waldesgrün?
Warum sieht der junge Morgen
Dich so einsam doch erblün?
Röslein! hegst du nicht Verlangen,

Von des Beifalls Lust umweht,
Bei den Schwestern stolz zu pran-
    gen
Auf dem bunten Blumenbeet? –

„Wandrer! gönne mir die Wonne
Ungekannt hier zu verblühn. –
Mir auch leuchtet eine Sonne
Durch das dunkle Friedensgrün!
Nicht das Preisen eitler Thoren
Ist es, was mein Herz entzückt:
Mehr für stilles Glück geboren,
Lebt verborgen nur beglückt."

„Warum stehst du so verborgen
in dem dunklen Waldesgrün?"
(Theophania).

Johann Wolfgang von Goethe

(Biographie auf Seite 274)

Gefunden

Ich ging im Walde
So für mich hin,
Und nichts zu suchen,
Das war mein Sinn.

Im Schatten sah ich
Ein Blümchen stehn,
Wie Sterne leuchtend,
Wie Äuglein schön.

Ich wollt es brechen,
Da sagt' es fein:

Soll ich zum Welken
Gebrochen sein?

Ich grubs mit allen
Den Würzlein aus,
Zum Garten trug ichs
Am hübschen Haus.
Und pflanzt es wieder
Am stillen Ort;
Nun zweigt es immer
Und blüht so fort.

Francisca Stoecklin

geboren 1894 in Basel, war Malerin und Lyrikerin. Nach der
Trennung von ihrem Mann lebte sie im Tessin. Enger Kontakt
bestand zu Rainer Maria Rilke, der sie literarisch förderte. Sie
starb geistig verwirrt 1931 in Basel und hinterließ eine Sammlung von zum Teil surrealen Gedichten in freien, ungereimten
Rhythmen, in denen es vorwiegend um die Themen Traum, Natur, Leben und Tod geht.

Tiere im Wald

Wald, wie betreuend
verhüllst du die Tiere
in deinem unendlichen
Rauschen und Schweigen.
Fern den Menschen
sind sie am schönsten.
Geheim im Blau.
Selten, daß dir ein Reh
am Waldrand scheulos be-
          gegnet.
Den runden Tierblick

„Waldeinsamkeit.“
Holzstich nach einem Gemälde
von Hermann Corrodi

in deine Menschenaugen taucht.
– Und ward es dir nicht
wie ein geisterhaftes Berühren,
Wink aus dem Zwischenreich,
deine Sehnsucht schmerzend – ?

Tiere und Bäume
Sind sinnvoll verschwistert,
teilen des Waldes Geheimnis.

August Heinrich Hoffmann von Fallersleben

geboren 1798 in Fallersleben (heute Stadt Wolfsburg), begann in Göttingen ein Theologiestudium, durch die Bekanntschaft mit Jacob Grimm in Kassel wechselte er zur Literatur, wurde 1823 Bibliothekar in Breslau, einige Jahre später dort Professor für deutsche Sprache und Literatur und forschte über die niederländische und romanische Sprache. Bereits während seiner Schulzeit entstanden erste Gedichte. Politisch vertrat Fallersleben die Schaffung eines geeinten Deutschlands. Vor diesem Hintergrund entstand auch sein „Lied der Deutschen" (Deutschlandlied), dessen dritte Strophe heute der Text der deutschen Nationalhymne ist. Die Bandbreite seines dichterischen Schaffens bewegt sich zwischen politisch-zeitgenössischen Themen und zahlreichen eingängigen Kinderliedtexten, wie beispielsweise das Rätsellied „Ein Männlein steht im Walde" aus dem Jahr 1843. Die (gesprochene) Auflösung des Rätsels wurde erst in der Version von 1860 hinzugefügt. Hoffmann von Fallersleben starb 1874 in Corvey.

Ein Männlein steht im Walde

Ein Männlein steht im Walde
Ganz still und stumm,
Es hat von lauter Purpur
Ein Mäntlein um.
Sagt, wer mag das Männlein sein,
Das da steht im Wald' allein
Mit dem purpurrothen Mäntelein?

Das Männlein steht im Walde
Auf Einem Bein
Und hat auf seinem Haupte

Schwarz Käpplein klein.
Sagt, wer mag das Männlein sein,
Das da steht im Wald' allein
Mit dem kleinen schwarzen Käppelein?

Ein Knabe.
Das Männlein dort auf Einem Bein
Mit seinem rothen Mäntelein
Und seinem schwarzen Käppelein
Kann nur die Hagebutte sein!

Rätsellied.

Adolf Frey

(Biographie auf Seite 255)

Waldmeister

Die weißen Sternchen in den Wein,
      Waldmeister!
Der ganze Wald rauscht auf! Drück'
      dich Schulmeister!
Der Meister sind der Wald und
      seine Geister!

Fridolin Hofer

wurde 1861 in Meggen im Kanton Luzern in der Schweiz geboren. Schon während seiner pädagogischen Ausbildung war sein
dichterisches Talent erkennbar. Von 1881 bis 1887 war er als
Lehrer in Buchrain und Luzern tätig, ging anschließend nach
Florenz, wo er als Erzieher arbeitete und sich in alten und neu-
en Sprachen weiterbildete. Nach einem dreijährigen Aufenthalt
in Paris kehrte er in die Schweiz zurück und lebte bei seinem
Bruder auf dessen landwirtschaftlichem Betrieb in Eschenbach
und Römerswill, wo er 1940 starb. Ab 1907 erschienen mehrere
seiner Gedichtbände.

Waldmeister

Waldmeisterlein, Waldmeister,
in grünen Schleiern feierlich
umschweben und umweben dich
des Waldes gute Geister.

Liebmütterlich geborgen,
trägst du dein Silberkrönlein klar
wie eine Braut im seidnen Haar
den Kranz am Hochzeitsmorgen.

Sieh, aller Würzen Frische
sogst du in dich aus dunklem
    Grund,
und selig haucht dein Blütenmund
in jede Rankennische.

Waldmeisterlein, Waldmeister,
in grünen Schleiern feierlich
umschweben und umweben dich
des Waldes gute Geister.

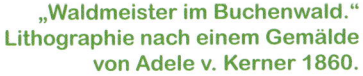

„Waldmeister im Buchenwald."
Lithographie nach einem Gemälde
von Adele v. Kerner 1860.

Jahreszeiten

Die Jahreszeiten beweisen es immer wieder aufs Neue: Nichts ist so beständig wie der Wandel. Diese auf der nördlichen und südlichen Erdhalbkugel jeweils unterschiedlich ablaufenden Veränderungen von Klima, Temperatur, Lichteinstrahlung und Tageslichtdauer folgen, bedingt durch die Schräglage der Erdachse, astronomischen Gesetzmäßigkeiten und führen zu der in unseren Breiten bekannten kalendarischen Einteilung von Frühling, Sommer, Herbst und Winter. Damit untrennbar verbunden ist der immer wiederkehrende Kreislauf des Werdens und Vergehens. Dieser Prozess ist für den Menschen visuell-farblich wahrnehmbar und physisch spürbar. Mit dem intensiveren Sonnenlicht und allmählich steigenden Temperaturen im Frühjahr beginnt die Phase neuen Entstehens im Tier- und Pflanzenreich. Wenn im Sommer der Höhepunkt des Sonnenstandes erreicht ist, reagiert die Natur mit Wachstum und Reife. Mit den kürzer werdenden Tagen und längeren Nächten ist die Zeit der Ernte und des Vorrats erreicht, gleichzeitig die Vorbereitung auf eine längere Ruhephase, die vom Menschen als Zeit des Niedergangs und Abschieds wahrgenommen wird und nicht selten depressive Verstimmungen und sogar Todesahnungen aufkommen lässt. Das herbstliche Farbspiel der Laubwälder ist der Vorbote der vermeintlich toten Jahreszeit des Winters, in der aber bereits die Keime für den nächsten Neubeginn angelegt sind. Dann zeigt sich aufs Neue die grüne Farbpalette der Bäume und Wälder in all ihren Schattierungen: Im Frühjahr das helle Grün, im Sommer dunkles Grün, der Herbst fasziniert mit den Farben eines „Indian Summer", und trotz aller Vergänglichkeit, die der Winter dem Menschen schonungslos vor Augen führt, bleibt doch ein grüner Hoffnungsschimmer, nämlich das Tannengrün der Nadelhölzer, die – bis auf die Lärche – ihre Nadeln nicht abwerfen, ein Symbol des ewigen Lebens, das vielerorts zum Weih-

„Die vier Jahreszeiten."
Gemälde von Walter Crane 1905–1909.

Jahreszeiten

nachtsfest seinen Platz im heimischen Wohn-zimmer findet.

„Vorfrühling. Junge Frau beim Blumen pflücken."
Gemälde von
Eugen Wolff-Filseck,
Anfang des 20. Jahrhunderts.

Kurzbiographien und Texte

Konrad Fuß

geboren 1848, war Lehrer und Seminardirektor an dem 1824 in Altdorf (heute Nürnberg) gegründeten Lehrerseminar, der ein-zigen protestantischen Lehranstalt dieser Art in Bayern. Ange-hende Lehrer wurden hier in den didaktischen Grunddisziplinen sowie in der Religionslehre und der Kirchenmusik ausgebildet. Konrad Fuß war seit 1910 zuständig für die Fächer Arithmetik, Physik und Gartenbau. Naturkunde und Naturschutz, den er als Verpflichtung ansah, lagen ihm besonders am Herzen. Das

Lehrerseminar in Altdorf bestand bis 1924. Fuß starb im selben Jahr.

Der Wald im Frühling

[...] An den Bäumen und Sträuchern des Waldes schwellen die Knospen und brechen die Blätter hervor, so an den Buchen, Birken, Eichen u.s.w. Manche tragen schon Blüten, wie Weiden, Espen und Haselstrauch. [...]

Auch der Waldboden wird allmählich grün und bedeckt sich mit allerlei Blumen. Er bildet so einen bunten Teppich, dessen grüner Grundstoff aus Epheu, Haselwurz und allerlei Gräsern gebildet wird und dem allerhand bunte Blumen eingewebt sind. Wir bemerken da liebe alte Bekannte, das Schneeglöckchen, das Leberblümchen, Goldminzkraut, das Lungenkraut und Veilchen. Es wird nicht lange dauern, so können wir auch die lieblichen Maiglöckchen und den wohlriechenden Waldmeister begrüßen. Hie und da finden wir auch den giftigen Kellerhals oder Seidelbast, der eine Fülle rosenfarbener Blüten aus seinen noch blattleeren Zweigspitzen hervorsprießen läßt, die einen starken Duft verbreiten.

Von den Nadelbäumen wehen uns balsamische Düfte zu; sie stehen in Blüte, haben rote Fackeln angezündet und tragen gelbe Kätzchen, denen Blütenstaub entquillt.

Auf Busch und Baum regt sich auch Tierleben. Feine Vogelstimmen tönen uns entgegen, z. B. die Stimmen der Meisen und Goldhähnchen. Dazwischen hören wir den Ruf des Kuckucks, den Schlag des Finken, das Klopfen der Spechte und den

„Auch der Waldboden wird allmählich grün und bedeckt sich mit vielerlei Blumen." (K. Fuß).

„Brautzug im Frühling."
Gemälde von Adrian Ludwig Richter 1847.

Gesang der Drossel, Amsel, Nachtigall, Grasmücke und des Rotkehlchens. Bienen und Hummeln umsummen die blühenden Pflanzen und suchen nach Honig und Blütenstaub. Zu weilen erblickt man auch ein flinkes Eichhörnchen, das sich lustig auf den Bäumen umhertreibt. Auch ein Reh, Fuchs, Dachs, Edelmarder oder Wiesel kommt uns zuweilen zu Gesicht. Nicht selten wird unsere Aufmerksamkeit durch eine Eidechse, eine Kreuzotter, Ringelnatter oder Blindschleiche in Anspruch genommen.

Julius Rodenberg

Eigentlich: Julius Levy, wurde 1831 in Rodenberg (heute Samt-
gemeinde Rodenberg, Landkreis Schaumburg) geboren. Er entstammte einer jüdischen Kaufmannsfamilie, studierte in Heidelberg, Marburg und Berlin Rechtswissenschaften und arbeitete
in Berlin als Journalist, Schriftsteller und Herausgeber mehrerer
Zeitschriften. Er gehörte zu den Mitbegründern der Goethe-Ge-
sellschaft in Weimar. Rodenberg starb 1914 in Berlin.

Der Wald

Kräftig stand er in grüner Tracht,
Wie ein König der ganzen Flur;
Mit des Frühlings köstlicher Pracht
Hat ihn geschmückt die Natur.

Blumen sprossen zu seinem Fuß,
Quellen rauschten ihm über den Weg;
Und der Vögel melodischer Gruß
Füllte sein blühend Geheg.

Still in seinem duftigen Schoos
Nährt er der Eichen gewaltigen Kern;
Alles was schön ist, Alles, was groß
Ruhte bei ihm ja so gern.

Nun da zur Rüste geht das Jahr,
Flimmert röthlich und golden sein Kleid;
Wie die Tage so ruhig und klar,
Fühlt' er den Wandel der Zeit.

Traurig und öde liegt schon das Thal –
Aber ihn freut noch die wehende Luft;
In der Sonne verglimmenden Stral
Haucht er den letzten Duft.

Bald kommt der Sturm und der Nebel – wie bald!
Und dann neigt er sein Haupt zur Ruh' –
Könnt' ich leben, du herrlicher Wald,
Könnt' ich sterben wie du!

Friedrich Christian Paul Schnizlein

geboren 1829, studierte Theologie in Erlangen und wurde 1861 zum evangelischen Pfarrer in Aufhausen (heute Stadt Nördlingen) berufen. 1853 erschien sein Gedichtband. Schnizlein starb 1870.

Waldfrühling

Hörst du der Zweige rauschen,
So tief geheimnisvoll
Sie Frag' und Antwort tauschen?
Was sie sich sagen wol?

Sie sagen sich von Wonne
Von neuer Lebenskraft,
Die ihnen Frühlingssonne
Nun allen wieder schafft.

Vom Werden sie erzählen,
Von schöner Blüthenzeit,
Vom Lied' aus tausend Kehlen,
Von Jubel weit und breit.

Von ihren Vög'lein sagen
Die Kunde sie einand,
Von ihres Heimzugstagen
Und von viel weitem Land.

Denn jeder Zweig erkennet
Sein Vögelein zumal,
Und dieser jedes nennet
Ihm auch sein treu Gemahl.

Hörst du sie rauschen, ahnend
Das treue Sängerpaar?
Wie sie, zum Kommen mahnend,
Sich liebend neigen gar!

Fühlst du das tiefe Schweigen
Im ganzen Raume dann?
Das ist der Wonne eigen,
Die sich nicht fassen kann!

Heinrich Heine

(Biographie auf Seite 83 f.)

In dem Walde sprießt und grünt es

In dem Walde sprießt und grünt es
Fast jungfräulich lustbeklommen;
Doch die Sonne lacht herunter:
Junger Frühling sei willkommen!

Nachtigall! auch dich schon hör' ich,
Wie du flötest selig trübe,
Schluchzend langgezogne Töne,
Und dein Lied ist lauter Liebe.

Hans Morgenthaler

geboren 1890 in Burgdorf im Kanton Bern (Schweiz), war promovierter Botaniker, Zoologe und Geologe. Im Auftrag einer Schweizer Bergbaufirma forschte er in den siamesischen Wäldern nach
Gold-, Silber- und Zinnvorkommen. Über seine Erlebnisse und
Erfahrungen in Südostasien entstanden seine ersten wissenschaftlichen und literarischen, später auch lyrischen Werke,
durch die er in Kontakt u. a. mit Robert Walser und Hermann
Hesse kam. Eine unglückliche Liebesbeziehung sowie weitere
persönliche Krisen führten zu einer ernsten psychischen Erkrankung. Morgenthaler starb 1928 an einer unheilbaren Lungenerkrankung in Bern.

Sogar der Wald

Wie lieb er mir ist, dieser nackte, helle Frühlingswald ohne Laub! Ohne das
atembeengende Blätterdach. Da noch nicht ein dumpfes Halbdunkel meine
zum Himmel aufdrängende Seele schwermütig umfängt, da jedes kleinste
Zweiglein noch ins Licht aufschwingen und froh ins Himmelblau tauchen
darf. Da ringsum tiefdringende Sonnenlichter selig auf hellringigen Stämmen, auf knorrigen Wurzelstöcken spielen, wie auf starken jungen Men-
schenleibern!

Wald – – – Frühlingswald! Abbild unhemmbarer Sonnensehnsucht!

Wald – – – Armer!

Übeglücklich dürfen deine Zweige Sonne trinken – Blätter, junge Zweiglein treiben, deine Stämme aber müssen – – – sommerlang im eignen Schatten traurig bleiben!

„Der Sommer.“
Illustration in der „Gartenlaube“ von 1888.

Konrad Fuß

(Biographie auf Seite 180 f.)

Der Wald im Sommer

Vor allem fällt uns im sommerlichen Wald auf, daß das Laub der Bäume, namentlich der Eichen und Buchen, ein dichtes Dach bildet, das Schutz gegen die heißen Sonnenstrahlen gewährt. Daher herrscht geheimnisvolles Dunkel und erfrischende Kühle in ihm.

Auf dem Boden des Waldes erblicken wir manch schöne Blume: den Besenginster mit seinen großen, gelben Schmetterlingsbklüten, die vielblütige Maiblume, die sonderbaren Blütenformen der Akelei und der Waldhyacinthe, die Glockenblume, das Weidenröschen etc. Sehr auffallende Pflanzenformen sind die gelbliche Nestwurz und der bleiche Fichtenspargel, die wir hie und da finden. Nicht minder die meterhohen Farnkräuter, die sich wie Palmkronen an manchen Stellen erheben.

Für Kinder birgt der sommerliche Wald noch eine besondere Gabe in sich: Erd-, Him-, Heidel-, Preisel- und Brombeeren. Fröhliche Knaben und Mädchen sammeln Körchen voll dieser wohlschmeckenden Waldfrüchte. Dabei müssen sie sehr vorsichtig sein, denn auch giftige Beeren sind im Walde zu treffen, wie Einbeere, Tollkirsche etc.

„Für Kinder birgt der sommerliche Wald noch eine besondere Gabe in sich: Erd-, Him-, Heidel-, Preisel- und Brombeeren." (K. Fuß).

Das Tierleben tritt gegenüber der üppigen Fülle der Pflanzenwelt im sommerlichen Walde in den Hintergrund. Nur das geschäftige Treiben der Waldameisen und die Mannigfaltigkeit der Waldschnecken fesseln unsere Aufmerksamkeit.

Max Dauthendey

(Biographie auf Seite 63)

„Vor den finstren Tannenlücken sah ich einen Schmetterling weiß wie einen Geist aufrücken." (M. Dauthendey).

Im Sommerwald

Im Sommerwald, wo sich
    die Blätter drücken,
Liegt Sonnenschein in
    kleinen Stücken,
Darinnen die Mücken
    schweben und rücken.
Ich muß mich unter die
    Stille bücken.
Vor den finstren Tannen-
    lücken
Sah ich einen Schmetter-
    ling weiß wie einen
    Geist aufrücken.

Der Wald riecht nach Kien und ist heiß.
Vielleicht hat hier ein Herz gebrannt, und nur der Wald davon weiß.

Peter Krauß

als Sohn eines Gastwirts 1802 in Dilsberg (heute Ortsteil von Neckargemünd) geboren, verlor schon früh seine Eltern, erlernte in Mannheim das Handwerk eines Seifensieders. Durch private Beziehungen kam er in Kontakt mit den höheren gesellschaftlichen Kreisen in Mannheim. Nach dem Verkauf seines Geschäfts widmete er sich ausschließlich dem Dichten und Verfassen von Dramen, von denen sein „Maximilian von Mexiko" sogar im Mannheimer Nationaltheater aufgeführt wurde. In den Jahren 1856 bis 1872 erschienen mehrere Gedichtbände. Krauß starb 1878 in Mannheim.

Im stillen Sommerwald

Du schöner, grüner Sommerwald,
Wie still, wie still bist du,
Kein Vöglein ruft mehr aus der Hald'
Mit seinem Liedchen zu.
Noch trägst du, Wald, dein Hochzeitskleid,
Wie ihr, ihr Vögelein,
Wie könnt ihr, wo euch kränkt kein Leid,
So still, so traurig sein?

O Wald, o Vöglein, schaut mich an,
Mein Frühling ist dahin,
Ein Lied ich aber singen kann,
Wie ich auch traurig bin.
Das ist des Sängers Lust und Qual,
Sein ewig Hochzeitskleid,
Ein Sängerherz stirbt tausendmal
Und stirbt doch nicht vor Leid!

Fridolin Hofer

(Biographie s. Kapitel „Flora und Fauna")

Waldschlaf

Wie voller Mond auch in die Wipfel fließe
und zwischen Stämmen ungestalt
taghelle Strähnen Lichtes gieße:
der Sommerwald sieht ganz in Schlafs Gewalt.
So tief ist seines Schlummers Trunkenheit,
daß er den Bach im Grund, der ruhlos rauscht,
im Traume nur wie silbern Taugetropf erlauscht,
so aller Welt entrückt und Zeit,
daß er den Wind, der in den Zweigen wühlt
und ihm die sonnewarmen Wipfel kühlt,
kaum wie den Atem eines Kindes fühlt.
O selige Versunkenheit!

Arno Holz

geboren 1863 in Rastenburg (heute Ketryzin / Polen) zählt zu den Dichtern des Naturalismus und Impressionismus. Er wuchs in Berlin auf, war wegen finanzieller Probleme gezwungen, sein begonnenes Studium aufzugeben und arbeitete als Journalist. 1885 erschien sein erster Gedichtband, für den er den Schillerpreis erhielt. Milieuschilderungen und die Verwendung von Alltagssprache kennzeichnen seinen literarischen Stil. Als Hauptwerk gilt die Gedichtsammlung „Phantasus". Die Besonderheit hier ist die Mittelachsenlyrik, d. h. die Verszeilen, die von eigenen Wortschöpfungen geprägt sind, werden zentriert gesetzt. Arno Holz stand 1929 auf der Kandidatenliste für den Literaturnobelpreis. Er starb im selben Jahr in Berlin.

Deutscher Sommerwald

In
graues Grün
verdämmern ... Riesenstämme.

Von
greisen Ästen,
wirrdorr, fahlstur, flirrstorr,
in
langen Bärten
zottelhängt,

zotteldrängt, zottelsträngt
Moos.
Irgendwo,
schnabelhämmernd,
irgendwo, ticktaktak, irgendwo
klopfpochend,
aus
tiefstem,
schweigendem, äugendem
Dunkelforst,
unaufhörlich, unablässig, unermüdlich,
immer wieder von neuem, immer wieder noch einmal, immer wieder
koboldgeschäftigt, wichtelmännchenemsig,
totenuhrpickernd
ein
Specht.
.....
Kommt ... der Wolf? ... Wächst
Das Wunschkraut
Hier?

Wird
Auf ihrem weißen Zelter ... lächelnd ... auf mein klopfendes Herz zu
Die
Prinzessin reiten?
.....

Nichts.

Wie
Schwarze Urweltkröten,
regungslos,
hockt am Weg ... der ...
Wacholder.
Zwischendurch,

„... tückisch, giftig,
scharlachrot helleuchten
gelleuchten, grelleuchten
Fliegenpilze!" (A. Holz).

weißsprenkelig, sonnengerinselüber-
tupfelt, blechstengelig,
tückisch,
giftig, scharlachrot
helleuchten
gelleuchten, grelleuchten
Fliegenpilze!

„Holzsammlerin im Herbstwald."
Gemälde von Friedrich Kallmorgen 1893.

Heinrich Heine

(Biographie auf Seite 83 f.)

Der scheidende Sommer

Das gelbe Laub erzittert,
Es fallen die Blätter herab, –
Ach, Alles, was hold und lieblich
Verwelkt und sinkt ins Grab.

Die Wipfel des Waldes umflimmert
Ein schmerzlicher Sonnenschein;
Das mögen die letzten Küsse
Des scheidenden Sommers sein.

Mir ist, als müsst' ich weinen
Aus tiefstem Herzensgrund;
Dies Bild erinnert mich wieder
An unsre Abschiedsstund'.

Ich musste von dir scheiden,
und wusste, du stürbest bald!
Ich war der scheidende Sommer,
Du warst der sterbende Wald.

Konrad Fuß

(Biographie auf Seite 180 f.)

Der Wald im Herbst

Im herbstlichen Walde fällt uns vor allem auf, daß das Laub der Bäume und
Sträucher das saftige Grün verliert, in dem es während des Frühlings und
Sommers prangte. Es bekommt allmählich die verschiedensten Farben
und fällt nach und nach ab. Das der Buchen wird gelb bis braunrot; das
der Ahorne, Hainbuchen und Birken prangt im reinsten Schwefelgelb; die
Kirsch- und Vogelbeerbäume, sowie der Sauerdorn erglänzen in Purpur
und die Espe leuchtet in Orangetönen. Die abgefallenen Blätter bilden am
Boden eine dichte Decke, unter welcher Samenkörner und Wurzeln verschiedener Pflanzen vor Kälte geschützt ruhen.

Eicheln, Bucheckern und Haselnüsse sind reif geworden, fallen ab und
werden gesammelt. Auch die scharlachroten Beeren-Dolden, welche wie
rote Korallen die Ebereschen-Bäume schmücken, gehen ihrer Reife entgegen, fallen teilweise ab und laden die Züge der Drosseln, Zeisige u. a.
Vögel zum Schmause ein.

Die schöne Blumenpracht des Sommers schwindet immer mehr und nur
noch vereinzelt treffen wir einen unserer Lieblinge.

Die gefiederten Sänger des Waldes sind meist verstummt und zum Teil mil-
deren Gegenden zugeeilt. Auch die unzählige Menge jener Kleintiere, wie
Insekten, welche in den heißen Tagen des Sommers den Wald belebten,
sind verschwunden.

An Stelle der üppigen Fülle des Sommers tritt uns überall Absterben, Vergehen und Verfall entgegen.

[...]

Doch ist der herbstliche Wald nicht ohne Leben. Die Fichten, Tannen und
Föhren, die hie und da ganze Wälder, die Nadelwälder bilden oder vereinzelt in den Laubwäldern vorkommen, haben noch ihre saftig-grünen Nadeln
und behalten sie auch während des ganzen Winters. Viele dieser Bäume,

namentlich solche in alten Beständen, entzücken den Naturfreund durch graue Gebilde, welche wie ein Pelz ihre Zweige und Stämme umhüllen; es sind die Flechten verschiedener Art, welche unsere Aufmerksamkeit erregen und uns auch in der kalten Jahreszeit an das Pflanzenleben erinnern („Wettertannen"). Die zierlichen Moose, welche am Boden dichte, schwellende Teppiche bilden, zeigen noch ihr gelbliches Grün. Aus dem Moose hervor erheben sich zahlreiche Pilze, die nach Größe, Gestalt und Farbe ungemein verschieden sind, wie Eierpilz, Steinpilz, Brätling und Fliegenschwamm. Selbst noch bunte Blumen treffen wir vereinzelt. z. B. das Heidekraut mit seinen kleinen, stiellosen Blättchen und seinen schönen roten oder fleischroten Blüten, sowie den Enzian mit seinen stattlichen hellblauen Blumen.

Aber auch an Tieren fehlt es im herbstlichen Wald nicht. Das Eichhörnchen springt unermüdlich von Ast zu Ast, um Früchte einzutragen. Hoch in der Luft gewahren wir einen Habicht. Das Klopfen und Hämmern, das wir zuweilen vernehmen, wird durch Spechte verursacht. Schlanke Rehe und schnellfüßige Hasen durchkreuzen den Wald. Zuweilen bekommen wir auch einen Marder, Fuchs, eine Fledermaus und Eule zu Gesicht.

„Das Verfärben des Laubes ist eigentlich kein Sterben, vielmehr das sichtbare Zeichen eines thätigen Lebens!" (K. Fuß).

[…]

Das Verfärben des Laubes [ist] eigentlich kein Sterben, vielmehr das sichtbare Zeichen eines thätigen Lebens! Vor Eintritt des Winters wandern für die Pflanze wertvolle Stoffe aus den Blättern in die Zweige zurück, wo sie überwintern, um im nächsten Frühjahr zum Aufbau neuer Blüten und Blätter verwendet zu werden; […]

Ferdinand Falkson

geboren 1820 in Königsberg (heute Kaliningrad/Russland), war
Arzt und Schriftsteller sowie Vorsitzender des liberalen Hand-
werkervereins und Stadtverordneter seiner Heimatstadt. Neben
Gedichten und Reisebeschreibungen verfasste er Schriften über
die Emanzipation der Juden und die Frage interkonfessioneller
Ehen, Probleme, mit denen er sich als Jude auch privat hatte
auseinandersetzen müssen. Falkson starb im Jahr 1900 in Königsberg.

Herbsttag. 1838.

Frühmorgens einst in milden Herbstestagen
Da hing ein Nebelmantel ob der Gegend,
Um Waldeswipfel war er rings geschlagen,
Im Winde flatternd und sich wild bewegend.

Der Herbstwald blickte schwach nur aus der Hülle,
Ein Goldpallast aus altergrauem Thore;
Den Ort umschwebte trauervolle Stille:
Kaum sang ein Vöglein hinter'm Nebelflore.

In eins aufsprangen da die Nebelpforten;
Ein Sonnenblick durchblitzte Alles mächtig:
Verklärt die Blumen rings die halbverdorrten;
Den goldnen Wald durchschwamm ein Schimmer prächtig.

Vom Thurm erhub sich da ein Glockenläuten,
Das hell durchzitterte die Sonnenflammen:
Da strömten in der blauen Lüfte Weiten
Der Sonnenglanz und Glockenklang zusammen.

Der Wald war überwölbet von Portalen;
Die hoch aufstiegen in gar kühnen Bogen,
Gefügt aus Klängen und aus hellen Strahlen,
Die hehr der Bäume Wipfel überflogen.

Waldvöglein blickten stumm aus gelbem Laube,
Als wollten staunen sie im Himmel lesen!
Hoch hoben sich die Blumen aus dem Staube:
Dies ist der Flur ein Feiertag gewesen.

Ferdinand von Saar

wurde 1833 in Wien geboren und schlug zunächst eine Offiziers-
laufbahn ein, die er jedoch 1860 aufgab, um als freier Schriftsteller, Dramatiker und Lyriker zu arbeiten. Als sein größter literarischer Erfolg gelten seine „Wiener Elegien" aus dem Jahr
1893, eine Hommage an seine Heimatstadt Wien. Ferdinand von
Saar war Mitglied des Herrenhauses, einer der beiden Kammern
des Reichsrats der österreich-ungarischen Doppelmonarchie.
Die letzten Lebensjahre waren geprägt von persönlichen Schick-
salsschlägen, Krankheit und Depressionen. 1906 beendete von
Saar sein Leben durch Suizid.

Herbst

Der du die Wälder färbst,
Sonniger, milder Herbst,
Schöner als Rosenblüh'n
Dünkt mir dein sanftes Glüh'n.

Nimmermehr Sturm und Drang,
Nimmermehr Sehnsuchtsklang;
Leise nur athmest du
Tiefer Erfüllung Ruh'.

Aber vernehmbar auch
Klaget ein scheuer Hauch,
Der durch die Blätter weht,
Daß es zu Ende geht.

Max Dauthendey

(Biographie auf Seite 63)

Im Wald der Boden von kalten Blättern

Im Wald der Boden von kalten Blättern
Ist voll Geschichten von alten Jahren.
Sie liegen im Waldbuch wie bronzene Lettern
Und reden wie Menschen mit greisen Haaren.
Sind Hände, die mitten im Sommer frieren,
Sind Tote auf blumenbekränzten Bahren,

Jahreszeiten

Sind Worte, die sich im Winde
    verlieren;
Sind Schmetterlinge, gestorben
    in Scharen,
verliebte Gedanken, die gingen
    und waren.

„Im Wald der Boden von kalten Blättern ist
voll Geschichten von alten Jahren.
Sie liegen im Waldbuch wie bronzene Lettern." (M. Dauthendey).

Nikolaus Lenau

(Biographie auf Seite 157)

Brief an Emilie v. Reinbeck vom 20. September 1843

Ein paar Stunden in der Einsamkeit des Waldes verlebt, sind für ein in die
Waldgeheimnisse eingeweihtes Herz von unermeßlicher Wohltätigkeit,
wenn ihm in seine schmerzhaftesten, sonst für kein Heilmittel zugäng-
lichsten Stellen von unsichtbaren Händen ein heimlicher Balsam geträufelt
wird. Auch ich habe in letzter Zeit solche Stunden zugebracht. Leider ist es
schon wieder Herbst. Als ich neulich dem Rauschen der Blätter zuhorch-
te, wollte es mich bedünken, als rausche der Wald im Herbst ganz anders
als im Frühling, viel rauher und härter. Die Blätter sind dann nicht mehr so
weich und beweglich, wie jene des Frühlings, die Äste starrer, die Lüfte
schärfer. Ich wollte, wenn ich in einem Kerker lange gesessen und in ewi-
gem Dunkel dort jede Zeitrechnung verloren hätte, mit zugebundenen Augen plötzlich in einen Wald versetzt, aus dem bloßen Rauschen der Bäume
erkennen, ob es Frühling wäre oder Herbst.

Waldlieder IX.

Rings ein Verstummen, ein
    Entfärben;
Wie sanft den Wald die Lüfte
    streicheln,
Sein welkes Laub ihm abzu-
    schmeicheln;
Ich liebe dieses milde Sterben.

Von hinnen geht die stille Rei-
    se,
Die Zeit der Liebe ist verklun-
    gen,
Die Vögel haben ausgesungen,
Und dürre Blätter sinken leise.

Die Vögel zogen nach dem
    Süden,
Aus dem Verfall des Laubes
    tauchen
Die Nester, die nicht Schutz
    mehr brauchen,
Die Blätter fallen stets, die
    müden.

In dieses Waldes leisem Rau-
    schen
Ist mir als hör' ich Kunde we-
    hen,
Daß alles Sterben und Ver-
    gehen
Nur heimlichstill vergnügtes
    Tauschen.

„Frühschnee."
Gemälde von Caspar David Friedrich
um 1827.

Ludwig Adolf Stöber

auch: Adolphe Stoeber, geboren in Straßburg, arbeitete nach seinem Theologiestudium als Privat- und Gymnasiallehrer, später als Pfarrer in Oberbronn, Metz und Mühlhausen, wo er zum Präsidenten des Konsistoriums berufen wurde. Neben Predigten und literarischen Reisebildern veröffentlichte er eine Reihe von Naturgedichten, die sich durch eine bildreiche Sprache und Symbolik auszeichnen. Stöber starb 1892 in Mühlhausen.

Der Bergwald im Herbst

Schneegänse fliegen schnatternd durch die Luft,
Des Winters nordischplaudernde Gesandtschaft;
Thaleinwärts schreit' ich, und im Nebelduft
Vor meinem Auge schwebt die Waldeslandschaft.

Die Buchen stehen alle dunkelroth
Im Streiflicht, das erhellt der Dünste Rauschen;
Wie Kranken noch das Antlitz farbig loht,
Kurz ehe sie die letzte Kraft verhauchen.

Gleichgültig schau'n die Tannen, allzeit grün,
Herunter von des Berges höchster Kuppe;
Doch mitten inne seh' ich träumend glühn
Hellgelb und röthlich eine Birkengruppe.

Wie hast du dich so wunderlich geschmückt,
Du Birkenwäldchen, rauh vom Wind gefächelt?
Wie scheinst du mir so schwärmerisch entzückt,
Wehmüthig fast, wie man im Wahnsinn lächelt!

Ja, wie in Blumenzier Ophelia,
Die irre Maid, hinspielt' in ihrem Leide,
So steht das arme Birkenwäldchen da
Im Nebelduft, in wunderlichem Kleide.

Wie seltsam regt der Herbstwald mir die Brust!
Es bebt mein Herz in Wonn- und Wehmuthsschauern,
Irrt, wie Ophelia zwischen Leid und Lust,
Und weiß nicht, soll es lächeln oder trauern.

Konrad Fuß

(Biographie auf Seite 180 f.)

Das Pflanzen- und Tierleben im Winter

[…] Eine gewaltige Schneelage deckt Wald, Feld und Garten, und das Wasser ist in einen dicken Eispanzer geschlagen. Ein eiskalter Nordost tobt über die schneebedeckten Fluren und überall gewahrt man die Wirkungen des strengen unwirtlichen Winters. Alles Naturleben scheint erstorben.

„Alles Naturleben scheint erstorben. Und doch ist es nicht so. Es schlummert nur."
(K. Fuß)

Und doch ist dem nicht so. Es schlummert nur. Wohlverwahrt ruht es in der Form von Knospen, Keimen, Wurzeln und samen, von Eiern, Larven, Puppen oder vollkommenen Tieren unter der schützenden Schnee- und Eisdecke.

Auch freies Tierleben tritt uns zur strengen Winterszeit in Nah- und Fernblicken entgegen. Der Zaunkönig schmettert im Garten sein Liedchen und am Waldbach singt die Wasseramsel. Meisen, Goldhähnchen, Spechte und Baumläufer ziehen rastlos umher und säubern Garten, Flur und Hain von schädlichen Insekten. Auf Äckern, Wiesen, Weiden und Landstraßen sehen wir in vielköpfigen Schwärmen Raben-, Saat- und Nebelkrähen. Im Vorholze schäkern Elstern, und Eichelhäher lassen ihren rauhen Schrei erschallen. Manche dieser Vögel stellen den Rebhühnervölkchen nach, das im Schnee Schutz gegen die Kälte sucht. Zahlreiche Vögel sind in die Straßen der Dörfer und Städte eingekehrt, um Nahrung zu suchen, wie Goldammern, Haubenlerchen, Dohlen, Stieglitze, Zeisige, Hänflinge und

Gimpel. Auf der Schneedecke ist die Spur der Hasen deutlich sichtbar; schnuppernd verfolgt sie der Fuchs, der seiner Nahrung nachgeht. Am Waldrande entlang streichen Habicht, Sperber und Bussard, nach Nahrung, Reb-, Auer- und Birkhühnern und Mäusen, ausspähend. Nicht selten entdeckt man sogar trotz Schnee und Eis im Walde ein Vogelnest, das des Kreuzschnabels, mit Eiern oder Jungen.

Selbst freies Pflanzenleben gewahrt man. Im Garten erfreuen wir uns der schönen, schneeweißen Blüte der Rieswurz oder Christblume. Auf manchen Bäumen grünt die Mistel.

Mitten im Winter werden wir also durch einzelne Erscheinungen an das Naturleben erinnert, das uns in der wärmeren Jahreszeit überall in größter Mannigfaltigkeit entgegentritt. Diese bieten allerdings nur einen sehr geringen Ersatz für die Fülle des Frühlings und Sommers. Doch es wird bald besser. […]

Hermann Löns

(Biographie auf Seite 261 f.)

Bergwaldwildnis

Was frag ich nach den Menschen
Und nach der lauten Stadt,
Wenn mich die Bergwaldwildnis,
Die weiße Stille hat.

Die Buchenstämme stehen
So schwarz im weißen Schnee,
Seinen Schlafbaum sucht der Bussard,
Zu Felde zieht das Reh.

Der Fuchs bellt unten im Grunde,
Die Eule gibt keine Ruh,
Der Abendwind rührt an den Zweigen,
Der Schnee fällt immerzu.

Im Tale funkeln die Lichter,
Was kümmert mich ihr Schein,
Ich stehe oben am Hange
Und bleibe für mich allein.

August Corrodi

geboren 1826 in Zürich, begann ein Theologiestudium, das er jedoch zugunsten eines Kunststudiums in München aufgab, wo sich schon bald der Kontakt zu den dortigen Dichterkreisen ergab. Besonderen Einfluss auf die Dichtungen Corrodis hatte Joseph von Eichendorff, mit dem er in engem Briefaustausch stand. Corrodi verfasste Theaterstücke, Lieder und Märchen für Kinder sowie Romane, Erzählungen und Versepen für Erwachsene. Viele seiner Werke illustrierte er selbst. Er starb 1885 in Hottingen (heute Zürich).

Waldbriefe (aus: Waldleben)

Zum Inhalt: Corrodis „Waldleben", erschienen 1856, gliedert sich in drei Teile: eine Liebesgeschichte, ein in Versen vorgetragenes Waldmärchen sowie in sechs Waldbriefe an eine ferne Geliebte. Im ersten Teil geht es um die Freundschaft zwischen einem Maler, einem Dichter und einem Musiker, die sich bei einem Aufenthalt in einem Forsthaus in die Tochter des Försters verlieben, die der Dichter drei Jahre später für sich gewinnen kann. In dem inhaltlich recht verworrenen Waldmärchen, das bei einer Art Sängerwettstreit aufgeführt wird, wird das geheimnisvolle Waldfräulein besungen. Nach ihrem Tod versinkt der Wald mit all seiner Herrlichkeit. Die Waldbriefe, in denen über das Leben, den Wald, über Kultur und Natur allgemein und mit einigen Abschweifungen reflektiert wird und die als Fragment den Schluss bilden, werden von dem Dichter auf seinen einsamen Spaziergängen durch den Wald an eine ferne Geliebte geschrieben.

Erster Waldbrief

27. Januar, Mittags 3 Uhr

Da sitz' ich mitten im Wald zwischen drei mächtigen Tannen auf der Höhe vor dem Tannensaal, in unermeßlicher Winterstille. Vor mir schimmert röthlich blaß durch die grünen Zweige der Birkenhügel, auf den Du Dein Schloß träumtest einst in jenen wunderbaren Sommertagen, da ich Dich zum erstenmal in meinen Wald führte. – Bist Du je in Waldeinsamkeit gesessen zur Winterszeit? – Ich glaube nicht. Sage Dir, das hat für mich mehr Reiz als die ganze Musik der Zukunft mitsammt dem Lohengrin, der mich letzthin doch fast zu arg packte, und war's nur der Clavierauszug. Aber so ein Winterwald, so ein Waldwinter hat ein unendlich reiches verborgenes

Leben und sagt dem Geist so viel, so viel, daß er überreich gesättigt wird und doch nie genug bekommt. – […]

Wie das still ist daunten! Die Elfen schlafen, Waldfräulein ist gestorben und läßt sich nicht mehr wecken – und doch spür' ich seinen lieben Geist – Du, ich sag Dir's ins Ohr: es lebt doch noch, ich weiß es, es lebt und offenbart sich heimlich immer noch jedem leisen und guten Dichterherzen. Aber man muß stille sein und nichts von draußen mitbringen aus dem fiebernden Weltleben; man muß nur als M e n s c h kommen und zwar als aufnehmender, kindlich vertrauender Mensch, dann erstehen die alten Wunder wieder, für die man keine Worte findet. Armer Mensch, in höchster Freude und tiefstem Schmerz sprachlos sein! – Ich will hinab in den Tannensaal. O, wärst Du mit! Es ist ein Zauber in diesem Raum, der aller Worte spottet. Und doch bin ich nicht überschwänglich und könnte wählen.

Der ganze Saal ist reinlich belegt mit weißem Teppich und drin stehn die ewig jungen verzauberten Säulen, ernst und schweigend. Die Sonne streift nur an, draußen im Gewirr der Maßholder und Eichen, hinein darf sie nicht. – Aber auf dem Boden steht geheimnisvolle Schrift, unergründlich, geschrieben mit Millionen feinen rothbraunen Nadeln, in ewig wechselnden Charakteren und Bildern. Ich glaube, wer diese Schrift lesen könnte, dem würde das Urgeheimniß des Waldes, die Seele des Waldgeistes offenbar werden. Aber lies! ja –

Eine Tanne liegt …

Ich sage dir, ehrfurchtsvoller bin ich in keinem Tempel, von Menschenhänden gebaut, aufgetreten je, als ich hier wandle. Da ist Gott, ich fühl' es. – Und doch auch hier Menschenhand sichtbar. Und wie? Zerstörend wie überall, wo die sogenannte Cultur hinkommt. Das Ende der Cultur wird das Chaos sein, wie's ihr Anfang war.

Ich bin hinausgetreten an's Lichte. Die Sonne reflectirt auf meinem Buch.

Unten rauscht, nein, nicht rauscht, gurrt der Bach, hohl aus der Eisdecke herauf. Eigenthümlich, so ein ruhiger Eisweg durch die unruhigen Formen der Bäume und Knorren der Sträucher. – 's hat was Einschläferndes, dieser Ton; kann's keine Musik wiedergeben; aber die Musiker könnten doch lernen davon. Aber ein Musiker im Winterwald!!?? – – Wie das harmonisch klingt, oben gurrt's eine Terz höher, lache nicht, wahrhaftig 's ist wahr, eine große Terz höher als gleich unter mir – und so geht's fort bis der Föhn kommt und die Frühlingskunde bringt über die Gletscher und auch in diesen Grund. […]

Da steh' ich an der Stelle, wo mir die Idee der Waldbriefe aufdämmerte. 's war vor einigen Wochen, ich war das erstemal heuer im Winterwald. Die Straße ist hier sehr breit; rechts sind wunderbare rothangeglühte Föhren und vor mir niederer Tann und noch etwas, das Dich amüsiren wird. Ich war damals voll hastigen Muthwillens; die reinliche Schneefläche reizte mich und ich ging einen braven, schönen runden Kreis hinein und dachte mir das Staunen und Kopfschütteln der Förster und Holzer, wenn sie den Kreis sehen: „der muß auch kein Holz gestohlen haben!" können sie gedacht haben. Dann trottete ich weiter und da kam's in meine Seele: „Waldbriefe!!" Ich hätte das Wort küssen mögen! – War vielleicht in Zauberkreis jener. – Aber Du sollst zufrieden werden damit, Du liebes, herrliches Weib! – […]

„Waldbriefe! Ich hätte das Wort küssen mögen!" (A. Corrodi).

Karl Mayer

geboren 1786 in Bischofheim, studierte Rechtswissenschaften in Tübingen und gehörte dem Seracher Dichterkreis um die Familie Kerner in Weinsberg an, trat in den Staatsdienst ein und wurde Mitglied des Landtages, wo er der liberalen Opposition angehörte. Für die Demokraten war er ab 1848 Mitglied der Nationalversammlung in Frankfurt, später war er als Oberjustizrat tätig und starb 1870 in Tübingen. Mayer veröffentlichte mehrere Gedichtbände. Er widmete sich vornehmlich der Naturlyrik.

Der Tannenwald im Winter

Kein Vogeljubel war erschallt
Zur Winterszeit im Tannenwald;
Doch jubl' ich selbst, wenn so im Schnee
Ich grüne Tannenwaldung seh'
Und zu des Wintermarsches Preis
Nagt mir vom Hut ein Tannenreis.

Heinrich Heine

(Biographie auf Seite 83 f.)

Unterm weißen Baume sitzend

Unterm weißen Baume sitzend,
Hörst du fern die Winde schrillen,
Siehst, wie oben stumme Wolken
Sich in Nebeldecken hüllen;

Siehst, wie unten ausgestorben
Wald und Flur, wie kahl geschoren; –
Um dich Winter, in dir Winter,
Und dein Herz ist eingefroren.

Plötzlich fallen auf dich nieder
Weiße Flocken, und verdrossen
Meinst du schon, mit Schneegestöber
Hab' der Baum dich übergossen.

Doch es ist kein Schneegestöber,
Merkst es bald mit freud'gem Schrecken;
Duft'ge Frühlingsblüthen sind es,
Die dich necken und bedecken.

Welch ein schauersüßer Zauber!
Winter wandelt sich in Maie,
Schnee verwandelt sich in Blüthen,
Und dein Herz, es liebt aufs Neue.

August Corrodi

(Biographie auf Seite 201)

Waldbriefe

Sechster Waldbrief

3. Mai, 3 Uhr.

Auf einer Tannenwurzel sitz' ich, am Abhang beim Feuerwerkplatz (4. Brief), gut angelehnt. Drüben der große Lerchenhügel und zwischen uns der Tannensaalbach in voller Sonne, reichlich bekränzt mit goldnen Bachbungen und blühenden Weiden. O wie der in die Maienluft hineinplaudert, so froh, selig – mag gar nicht aufhören. – Da vorn ist ein Harztropfen im Gras, funkelt wie ein Demant in allen Farben. Wollt', 's wär' ein ächter. – Das hat gegrünt in diesen drei Wochen! Nur die Buchen sind noch halsstarrig dürr, haben mir überhaupt was entsetzlich Verstandesmäßiges, Hartes, schon des Holzes wegen. Freilich, ihre Blätterfächer sind schön, aber auch starr, wie eine ausgespreizte Hand. Thut mir leid, wenn's nicht in die Aestethik paßt, aber ich hab' die Tanne lieber. – Empfinde auch nicht das Grauen und den Schauder, den die Tannenwälder erzeugen sollen, ist mir im Gegentheil heimeliger als im hellen Buchenwald. Die Tannen haben so was Mütterliches mit ihrem nimmermüden Grün, so was Treues, Zuverläßiges, Unveränderliches. Die Lerchen [Lärchen] sind schon anders, weil sie im Winter die Nadeln abwerfen; haben nicht das constante, ausdauernde; aber wenn sie ihre rosenrothen Blüthen entfalten und die feinen hellgrünen –Nadelbüschelein, – dann sind sie mädchenhaft schön! –

Rundum summen Hummeln! – 's tönt ungefähr wie dieser Satz. Das hat so was Sommerlichsehnsüchtiges, Weltweites – erinnert an Andersen, sticht aber in der Nähe. A. nicht. – Droben ist ein entsetzliches Geraschel. Der Wind fährt bös in die Buchen und zankt mit ihnen ob der Starrheit und Faulheit, wo nun Alles grüne und blühe, wer möge da noch so ekelig dürr sein? V Wie die dürren Zungen ihn auszischeln! – Er rupft aber aus ganze Dutzend – wie sie flattern! – Uebrigens seh' ich hinter mir, daß viele doch schon schön grün sind…

Will weiter; mir entschläft das rechte Bein und träumt lebhaft vom Gehen. Auf dem „Platz" sitz' ich, auf dem gleichen Tannfragemt, von welchem aus Du einst den Gletschern entgegen jauchztest. – Ist doch ewig erhaben diese Gletscherwelt. […] –

Denk' dann an mich jenseits der Berge, an mein einsam Thal, meinen Wald, in dem ich dir nachträume bis – bis mich der Morgenthau Dir nachwandern sieht. – Auf Wiedersehen in Rom! – – – –

„Denk' dann an mich jenseits der Berge, an mein einsam Thal, meinen Wald, in dem ich dir nachträume…" (A. Corrodi).

Waldästhetik, Emotionen

Der Forstwirt und Politiker Karl Wilhelm von Salisch (1846–1920) prägte den Begriff der „Forstästhetik" und definierte ihn in seinem gleichnamigen, seit 1885 in mehreren Auflagen erschienenen Werk als „die Lehre von der Schönheit des Wirtschaftswaldes". Beim „Waldbau" sollte seinem Anraten nach neben der Waldpflege auch das sinnliche Empfinden berücksichtigt werden. Sein Vorschlag, die Forstästhetik in der forstwirtschaftlichen Lehre zu verankern, wurde vielfach aufgegriffen. Heute gilt die „Waldästhetik" neben Ökonomie und Ökologie als weiteres Wahrnehmungskriterium hinsichtlich der Waldgestaltung und Waldnutzung.

„Forstästhetik" von Heinrich von Salisch, Ausgabe von 1902.

Künstler, seien es Komponisten, Dichter, Maler, verarbeiten ihr waldästhetisches Erleben in ihrer eigenen Form und Ausdrucksweise, die nicht selten abhängig ist von einer individuellen Gemütslage, in der der Geist besonders empfänglich ist für eine visuelle wie auch haptische Naturerfahrung. Der Blick in die Natur, den Wald oder auch lediglich auf einen Baum, ein Waldröschen, ein noch so kleines Insekt oder nur eine Hagebutte, kann dabei Anlass für meditative, philosophische und grundsätzliche existentielle Gedankengänge sein, die auch sakrale Dimensionen annehmen können. Ästhetisches und emotionales Erleben ist stets subjektiv und situationsbedingt. Der Wald bietet dem Menschen einen wertfreien Raum für die Äußerung

„O unergründlich tiefer Waldsee du, wie künd' ich deinen Zauber nur?" (H. Seidel).

„Eichen am Meer. Erinnerung an eine bewaldete Insel der Ostsee."
Gemälde von Carl Gustav Carus von 1834/35.

jeglicher Art von Empfindungen: über Freude, Liebe, Sehnsucht, Heimweh, Klage, Verzweiflung bis hin zu Todesgedanken und dem letzten Wunsch, im Wald begraben zu werden. Das Kronendach bzw. der Schirm der Baumkronen eines Waldes sowie die häufig als Säulen wahrgenommenen Baumstämme fördern dabei das räumliche Empfinden. Vor allem diejenigen Buchenwälder mit niedrigem Bodenbewuchs und ausgeprägten Kronen, sogenannte Hallenwälder, verstärken den Eindruck eines hallen- oder auch kirchenartigen Bauwerks und Deckengewölbes.

Bei einem Waldspaziergang können Ästhetik und Emotionen nostalgische Erinnerungen an Kindheitserlebnisse wachrufen, die man als Erwachsene schon längst vergessen glaubte, so beispielsweise beim Betrachten von Rückepferden beim Verbringen gefällter Baumstämme zu einem Polterplatz. Diese vor wenigen Jahrzehnten noch als ineffizient angesehene forstliche Arbeitsmethode wird mittlerweile wieder gefördert, da sie sich als besonders Waldboden schonend erwiesen hat.

Ästhetik liegt bekanntlich im Auge des Betrachters, aber dennoch ist sie nie ganz frei von einer bestimmten Erwartungshaltung, dass nämlich das als schön und angenehm Empfundene den zuvor selbst definierten Maßstäben von Harmonie und Einzigartigkeit entsprechen möge. Im Fall des Waldes war man lange Zeit bestrebt, beispielsweise nach Sturmschäden oder Schädlingsbefall die Ordnung und nicht zuletzt die wirtschaftliche Nutzung des Waldes durch Menschen- und Maschinenkraft wiederherzustellen. Die Vorstellung, einen vermeintlich „toten" Wald sich selbst zu überlassen und ihn womöglich noch als schön zu empfinden, erscheint befremdlich, und so bildet auch Karl Mayers Gedicht „Urwald" einen kleinen Kontrast inmitten der mehrheitlich gefühlvollen, positiv besetzen sowie sehnsüchtig-religiösen Waldemotionen.

Kurzbiographien und Texte

Franz von Baur

wurde 1830 in Lindenfels im Odenwald geboren, besuchte die höhere Gewerbeschule in Darmstadt und studierte Forstwirtschaft in Gießen und war anschließend im forstwirtschaftlichen Vermessungswesen tätig. 1855 wurde er an die damalige böhmische Forstlehranstalt in Weißwasser als Professor für forstmathematische Disziplinen berufen. Zu diesen Themen verfasste er mehrere Lehrbücher. Weitere Berufungen folgten, schließlich 1878 an die Ludwig Maximilians-Universität München, deren Rektor er 1895 wurde. Baur starb 1897 in München.

Über die Sonderstellung des Waldes

[...]

Der Wald hat nun aber auch noch, gegenüber andern Gewerken, eine staatswirthschaftliche Bedeutung, indem er zu gleich eine Wohlfahrtswirkung auf Land und Volk ausübt, welche sich zwar nicht in Ziffern aus-

drücken läßt, die aber doch als höchst werthvolles Gemeingut Aller zu betrachten ist.

Welchen Gegensätzen begegnen wir bei Vergleichung der Arbeitsräume einer Fabrik mit denjenigen des Waldes? Schon an der Pforte der Ersteren ist in großen Lettern zu lesen: „Nichtbeschäftigten ist der Eintritt strengstens verboten". Das ganze Sinnen und Trachten ist hier nur auf den Erwerb materieller Güter gerichtet.

Ganz anders im Walde. Nachdem derselbe seine ökonomischen Güter reichlich über das Land ausgetheilt hat, bietet er der nach körperlicher Erholung und geistiger Nahrung suchenden Menschheit noch seine vielen höheren geistigen Schätze an. Weit sind die heiligen Hallen des Waldes geöffnet, um alle Freunde der letzteren, insbesondere die Stadtbewohner mit ihren bleichen Gesichtern, die Architekten, Musiker, Poeten, Landschafts- und Thiermaler, in sich aufzunehmen; sie brauchen nur Auge und Herz zu öffnen, um reiche berufliche Anregungen und volle Befriedigung an Leib und Seele zu finden. Wie öde wären München, Berlin, Baden-Baden, Heidelberg, Frankfurt a/M. und so viele deutsche Städte ohne den nahen Wald? Wollte man an denselben, unter dem Vorwande ungenügender Rente, hand anlegen, ein Sturm der Entrüstung würde die Folge sein. Gerade hier zeigt sich die Sonderstellung des Waldes im nationalen Wirthschaftsleben im schärfsten Lichte.

Stellt doch der Wald ein großes Kunstgebäude vor, in welchem zu verschiedenen Zeiten die fortschreitende Architektur ihre Studien machte. Die deutsche Baukunst verstand es, wie Uhland sich ausdrückte, auf ihrem Höhepunkt das Steinhaus in einen Wald von Schäften, Laubwerk und Blumen umzusetzen, und W. v. Riehl vergleicht ein Dorf ohne Wald einer Stadt ohne historische Architektur, ohne Denkmäler, ohne Kunstsammlungen, kurz ohne gemüthliche und ästhetische Anregung.

Wurde doch in neuester Zeit selbst von Waldbesitzern und Forstwirthen der Wunsch laut, an den Forstlehranstalten eine Vorlesung über Forstästhetik einzuführen, damit der steife Kunstwald wieder wohnlicher und für Herz und Gemüth anregender gestalte werde.

[…]

Auch Waldpoeten besitzen wir in Menge. Die deutschen Dichter des Mittelalters wußten zur Bezeichnung irdischen Glückes nichts köstlicheres anzugeben, als den belaubten Wald, die duftende Linde und den Gesang der Waldvögel. […]

Goethe's starker Sinn für den Wald ist bekannt. Wie trefflich schildert er das unheimliche nächtliche Waldesdunkel in „Willkomm und Abschied". Kein moderner Dichter der Gegenwart wird je über den Wipfeln unserer heutigen Fabrikschlöte, etwa zum Ruhme der Spinnereien oder selbst Brauereien, ein ähnliches Gedicht zu machen verstehen, wie es Goethe in dem auf dem Gickelhahn verfaßten und den Eindruck der stillen Waldeinsamkeit wiedergebenden Gedichte: Ueber allen Wipfeln ist Ruh" der Nachwelt für alle Zeiten überliefert hat. [...].

Albert Vierling

geboren 1836 in Weiden in der Oberpfalz, studierte Rechtswissenschaften, wurde Richter und ab 1904 Oberlandesgerichtsrat am Bayerischen Obersten Landesgericht. Neben einer Reihe juristischer Abhandlungen verfasste er Beiträge zur Geschichte der Oberpfalz sowie Reiseberichte und Erlebnisse aus seiner oberpfälzischen Heimat. 1896 gründeten er und seine Frau die „Albert und Katharina Vierling'sche Stiftung zur Errichtung einer Sammlung von Mustern und Modellen für Gewerbe und Handwerk in der Stadt Weiden". Aus dieser Sammlung ging das heutige Stadtmuseum in Weiden hervor. Vierling starb 1920 in München.

Auf dem Haselstein (1876)

Ja da war's schön auf dem Haselstein und es war schön so oft ich dort war. Ich war übrigens gerade auf diesem Berge nie allein, sondern immer in großer Gesellschaft. [...].

Der Weg auf den Haselstein von Floß ist recht abwechslend. Unterhalb Floß liegt rechts der alte Judenfriedhof mit seinen einfachen gegen Osten gekehrten Grabsteinen, links oben auf dem Berge ein Kirchlein dem heiligen Nikolaus gewidmet, inmitten fließt in grünen Wiesen unter dem dunklen Schatten der Erlen die Floß. An dieser geht man eine Strecke fort, bis sie die Biegung auf den Plankenhammer zu macht; hier überschreitet man den Bach und geht an hübschen Bauerngehöften vorüber allmählich bergauf. Nach einiger Zeit beginnt der Wald, der Weg zieht sich mehr nach Osten und bald darauf beginnt mit dem dichteren Walde auch der steilere Anstieg. Doch es währt nicht zu lange; das scheinbare Wachsen der Bäume hört auf, und ihre Spitzen nehmen ab und rasch ist man auf der Höhe unter dem erwähnten Felsen. Der Gipfel ist zwar kein Plateau für große Volksmengen aber immerhin ein Raum groß genug, um eine Gesellschaft von einigen hundert Leuten recht gut und in den verschiedensten Gruppen recht malerisch unterzubringen. Die Unterkunft ist wirklich äußerst behaglich. Nicht bloß hohe Tannen und Fichten halten den Gipfel des Haselsteins

Burgruine Haselstein bei Floß im Oberfälzer Wald.

besetzt, es finden sich auch breitästige Buchen, die den Haselstein wie unter ein grünes Dach verhüllen. Davon guckt nur der Granitblock mit dem Jägerhäuschen hervor, von dem aus eine hübsche Fernsicht, ähnlich wie von der Floßenbürg, sich bietet. Das Schönste vom Haselstein ist aber nicht die Fernsicht und ebenso wenig das trotzige Gebilde des Granits, seine Schönheit liegt im grünen Wald, im grünen Blätterdach und in der kräftigen Waldesluft.

Einmal, erinnere ich mich, wirkte die Schönheit des Waldes auf uns geradezu begeisternd. Es hatte sich der Himmel etwas umwölkt gehabt und schon fielen beim Ansteigen einzelne schwere Tropfen auf uns und erfüllten uns mit Schrecken, es sei die ganze Partie verdorben. Da, als wir gerade den Gipfel erreichten, brach die Sonne mit voller Macht durch, und dieses Hereinbrechen der Strahlen auf die dunklen zum Theil benäßten Blätter bewirkte ein so magisches Licht, daß man meinte, die Sonne ziehe selbst die feinen Schleier über den dunklen Hag hinweg und wolle uns leuchten zu unserer harmlosen Freude. Ein allgemeiner Jubel war auch gleichsam der Dank für diese rechtzeitige gute That der Sonne und bald entwickelte sich das heiterste Leben. [...]

Johann Carl Ludwig Schultze

geboren 1872 in Seesen am Harz, begann seine berufliche Laufbahn als herzoglich braunschweigischer Forsttaxator, 1822 wurde er „Forstconducteur" und fünf Jahre später „Forstsecretair". 1841 wurde er in der Funktion eines Forstschreibers nach Stadtoldendorf versetzt, wo er 1864 pensioniert wurde und 1872 starb.

Die Schönheit des Waldes

Mehrfach wohl habe ich bereits darauf hingewiesen, daß der Wald im Allgemeinen, neben dem Zwecke der Holzproduction und den Zwecken der Bodenerhaltung, Temperatur und Luftbeschaffenheit, Wolkenbildung und Anziehung etc. auch die Erdoberfläche durch Schönheit zieren und so auf das Gemüth des Menschen wirken solle, diesem also nicht bloß materiell, sondern auch geistig dienend. –

Wenn Berg und Thal, Felsenparthien und überhaupt die wellenförmige Erscheinung des Bodens, die Schönheit der Gegend mächtig fördern, so ist es wieder das Pflanzenreich, was erst das wahre Leben hinein bringt in die Landschaften, und vor Allem sind es die Bäume, besonders der eigentliche Wald, welche hauptsächlich zur Schönheit jener gehören. […].

So trägt gewiß der Wald , im richtigen Vorkommen, unendlich viel bei zum Weltenzwecke; denn in der schönen Gegend gedeihen vorzugsweise die edlen Geister, welche der Menschheit nützen, mittelst der Kunst und des Wissens überhaupt. Das Schlechte wird daselbst, wenigstens größten Theils unterdrückt, und es keimt auch weniger auf in der Brust der dort lebenden Menschen. Es herrscht überall ein ganz anderer froher Geist in dem schönen Lande, welches mit bewaldeten Bergen und Thälern abwechselnd zwischen Feldern und Wiesen besetzt erscheint, als es in einer ebenen Gegend der Fall sein kann, wo bloß wenige trauernde Kiefernbestände, oder auch wohl gar keine Wälder, auf öden Sandfeldern und Heideangerm vorkommen. […]

Es kann wohl keiner Frage unterliegen, daß unter solchen Umständen alle sinnigen Menschen, denen eine entsprechende Bildung eigen ist, den Wald spazierengehend gern aufsuchen und freundlich beachten werden. Selbst auch die noch rohen Menschen müssen dann ergriffen werden von der Schönheit des Waldes, und sie mögen wohl umsomehr mit einer gewissen Scheu ihn betreten, wenn man anderweitig für leichte Befriedung ihres Holzbedürfnisses gesorgt hat. Dies aber gehört durchaus nothwendig mit zur Sache.

Das Holz ist ein gar zu nothwendiges und unentbehrliches Etwas, besonders an allen den Orten, wo Torf und Erdkohlen mangeln. [...]

Im Uebrigen möchte ich wünschen, daß die Herren, welche auf die Schönheit des Waldes hinarbeiten, dabei sich möglichst natürlich verhalten und
selbst die Kunst, wenn sie in Anlagen von Wegen etc. zu Hülfe genommen
werden muß, so weit es irgend angeht, zu vertuschen suchen. Daß der
eigentlich, zunächst vorliegende Waldzweck: Erzielung des höchstmöglichen Holzertrages, der Förderung von Schönheit nicht zum Opfer gebracht
werden darf, versteht sich wohl von selbst.

Beide übrigens, die Schönheit, wie die Erzielung des höchstmöglichen
Holzertrags, lassen sich neben einander recht gut erreichen.

... und dessen wirtschaftliche Nutzung sollten vereinbar sein.

Henriette Davidis

Johanna Friederika Henriette Katharina Davidis, geboren 1801 in Wengern (heute Stadt Wetter/Ruhr), ist die bedeutendste Kochbuchautorin, deren Werke auch über Deutschland hinaus Beachtung fanden und hohe Auflagen erzielten. Davidis war zunächst als Gouvernante und Lehrerin tätig, widmete sich dann ausschließlich der Hauswirtschaftslehre und -organisation sowie der Ernährungskunde. So gab sie grundlegende Tipps für die Anlage von Blumen-, Küchen- und Gemüsegärten sowie für eine jahreszeitlich orientierte Ernährungsweise. Vor allem betonte sie immer wieder die verantwortungsvolle Tätigkeit der Hausfrau. Zum „geflügelten Wort" wurde die von ihr stets gleiche Formulierung zu Beginn ihrer Rezepte: „Man nehme...". Weniger bekannt ist die naturverbundene Henriette Davidis als Lyrikerin. Zeitgleich mit ihren Kochbüchern erschienen auch mehrere Gedichtbände. Davidis starb 1876 in Dortmund.

„Morgengesang."
Illustration von Julius Mařak 1884.

Vor Sonnenaufgang im Walde

So frühe schon, mein lieber,
    trauter Wald,
Begrüß' ich dich und deine Lau-
    bengänge,
Und noch kein Lied im weiten
    Raum erschallt,
Vergebens lausche ich auf
    muntre Klänge.

Du bist so ernst, so schweigsam
    wie die Nacht,
Nur hör' ich's in den dunklen
    Zweigen rauschen,
Der Morgenwind hat seinen
    Gruß gebracht,
Den muntre Vögel bald schon
    mit ihm tauschen.

Wie nun die Sonne herrlich dich
    begrüßt,
Und was da schlummert noch im
    stillen Haine!
Wie sich nun gleich der Vöglein
    Brust erschließt,
Ihr Lied erschallt im goldnen
    Frührothscheine!

Es tönt so freudig hell: Herbei,
    herbei!
Das Leben ist erwacht aus sü-
    ßem Traume,
Grasmücke singt, des Hehers
    rauher Schrei
Wetteifert mit dem Specht am
    Eichenbaume.

Der wetzt den Schnabel, hackt
    am harten Holze,

Daß seine Schläge durch die Räume dringen,
Dazwischen rauscht es auf und kreischt so stolz,
Ein Reiher breitet aus die mächt'gen Schwingen.

Und unter ihm hört man in milder Luft
Die unschuldsvolle Taube Liebe girren.
Zu ihr empor hebt sich des Waldes Duft,
Und über Moose sieht man Käfer schwirren.

Dieß Alles bietet mir der grüne Wald!
Drum hin zu seinen lichtdurchstrahlten Bogen!
Hin! bis der letzte Freudenton verhallt,
Der letzte Kranich ist hinweggezogen.

Katharina Diez und Elisabeth Grube (geb. Diez)

Katharina Diez wurde 1809 in Netphen bei Siegen geboren. Gesundheitlich beeinträchtigt lebte sie bei ihren Eltern, nach deren Tod zeitweise bei ihren Schwestern in Berlin und Derendorf (heute Düsseldorf). Sie verfasste Gedichte, Sonette, Erzählungen, Märchen und weitere Prosawerke. In Königin Elisabeth von Preußen fand sie eine Mäzenin, die sie 1864 zur Ehrenstiftsdame des Stifts Keppel bei Lippstadt ernannte. Eine Pension der Schillerstiftung sicherte ihren Lebensunterhalt. Zusammen mit ihrer Schwester Elisabeth Grube, geboren 1803 in Netphen, gestorben 1871 in Derendorf, veröffentlichte sie mehrere Gedichtbände. Katharina Diez starb 1882 in ihrem Heimatort Netphen.

Im Walde

O, welch' ein Friede! – welche Ruh'
Senkt sich herab von diesen Zweigen!
Die Engel seh' ich niedersteigen –
Mein Herz eilt ihrem Himmel zu.

Wie ist die Welt so schön und rein
Wo nicht die bösen Menschen wohnen!
Nicht neid' ich mehr die höchsten Kronen
Könnt' ich im Wald ein Siedler sein.

Mich weckte dann zum Frühgebet
Das Morgenlicht, der Vöglein Lieder;

Im Waldesdome sänk ich nieder
Vor Gottes Huld und Majestät.

In frommer Arbeit schwänd' der Tag,
Das stille Haus, den kleinen Garten
Würd' ich mit treuem Fleiße warten;
Der Mühe Segen folgte nach.

Und selig, wer im walde ruht,
Wenn fern des dorfes Glocke tönet;
Wenn jeder Wipfel sich verschönet
Im Abendlicht, in Sonnengluth.

Dann käm' des Mondes leiser Schein,
Der Wind ging rauschend durch die Bäume
Und wiegte mich in schöne Träume,
In süßen linden Schlummer ein.

O, stilles Glück! wann wirst du mein?
Wie leicht, wie gerne wollt' ich scheiden
Du falsche Welt, von deinen Freuden,
Könnt ich im Wald ein Siedler sein! –

(1846.)

Emerenz Meier

wurde 1874 geboren und wuchs in einer Bauern- und Gastwirts-
familie in Schiefweg (heute Gemeinde Waldkirchen in Niederbay-
ern) auf. Bereits als Schülerin schrieb sie erste Gedichte. Ihr
erstes und einziges Buch „Aus dem bayrischen Wald", das den
Schriftsteller Hans Carossa sehr beeindruckte, erschien 1893.
Weitere Erzählungen und Gedichte in verschiedenen Zeitschriften folgten. Wegen wirtschaftlicher Probleme wanderte die Familie 1906 nach Chicago (Illionois, USA) aus. Emerenz Meier war
auch dort weiterhin literarisch tätig, vor allem in der dortigen
deutschen Gemeinde. Nach dem Ersten Weltkrieg engagierte
sie sich sozial als Pazifistin, kritisierte den Kapitalismus und
äußerte Sympathien für den Kommunismus. Sie starb 1928 in
Chicago.

„Ich sah den Wald im Sonnenglanz,
vom Abendrot beleuchtet,
belebt von düstrer Nebel Tanz."
(E. Meier).

Mein Wald, mein Leben

Ich sah den Wald im Sonnenglanz,
Vom Abendrot beleuchtet,
Belebt von düstrer Nebel Tanz,
Vom Morgentau befeuchtet:
Stets blieb er ernst, stets blieb er schön,
Und stets mußt' ich ihn lieben.
Die Freud' an ihm bleibt mir besteh'n,
Die andern all zerstieben.

Ich sah den Wald im Sturmgebraus,
Vom Winter tief umnachtet,
Die Tannen sein in wirrem Graus,
Vom Nord dahingeschlachtet;
Und lieben mußt' ich ihn noch mehr,
Ihn meiden könnt' ich nimmer.
Schön ist er, düsterschön und hehr,
Und Heimat bleibt er immer.

Ich sah mit hellen Augen ihn,
Und auch mit tränenvollen;
Bald sänftigt' er mein Grollen.

In Sommersglut, in Winterfrost, –
Konnt' er mir mehr nicht geben, –
So gab er meinem Herzen Trost;
Und drum: Mein Wald, mein Leben!

Ada Christen

eigentlich: Christiane Rosalia Friederik, geb. 1839 in Wien; aufgrund der Beteiligung ihres Vaters an der Revolution 1848 war die Familie in finanzielle Schwierigkeiten geraten. Ada Christen verdiente sich ihren Lebensunterhalt als Blumenmädchen, Näherin und Schauspielerin, schrieb Singspiele, Romane und Gedichte. Ihr Gedichtband „Lieder einer Verlorenen" erschien erstmals unter ihrem Pseudonym. Nach ihrer Heirat mit Adalmar von Breden war es ihr möglich, einen Salon zu führen. Sie starb 1901 in Inzendorf bei Wien.

Im Walde

So groß, so still,
so feierlich,
ragen die Bäume empor.

Nicht Menschenlaut
noch Vogellied
dringt an mein Ohr…

Leises Summen
hoch oben zieht
in der klaren Luft.

Lichtgrüner Schein
liegt auf dem Moos
und würziger Nadelduft:

Als wäre aus der lauten Welt
aller Frieden hergezogen
und flösse sacht durch dieses Tal
in weichen, sanften Wogen,
und flösse sacht und sonder Schall
durch ruhelose Herzen,
so hehr, so ernst, so feierlich,
fortspülend alle Schmerzen.

Heinrich Seidel

(Biographie auf Seite 96)

Der Waldsee

O unergründlich tiefer Waldsee du,
Wie künd ich deinen Zauber nur?
Du schaust zum Himmel auf in stiller Ruh,
Ein schwarzes Auge der Natur.

Es spiegeln sich in deinem feuchten Grund
Die Wolken fern am Himmelszelt,
Als würden dir in tiefster Seele kund
Die Träume einer bessern Welt.

So schaut, wen Gott zum höchsten Dienst berief,
Und also stumm beredsam schweigt
Des Sehers Auge, das gedankentief
Den Abglanz hoher Träume zeigt!

Adolf Ritter von Tschabuschnigg

(Biographie auf Seite 57)

Im Walde

Es rauschen die Wipfel, es singen
Die Vögel mit darein,
Ich lieg' im Moose und starre
Ins Regen und Weben hinein.

Es läutet eine Glocke,
Mich überkommt ein Schmerz,
Als wär' ich wo weit in der Südsee
Das einzige fühlende Herz.

Clemens Brentano

Clemens Wenzeslaus Brentano, geboren 1778 in Ehrenbreitstein
(heute Stadt Koblenz), entstammte einer Kaufmannsfamilie.

Nach einer kaufmännischen Lehre begann er nacheinander ein Bergwissenschafts-, Medizin- und ein Philosophiestudium, ohne eine dieser Disziplinen abzuschließen. Durch die Freundschaft mit Achim von Arnim wandte er sich dem Schreiben zu. Gemeinsam gaben Brentano und Arnim zwischen 1805 und 1808 die über 700 Volkslieder umfassende Sammlung „Des Knaben Wunderhorn" heraus. Brentanos Lebensweg führte ihn u. a. nach Berlin, Böhmen, Wien, Dülmen, Frankfurt und München, ohne dass er in einer der Städte sesshaft wurde. Brentano starb 1842 in Aschaffenburg. Zu seinem Werk zählen Gedichte, Erzählungen, Bühnenwerke, Satiren sowie Werke religiösen Inhalts, die jedoch größtenteils erst nach seinem Tod von seinem Bruder und dessen Frau veröffentlicht wurden.

O kühler Wald

O kühler Wald,
Wo rauschest du,
In dem mein Liebchen geht,
O Wiederhall,
Wo lauschest du,
Der gern mein Lied versteht?

O Wiederhall,
O sängst du ihr
Die süßen Träume vor,
Die Lieder all,
O bring sie ihr,
Die ich so früh verlor! –

Im Herzen tief,
Da rauscht der Wald,
In dem mein Liebchen geht,
In Schmerzen schlief
Der Wiederhall,
Die Lieder sind verweht.

Im Walde bin
Ich so allein,
O Liebchen wandre hier,
Verschallet auch
Manch Lied so rein,
Ich singe andre dir!

„Urwald".
Gemälde von
Eduard Leonhardi
1885.

Karl Mayer

(Biographie auf Seite 203)

Der Urwald

Was für ein Anblick sich mir bot
Im Urwald hier! Die Tannen todt,
Das starcke, riesige Geschlecht

Erstickt von wildem Moosgeflecht
Und selbst die Moose meist erstorben,
Die dieser Aeste Pracht verdorben!

Ein Tod, der stehend überragt
Den Tod, vor dem die Thierwelt zagt:
Der kaum das Lebensbild verletzt,
Die Todten selbst zum Denkmal setzt,
Der üppig wuchernd wird umgeben
Von Beeren und von Kräuterleben.

O Todtenwald, der Himmel mag
Dich schirmen bis zum fernsten Tag,
Und Heidelbeern und Farrenkraut
Durchgrünen immer dich so traut!
Am grünen soll die Axt sich messen,
Des todten Tannenforsts vergessen!

Francisca Stoecklin

(Biographie auf Seite 174)

Der schwarze Wald

Mein Gott, ich knie vor dir auf der harten Erde,
Auf vielen Wegen hab ich dich gesucht.
Und manchmal glaubte ich dich zu fühlen,
In einer Blume, in eines Menschen lieben Augen,
In einem kleinen Tier. Dann aber verlor ich dich
In meiner eigenen Dunkelheit und Wirrnis.
In Sünden, die mich schön versuchten.
Auch die süßen Blumen trat ich manchmal
Grausam nieder, meinen zarten Körper, meine Seele,
Nichtachtend, daß von deinem Licht in ihnen ist.
Im schwarzen Wald, die bösen Dornen haben
Meine Füße, meine Seele weh zerrissen.
Jetzt lieg ich blutend vor dir, ganz entstellt
Von Schmerz und Lieben. Wirf mich nicht von dir, Gott!
Ich bin dein Kind. Ich will dir sein, ich will …
Denn du hast mich gemacht, du weißt, warum ich sein muß,
Was ich bin, warum ich blutend vor dir liege.

„Dann aber verlor ich dich
in meiner eigenen Dunkelheit und Wirrnis."
(F. Stoecklin).

Du kannst mich nicht verwerfen, Gott! Ich liege tief,
Aber noch glänzen ferne über mir die Sterne.
Rauschen unendlich deine heilig hohen Bäume.
Blühen voll Innigkeit die zarten weißen Blüten.
– Die Welt ist groß – Mir wird so licht, mir wird so gut,
Ich spüre, wie dein Blut in meine Wunden rinnt,
Wie wir ganz still, ganz innig ineinanderfließen.
Jetzt fühle ich dich, süßer Gott, du bist in meinem Blute.
Ich darf dein Kind sein, deiner Ewigkeit gehören.

Du bist in allen Erdendingen das Unendliche und Gute.

Hugo Salus

wurde 1866 in Böhmisch-Leipa im damaligen Kaiserreich Österreich geboren. Er entstammte einer jüdischen Familie, studierte in Prag Medizin und praktizierte als Gynäkologe. Neben seiner Tätigkeit als Mediziner veröffentlichte er mehrere Gedichtbände. Er zählte zu den bedeutendsten deutschsprachigen Schriftstellern der Prager Literatur und schrieb auch als Journalist für die Wiener Zeitung. Er starb 1929 in Prag.

Am Waldsaum

Mich führt allmorgen mein An
    dachtsgang
Durch die leuchtenden Wiesen
    zum Baum
Am Saum des Walds zu der
    einsamen Bank,
Sie steht dort als wie im
    Traum.

Waldboden, schattig, doch
    sonnfleckenhell,
Du bist hier noch schimmern
    de Au,
Waldanfang und -Ende durch
    murmelt vom Quell,
Dem Auge seligste Schau.

O Grün der Wiesen, o Grün
    des Walds,
Bin ich denn wert euch zu
    sehn?
Schweig! rauscht der Wald,
    lausch uns, so schallt's,
Dann wird dir das Wunder ge
    schehn!

„Am Waldesrand."
Illustration von Otto Ubbelohde 1921.

Da kam den sonnigen Wiesenpfad
Ein Weib aus dem Volke daher,
Bekreuzt sich, da sie den Wald betrat
Als ob er die Kirche wär!

So trat sie ins Waldesrauschen hinein.
Doch ich hab' am Waldsaum gekniet:
Du Wiese und Wald, Ihr macht mich noch rein!
Eine Träne fällt mir vom Lid …

Friedrich Theodor Vischer

ab 1870 von Vischer, wurde 1807 in Ludwigsburg geboren, war promovierter Theologe und Philosoph, für kurze Zeit im Pfarrdienst tätig, später Privatdozent für Literatur an der Universität Tübingen, wo er sich als Hegelianer bekannte und pantheistische Ideen äußerte, die zu einer zweijährigen beruflichen Suspendierung führten. 1848 wurde er für die Linksdemokraten in die Frankfurter Nationalversammlung gewählt, ab 1855 war er Dozent für Ästhetik und deutsche Literatur am Polytechnicum in Zürich, von 1866 bis 1877 Professor für Ästhetik an der Universität Tübingen. Neben philosophischen Abhandlungen erschienen von ihm auch eine Reihe von Gedichtbänden. Vischer starb 1887 in Gmunden am Traunsee.

Die Schönheit des Pflanzenreichs

Zum Inhalt: Das mehrbändige Werk „Aesthetik oder Wissenschaft des Schönen" ist Vischers theoretisches Hauptwerk. Im ersten Teil geht es um die metaphysischen Grundlagen der Ästhetik, im zweiten um das Naturschöne und im dritten Teil um die Ästhetik der verschiedenen Künste. Hauptanliegen der Ästhetik ist es – so Vischer – , das Interesse der Sinne anzusprechen. Ein Baum beispielsweise spricht die Sinne durch seinen zylinderförmigen Stamm und seine unsymmetrisch angeordneten Äste und seine Krone an, während beim Menschen und beim Tier die Symmetrie als ästhetisches Merkmal wahrgenommen wird. Doch auch das Unschöne in der Natur hat seine Berechtigung und spricht die Gefühle des Menschen an. Abgestorbene Bäume beispielsweise finden ihren Niederschlag in der Kunst.

[...] Man hofft mit den Pflanzen, man sieht sie an, als hätten sie Gefühl ihrer Kraft, man fühlt etwas wie Achtung vor jenem Greis des Waldes, an dem so manche Geschlechter der Lebenden vorübergegangen, man bedauert den vom Froste vernichteten Fruchtbaum, die vom Blitz entwurzelte Eiche, als wäre ihr Schicksal tragisch, und man wird durch seltsame, verworrene Formen nicht nur geisterhaft aufgeregt, sondern wohl auch durch zufällige Mißgestaltung oder normale Sonderbarkeit der Gestalt [...]. Daher geht auch die Vorliebe für gewisse Formen Hand in Hand mit der Stimmungsweise einer Zeit. Die sentimentale Periode z. B. liebte durchaus absterbende oder abgestorbene Bäume; dieß hing freilich auch mit ihrer Kunst-Manier zusammen, welche das Bestimmte und Tüchtige verachtete, das Unbestimmte, Zerfahrene suchte und durch die Darstellung desselben mit der Zufälligkeit der Natur in einer geistreichen Nachläßigkeit zu wetteifern meinte; ein Hauptgrund lag aber doch im Nebelhaften der Empfindsamkeit, dem zerfallene Formen willkommen waren. [...]

Die Gestalt der Pflanze gliedert sich im Allgemeinen als ein Gegensatz der senkrecht aufsteigenden und der von dieser wagrecht abstehenden, je nach der Verschiedenheit der Neigung verschiedene Winkel mit ihr bildenden Linie. [...]

Bei dieser Darstellung der Grundgestalt der Pflanze ist wesentlich die Baumform im Auge gehalten. Der Verlauf wird zeigen, warum die Aesthetik diese Form vor allem zu berücksichtigen hat. Hier erscheint denn das Organ der Saftleitung, der Stamm, in langgestreckter, walzenförmiger Gestalt und zeigt seine Bestimmung, blos zu vermitteln, durch den dichten Holzcharakter und die Rinde an, eine Verhärtung, die an Unorganisches erinnert, während jedoch die runde Linie seiner Zylinderform bereits über dieß ganze Reich, worin das Runde nur zufällig und verschwinden auftritt, wesentlich hinausweist. Dem unmittelbaren, ästhetischen Anblick stellt sich so der Stamm wesentlich als der feste Träger dar, der die lebendigere Krone in die Höhe schickt. Die Aeste mit ihren Zweigen und Blättern nun stehen im Allgemeinen horizontal vom Stamme ab, die Linie ist jedoch selten die gerade, wodurch ein rechter Winkel mit dem Stamme entsteht, wie z. B. bei einigen Nadelhölzern, sondern durch die Richtung der Aeste nach oben oder ihr Ueberhängen bildet sich bald ein spitzer, bald ein stumpfer Winkel, was für den ästhetischen Charakter des Baums von großer Wichtigkeit ist. Auf die Monokotyledonen, deren scheidenartige Blätter ohne Verästelung und Verstielung unmittelbar vom Stamme ausgehen, konnte hier keine besondere Rücksicht genommen werden; die vollkommeneren unter ihnen bilden durch den Blätterbüschel eine Krone, welche in ihrem Umriß eine Kugelform darstellt, und theils dieselbe Form, theils die Pyramidenform ist es, welche die Krone der dikotyledonischen Bäume entwickelt. Die kugelähnliche Form der Krone ist allerdings theils nach oben durch den höher ragenden Gipfel dem Kegel, theils nach unten, wo die Aeste beginnen, mehr oder minder einer geradlinigen Basis genähert; an einigen Bäumen erscheint breite Kuppelform u,s,w,; es kommt aber hier auf eine kurze Bezeichnung des allgemeinen Hauptumrisses an. […]

Unter'm Buchenbaum

Im Wald, im Wald –
Wie bald, wie bald
Hast du's vergessen!
Weißt, unter'm Buchenbaum
Selig in hellem Traum
Sind wir gesessen.

Im Wald, im Wald,
Im grünen Wald
Hab' ich für's Leben,
Weißt, unter'm Buchenbaum
Selig in hellem Traum
Dir mich ergeben.

Auf's Meer, auf's Meer,
Auf's weite Meer
Bist zu gezogen,
Denkest der Armen kaum,
Draußen im wilden Schaum
Rollender Wogen.

Im Wald, im Wald
Ist's öd und kalt,
Sausen die Winde,
Kahl steht der Buchenbaum,
Trauert im weißen Saum
Eisiger Rinde.

Im Wald, im Wald
Begrabt mich bald,
Grünt es erst wieder,
Legt unter'm Buchenbaum
Mit meinem hellen Traum
Sachte mich nieder!

Karl May

geboren 1842 in Ernstthal (heute Hohenstein-Ernstthal, Landkreis Zwickau), gestorben 1912 in Radebeul, konnte am Ende seines Lebens nicht nur auf eine erfolgreiche literarische Karriere, sondern auch auf eine Vergangenheit als Kleinkrimineller und Hochstapler sowie auf eine Lebensphase als Verfasser spirituell-religiöser Lehrgedichte zurückblicken. Berühmt wurde May, der wegen verschiedener Delikte seinen Beruf als Lehrer nicht ausüben durfte, durch seine Abenteuer- und Reisegeschichten, vor allem aber durch seine Winnetou- und Old Shatterhand-Romane. Während seiner Orientreise im Jahr 1900 wandte er sich weltanschaulichen Sinnfragen zu. Die Gedichte, die in seinem Band „Himmelsgedanken" Weihnachten 1900 im Druck erschienen, bewegen sich zwischen optimistischer Zuversicht und depressiven Gedanken, die die psychische Verfassung Mays zu jener Zeit widerspiegeln.

Des Waldes Seele

Es war im Wald. Die Bäume alle schliefen;
  Der Mond belauschte lächelnd ihren Traum.
Die Schatten lagen ruhig in den Tiefen;
  Die Welle küßte still des Weihers Saum.

Da kam ein linder, milder Hauch gezogen,
  Des Träumenden gewürzger Athemzug,
Der in des Maienduftes zarten Wogen
  Des Waldes Seele auf zum Himmel trug.

Dort schwebte sie zur ewgen Gnadenquelle,
  Vor der die Bitte um das Leben kniet,
Und wie vom Vöglein an der Waldkapelle
  Erklang ein sanftes, frommes Klagelied:

„Es preisen dich des Firmamentes Heere,
  Auf deren Licht dein Ruhm herniederschallt.
Von ihm erfüllt sind alle Weltenmeere;
  Im Thau und Regen trinkt ihn auch der Wald.

„Von da soll er aus tausend Quellen fließen,
  Dem Erdenland zum Heil und Segen sein,
In alle Flüsse, Ströme sich ergießen
  Und dich verkünden, Vater, dich allein.

Karl Mays „Himmels-
gedanken" erschienen
im Jahr 1900.

„Doch schau hinab! Die Menschen,
    die du segnest,
  Begreifen deine Gottesweisheit
    nicht.
Die Liebe, die du ihnen niederreg-
    nest,
  Wird ihrem Unverstand zum Straf-
    gericht.

„Sie haben weder dich, o Herr, ver-
    standen,
  Nach deines freundlichsten Geset-
    zes Sinn;
Drum handeln sie, als sei ich nicht
    vorhanden,
  Obgleich ich ihnen unentbehrlich
    bin.

„Laß mich nicht sterben, laß mich
    nicht verschmachten,
  Sonst ists auch um ihr eigenes
Heil geschehen.
Lehr sie, den Wald mit Liebe zu betrachten,
  Damit sie endlich seine Seele sehn!"

Sie schwieg und senkte wartend ihren
Schleier;
  Der Traum entfloh; es war die Nacht vor-
  bei.

Die Erde lag in stiller Morgenfeier;
  Ein Glöcklein kündete, daß Sabbath sei.

Der Wald erwachte, und der Vöglein Lieder
  Erklangen jubelnd über Berg und Thal.
Die Seele kehrte aus dem Himmel wieder,
  Getragen von dem ersten Sonnenstrahl.

Sie tauchte in des Weihers klare Welle
  Und stieg sodann ans thauesfrische Land,
Empfangen von dem Kehlchen der Kapelle,
  Bei dem sie nun des Vaters Antwort fand:

„Ich ließ für dich das Sabbathglöcklein lauten:
  Es läutete den Waldesfrieden ein.
Das hat für dich Erhörung zu bedeuten;
  Du sollst fortan dem Menschen heilig sein.

„Er wird nun deine Sänger nicht nur hören;
  Er wird das, was sie singen auch verstehn:
„Hör auf, hör auf, die Wälder zu zerstören,
  Sonst wirst mit ihnen du auch untergehn!"

Karl Ernst Knodt

geboren 1856 im hessischen Eppelstein, war als evangelischer
Pfarrer zunächst in Gernsheim, später in Ober-Klingen bei
Darmstadt tätig. Enge persönliche Beziehungen bestanden u. a.
zu Hermann Hesse, Wilhelm Raabe und Hans Thoma. Wegen
seiner Naturverbundenheit und Liebe zum Wald, die in seinen
Gedichten immer wieder zum Ausdruck kommt, wurde er von
seinen Zeitgenossen auch der „Waldpfarrer" genannt. Knodt
starb 1917 in Bensheim.

Wald, der um mein Leben rauscht

Wald, der um mein Leben rauscht,
ob ich noch so fern dir gehe;

Wald, in den die Seele lauscht,
ob ich auch im Staube stehe;

bricht die letzte Nacht mir an:
gönn mir deine Einsamkeiten
und laß mich als stillen Mann
in die ew'gen Wälder schreiten!

Wie oft ging meine ungestillte Sehnsucht die Sterne fragen

Wie oft ging meine ungestillte Sehnsucht die Sterne fragen: Wißt ihr, wo die
verschütteten Quellen des Kinderparadieses liegen? Fällt euer liebes Licht
vielleicht irgendwo auf die zerstörte Stätte meiner Jugendträume? Wißt
ihr, wo meine wahre Heimat liegt? Wißt ihr von meiner Traummwiese? Wißt
ihr von meinem Märchenwald?

Oh! es war der schönste Wald, den ich gekannt – mit einem fremden reichen Märchenleben. „Mohnblüten brannten rot an seinem Rand und Rehe
tranken abends aus den Gräben" … Ich weiß: „Ist einst mein Sterben nah,
wird' ich im Traum noch nach d e m Walde suchen."

„Die Sterne selbst sind herabgestiegen
und haben sich in die schwarzgrünen Bäume gestellt."
(K. E. Knodt).

Aber die erstaunten Sterne wußten und wiesen mir keinen Weg. Und die
weißen Wanderwolken am Taghimmel wußten's ebensowenig.

Nur das Waldmärchen wußte noch den Weg zu den verwunschenen Quellen, den „fontes Melusinae".

Und das Märchen wies meiner Sehnsucht zuerst wieder einen Weg und
leitete mein Leben in den seitdem nie wieder verlassenen Wald zu den dort
strömenden melusinischen Quellen zurück.

> Erinnerung ward die Gnade,
> die wieder den Weg mich wies,

zu werden wie die Kinder,
so fromm, so herzensrein …

Dieser mein wiedergefundener Wald ist seitdem meine Welt geworden.

O du mein Wald! Welt meiner wahrsten und wachsten Wunder, die alle so wach und wahr sind, wie die wachste Wirklichkeit. Wie ist mir wohl in dir! Wie bin ich eins mit dir!

Jeden deiner Bäume kenne ich. Jeden deiner Bäume nenne ich. Sie sind mir Freunde. Sie sind mir Personen. Sie sind mir persönliche Freunde.

Mit euch rede ich. Mit euch bete ich. Mit euch schweige ich. Euer Schweigen redete so vieles in mir zur Ruhe. Euer Rauschen weckte so manche Erinnerung in mir auf. Euer geheimnisvolles Raunen beruhigt immer wieder die tausend Rätselfragen, welche das unruhige Leben stellt.

In euren Wipfeln singt mein Lied. Über euren Gipfeln klingt mein Gebet. Eure Wurzeln sind unterströmt von den heimlichen Quellen, welche euer und mein Leben tränken.

Wo die Wunder des Waldes am wachsten, die Träume am trunkensten, die Schönheit am geschütztesten: da springt zwischen den Wurzeln der Stämme eine der singenden Quellen mit Macht empor und läuft mit hellem Lachen ins leuchtende Leben. Mit ihrer unermüdeten Melodie lockt sie ins Licht des lauschenden Dichters Lied. Bald umblüht den heiligen Waldquell jene blaue Blume, die nur in geweihten Wäldern und an unentweihten Wassern wächst. Diese Blume singt. Sie singt den ganzen Wald ins Wache. Sie singt alle Sehnsucht der Seele wach. Sie singt, bis die Sehnsucht, vom Staube reingebadet in die Sterne klingt.

Alle Welt aber: wie liegt und lärmt sie weit, weit hinter dem Wald.

Doch die Ewigkeit und ihre Stille: wie nahe ist sie getreten, gleich dem goldenen Himmel. Die Sterne selbst sind herabgestiegen und haben sich in die schwarzgrünen Bäume gestellt und haften da wie an der Decke eines Domes.

Gibt es einen erhabeneren Dom als solchen tannendunklen Wald darüber und darin die Sterne ihre stille-starke Predigt halten? Ich habe mich hier noch nie nach einem Wort gesehnt, noch weniger nach einem Prediger der Worte, am wenigsten nach irgendwelcher Vermengung mit Menschen, deren Wort verwundet. Diese Stille redet das Unrätselbare. „Wer kann ihn nennen?"

Peter Rosegger

geboren 1843 in Alpl (Gemeinde Krieglach, Steiermark/Öster-
reich) entstammte einer Waldbauernfamilie, absolvierte eine
Schneiderlehre und zeigte sich schon in jungen Jahren als literarisch interessiert. Nach kurzem Privatunterricht erhielt er die
Chance, in Graz die Schule, später auch die Universität zu besuchen sowie eine längere Bildungsreise nach Deutschland, in die
Niederlande, in die Schweiz und nach Italien zu unternehmen.
Zu Roseggers umfangreichem Werk gehören Erzählungen, Romane und Gedichtbände, die in mehreren Auflagen erschienen.
Von seinen autobiographischen Erzählungen ist die „Waldheimat" aus dem Jahr 1877 wohl die bekannteste. Peter Rosegger
starb 1918 in Krieglach. Im Vorwort zur dritten Auflage (Leipzig
1886) begründet Rosegger die Wahl dieses von ihm erfundenen
Titels folgendermaßen: „Waldheimat" nenne ich mein Buch, weil
mir dieser Begriff am besten die Zustände und Geschehnisse
zu begründen und zu erklären scheint, von denen hier die Rede
sein wird. Es ist ja ein wunderliches Seelenleben, welches sich
Manchem in dem Schatten der Tannenwälder, in den thauigen
Wiesenthälern und auf den stillen Hochmatten entwickelt." Der
zunächst nur literarisch verwendete Begriff findet sich ab 1907
auch in Kartenwerken für ein kleines, waldreiches Gebiet in den
Fischbacher Alpen in der Steiermark. In den Jahren 1900 bis
1902 erschien eine dreibändige Auswahl aus Roseggers „Waldheimat" unter dem Titel: „Als ich noch ein Waldbauernbub war."

Waldheimat (Vorwort des ersten Bandes)

Kindheitsheimat! – Das uralte Lied, dem man ewig horcht.

Es ist eine göttliche Eigenschaft unserer Seele, daß wir vergangenes Ungemach leichter zu vergessen pflegen, als vergangene Freuden, daß sich
in der Erinnerung diese Freuden immer mehr von den Schlacken des Un-
gemachs reinigen, bis sie dastehen wie ein strahlender Himmelsaltar, auch
dem alten Kinde noch. Man nennt sie Träumer, die Menschen, die so gerne
ins Vergangene schauen; wir bedenken nicht, daß sie in traumhaftem Glücke einen Schatz bewachen, der unverlierbar und unzerstörbar ist – n so-
lange die Seele lebt, in der er ruht.

Kindheitsheimat. Ich habe kein Land gefunden in der weiten Welt, das so
schön und glückselig wäre, als meine rauhe Bergeshöh' zwischen Wäldern und Wiesen. Wenn ich nun aber in diesem Buche von Kindheits- und

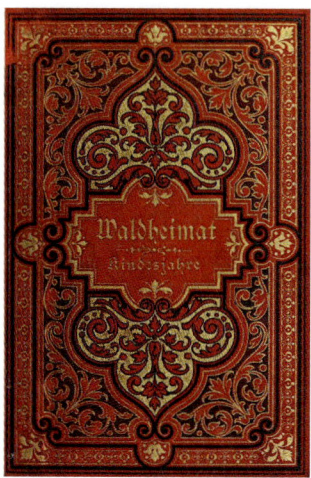

„Waldheimat"
von Peter Rosegger 1886.

Jugenderinnerungen des Waldbauernbuben erzähle, so muß man diesen Buben nicht allemal gerde auf meine Person beziehen. Man kann es tun, aber mit einiger Vorsicht. Die Erzählungen wollen zu jener Gattung von Wahrheit gehören, welche durch den Poeten ins allgemeine gehoben werden und den ganzen Menschen zeigt.

Grundlage meiner Schriften sind meine Erlebnisse in jenen Bergen, zu jener Zeit von etwa 1848 bis 1870, und auch Erlebnisse anderer, die mit mir und um mich gewesen sind. Es ist wohl schon mancher Kopf darüber geschüttelt worden, wieso ich in meiner Bauernhütte all die Zustände und Sitten und die vielen wunderlichen Kerle kennen gelernt hätte, ob sie denn gleich so von allen Talgründen, Waldwinkeln und Almmatten herbeigekommen wären, um sich von mir beschreiben zu lassen? Nun, Volksstudien habe ich in der Tat gar keine gemacht, ich habe die Leute nicht studiert, ich habe nur mit ihnen gelebt in guten und bösen Tagen. Und zwar nicht bloß in einer Hütte. Siebenundsechzig Bauernhöfe sind zu zählen, in denen ich als Handwerker gelebt, gearbeitet, gelitten und dem Himmel Löcher geschlagen habe vor Freudigkeit. Dann des Jungen flinke Beine, die überall wollten sein, die welt- und himmelgierige Seele des kleinen Guckinsleben, endlich das bißchen Dichterlatein – das alles zusammen gibt am Ende doch etwas, das des Aufschauens wert ist.

Davon nun ist das Buch „Waldheimat" entstanden. Es ist in dieser neuen Ausgabe sehr erweitert worden. Zu den Kindesjahren und Flegeljahren sind die holden Jünglingstage des Schneiderbuben gekommen und die Waldferien des Studenten. Eine eigentliche Lebensbeschreibung ist es nicht geworden (eine solche kurzgefaßte ist in dieser neuen Ausgabe, erster Band, beigegeben). Es ist nichts anderes, als eine Sammlung von Erlebnissen und Erfahrungen aus dem Jugendleben in der Waldheimat. Die Erzählungen sind in sehr verschiedenen Zeiten entstanden. Sie bleiben stehen wie sie gewachsen sind, doch habe ich ihre Form und Launen noch

Die von Peter Rosegger gegründete Waldschule in Alpl.
Aquarell von Georg Janny 1928.

einmal scharf unter das Gewissen genommen. Die beabsichtigte chronologische Reihenfolge ließ sich des eigensinnigen Inhalts wegen vielleicht nicht immer genau durchführen. Auch hat mein schlechtes Gedächtnis am Ende bisweilen Dinge und Namen verwechselt – was in manchen Fällen sogar wohlgetan ist. Soll gelegentlich schon jemand bloßgestellt werden, so will ich's selber sein. Ich bin's gewohnt. – Was war ich doch für ein armer Schlucker, ohne es zu wissen, für ein lustausflatternder Schwärmer, ohne es zu dürfen, und was war ich bisweilen für ein Lausbub, ohne es zu wollen! Ich tat aber, was mir lieb war, ohne viel zu fragen. Weil die ganze schöne Welt anderen gehörte, so schuf ich mir meine eigene, – nun, sie ist auch danach geworden. Der Spaß ward zum Ernst, der Ernst zum Spiel, das Spiel zum Leben und jetzt war es, als wäre ich in allen Waldbauernleuten und alle wären in mir – als wäre ich der einfältige, hundertfältige, weltüberlegene, ewige Waldbauernbub.

Jene Zeiten sind vorbei, aber das ist nicht vorbeigegangen. Das ist geblieben. Wie das uralte Waldbauernhaus noch steht, verlassen und vergessen mitten in junger Waldwildnis, so stehen die alten Gestalten in den wuchernden Erinnerungen. Mir bringen sie die Jugend zurück. Dem Leser vielleicht ein wenig kühle Waldluft und schuldlose Kindesfroheit.

Wald, Liebe, Erotik

Die Liebe als „positive emotionale Einstellung zu einem anderen Menschen", verknüpft mit erotischen und sexuellen Gefühlen, ist für sich genommen schon ein komplexes Thema. Will man es nun für eine bestimmte Epoche literarisch in Bezug zum Wald setzen, so erfordert dies im Grunde eine umfassende wissenschaftliche Untersuchung, die ein „Wald-Lesebuch", wie es die Autoren dieses Bandes beabsichtigt haben, nicht leisten kann. Aber zum Glück können wir auf eine anschauliche Orientierungshilfe zurückgreifen: auf das „Reich der Liebe", eine spezielle Landkarte des Leipziger Verlegers und Typographen Johann Gottlob Immanuel Breitkopf aus dem Jahr 1777. Diese Karte, auf der alle Höhen und Tiefen der Liebe mit originellen Ortsangaben versehen wurden, war ein von ihm persönlich gestaltetes Hochzeitsgeschenk für ein befreundetes Ehepaar. In unserem Zusammenhang ist von Bedeutung, dass es in diesem Reich der Liebe gleich vier Wälder gibt: Im „Land der Jugend" finden wir den „Liebeswald", im „Land der glücklichen Liebe" den „Lustwald" und das „Vergnügte Hölzgen" und im „Land der trauernden Liebe" den „Werthershain", unverkennbar eine Anspielung auf den drei Jahre zuvor erschienenen Roman „Die Leiden des jungen Werthers" von Johann Wolfgang Goethe, einem guten Bekannten des Verlegers Breitkopf.

Nach der Lektüre der folgenden Auswahl bietet sich die Überlegung an, welchen der Texte man welchem Wald zuordnen könnte. So bleibt beispielsweise in Theodor Storms „Waldwinkel" offen, wohin der enttäuschte Richard verschwindet. Die Vermutung liegt nahe, dass der „Werthershain" sein Ziel war. In Adalbert Stifters „Waldsteig" dauert es zwar eine geraume Zeit, bis alle Missverständnisse ausgeräumt sind und der Herr Tiburius auf die Idee kommt, seiner Angebeteten einen Heiratsantrag zu

„Ich denke an die Liebesstunden,
die wir im Waldesinnern süß erlebten."
(F. Stoecklin).

machen, aber am Ende ist alles gut, sie heiraten und werden Eltern, und so kann man davon ausgehen, dass sie sich nun im „Land der glücklichen Liebe", also im Bereich des „Lustwaldes" und des „Vergnügten Hölzgens" befinden.

Leicht ließen sich jedoch auch noch weitere Wälder finden, die das Reich der Liebe noch erweitern würden, beispielsweise einen „Wald der erotischen Phantasien", wie sie in einer Reihe von Gedichten mehr oder weniger deutlich zum Ausdruck kommen, und dies sowohl in den Werken von Dichtern als auch von Dichterinnen.

Kurzbiographien und Texte

Jakob Michael Reinhold Lenz

wurde 1751 in Seßwegen (heute Cesvaine/Lettland) im damaligen Russischen Reich geboren und wuchs in einer streng pietistischen Familie auf. Sein in Dorpat und Königsberg begonnenes Studium brach er ab, ging nach Straßburg und lernte dort Goethe sowie weitere Intellektuelle kennen. Er nahm zwar sein Studium wieder auf, versuchte aber, als freier Schriftsteller seinen Lebensunterhalt zu verdienen. Eine Reihe von Dramen in Anlehnung an die Werke Shakespeares entstand, darunter „Der Hofmeister" (1774), das einzige Stück, das zu seinen Lebzeiten aufgeführt wurde. 1776 folgte Lenz Goethe nach Weimar, wo er weitere Bühnenwerke verfasste. Lenz prägte einen eigenen Schreibstil, teilweise polemisch, mit vielen Dialogsituationen, in bruchstückhafter Sprache und mit vielen autobiographischen und gesellschaftlichen Anspielungen. Viele Werke blieben ein Fragment, so auch „Der Waldbruder", ein Briefroman, der posthum von Goethe 1797 herausgegeben wurde. Die anfängliche Freundschaft mit Goethe entwickelte sich jedoch zu einem problematischen Verhältnis. Enttäuschte Liebesbeziehungen und eine psychische Erkrankung behinderten Lenz' Schaffen zunehmend. Kurzzeitig kehrte er zu seiner Familie nach Riga zurück. Sein Versuch, in Moskau beruflich neu Fuß zu fassen, scheiterte. 1792 wurde er in einer Straße in Moskau tot aufgefunden. Die Todesumstände und sein Grab sind unbekannt.

„Paar im Walde."
Gemälde von August Macke 1913.

Der Waldbruder, ein Pendant zu Werthers Leiden

Entstehung und Inhalt: Ende Juni 1776 zog sich Lenz in den Thüringer Wald zurück und schrieb als einsamer Waldbruder (Einsied-

ler) ein aus persönlichen Straßburger und Weimarer Eindrücken
gemischtes Pendant zu Goethes Werther. Der als Fragment verbliebene Roman besteht aus 32 Briefen, die von der Hauptperson, die
sich den Namen Herz gegeben hat, mit seinem Freund Rothe sowie
mit weiteren Personen untereinander kommuniziert werden. Dabei
steht vermutlich Herz für Lenz und Rothe für Goethe. Über Herz
erfährt man, dass er unehelicher Herkunft ist, frühzeitig das Haus
seiner Pflegefamilie verließ und an verschiedenen Orten vergebens
sein Glück suchte. Er glaubte, es gefunden zu haben, als er eine
Unterkunft bei der Witwe Hohl findet und sich in deren Freundin,
die Gräfin Stella, verliebt, nicht ahnend, dass sie bereits verlobt ist
– ausgerechnet mit seinem früheren Studienkollegen, dem Oberst
von Plettenberg. Als Herz schließlich seine aussichtslose Situation
erkennt, flieht er in eine Wald-Einsiedelei. Rothe gelingt es, ihn von
dort wieder ins städtische Leben zurückzuholen. Herz tritt in das
hessische Regiment Plettenbergs ein, das in Kürze nach Amerika
einschiffen soll. Lenz' „Waldbruder" gehört zu den „Wertheriaden",
also denjenigen Werken, die sich in unterschiedlicher Weise am Vorbild von Goethes Werther orientieren. Hier der Beginn des Romans
mit dem ersten Brief aus Herz' Wald-Einsiedelei.

**Erster Teil. Erster Brief. Herz an seinen Freund Rothe in einer großen Stadt
[Weimar].**

**Ich schreibe Dir dieses aus meiner völlig eingerichteten Hütte, zwar nur
mit Moos und Baumblättern bedeckt, aber doch für Wind und Regen ge-
sichert. Ich hätte mir nie vorgestellt, daß dies Klima auch im Winter so
mild seyn könne. Uebrigens ist die Gegend, in der ich mich hingebaut,
sehr mahlerisch. Grotesk übereinander gewälzte Berge, die sich mit ihren
schwarzen Büschen dem herunterdrückenden Himmel entgegen zu stem-
men scheinen, tief unten ein breites Thal, wo an einem kleinen hellen Fluß
die Häuser eines armen aber glücklichen Dorfs zerstreut liegen. Wenn
ich denn einmal herunter gehe und den engen Kreiß von Ideen in dem die
Adamskinder so ganz existieren, die einfachen und ewig einförmigen Ge-
schäfte und die Gewißheit und Sicherheit ihrer Freuden übersehe, so wird
mir das Herz so enge und ich möchte die Sunde verwünschen, da ich nicht
ein Bauer geboren bin. Sie sehen mich so verwunderungsvoll an, wenn
ich so unter ihnen herumschleiche und nirgends zu Hause bin, mit ihrem
Scherz und Ernst nicht sympathisieren kann, so daß ich mich am Ende
wohl schämen und in ihre Form zu passen suchen muß, da sie denn ihren
Witz nach ihrer Art meisterhaft über meine Unbehelfsamkeit wissen spielen zu lassen. Alles dies beleidigt mich nicht, weil sie meistens Recht haben und ein Zustand wie der meinige durch die äussern Symptome die er
veranlaßt, schon seit Petrachs Zeiten jedermann zum Gespött dienen muß.**

Soll ich aber die Wahl haben, so ist mir der Spott des ehrlichen Landmanns immer noch Wohlthat gegen das Auszischen leerer Stutzer und Stutzerinnen in den Städten.

Wenn Du einmal einen geschäftsfreyen Tag hast, so komm' zu mir, Du bist der einzige Mensch, der mich noch zuweilen versteht.

Herz.

Zweyter Brief. Fräulein Schatouilleuse an Rothen, der aufs Land gereist war, eine Frühlingskur zu trinken.

Sagen Sie mir doch in aller Welt, wo mag Herr Herz hingekommen seyn. Etwa bei Ihnen, so hab' ich eine Wette gewonnen. Der Papa sagte heut, er habe seine Bedienung bei der Canzley [in Weimar] niedergelegt und sey in den Odenwald [Thüringer Wald] gegangen, um Waldbruder zu werden. Da lachen wir nun alle, daß uns die Thränen von den Backen liefen, er aber schwur, es sey wahr. Ich schlug gleich eine Wette mit ihm ein, daß er bey Ihnen in Zornau wäre; schreiben Sie mir doch ob dem so ist, und ich will Ihnen auch viel Neues von ihm sagen, das Sie recht zu lachen machen wird.

Adalbert Stifter

wurde 1805 in Oberplan an der Moldau (heute Horní Planá/ Tschechien) geboren. Schon als Schüler und Student beschäftigte er sich mit der Aufklärungsphilosophie von Leibniz, Wolff und Kant. 1826 begann er sein Jurastudium in Wien, arbeitete zunächst als Hauslehrer, wurde später Schulrat und Landeskonservator von Oberösterreich. Der Erfolg seiner literarischen Werke konnte ihm zeitweise seinen Lebensunterhalt sichern. Die Erzählungen, die geprägt sind von anschaulichen Naturbeschreibungen und in der Regel im oberösterreichischen Waldgebiet des Mühlviertels spielen, begründeten lange Zeit seinen Ruf als Heimatdichter. Seine angeschlagene Gesundheit erforderte mehrere Kuraufenthalte. Stifter unternahm einen Suizidversuch, der jedoch nicht die Todesursache war. Er starb 1868 in Linz.

Der Waldsteig

Zum Inhalt: Wegen seiner vermeintlichen Leiden sucht der wohlhabende, hypochondrisch veranlagte Geschäftsmann Theodor Kneigt, genannt Tiburius, Rat bei einem Naturkundearzt. Dieser verordnet ihm eine Kur in einem Waldort mit der Empfehlung, sich bei dieser Gelegenheit gleich eine Frau zu suchen und zu heiraten. Nach anfänglichem Umherirren im Wald findet sich Tiburius schließlich doch in der Umgebung zurecht und begegnet auf dem Waldsteig eines Tages dem Bauernmädchen Maria. Beim gemeinsamen Erdbeerenpflücken kommt man sich näher. Die beiden heiraten und beziehen nach einer dreijährigen Hochzeitsreise ein Landhaus in Waldesnähe.

Tiburius hatte einen Wald nie von innen gesehen. In seiner Heimat war überhaupt nur kleines Gehölze, in das er übrigens auch nicht gekommen ist, und die großen Forste, die auf den Bergen des Badeortes herum lagen, hatte er nur durch sein Fernrohr vom Fenster aus beobachtet. Hier war er beinahe in einem Walde. Wenn auch der Platz, den er sich zu seinem Gange ausersehen hatte, von keinen Bäumen besetzt war, so standen dieselben doch so nahe und auf manchem benachbarten Hügel herum, daß man sagen könnte: Herr Tiburius befinde sich auf einer Waldblöße.

[...]

Endlich war er schier an das Ende seines auserkorenen Spazierplatzes gekommen. Das Waldwerk, welches er von weitem als Schluß gesehen hatte, bestand in mehreren ziemlich weit von einander entfernten Bäumen. Tiburius blieb ein wenig stehen, um es anzusehen und zu überlegen, ob er hineingehen solle oder nicht. – Eidechsen schlüpften im Mittagsglanze, ein Wässerlein ging unerhört gegen die Tannen, und zwischen den Stämmen spannen luftige glänzende Herbstfäden, wie sie Herr Tiburius auch öfter zu Hause in dem Garten gesehen hatte. Ehe er da weiterging, mußte er doch noch erforschen, was denn das für ein seltsamer Reif sei, der dort auf den entfernten Tannennadeln liege, und wie die Wolke aussehe, die weit draußen zwischen dem Grün der Bäume hereinschaue, ob sie nicht etwas Regen drohe. Er nahm sein Taschenfernrohr heraus, machte es zusammen und sah durch. Aber der Reif war nur der unsägliche Sonnenglanz, der auf der glatten Seite der Nadeln lag, und die Wolke war ein entfernter Berg, wie sie hier im Lande in einer großen Ausdehnung einer hinter dem andern stehen. Er beschloß also weiterzugehen [...].

Die Buchen hatten aufgehört; es standen Tannen da, und ihre Stämme streckten sich immer höher und wilder. Die Sonne stand schon schief, es war Nachmittag geworden, auf manchem Moossteine lag ein schreckhaft blitzendes Gold, und unzählige Wässerlein rannen, eins wie das andere.

Herr Tiburius konnte es sich nicht mehr leugnen, daß er ganz und gar in einem Walde sei, und wer weiß, in welch großem. Er war nie in der Lage gewesen, sich aus solchen Sachen herausfinden zu müssen, und seine Not war groß.

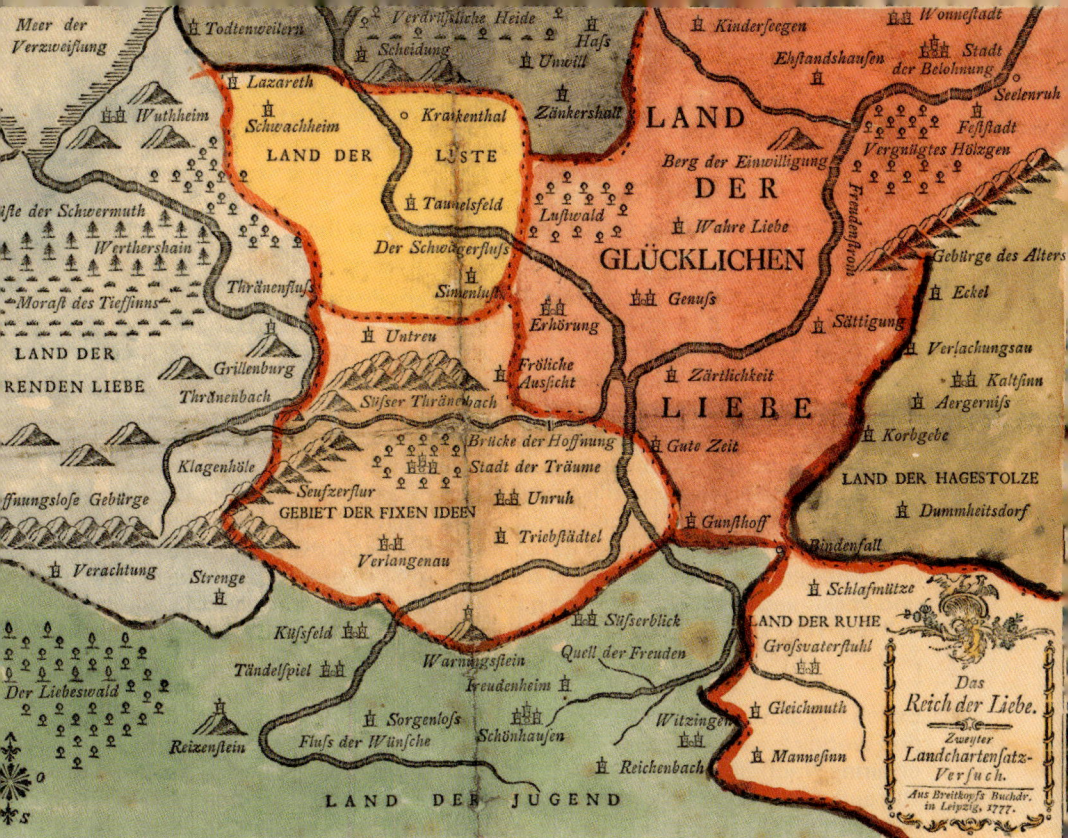

Das „Reich der Liebe" von J. G. I. Breitkopf 1777.

[...]

Da er eine Weile so gegangen war und bereits Dunkelheit einzutreten begann, hörte er plötzlich trotz des Rauschens, das der Bach in ziemlicher Tiefe unter ihm veranlaßte, Tritte hinter sich. Er sah sich um und erblickte einen Mann, der hinter ihm her ging und ihn eben eingeholt hatte. Der Mann trug eine Axt über den Rücken, mehrere eiserne Keile über die Schultern und hatte starke Holzschuhe an. Tiburius blieb stehen, ließ ihn vollends an sich kommen und fragte dann: „Guter Freund, wo bin ich denn, und wo finde ich denn in das Bad hinaus?"

„Ihr seid auf dem Weg zum Bade", antwortete der Mann, „aber in der Keis draußen teilen sich die Wege wieder, und der bessere geht in die Zuderhölzer hinauf, da könnt Ihr Euch verirren. Weil ich ohnedem auf dem nämlichen Wege gehe, so könnt Ihr mit mir gehen, ich werde Euch hinausführen.

– Wie seid Ihr aber denn hieher gekommen, wenn Ihr nicht wisset, wo Ihr seid?"

„Ich bin ein Kranker", sagte Herr Tiberius, „heile mich durch den Gebrauch des Bades, bin auf der Straße ziemlich weit fort gefahren, bin dann spazieren gegangen und habe mich in dem Walde verirrt, daher ich meinen wartenden Wagen nicht mehr finden konnte."

[…]

In das Bad hatte er [Tiburius] auch die Gerätschaften des Zeichnens mitgebracht, war aber ebenfalls bis jetzt nicht dazu gekommen, auf das weiße Papier den geringsten Gegenstand zu entwerfen. Als er nun so oft seinen Waldsteig, auf dem er so viel gelitten hatte, aufsuchte, kamen ihm die Zeichenbücher und der Gedanke in den Sinn, daß er sie hieher mitnehmen und verschiedene Gegenstände nach der Wirklichkeit versuchen und endlich gar Teile des Steiges selber aufzeichnen könnte.

[…]

Es lag ein schöner, langer Stein an dem Pfade, er lag schier auf der Hälfte des Weges zwischen der [Felsen-] Wand und der Glockenwiese. […] Als er eines Nachmittags gegen den Stein ging, um sich darauf zu setzen und zu zeichnen, saß schon jemand darauf. Tiburius hielt es von ferne für ein altes Weib, wie sie immer auf Zeichnungsvorlagen in Wäldern herumsitzen, namentlich weil er etwas Weißes auf dem Pfade liegen sah, das er für ein Bündel ansah. Er ging gemach zu dem Dinge hinzua. Als er schon beinahe dicht davor stand, erkannte er seinen Irrtum. Es war kein altes Weib, sondern ein junges Mädchen, ihrer Kleidung nach zu urteilen, ein Bauernmädchen der Gegend. Das grüne Dach des Waldes, getragen von den unendlich vielen Säulen der Stämme, wölbte sich über sie und goß seine Dämmerungund seine kleinen Streiflichter über ihre Gestalt herab. Sie hatte ein weißes Tuch um ihr Haupt, ein leichtes Dächelchen über der Stirn bildend, fast wie bei einer Italienerin. Sie hatte ein hochrotes Halstuch um, auf dem Lichterchen, wie Flämmchen, waren. Das Mieder war schwarz, und den Schoß umschloß ein kurzes, faltenreiches, blauwollenes Röckchen, daraus die weißen Strümpfe und die groben, mit Nägeln beschlagenen Bundschuhe hervorsahen. Was Tiburius für ein Bündel angesehen hatte, war ebenfalls ein weißes Tuch, das um ein flaches Körchen geschlungen war, um es damit tragen zu können. Aber das Tuch konnte das Körbchen nicht überall verdecken, sondern dasselbe sah an manchen Stellen samt seinem Inhalte heraus. Dieser Inhalt bestand in Erdbeeren. Es war jene Gattung kleiner würziger Walderdbeeren, die in dem Gebirge den ganzen Sommer hindurch zu haben sind, wenn man sie nur an gehörigen Stellen zu suchen versteht.

[...]

So verging der letzte Teil des Sommers, und es erschien der Herbst, an welchem es gerade ein Jahr war, daß er sie kennen gelernt hatte.

Da geschah es eines Abends, daß dem Herrn Tiburius unter den vielen Gedanken, die ihm jetzt seltsam, und ohne daß er oft ihren Ursprung kannte, in dem Haupte herumgingen, auch der kam: ‚Wie wäre es, wenn du Maria zu deinem Weibe begehrtest?‘

Als er diesen Gedanken gefaßt hatte, wurde er fast aberwitzig vor Ungeduld; denn es war ihm, als müßten alle unverheirateten Männer des Badeortes den heißesten und sehnsüchtigsten Wunsch haben, Maria zu ehelichen. Er war heute nicht bei ihr und ihrem Vater gewesen: wie leicht konnte einer in der Zwischenzeit hinausgefahren sein und um sie geworben haben. Er begriff den Leichtsinn nicht, mit welchem er den ganzen Sommer an ihrer Seite gewesen war, ohne diesen Zweck in das Auge gefaßt und Mittel zur annähernden Verwirklichung desselben eingeleitet zu haben.

[...]

Maximilian (Max) Beilhack

wurde 1835 in Landshut geboren und starb 1885 in Aschaffenburg. Er unterrichtete als Lehrer an der Königlichen Gewerbeschule in Aschaffenburg und betätigte sich auch als Dichter und Schriftsteller sowie als Verfasser historischer Abhandlungen zur bayrischen Geschichte und Landeskunde. Beilhack gehörte dem Münchner Dichterkreis „Die Krokodile" an, zu dem u. a. auch Emanuel Geibel, Paul Heyse, Wilhelm Heinrich Riehl und andere Intellektuelle zählten, die ihr Wirken als bewusst unpolitisch betrachteten und sich nur der reinen Kunst verpflichtet sahen.

Ein Waldsteig

Ein Waldsteig leitet abgeschieden
Im tiefsten Forst, ein schmaler Gang,
Den braunen Buchen eng umfrieden
Auf wurzelreichem Pfad entlang.

Von oben, wo zu leichten Gittern
Das Laub der Wipfel sich verflicht,

„Ist hier ein
froher Mensch
gegangen,
dem Gott sein
liebstes Glück
gewährt?"
(M. Beilhack).

Schlüpft mit geheimnisvollem Zittern
Ins Moos herab das Mondenlicht.

Jetzt beugt ein Hauch die Blätter nieder,
Am Boden spielt ihr Widerschein;
Ein Finke schüttelt sein Gefieder
Und schläft im Neste wieder ein.

Im zauberischen, stillen Prangen
Liegt dieser Waldsteig wie verklärt ...
Ist hier ein froher Mensch gegangen,
Dem Gott sein liebstes Glück gewährt?

Hermann Lingg

ab 1890: Ritter von Lingg, 1820 in Lindau geboren, 1905 in
München gestorben, war zunächst Militärarzt in der Bayrischen
Armee. Als er in der Märzrevolution 1848 gegen die Aufständi-
schen in Baden eingesetzt wurde, erlitt er eine schwere psychi-

sche Krise, so dass er seinen Beruf nicht weiter ausüben konnte. Nach seiner Heirat und psychischen Genesung widmete er sich ganz der Literatur und wurde zu einem der bekanntesten historischen Lyriker der Zeit, verfasste Versepen, Gedichte, Dramen und Novellen. Sein Gedicht „Das Krokodil von Singapur" wurde namensgebend für den Münchner Dichterkreis „Die Krokodile", zu deren Gründungsmitgliedern er zählte. König Maximilian II. von Bayern gewährte ihm ein festes Jahresgehalt, das seinen Lebensunterhalt sicherte

Waldritt

Taglang ritt ich allein im Wald,
Die Welt war mir entleidet,
Da kam ich an eine Stelle bald,
Wo Pfad den Pfad durchschneidet;
Doch keiner, so viele sich kreu-
    zen hier,
führt mich zur Liebsten, noch sie
    zu mir,
Ihr Wogen, ihr scheidet!

Ach, Lebenslust und Liebeslust,
Warum ihr mich so meidet?
Das ist der einen nur bewußt,
Die mit mir liebt, und leidet.
Noch kost um mich ihr trautes
    Wort,
Ihr aber, ihr brausenden, tragt
    es fort,
Ihr Wogen, ihr scheidet!

Wohl lachen Flur und Waldes-
    grün,
In Frühlingsschmuck gekleidet,

„Reiter ins Tal zurückblickend"
von Moritz von Schwind.

Die Rosen im Gebüsche blühn,
Dran sich mein Auge weidet;
Nur Die fehlt, die mir Alles war,
Und wieder ein Jahr – und wieder ein Jahr –
Ihr Wogen, ihr scheidet!

Theodor Storm

1817 in Husum geboren, war als Jurist, bedingt durch die politische Situation der damaligen Zeit im deutsch-dänischen Grenzgebiet, in verschiedenen amtlichen Positionen tätig: als Rechtsanwalt in Husum, als Gerichtsassessor in Potsdam, als Kreisrichter in Heiligenstadt im Eichsfeld, schließlich wieder in Husum als Amtsrichter und Landvogt. Seine literarischen Ambitionen gehen zurück in seine Schulzeit am Katharineum in Lübeck. Auf seinen Reisen kam er in Kontakte zu verschiedenen Dichterkreisen. Zu seinem Gesamtwerk zählen Novellen, Romane und Gedichte, die dem literarischen Realismus zuzuordnen sind. Storm starb 1888 auf seinem Alterssitz in Hademarschen.

Waldwinkel

Zum Inhalt: Der promovierte Botaniker Richard kehrt nach einer Haftstrafe, die er wegen Beteiligung an einem revolutionären Aufstand hatte verbüßen müssen, in seinen Heimatort zurück. Er beschließt, sich abseits der Stadt im Wald ganz seinen naturkundlichen Forschungen zu widmen. Eine neue Bleibe findet er in einem ursprünglich zum nahegelegenen Schloss gehörigen Waldhaus, dem „Waldwinkel", auch „Narrenkasten" genannt, in dem er sich mit seiner Haushälterin, der alten Wieb Lewerenz, und der siebzehnjährigen Franziska, die er zufällig bei seiner Ankunft kennengelernt hat, einrichtet. Franziskas Herkunft ist unbekannt, doch Richard ist von ihrer Jugend und scheinbaren Unbekümmertheit beeindruckt und verliebt sich in sie. Das junge Mädchen wird bald zu einer engen Vertrauten und unentbehrlichen Gehilfin bei seinen botanischen Sammlungen. Als sie ihm zu verstehen gibt, dass sie ihn heiraten möchte, weist er sie zunächst mit Hinweis auf den großen Altersunterschied zurück, erkennt dann aber seinen Fehler, versucht ihn wiedergutzumachen und bereitet übereilt die Hochzeit vor. Doch Franziska hat sich längst auf eine Beziehung mit dem jungen Revierförster eingelassen, mit dem sie eines nachts heimlich durchbrennt. Richard verlässt daraufhin den „Waldwinkel" mit unbekanntem Ziel. Sein zurückgelassener Besitz wird versteigert.

Sie wohnten zwischen der Heide und dem Walde, in welche seit hundert Jahren keine Menschenhand hineingegriffen hatte; rings um sie her waltete frei und üppig die Natur.

Die Menschen waren fern, nur die Bienen kamen und summten einsam über die Heide. Einmal zwar war der alte Inspektor eingekehrt und hatte wegen der nötigen Feuerung mit der alten Frau Wieb eine Zwiesprache in deren Stübchen abgehalten; dann ein paar Tage später war ein mächtiges Fuder schwarzen Torfs durch den Wald dahergekommen und vor dem Hause abgeladen worden; einmal auch hatte der Krämer aus der Stadt mit seinen

Erstausgabe Braunschweig 1875.

neugierigen Augen sich herangedrängt, hatte glücklich ein Geschäft gemacht, war dann aber mit der Weisung entlassen worden, Daß in Zukunft alles brieflich solle bestellt werden. Sonst war niemand da gewesen als die Botenfrau, die zweimal wöchentlich Briefe und Blätter, und was ihr sonst zu bringen aufgetragen war, unten in der Küche niederlegte. Einen Besuch auf dem jenseits des Waldes liegenden Schlosse hatte Richard den Junkern zwar versprochen, aber er wurde immer wieder hinausgeschoben. So kam auch von dort niemand herüber. Selbst die Zeitungen, welche von draußen aus der Welt kunde bringen sollten, wurden seit Wochen ungelesen in einem unteren Fache des Schreibtisches aufgehäuft.

Aber an jedem Morgen fast schritten jetzt die beiden miteinander in die würzige Sommerluft hinaus; Franzi in ihren hohen ledernen Waldstiefelchen, die Kleider aufgeschürzt, über der Schulter eine kleine Botanisiertrommel, die er [Richard] für sie hatte anfertigen lassen. Meistens war auch der große Hund an ihrer Seite; mitunter aber, wenn der Himmel mit Duft bedeckt war, wenn still, wie heimlich träumend, die Luft über der Heide ruhte und der Wald wie dämmerndes Geheimnis lockte, dann wurde wohl der Löwengelbe [Hund], wenn er neben ihnen aus der Haustür stürmte, in schweigendem Einverständnis von ihnen zurückgetrieben; hastig warfen sie dann das schwere Hoftor zurück und achteten nicht des Winselns und Bellens, das von dem verschlossenen Hofe aus hinter ihnen herscholl. Eilig gingen sie fort, und endlich zwischen Busch und Heide erreichte es sie nicht mehr. Nichts unterbrach die ungeheure Stille um sie her, als mitunter das Gleiten einer Schlange oder von fern das Brechen eines dürren Astes; im Laube versteckt saßen die Vögel, mit gefalteten Flügeln hingen die Schmetterlinge an den Sträuchern.

Am Waldesrande waren jetzt in seltener Fülle die tiefroten Hagerosen aufgebrochen. Wenn gar so schwül der Duft auf ihrem Wege stand, ergriffen sie sich wohl an den Händen und erhoben schweigend die glänzenden Augen gegeneinander. Sie atmeten die Luft der Wildnis, sie waren die einzigen Menschen, Mann und Weib, in dieser träumerischen Welt.

Einmal, nach langer Wanderung, da die Sonne funkelte und schon senkrecht ihre Mittagsstrahlen herabsandte, waren sie unerwartet an den Rand des Waldes gekommen. Sanft ansteigend breitete ein unabsehbares Kornfeld sich vor ihnen aus; es war in der Blütezeit des Roggens; mitunter wehten leichte Duftwolken darüber hin; bis gegen den Horizont erblickte man nichts als das leise Wogen dieser bläulich silbernen Fluten.

Da klang von fern das Gebimmel einer Glocke; weit hinten, drüben aus dem Grunde, wo wohl das Schloß gelegen sein mochte; gleich einem Rufen klang es durch die stille Mittagsluft, und wie hingezogen von den Lauten schritt Franziska in das wogende Ährenfeld hinein, während Richard, an einen Buchenstamm gelehnt, ihr nachblickte. – Immer weiter schritt sie; es wallte und flutete um sie her; und immer ferner sah er ihr Köpfchen über dem unbekannten Meere schwimmen. Da überfiel's ihn plötzlich, als könne sie ihm durch irgendwelche heimliche Gewalt darin verlorengehen. Was mochte auf dem unsichtbaren Grunde liegen, den ihre kleinen Füße berührten? – Vielleicht war es keine bloße Fabel, das Erntekind, von dem die alten Leute reden, das dem, der es im Korne liegen sah, die Augen brechen macht! Es lauert ja so manches um unsere Hand, unseren Fuß zu fangen und uns dann hinabzureißen. – – „Franzi!" rief er; „Franzi!"

Sie wandte den Kopf. „Die Glocke!" kam es zurück. „Ich will nur wissen, wo die Glocke läutet!"

„Das gilt nicht uns, Franzi; das ist die Mittagsglocke auf dem Schloß!"

Sie wandte sich um und kam zurück. Er schloß sie leidenschaftlich in die Arme. „Weißt du nicht, daß es gefährlich ist, so tief in ein Ährenfeld hineinzugehen?"

„Gefährlich?" Sie sah ihn seltsam lächelnd an. Dann tauchten sie in ihren Wald zurück.

– – Ein andermal, nach einem schwülen Tage, waren sie erst spät am Nachmittag hinausgegangen. – Als der Abend schon tief herabsank, ruhten sie am Ufer eines großen Waldwassers, das rings von hohen Buchen eingefaßt war. Zu ihren Füßen, trotz der regungslosen Stille, schwankte das Schilf mit leisem Rauschen aneinander; drüben hinter dem jenseitigen Walde, der seine Schatten auf das Wasserspiel warf, zuckte dann und wann ein Wetterschein empor. Irisduft wehte über den See, und ein lautloser Blitz erleuchtete ihn.

Er hatte sich über sie gebeugt und ließ es wie ein Spiel an sich vorübergehen, wenn ihr blasses Antlitz aus dem Dunkel auftauchte und wieder darin verschwand. „Weißt du", sagte er – „es heißt, man solle in den Augen eines Weibes noch mitunter das Schillern der Paradiesschlange sehen. Eben, da der Blitz flammte, sah ich es in deinen Augen."

„Schillerte es denn schön?" fragte sie und hielt ihre Augen offen ihm entgegen.

„Betörend schön."

Und wieder flammte ein Blitz.

„Du bist ein Tor, Richard!"

„Ich glaube es selber, Franzi."

Und er legte den Kopf in ihren Schoß, und zu ihr emporblickend, sah er wieder und wieder die Wetterscheine in ihren dunklen Augen zucken. […]

Adolf Frey

geboren 1855 in Küttigen (Kanton Aargau), gestorben 1920 in Zürich war ein Schweizer Germanist, Schriftsteller, Dichter und Herausgeber. Er arbeitete nach dem Studium zunächst als Lehrer an der Alten Kantonsschule Aarau, wo u. a. Albert Einstein sein Schüler war. Er widmete sich vor allem den Werken Schweizer Schriftsteller.

Liebeswald

Im Buchwald haucht von sehnlichem Mund
Geheimes Flüstern und Schmachten,
Und verstohlne Rufe gehen über den Grund,
Wo die Zweige schatten und nachten.

Mein Sinn war jung, meine Locke war braun,
Da drinnen bin ich gegangen,

Da drinnen habe ich die schlankste der Frauen
Wohl hundertmal umfangen.

Mir zittert das Herz wie Frühlingslaub –
Dort hab ich mit ihr gesessen!
Mir zittert das Herz wie Frühlingslaub –
Sie hat mich verlassen, vergessen!

O Jugendglück, o Jugendschein
In den säuselnden Blättergelassen!
Nie wieder setzt ich den Fuß hinein –
Sie hat mich verlassen, vergessen!

Waldgeheimnis

Ein blaues Geheimnis rieselt
Im Haselstaudengrund:
Da schimmert der Waldfee
Blutroter Mund.

Verschattet sind ihre Brüste,
Verdämmert ihr Augenschein,
Die quellenden Lippen
Erglühn allein.

Den Mund press' ich im Kusse
Und fasse ihr schattig Haar,
Da rauschen die Bäume
So wunderbar.

Ein Atmen geht und Nicken
Im schauernden Walde um –
Doch ihre Lippen
Sind ewig stumm.

Ludwig Ganghofer

geboren 1855 in Kaufbeuren, arbeitete nach dem Schulabschluss zunächst als Schlosser, studierte dann Maschinenbau in München sowie Literaturgeschichte und Philosophie in München und Berlin, promovierte anschließend in Leipzig und arbeitete als Dramaturg und Schriftsteller in München sowie als Redakteur für das Wiener Tageblatt. 1897 erwarb er als Mitpächter ein Jagdrevier im Gaistal. In seinem dortigen Jagdhaus „Hubertus" empfing er zahlreiche Gäste aus seinem großen Freundes- und Bekanntenkreis, zu dem u. a. seine Kollegen Peter Rosegger und Ludwig Thoma gehörten. 1898 gründete er die Münchner Literarische Gesellschaft; ein Jahr später erschien sein Heimatlustspiel „Das Schweigen im Walde". Um 1900 gehörte Ganghofer zu den meistgelesenen Romanschriftstellern. Viele seiner Lustspiele schrieb er später zu Romanen um, die wiederum vielfach verfilmt wurden. 1915 bis 1917 reiste er als Kriegsberichterstatter an die West- und auch an die Ostfront. Aus dieser Zeit stammen patriotische Schriften und Gedichte. Ganghofer starb 1920 in Tegernsee.

Das Schweigen im Walde

Zum Inhalt: Ganghofer vereint hier seine großen Leidenschaften, den Wald, die Jagd, Kunst und Literatur zu seiner bekanntesten, im 20. Jahrhundert mehrfach verfilmten Liebesgeschichte, die er in die ihm vertraute Gegend zwischen Ehrwald und Leutasch in Tirol verortet. Im Mittelpunkt des Geschehens steht Fürst Heinrich von Ettingen-Bernegg, der sich nach einer enttäuschten Liebe in sein Jagdhaus in den Bergen zurückziehen will. Schon bei seinem ersten Ausflug ins Revier begegnet ihm im Wald eine junge Frau auf einem Esel, eine Erscheinung, die ihn an Arnold Böcklins Gemälde „Das Schweigen im Walde" erinnert. Die Wege des Fürsten und der jungen Frau, Lo Petri, der Tochter eines kürzlich verstorbenen Künstlers, kreuzen sich zufällig immer wieder, doch bevor es zum Happy End kommt und die beiden heiraten können, sind noch mehrere Hürden, Eifersucht und Gefahren zu überwinden. Hier der Beginn des Romans sowie die erwähnte Szene im Walde.

Man hörte noch den Lärm des Dorfes, den Hall verschwommener Stimmen und das Geläut einer Kirchenglocke, die zur sonntäglichen Vesper rief. Dann verschwanden die letzten Häuser hinter Büschen und Bäumen. Entlang dem zerrissenen Ufer eines Wildbaches ging's eine Weile an Bergwiesen und zerstreuten Feldgehölzen vorüber, und sacht begann das schmale Sträßchen zu steigen. Während die Kutsche mit langsamer Fahrt in den von Sonnenglanz umwobenen Hochwald einlenkte, klang vom Dorfe her noch ein letzter Glockenton, als möchte das im Tal versinkende Treiben der Menschen Abschied von dem einsamen Manne nehmen, der sich aus dem Wirbel des Lebens in die abgeschiedene Stille der Berge flüchtete.

Die Straße stieg in immer dichteren Wald hinein. Der klomm zur Rechten gegen die Hochalmen empor, zur Linken senkte er sich in die Schlucht, aus deren Tiefe sich die Stimme des Wildbaches nur wie leises Murmeln vernehmen ließ. Unter den Bäumen war Stille, als wollte der Wald nach der drückenden Hitze des Julitages schon lange vor Abend in Schlummer sinken. Man hörte nur den müden Hufschlag und das Räderknirschen im groben Kies der Straße.

[…]

Eine Weile später trat der Fürst aus der Tür des Jagdhauses. Er hatte sich umgekleidet und trug einen grünen Hausanzug mit verschnürtem Sakko und eine kleine Mütze aus braunem Hirschleder. Langsam schritt er den Fahrweg hinunter und durch den schmalen Waldstreif, der das Almfeld umschloß.

[…]

Ettingen wanderte über die Lichtung, bald mit stillen Augen die klare Schönheit des Abends trinkend, bald wieder versunken in Gedanken, die ihn der Umgebung und des Weges nicht achten ließen. Auf lindem Rasen schreitend, merkte er nicht, daß er den schmalen, wenig ausgetretenen Pfad verlor und aus farbiger Dämmerhelle in tiefen Schatten trat. Als er,

aus seinem Brüten erwachend, einmal aufblickte, sah er, daß er mitten im Hochwald stand, der eine Strecke sich hinzog und dann sacht zu steigen begann.

„Wie still dieser Wald! Wie schön in seinem Schweigen!"

Zwischen den Wurzeln einer mächtigen Fichte ließ sich der Einsame zur Ruhe nieder. So saß er, den Kopf an den Stamm gelehnt, die Hände um das Knie geschlungen. Lächelnd, als wäre die Ruhe und das Nimmerdenken über ihn gekommen, staunte er träumend hinein in die wundersame Stille. Kein Halm zu seinen Füßen und kein Zweig zu seinen Häupten bewegte sich. Auch nicht der leiseste Lufthauch atmete durch den Wald.

[…]

Dort, wo der rote Schein den Schatten des Waldes durchschimmerte, hatte Geröll sich bewegt, wie unter dem Tritt eines Tieres.

Was kam da? Hochwild, das bei sinkendem Abend auf Äsung zog?

Spähend neigte der Fürst das Gesicht, um zwischen den Stämmen einen Ausblick zu finden. Und da sah er kommen, was er in dieser verlorenen Waldeinsamkeit am wenigsten erwartet hätte – eine Reiterin.

Er lächelte. „Sieh doch! Mein stiller Wald hat auch sein Märchen!"

Eine Reiterin! Und welch eine seltsame! Ein junges Mädchen, nach ländlicher Art gekleidet, saß auf einem Esel, der mit roter Decke gesattelt war. Wohl führte die Reiterin einen Zügel in den Händen, doch sie hielt ihn lässig, versunken in die Betrachtung des Waldes. Und das Grautier ging, wie es wollte, hier ein paar Halme von der Erde zupfend, dort wieder von den Zweigspitzen der Stauden naschend, die mit wirrem Astwerk den Saum der Lichtung verschleierte. Nun trat das Tier unter den letzten Bäumen hervor in die Sonne, und durch eine Gasse zwischen den Stämmen konnte der Fürst die ganze Gestalt der jungen Reiterin gewahren, deren Haupt und Schultern er umschimmert sah vom Feuer des Abendlichtes. Er lächelte. „So könnte ein Märchendichter die Bergfee schildern, wie sie aus den Felsen tritt, umstrahlt von dem Goldglanz, der geheimnisvoll aus den Tiefen des geöffneten Berges hervorglüht."

[…]

Das Grautier stutzte. Und da gewahrte die Reiterin den Einsamen. Nicht erschrocken, nur verwundert, machte sie mit dem Zügel eine Bewegung, verhielt das Tier und betrachtete den Regungslosen mit einem Blick, der zu fragen schien: Wer bist du? Was hast du in meinem Wald zu schaffen?

Und was für Augen sie hatte! Groß und klar und seetief. Recht die Augen, wie das Märchen sie hat!

Der Blick dieser Augen verwirrte den schauenden Träumer. Halb sich auf-
richtend griff er nach der Mütze.

Da nickte die Reiterin einen stummen Dank – unter einem Lächeln, als hätte seine Verwirrung auch ihr sich mitgeteilt – und mit leisem Zuruf brachte
sie das Grautier in Gang.

Er sah ihr nach. Wie der schlanke Leib beim Auf- und Niedersteigen des
Tieres sich elastisch bewegte, wie sie sich neigte, und das Köpfchen bald
zur Rechten und bald zur Linken beugte, um den dürren Ästen auszu-
weichen – wieviel Schönheit lag in dieser Bewegung! Als sie talwärts ritt
und zwischen de Stämmen schon zu verschwinden drohte, erhob sich der
Fürst, um sie noch einmal zu sehen. Jetzt verschwand sie im Dämmer-
schatten des tieferen Waldes. Manchmal war noch ein gedämpfter Tritt des
Tieres zu hören, immer ferner, immer leiser.

Dann wieder Schweigen im Wald.

Die Drossel schlug.

Der Fürst hörte sie nicht. Er stand an die Fichte gelehnt und blickte der
Tiefe des Waldes zu, wo es grauer und immer grauer wurde zwischen den
Stämmen.

„Wo habe ich nur diese Augen schon gesehen?"

Er sann und forschte. Dann plötzlich fiel es ihm ein: auf einem Bild!

„Seltsam! Wie der phantastische Traum eines Künstlers sich in Wirklichkeit
erfüllen kann!"

[…]

Karl Friedrich Henckell

geboren 1854 in Hannover, ließ sich nach Studien- und Lebensstationen in Berlin, Heidelberg, München, Mailand, Wien und
Brüssel in Zürich nieder, wo er 1887 den Ulrich-Hutten-Bund
und einen Selbstverlag gründete. Seine sozialpathetische und
-revolutionäre Lyrik wurde in Deutschland während des Sozia-
listengesetzes verboten. Henckells Verlag war der Mittelpunkt
der „Zürcher Kolonie", einer Exilgruppe deutscher Künstler und
Schriftsteller. Ab ca. 1900 wandte er sich mehr der Natur- und
Liebeslyrik zu. In dieser Zeit entstanden seine neun Böcklinbil-
der-Gedichte, darunter sein „Schweigen im Walde".

„Das Schweigen im Walde".
Gemälde von Arnold Böcklin um 1896.

Schweigen im Walde
(Neun Böcklinbilder)

Still! Schweigendes
  Geheimnis künden
Will weltverloren sich.
  Kein Laut.
In dämmergrünen Wal-
  desgründen
Auf Rehes Spur
Das Einhorn nur
Groß auf des Moo-
  ses Sonnenzittern
  schaut.
Wenn jetzt ein Zweig
  zur Erde fiele,
Es wär' ein Lärm in hei-
  liger Ruh,
Frau Märe schaut dem
  stummen Spiele
Seltsamer Lichter stau-
  nend zu.
Die Flecken an den
  Stämmen funkeln,
Die Pilze leuchten plötz-
  lich hell,
Auf einmal liegt der
  Wald im Dunkeln,
Laubgeister wispern
  leis und flüstern,
Sacht tränkt das Ein-
  horn sich am Quell.

Hermann Löns

wurde 1866 in Culm/Westpreußen geboren und begann seine
Karriere als Journalist und Schriftsteller in Hannover und Bü-
ckeburg. Bekannt wurde er hauptsächlich als Heimatdichter,
Jäger und Naturforscher, dessen liebstes Revier die Lüneburger
Heide war, die den Schauplatz seiner Tier- und Jagdgeschichten
bildet. Sein exzessiver Alkoholkonsum machte einen längeren
Sanatoriumsaufenthalt erforderlich. Bei Ausbruch des Ersten

Weltkrieges 1914 meldete sich Löns als Freiwilliger und fiel Ende
September desselben Jahres bei Loivre im Département Marne
in Frankreich.

Der Märchenwald

Mitten im Moor liegt der Märchenwald,
Vom Zauberbache begrenzt;
Lockender Zauberruf dort erschallt,
Distel und Dorn ihn umkränzt.

Mitten im Wald eine Wiese sprießt,
Ihr Gras ist weich und lang;
Unter der Wiese die Quelle fließt,
Die hat einen eigenen Klang.

Hinter der Quelle steht ein Baum,
Sein Silberlaub zittert im Wind;
Da sang mir der Vogel den Wundertraum
Von dir und mir, mein Kind.

Unter dem Baume, da wächst ein Moos,
Das schimmert und leuchtet wie Gold;
Farne wuchern da stolz und groß,
Ihr Laub ist seltsam gerollt.

Da wo die beiden Machangeln stehn,
Da führt der Weg in den Wald;
Nur wer das Wort kennt, der kann ihn gehen,
Ihm bieten die Dornen nicht Halt.

Komm, Geliebte und küsse mich,
Komm, ich weiß ja das Wort;
Und das Wort, das heißt „Ich liebe dich!"
Das drängt jedes Hindernis fort.

Komm, mein Lieb, und fürchte dich nicht,
Komm doch, das Glück das lacht;
Zwei Machangeln, schwarz und dicht,
Halten treulich Wacht.

Liebespaar im Wald.
Illustration von Bruno Dietze.

Christian Morgenstern

wurde 1871 in München geboren und war vielseitig begabt. Sein Studium musste er jedoch auf Grund einer Lungenerkrankung abbrechen. Zahlreiche Reisen u. a. nach Italien und Norwegen sowie Sanatoriumsaufenthalte folgten. Ab 1894 arbeitete Morgenstern als freier Journalist, Schriftsteller, Übersetzer und Dramaturg in Berlin. Charakteristisch für seinen Schreibstil wurde seine lyrisch-parodistische und hintergründige „Galgenpoesie" sowie seine „groteske Unsinnssprache". Beeinflusst durch die Anthroposophie Rudolf Steiners änderte sich sein Schreibstil in den letzten Lebensjahren zu weltanschaulich-mystischen Inhalten. Morgenstern starb 1914 in Meran.

Hier im Wald mit dir zu liegen …

Hier im Wald mit dir zu liegen,
moosgebettet, windumatmet,
in das Flüstern, in das Rauschen
leise liebe Worte mischend,
öfter aber noch dem Schweigen
lange Küsse zugesellend,
unerschöpflich – unersättlich,
hingegebne, hingenommne,
ineinander aufgelöste,
zeitvergessne, weltvergessne.
Hier im Wald mit dir zu liegen,
moosgebettet, windumatmet …

Novalis

eigentlich Georg Philipp Friedrich von Hardenberg wurde 1771
auf Schloss Oberwiedenstedt (heute Stadt Arnstein im Landkreis
Mansfeld-Südharz) geboren, studierte Rechtswissenschaften
in Jena, wo er auch Geschichtsvorlesungen bei Schiller hörte.
Durch ihn lernte er u. a. Goethe, Tieck und Schelling kennen,
die ihn maßgeblich literarisch beeinflussten. Es folgte ein Studium der Montanwissenschaften in Freiberg und die Tätigkeit
bei der Salineninspektion. Begleitend zu seinem Beruf entstanden Gedichte, Erzählungen und Romane, die teilweise Fragmen-
te blieben, als Hardenberg 1801 in Weißenfels verstarb. Seine
naturwissenschaftlichen Kenntnisse in Verbindung mit ästhetischen, philosophischen und religiösen Aspekten machen ihn
zum bedeutendsten Vertreter der Frühromantik.

Es färbte sich die Wiese grün

Es färbte sich die Wiese grün
Und um die Hecken sah ichs blühn;
Tagtäglich sah ich neue Kräuter,
Mild war die Luft, der Himmel heiter:
Ich wußte nicht, wie mir geschah,
Und wie das wurde, was ich sah.

Und immer dunkler ward der Wald,
Auch bunter Sänger Aufenthalt,

„Uns barg der Wald vor Sonnenschein".
(Novalis).

Es drang mir bald auf allen Wegen
Ihr Klang in süßem Duft entgegen.
Ich wußte nicht, wie mir geschah.
Und wie das wurde, was ich sah.

Es quoll und trieb nun überall,
Mit Leben, Farben, Duft und Schall;
Sie schienen gern sich zu vereinen,
Das alles möchte lieblich scheinen.
Ich wußte nicht, wie mir geschah,
Und wie das wurde, was ich sah.

So dacht' ich: ist ein Geist erwacht,
Der alles so lebendig macht,
Und der mit tausend schönen Waaren
Und Blüthen sich will offenbaren?

Ich wußte nicht, wie mit geschah,
Und wie das wurde, was ich sah.

Vielleicht beginnt ein neues Reich,
Der lockre Staub wird zum Gesträuch,
Der Baum nimmt thierische Gebehrden,
Das Thier soll gar zum Menschen werden.
Ich wußte nicht, wie mir geschah,
Und wie das wurde, was ich sah.

Wie ich so stand und bei mir sann,
Ein mächtger Trieb in mir begann:
Ein freundlich Mädchen kam gegangen,
Und nahm mir jeden Sinn gefangen.
Ich wußte nicht, wie mir geschah,
Und wie das wurde, was ich sah.

Uns barg der Wald vor Sonnenschein:
Das ist der Frühling! fiel mir ein;
Und kurz, ich sah, daß jetzt auf Erden
Die Menschen sollten Götter werden.
Nun wußt' ich wohl, wie mir geschah,
Und wie das wurde, was ich sah.

Francisca Stoecklin

(Biographie auf Seite 174)

Die Lichtung

Ich denk an dich. Ich denke an die Liebesstunden
Die wir im Waldesinnern süß erlebten.
Auf feuchtem Laub, vorbei an ernsten Tannen,
Buchen, braunen Pilzen. Auf kaum begangenem
Wege kamen wir zu einer Lichtung.
Der Himmel weitete sich plötzlich leuchtend über uns.
Du riefst „Wie schön das ist!" Die Sonne strahlte mild,
Umfing mit ihrem Gold die dunklen Bäume
Und das helle Grün der Himbeersträucher,
Von denen wir die reifen Früchte nahmen,
Einander lachend auf die Lippen legten.

Dann sanken wir beseligt in
   das weiche Moos
Dein Kopf lehnte an meiner
   Schulter, sanft,
Du hieltest meine Hand. Die
   alten Tannen rauschten
Feierlich. Und aus dem Di-
   cicht
Trat ein Reh … das lange
   lauschend blieb.

Da blickten wir uns tiefer in
   die Augen,
Die das klare Blau des Himmels hatten.
Wir sprachen nichts, wir
   dachten kaum etwas.
Wir ahnten nur die Ewigkeit
   des Augenblicks,
Und daß die Seelen sich ganz
   nahe waren.

„Wer das Rauschen versteht".
Gemälde von Ernst Schlemo.

Max Herrmann-Neiße

(Biographie auf Seite 117)

Der Liebe Traumwald

Könnt' ich dir wieder etwas Glück bedeuten,
und möchte uns ein neues Brautjahr blühn!
Im Wald, an dessen Lenz wir uns erfreuten,
werden noch einmal meine Träume kühn.

Wir lauschen in der Lichtung unsrer Liebe:
rauscht fern die Welt … ist sie vielleicht schon tot?
Nur, daß mein Blick in deinen Blicken bliebe,
ist unser Abendtrost und Morgenrot.

Lärmt fern die Stadt? Schweigt es in den Ruinen?
Wartet auf uns ein leerer Platz am Tisch?
Wollen uns Dinge schaden oder dienen?
Verlangen Spiegel uns gebieterisch?

Fern raunt von uns Gerücht wie von Verbrechern,
längst toten, die man noch nach Jahren schmäht,
hocken Verwüstete bei ihren Bechern,
von Lästerung und Feindschaft aufgebläht.

Wir gehen als Mörder um in ihrer Rede
Und sind so sanft in unserm Liebeswald,
beim Duft der Luft, des Quells und der Resede
verwandelt zu waldlieblicher Gestalt.

Wir tanzen, wenn im See die Glocken läuten,
zu sel'gem Tod uns in das Waldesgrün …
Könnt' ich dir wieder etwas Glück bedeuten,
und möchte uns ein neues Brautjahr blün!

Else Galen-Gube

(Biographie auf Seite 150)

Wir fanden das Glück im Walde

Wir fanden das Glück im Walde
im Sommersonnenschein,
es ging durch die grüne Halde
tief in den lauschigen Hain.

Wir folgten ihm ganz verstohlen
Und drückten uns heimlich die Hand.
Das Glück schritt auf leisen Sohlen
Und trug ein gülden Gewand.

Mein Schatz und ich haben nimmer
den weiten Weg bereut;
des Glückes sonniger Schimmer
umstrahlt uns helleuchtend noch heut.

„Wenn die Dämmrung über den Wald sich neigt…"
(E. Galen-Gube).

Wenn die Dämmrung über den Wald sich neigt …

Wenn die Dämmrung über den Wald sich neigt,
wenn im Abendwind die Platanen rauschen,
wenn das hastende Leben rings um uns schweigt,
harr ich dein, Geliebter, in seligem Lauschen.

Dann steig ich empor auf meinen Altan
und ich sehe mit namenlosem Entzücken
aus der Lichtung Roß sich und Reiter nahn,
und ich weiß es: Bald wirst du mich an dich drücken.

Bald wirst du mich halten an deiner Brust
namenlos wonnigem, süßen Umfangen
und ins Ohr mir raunen: „Du meine Lust,
ich hatte nach dir ein so heißes Verlangen!"

Und ich werde in mädchenhafter Scheu
mein Haupt an dein pochendes Herze schmiegen
und mit den Worten: „Es gibt keine Reu"
wirst du mich heute wie immer besiegen …

Und ich schmücke mich wieder mit rotem Mohn
wie damals, weißt du, mit Mohn und Rosen …
Wie die Küsse sollen die Blumen lohn
Und versengen von unserm glühenden Kosen.

Verwelken wie deine Jugendkraft
Hinwelkt und erstirbt in meinen Armen,
weil ich dich liebe mit Leidenschaft
maßlos … ohne Gnad und Erbarmen.

Wilhelm Busch

geboren 1832 im niedersächsischen Wiedensahl, ist vor allem durch seine humoristischen, kritischen wie satirischen und mit eigenen Illustrationen versehenen Bildergeschichten bekannt. Nach einem abgebrochenen Maschinenbaustudium in Hannover und einem mehrfach begonnenen, aber nie beendeten Kunststudium in Düsseldorf, Antwerpen und München wurde Busch schließlich Mitarbeiter der „Fliegenden Blätter" und des „Münchner Bilderbogens", doch stießen seine Bilderpossen nicht immer auf Akzeptanz und Zuspruch. Auch der Erfolg von „Max und Moritz", 1865 in erster Auflage erschienen, ließ einige Zeit auf sich warten. Mit zunehmendem Erfolg verbesserten sich jedoch schließlich Buschs finanzielle Lebensverhältnisse. Weitere berufliche und persönliche Stationen waren Frankfurt, wieder Wiedensahl, Lüthorst und Wolfenbüttel. Zeitweise widmete sich Busch auch wieder intensiver der Malerei. Die letzten Lebensjahre verbrachte er bei seiner Nichte und deren Familie im Pfarrhaus von Mechtshausen bei Seesen, wo noch mehrere Gedichte entstanden und wo er Anfang 1908 starb.

Waldfrevel

Ein hübsches Pärchen ging einmal
Tief in des Waldes Gründe.
Sie pflückte Beeren ohne Zahl,
Er schnitt Was in die Rinde.

„Er schnitt Was in die Rinde."
(W. Busch).

Der pflichtgetreue Förster sieht's.
Was sind das für Geschichten?
Er zieht sein Buch, er nimmt Notiz
Und wird den Fall berichten.

Schutz und Gefahr

Im Wald herrscht nicht nur Idylle, sondern auch Gefahr, die gerade im 18. und 19. Jahrhundert real vorhanden war, und nicht etwa durch dämonische Wesen, den Teufel beispielsweise, der Faust auf einem wilden Ritt über die dunklen, knarrenden Harzwälder in die Walpurgisnacht führt. Der Wald bot Schutz für zu Recht und zu Unrecht Verfolgte. In Kriegszeiten war er Zufluchtsort für die Bevölkerung, wenn feindliche Angreifer Höfe, Dörfer oder auch Burgen verwüsteten und brandschatzten. In Adalbert Stifters Novelle „Hochwald" wird eine solche Situation thematisiert. Auch desertierte Söldner, Wilderer und Kriminelle, die Straftaten zu verdecken suchten, fanden im Wald ihre Verstecke, vorzugsweise in Höhlen, die heute noch ihre Namen tragen, wie beispielsweise die „Räuber-Heigl-Höhle" im Bayerischen Wald, benannt nach dem berühmt-berüchtigten Räuber Michael Heigl (1816–1857). Für Reisende und Kaufleute war die Wanderung oder Fahrt durch ein Waldgebiet nicht ohne Risiko. Mit dem Überfall einer Räuberbande war jederzeit zu rechnen, und auch die Begegnung mit einem Wilddieb konnte gefährlich werden. Raub in Verbindung mit Mord, Waldfrevel und Wilderei wurden durch harte Strafen, bis hin zur Todesstrafe, geahndet. Matthias Klostermayr, dem „Bayerischen Hiesel", wurden alle diese Straftaten zur Last gelegt.

Schillers Erstlingsdrama „Die Räuber" hatte somit einen aktuellen Hintergrund. Sein Werk steht sogar in doppelter Hinsicht mit dem Wald in Verbindung: Die Handlung spielt größtenteils in den böhmischen Wäldern, und Schiller selbst las noch vor der Uraufführung dieses Stückes seinen Freunden im Bopser Wald bei Stuttgart (heute Stadt Stuttgart) daraus vor. Sein Freund, der Maler Viktor Heideloff, hielt diese Szene in einer Zeichnung fest. Und mehr noch: Schiller begründete damit ein ganz neu-

„Der Stämme mächtiges Dröhnen!
Der Wurzeln Knarren und Gähnen!"
(J. W. Goethe).

es Literaturgenre: den Räuberroman. In der englischen Literatur gab es bereits Vergleichbares mit der Geschichte von Robin Hood, dem „edlen Räuber" aus dem Sherwood Forest, der Straftaten begeht, aber damit gleichzeitig als Beschützer der Armen und Rechtlosen auftritt, wodurch seine Taten als soziale Umverteilung angesehen werden und somit gerechtfertigt erscheinen.

Kurzbiographien und Texte

Johann Wolfgang von Goethe

ab 1782 von Goethe, wurde 1749 in Frankfurt am Main geboren und studierte auf Wunsch des Vaters Rechtswissenschaften in Leipzig und Straßburg. Seine besondere Leidenschaft gehörte aber schon früh der Dichtkunst. Sein Gesamtwerk umfasst die Zeit des „Sturm und Drang" bis hin zur Klassik, die im Zusammenwirken mit Schiller in seiner Wahlheimat Weimar zur „Weimarer Klassik" avancierte und den Höhepunkt seines Schaffens darstellt. Goethe vereinte mehrere Berufe in einer Person: Jurist, Dichter, Schriftsteller, Theaterdirektor, Minister und Naturforscher. Mit der Bezeichnung „Dichterfürst" lässt sich seine Universalität nur annähernd umschreiben. Zu seinem Lebenswerk wurde der „Faust", dessen erster Teil 1808 erschien. 1831 vollendete er Teil zwei, nur wenige Monate vor seinem Tod in Weimar.

Faust I: Wald und Höhle

Zum Inhalt: Der Gelehrte Dr. Faust möchte wissen, „was die Welt im Innersten zusammenhält". Nicht ahnend, dass er zum Wettgegenstand zwischen Gott (Herr) und Mephistopheles (Teufel) wird, lässt er sich auf einen Pakt mit Letzterem ein und ist bereit, moralische Gesetze zu brechen. In einer Höhle im Harz erkennt er, wie sehr er in die Abhängigkeit Mephistos geraten ist.

Faust allein.

Erhabner Geist, du gabst mir, gabst mir alles,
Warum ich bat. Du hast mir nicht umsonst
Dein Angesicht im Feuer zugewendet.
Gabst mir die herrliche Natur zum Königreich,

„Faust im Gebirge".
Gemälde von
Carl Gustav Carus
um 1821.

Kraft, sie zu fühlen, zu genießen. Nicht
Kalt staunenden Besuch erlaubst du nur,
Vergönnest mir, in ihre tiefe Brust
Wie in den Busen eines Freunds zu schauen.
Du führst die Reihe der Lebendigen
Vor mir vorbei und lehrst mich meine Brüder
Im stillen Busch, in Luft und Wasser zu kennen.
Und wenn der Sturm im Walde braust und knarrt,
Die Riesenfichte, stürzend, Nachbaräste
Und Nachbarstämme quetschend niederstreift
Und ihrem Fall dumpf-hohl der Hügel donnert,

Dann führst du mich zur sichern Höhle, zeigst
Mich dann mir selbst, und meiner eignen Brust
Geheime, tiefe Wunder öffnen sich.
Und steigt vor meinem Blick der reine Mond
Besänftigend herüber, schweben mir
Von Felsenwänden, aus dem feuchten Busch
Der Vorwelt silberne Gestalten auf
Und lindern der Betrachtung strenge Lust.

O daß dem Menschen nichts Vollkommnes wird,
Empfind ich nun! Du gabst zu dieser Wonne,
Die mich den Göttern nah und näher bringt,
Mir den Gefährten, den ich schon nicht mehr
Entbehren kann, wenn er gleich, kalt und frech,
Mich vor mir selbst erniedrigt und zu Nichts,
Mit einem Worthauch, deine Gaben wandelt.
Er facht in meiner Brust ein wildes Feuer
Nach jenem schönen Bild, geschäftig an.
So tauml ich von Begierde zu Genuß,
Und im Genuß verschmacht ich nach Begierde.

[…]

Walpurgisnacht.
Harzgebirg.
Gegend um Schirke und Elend
Faust. Mephistoteles

Mephistoteles. Du mußt des Felsens alte Rippen packen,
Sonst stürzt sie dich hinab in dieser Schlünde Gruft.
Ein Nebel verdichtet die Nacht.
Höre, wie's durch die Wälder kracht!
Aufgescheucht fliegen die Eulen.
Hör, es splittern die Säulen
Ewig-grüner Paläste!
Girren und Brechen der Äste!
Der Stämme mächtiges Dröhnen!
Der Wurzeln Knarren und Gähnen!
Im fürchterlich-verworrenen Falle
Übereinander krachen sie alle,
Und durch die übertrümmerten Klüfte
Zischen und heulen die Lüfte.
Hörst du Stimmen in der Höhe?
In der Ferne? in der Nähe?

Ja, den ganzen Berg entlang
Strömt ein wütender Zaubergesang!
[...]

Friedrich Schiller

(Biographie auf Seite 156)

Die Räuber

Zum Inhalt: Im Mittelpunkt stehen die beiden ungleichen Brüder Karl und Franz von Moor, zwischen denen es zu Rivalitäten um die Gunst des Vaters, Maximilian von Moor, und um die Liebe zu Amalia, Karls Verlobten, kommt. Dem zweitgeborenen Sohn Franz gelingt es durch einen gefälschten Brief seinen Bruder Karl zu verleumden. Voller Enttäuschung schließt dieser sich einer Räuberbande an, wird deren Hauptmann und lebt seitdem in deren Rückzugsort in den Böhmischen Wäldern. Als die Intrige seines Bruders Franz enthüllt wird, begeht dieser Selbstmord. Der Vater stirbt, als er erkennt, dass sein ältester Sohn zum Räuberhauptmann geworden ist. Amalia vergibt Karl und möchte mit ihm ein neues Leben beginnen, doch dieser ist durch seinen Eid unwiderruflich an die Räuber gebunden. Auf Amalias Bitten hin, tötet er sie. Er selber ist bereit, sich der Justiz zu stellen. Hier einige Passagen, in denen es um den Wald geht.

1. Akt, 2. Szene

Schenke an den Gränzen von Sachsen. Karl v. Moor in ein Buch vertieft. Spiegelberg trinkend am Tisch. [Weitere spätere Räuber kommen hinzu.]

Spiegelberg: Also denn! Er stellt sich mitten unter sie mit beschwörendem Ton. Wenn noch ein Tropfen deutschen Heldenbluts in euren Adern rinnt – kommt! Wir wollen uns in den böhmischen Wäldern niederlassen, dort eine Räuberbande zusammen ziehen, und – Was gafft ihr mich an? – ist euer bisgen Muth schon verdampft?

Roller: Du bist wohl nicht der erste Gauner, der über den hohen Galgen weggesehen hat – und doch – Was hätten wir sonst noch für eine Wahl übrig?

[...]

Schwarz: Komm mit uns in die böhmischen Wälder! Wir wollen eine Räuberbande sammeln, und du – Moor stiert ihn an.

Schweizer: Du sollst unser Hauptmann seyn! du mußt unser Hauptmann seyn!

Spiegelberg wirft sich wild in einen Sessel: Sklaven und Memmen!

Moor: Wer blies dir das Wort ein? Höre, Kerl! indem er den Rollern hart ergreift. Das hast du nicht aus deiner Menschenseele hervorgeholt! wer blies dir das Wort ein? Ja, bey dem tausendarmigen Tod! das wollen wir! der Gedanke verdient Vergötterung – Räuber und Mörder! – So wahr meine Seele lebt, ich bin euer Hauptmann!

[...]

2. Akt, 3. Szene
Die böhmischen Wälder.
Spiegelberg. Razmann. Räuberhaufen.

Razmann: Bist da? bists wirklich? So laß dich doch zu Brey zusammendrucken, lieber Herzens-Bruder Moriz! Willkommen in den Böhmischen Wäldern! Bist ja gros geworden und stark. Stern-Kreuz-Bataillon! Bringst ja Rekruten mit einen ganzen Trieb, du trefflicher werber!

Spiegelberg: Gelt Bruder? Gelt? Und das ganze Kerl darzu! – du glaubst nicht, Gottes sichtbarer Seegen ist bey mir, war dir ein armer hungriger Tropf, hatte nichts als diesen Stab, da ich über den Jordan gieng, und itzt ist unserer acht und siebenzig, meistens ruinierte Krämer, rejicierte Magister und Schreiber aus den schwäbischen Provinzen, [...].

4. Akt, 5. Szene
Nahegelegener Wald. Nacht
Ein altes verfallenes Schloß in der Mitte.
Die Räuberbande gelagert auf der Erde.
Die Räuber singen.

> Stehlen, morden huren, balgen
> Heißt bey uns nur die Zeit zerstreun,
> Morgen hangen wir am Galgen,
> Drum lßt und heute lustig seyn.
>
> Ein freyes Leben führen wir,
> Ein Leben voller Wonne.
> Der Wald ist unser Nachtquartier,
> Bey Sturm und Wind handthieren wir,

Der Mond ist unsre Sonne,
Merkurius ist unser Mann,
Der's Practiciren treflich
kann.

Heut laden wir bey Pfaffen
uns ein,
Bey masten Pächtern
morgen,
Was drüber ist, das lassen
wir fein
Den lieben Herrgott sorgen
[…]

5. Akt, 2. Szene
[…] Der alte Moor auf ei-
nem Stein sitzend. Räuber
Moor gegenüber. Räuber
hin und her im Wald.
Neue Räuber. Amalia.

„Schiller liest seinen Freunden Hoven,
Heideloff, Dannecker, Kapf, Schlotterbeck
im Bopser Wald ‚Die Räuber' vor".
Nach einer während der Vorlesung
entstandenen Tuschzeichnung
von Viktor Heideloff 1780.

Moor aufblühend in ekstatischer
Wonne: Sie vergibt mir, sie liebt
mich! Rein bin ich wie der Aether
des Himmels, sie liebt mich. – Weinenden Dank dir, Erbarmer im
Himmel! Er fällt auf die Knie und
weinet heftig. Der Friede meiner
Seele ist wiedergekommen, die
Qual hat ausgetobt, die Hölle ist
nicht mehr – Sieh, o sieh, die Kinder des Lichts weinen am Hals der weinenden Teufel! – aufstehend zu den Räubern. So weinet doch auch! weinet,
weinet, ihr seyd ja so glücklich – O Amalia! Amalia! Amalia! Er hängt an
ihrem Mund, sie bleiben in stummer Umarmung.

Ein Räuber grimmig hervortretend: Halt ein Verräther! – Gleich laß diesen
Arm fahren – oder ich will dir ein Wort sagen, daß dir die Ohren gellen, und
deine Zähne vor Entsetzen klappern. Strekt das Schwerd zwischen beyde.

Ein alter Räuber: Denk an die böhmischen Wälder! Hörst du, zagst du?
– an die böhmischen Wälder sollst du denken! Treuloser, wo sind deine
Schwüre. Vergißt man Wunden so bald? da wir Glück, Ehre und Lben in die
Schanze schlugen für dich? Da wir die standen wie Mauren, auffiengen wie
Schilder die Hiebe, die deinem Leben galten, – hubst du nicht deine Hand
zum eisernen Eid auf, schwurest, uns nie zu verlassen, wie wir dich nicht

verlassen haben? – Ehrloser, Treuvergessener! Und du willst abfallen, wenn eine Mäze greint?

[…]

Alexander Schöppner

wurde 1820 als Johannes Schöppner in Fulda geboren. Nach seinem Eintritt in den Augustinerorden nahm er den Namen „Alexander" an. Nach dem Studium der Theologie und Philosophie in Würzburg empfing er 1843 die Priesterweihe und unterrichtete an verschiedenen Gymnasien, trat 1855 krankheitsbedingt in den Ruhestand und starb 1860 in München. Schöppner verfasste historische Schriften und wurde vor allem durch seine umfangreiche Sammlung bayerischer Sagen bekannt, unter denen sich auch die mündlich tradierte Geschichte des Matthias Klostermayr, des „bayerischen Hiesel" befindet.

Der bayerische Hiesel im Inxhofe

Zum historischen Hintergrund: Matthias Klostermayr, genannt der bayerische Hiesel (oder Hiasl), geboren 1736 in Kissing, war mit seiner „gerechten Räuberbande" einer der gefürchtetsten Räuber und Wilderer des 18. Jahrhunderts. Ihr Unwesen trieb die Bande im schwäbisch-bayerischen Grenzgebiet, wo sie viele Straftaten beging, aber auch erpresstes Geld an die Armen verteilte. Von der Justiz zwar verfolgt, galten die Täter bei den sozial benachteiligten Schichten als Volkshelden. 1771 wurde Klostermayr festgenommen, in einem spektakulären Prozess verurteilt und in Dillingen an der Donau hingerichtet. Um seine Person ranken sich viele Geschichten, Anekdoten und Lieder. Er soll das Vorbild für Schillers Karl Moor in den „Räubern" gewesen sein.

Der bayrische Hiesel, seiner Zeit berüchtigter Spitzbube, geboren in Kissing bei Friedberg, soll sich eine Zeitlang im Inxhofe, einer Einöde mitten im Schöngeiseninger Forst, aufgehalten haben. Obwohl er den Jägern sagen ließ, sie sollten herauskommen, wenn sie den bayrischen Hiesel sehen wollten, so wagte es doch keiner derselben, und der Räuber blieb unangefochten. Bei dem Inxhofe befand sich eine Höhle im Walde, genannt Kuchelschlag, welche früher Räubern zum Aufenthalt diente, in der auch der bayrische Hiesel mit seinen Leuten auf eine Zeit Quartier nahm. Der gefürchtete Räuber begab sich hierher, und wählte unter den Wildschweinen, welche ein eigener Wildhüter füttern mußte, die schönsten aus, die er dann in der Höhle mit seinen Leuten verzehrte, ohne daß der Wildhüter dagegen Einsprache thun konnte. Von hier aus überfielen die Räuber zu gewissen Zeiten die Bauernhöfe der Nachbarschaft. Als sie endlich, von den Gerichten verfolgt, abziehen mußten, hinterließen sie viele Schätze, welche sie in der Eile nicht mitnehmen konnten. Die hat nun der Teufel als herrenloses Gut in Verwahrung genommen. Schatzgräber haben umsonst versucht, diese Schätze zu heben. Sie sollen immer tiefer versinken.

Titelseite einer 1772 anonym erschienenen Lebensbeschreibung Matthias Klostermayrs.

Ludwig Thoma

geboren 1867 in Oberammergau, wuchs in einer Försterfamilie auf. Nach mehreren Schulwechseln bestand er am Gymnasium in Landshut die Matura (Abitur) und begann ein Forstwissenschaftsstudium in Aschaffenburg, brach dieses jedoch ab und wechselte zum Jurastudium nach München und Erlangen. Für seine spätere Anwaltskanzlei interessierte er sich wenig, wurde literarisch tätig für die „Fliegenden Blätter" und den „Simplicissimus" und erfolgreich mit seinen Komödien sowie seinen Lausbuben- und Jagdgeschichten. Charakteristisch für seinen Schreibstil waren die satirischen Schilderungen des bayerischen Alltagslebens, oft verfasst im mundartlichen Dialekt. Freundschaftliche Beziehungen bestanden u. a. zu Ludwig Ganghofer und Hermann Hesse. Obwohl Thoma anfangs politisch eine linksliberale Haltung vertrat, zeigte sich in den letzten Lebensjahren eine zunehmend reaktionäre-patriotische Gesinnung, die heute kritisch bewertet wird. Er starb 1921 in Tegernsee.

Der Menten-Seppei. Eine altbayerische Wilderergeschichte

Diese Geschichte ist wahr. Alle Leute, die zwischen Tölz und Miesbach wohnen, kennen sie, und mancher würde es mir verübeln, wenn ich etwas dazu täte oder davon wegließe. Also will ich bei der Wahrheit bleiben.

In der Schießstätte zu Tegernsee hängt neben vielen schön gemalten Ehrenscheiben eine, die besondere Aufmerksamkeit verdient. Ein grimmig blickender Jäger schaut mit dem Gewehre im Anschlage hinter einem Baume hervor. Neben ihm fletscht eine rauhborstige Dogge die Zähne. Beide machen einen unangenehmen Eindruck auf den Beschauer; man sieht ihnen an, daß die schwer umgängliche Wesen waren. Und der Eindruck ist richtig. Denn das Bild stellt vor den königlichen Revierjäger Johann Mayr von Gmund mit seinem Fanghunde, genannt „Donau".

Johann Mayr lebte um das Jahr 1832 zu Gmund; sein Haus wird heute noch gezeigt. Es steht unterhalb der Mangfallbrücke. Er war ein verwegener und überaus scharfer Jäger, der sein Revier mit aller Gewalt sauber hielt. Manchen schlauen Wildbretschützen hat er überlistet und ihn hinaufgeschossen, daß der rauch wegging. Und manchem jungen Burschen hat er vorzeitig zur ewigen Seligkeit verholfen. Ohne Ave-Maria und Sterbegebet, im grünen Wald.

Sein letztes Opfer war der junge Sohn des Mentenbauern von Hausham, der Menten-Seppei. Dessen trauriges Schicksal trug sich aber folgendermaßen zu. An Martine, den 11. November 1832, schoß der Mesner Anderl, königlicher Jagdgehilfe von Schliersee, beim Eckardt-Kreitl am Ostiner Berge einen kapitalen Hirsch. Dies tat er nicht mit Rechten, denn der platz lag im Revier des Johann Mayr. Aber, wie es so geht, er wollte den Prachtkerl nicht hinten lassen, als er so schön vor ihm stand. Da zündete er an, und – pumps – der Hirsch lag da. Hinterdrein bedachte sich der Mesner Anderl, und es fiel ihm ein, daß der Mayr in solchen Dingen einen ganz schlechten Tabak rauchte. Also ging er her und versteckte den Hirsch sorgfältig unter Dachsen und Laubstreu. Alsdann begab er sich nach Gmund zum Gastwirt Obermayer, woselbst er einige Halbe Bier trank und vom Fenster aus die gegenüberliegende Wohnung des Revierjägers beobachtete. Er wollte sich Gewißheit verschaffen, ob Mayr seinen Dienstgang nach Ostin oder nach einer anderen Richtung hin mache. Denn er dachte, daß er seine Jagdbeute nur dann in Sicherheit bringen könnte, wenn Mayr nicht im Weg war.

Nach einiger Zeit sah er wirklich den Revierjäger. Dieser verließ ruhig und gemächlich sein Haus und schlug die Straße nach Tegernsee ein. Also war die Luft sauber, meinte der Anderl, und eilte nach Ostin zurück. Bei den eckhardtshäusern traf er den Menten-Seppei, seinen alten Spezi und Schulkameraden. Er versprach ihm einen Kronentaler, wenn er ihm den

Hirsch nach Schliersee fahre. Der Seppei ließ niemalen keinen Freund nicht sitzen, und darum versprach er auch dem Anderl seine Hilfe. Die zwei verabredeten, daß Seppai in der Nacht mit dem Schlitten zum Eckhardt-Kreitl fahren und mit Anderl den Hirsch auflegen sollte.

Nun hatte aber der Revierjäger Mayr bereits Kenntnis davon, daß dort unter der Streu ein Vierzehnender versteckt lag. Der Jagdgehilfe Riesch hatte den Schuß gehört und ging ihm nach. Er fand den Hirsch und meldete es seinem Vorgesetzten. Mayr faßte sofort Verdacht auf einen Wilderer, und weil er mit allen Schlichen vertraut war, vermutete er ganz richtig, daß der frevler zuerst in Gmund herumspionieren werde.. Für diesen Fall wollte er den Lumpen sicher machen und tat so, als ginge er ahnungslos nach tegernsee. In Quirin aber bog er vom Wege ab und stieg von der Neureuth zum Eckardt-Kreitl hinunter.

Dort paßte er nun mit Riesch in der mondhellen Nacht auf den vermeintlichen Wilddieb. Er hatte seinen Hund Donau bei sich, eine bissige Dogge, die auf den Mann dressiert war und ihm schon oft guten Beistand geleistet hatte.

Der Seppei fuhr zur verabredeten Zeit an die Wolfsmühle, wo ihn Anderl erwartete. Als die beiden am Eckardt-Kreitl anlangten, sah Anderl am Waldrande etwas Verdächtiges und sprang heimlich vom Schlitten herunter. Gleich darauf wurde Seppei angerufen. Noch vor er antworten konnte, riß ihn der Hund des Revierjägers vom Schlitten herunter und versetzte ihm mehrere Bisse.

Erst nach einiger Zeit pfiff Mayr seinen Hund zurück und stellte den Burschen zur Rede.

Seppei wollte den Freund nicht verraten und verlegte sich aufs Lügen. Das bekam ihm schlecht, denn der wütende Jäger hieb ihm mehrere Male mit dem Bergstocke über den Buckel und zwang ihn dann, den Hirsch aufzulegen. In Gmund wurde Seppei in das Försterhaus geführt und an das Stiegengeländer gebunden. Mayr schlu ihn hier mit der Hundepeitsche, daß das Blut an ihm herunterlief. Die ganze Nacht blieb Seppei angebunden bis um vier Uhr morgens. Da wurde er wieder auf den Schlitten geschnallt, um nach Miesbach gebracht zu werden.

Während der Fahrt scheute das Pferd. Mayr konnte es nicht lenken und befreite Seppei von seinen Fesseln, damit er das Tier beruhigen sollte. Anfänglich ging es gut, aber plötzlich setzte der Gaul quer über die Straße. Seppei konnte ihn nicht halten; seine Gelenke waren geschwächt, und er viel halb ohnmächtig vom Schlitten hinunter.

Da glaubte Mayr, daß der Gefangene fliehen wollte, und in Wut darüber schoß er ihm eine Ladung gehacktes Blei in den Rücken. Er ließ den Sterbenden im Schnee liegen und fuhr nach Miesbach, wo er bei Gericht seine Tat als berechtigt zu schildern wußte.

Seppei wurde aufgefunden und zum Landarzte Scheucher verbracht, in dessen Haus er wenige Stunden später unter qualvollen Schmerzen starb.

Der wilde Revierjäger wurde für seine Grausamkeit schwer bestraft. Nicht vom Gerichte. Das ließ ihn ungeschoren, denn, wie gesagt, damals machte man nicht viel umstände wegen eines wildernden Bauernburschen. Der gestrenge Herr Landrichter hielt zu den Jägern, die das wertvolle Revier des Königs hüteten.

Aber die jungen Burschen im Tegernseer Land waren damals so wenig wie heute der Meinung, daß man eine solche Tat ruhig hinnehmen muß. Sie wollten den toten Kameraden rächen. Und sie besorgten das gründlich.

Ein Jahr nach dem Vorfall, wiederum am Martinstage, erhielt Mayr die Nachricht, daß am Giglbergfelde gewildert werden sollte. Der Schlaue ließ sich überlisten.

Mit zwei Jagdgehilfen, dem Nikolaus Riesch und Johannes Probst, begab er sich dorthin und legte sich auf die Lauer. Nach kurzer Zeit erblickten die Jäger unter einer Buche am Giglbergfelde einen Mann mit geschwärztem Gesicht. Es war der Waldhofer Hansl, ein alter Freund des Menten-Seppei, der die Aufgabe übernommen hatte, den Mayr anzulocken. Die Jäger stürzten sich auf ihn, und die Dogge des Revierjägers richtete den Burschen schon übel zu, als plötzlich sechs seiner Kameraden die Jäger umringten und mit den Gewehrkolben auf sie einschlugen. Mayr fiel schwerverwundet zu Boden, ebenso Riesch, der Jäger Probst stellte sich tot und rettete auf diese Weise sein Leben. Riesch starb am nächsten Tag, Mayr erst im März des darauffolgenden Jahres. Er kam nicht mehr zum Bewußtsein und konnte die Täter nicht namhaft machen. Der Jäger Probst aber bezeichnete den Waldhofer Hansl als einen der Mörder und da man auf seiner Brust die vernarbten Hundebisse fand, welche er im Kampf davongetragen hatte, wurde er verurteilt, – zu sechzehn Jahren Kerker. Er verriet keinen, und so mußten die andern Burschen nach mehrjähriger Untersuchungshaft freigelassen werden. Im Friedhofe zu Gmund liegen die erschlagenen Jäger.

[...]

So hat sich die Geschichte zugetragen. Die sittliche Weltordnung ist aber dabei wieder einmal nicht auf ihre Rechnung gekommen. Denn der Hauptschuldige, der Mesner Anderl von Schliersee, der sicham schlechtesten benommen hatte, fand nicht den Lohn seiner bösen Tat. Wenigstens nicht auf dieser Welt. Und wahrscheinlich auch nicht in der andern. Denn er hat sich von der wüsten Jägerei abgewendet und einen gar frommen Beruf ergriffen, der ihm Gelegenheit bot, durch einträgliche Frömmigkeit seine

Sünden abzuwaschen. Er wurde wohlbestallter Pfarrmesner zu Irschenberg. Seine feige Tat soll er freilich bereut haben. Wenigstens sagt das Lied, das Max Herndl von Kammerloh über diese traurige Geschichte verfertigte:

„Es war der Jäger von Schliers schon selber voll Verdruß,
Daß er des Seppls Unglück war, weil er den Hirschen schuß."

Trotzdem wurde er dick und behäbig wie alle Kollegen in diesem heiligmäßigen Berufe, und starb erst dreißig Jahre später in seinem Bette.

Wilhelm Raabe

wurde 1831 in Eschershausen im Weserbergland geboren. Nach dem Tod des Vaters lebte er mit Mutter und Schwestern bei Verwandten in Wolfenbüttel. Nach dem Abbruch der Schule und einer ebenfalls nicht beendeten Buchhändlerlehre versuchte er vergebens, in Wolfenbüttel das Abitur nachzuholen. Ein Studium blieb ihm so verwehrt, er konnte lediglich an der Universität in Berlin als Gasthörer die Vorlesungen besuchen. Ab 1854 widmete er sich dem Schreiben. Sein erster Roman „Die Chronik der Sperlingsgasse" entstand. Es folgten historische Erzählungen sowie weitere Romane. Nach längeren Reisen ließ er sich in Stuttgart nieder und konnte mit seinen Werken seinen Lebensunterhalt sichern. Um 1900 wurde er mit zahlreichen Ehrungen ausgezeichnet, wurde u. a. Ehrenmitglied der Deutschen Schiller-Stiftung in Braunschweig, wo er 40 Jahre lang lebte. Raabe gehört zu den Vertretern des poetischen Realismus. Seine Romane und Erzählungen sind geprägt von realistischer wie auch volkstümlicher Bildlichkeit und Sprache. Wenig bekannt ist sein künstlerisches Schaffen als Maler und Zeichner. Raabe starb 1910 in Braunschweig.

Die Innerste

Zum Inhalt: Die Geschichte spielt in der Nachkriegszeit des Siebenjährigen Krieges im Harz, im Bereich der Innerste, die im Verlauf der Erzählung immer wieder bildhaft beschrieben wird. Der junge Müller Albrecht Bodenhagen kehrt aus dem Krieg in die zwischen Groß Förste und Sarstedt gelegene Mühle seiner Eltern zurück. Es heißt, er sei desertiert und habe sich bei einer jungen Frau, Doris Radebrecker, versteckt. Deren Vater betreibt ebenfalls eine Mühle an der

Innerste zwischen Wildemann und Lautenthal. Doris hat Albrecht nie verziehen, dass er eine andere Frau geheiratet hat. Sie schließt sich einer Bande von „Marodebrüdern" an, wird deren Anführerin und überfällt die Bodenhagen-Mühle, wobei sie ums Leben kommt.

Erstes Kapitel.

Diese Geschichte handelt von einem Bach und zwei Mühlen und ist wahr. Es hat sich alles so zugetragen, wie es erzählt werden wird: wer da meint, daß es anders hätte zu Ende gehen können, der erzähle es anders.

[...]

Von ihrem Ursprunge mitten im wilden Harzgebirge an bis zu ihrer Ausmündung im Amt Rethen verschlechtert sich ihr Charakter von Schritt zu Schritt, und alle Glocken und alle Pfaffengesänge von Hildesheim treiben ihr die bösen Teufel nicht wieder aus. Selten aber auch gerieth ein unschuldig hellblickend, kläräugig Bergwässerlein und Quellnixlein sofort bei seinem Austritt aus dem dunkeln Schooß der Erde in so schmutzige Hände und an solch schwarz schweflicht Handwerk, als diese arme hercynische Najade oder Nymphe. Wahrlich, ihr sind niemals Oel, Wein, Milch und Blumen geopfert worden! Wildemann nimmt sie beim Schopfe, Lautenthal und Langelsheim mit ihren Hütten und Pochwerken thun ihr alle erdenkliche Schmach an, und so ist es kein Wunder, daß sie bei Ringelheim schon vollständig verderbt ist und bei Himmelsthür frech, boshaft und scheußlich in die Ebene hervorgeht, und daß trotz allen Hildesheimischen Paffengesängen und Glockenklängen bei Sarstedt die schlimmsten Gerüchte von ihr im Schwange sind. Es hilft ihr nichts, daß sie da zur Leimoniade, zur Wiesennymphe wird: wild, heimtückisch und blutdürstig bleibt sie. Mit dem Auswurfe des Harzes, dem verderblichen Puchsande geschwängert, bleiben ihre Begierden unordentlich und wird sie von Zeit zu Zeit von unheimlichen Gelüsten ergriffen, und dann schreit sie.

Der Erzähler hörte sie schreien, der junge Müller Albrecht Bodenhagen gleichfalls.

[...]

Neuntes Kapitel.

Im Jahre 1760 war der Harz bei weitem mehr als heute der wilde Harz. Er ist seitdem kultivirt worden, wie die Leine, die Ihme und die Innerste reguliert worden sind. Was wir erzählen, gilt, so fern es die Natur – Wald und Wasser betrifft, nur von der Mitte des 18. Jahrhunderts; was die Menschen angeht, so haben die sich weniger verändert, wenn sie gleich unendlich viel gebildeter geworden sind und anders zugeschnittene Kleider tragen, so Mann wie Weib.

Mit dem wilden Harz haben wir es jetzo zu thun. Immer an der innerste aufwärts bis in das Revier der drei Bergstädte Grund, Wildemann und Lautenthal führt uns die Historie von dem schreienden Wasser. Da liegt, wie der Leser schon weiß, zwischen Wildemann und Lautenthal Radebreckers Mühle an der Innerste; vordem, als die Räder sich noch drehten, eine Sägemühle mit gefräßigen Zähnen; aber die Räder stehen seit Jahren still, und der vom Fels hinter der Mühle ab sich stürzende Bach findet allhier keine Arbeit mehr. Der Buschmüller hat dieses Geschäft schon längst aufgegeben und sich ein ander Brot gesucht.

Das alte ruinenhafte Anwesen liegt in eine schluchtartige Windung des Thals gedrückt, umgeben vom dunklen Tannenhochwald. Wer die Innerste in ihrer ganzen Wildheit sehen wollte, der mußte sie hier in der Wildniß aufsuchen. Grauschwarz und giftig kommt das Wasser von den Hüttenwerken von Wildemann. […]

Die Innerste bei Lautenthal.

Horch, eine Stimme, ein Lied aus dem Inneren der Mühle, und Stimme und Lied passen ganz und gar zu dieser Menschenwohnung und zu dem Tag und Wetter. Es ist ein dunkler, windiger Oktobertag, der Sturm rauscht und zischt durch den Tannenforst und beugt die schlanken Stämme; aber das alte Harzschützenlied aus den Kriegen des vorigen Säkulums übertönt er doch nicht. Es ist ein Lied, gut zu singen in der Felshöhle am Feuer in der Winternacht, im wilden Walde – vor der Bluthat und nach derselben – ein Lied von Blut und Feuer, vom schnellen, tückischen Ueberfall aus dem Busch, ein Lied von Galgen und Rad – seltsam zu hören aus einem Weibermunde! Und die Innerste singt mit, und die Weise dringt hinein in den Forst, und tief im Walde nimmt eine Männerstimme den Endreim auf und sendet aus kraftvoller Brust das Gesätz zurück.

[...]

Wilhelm Hauff

(Biographie auf Seite 111)

Das Wirtshaus im Spessart

Zum Inhalt: Ein Wirtshaus im Spessart, in das Reisende einkehren und übernachten können, wird zum zufälligen Treffpunkt eines jungen Goldschmieds, eines Zirkelschmieds, eines Fuhrmanns, eines Studenten sowie einer Gräfin mit ihrer Begleiterin. Um nicht einzuschlafen, falls Räuber kämen, erzählen sich die Männer der Reihe nach Geschichten. Tatsächlich kommt es in der Nacht zu einem Überfall. Die Räuber wollen die Gräfin entführen, um von ihrem Ehemann Lösegeld zu erpressen. Der junge Goldschmied läßt sich, als Gräfin verkleidet, zum Schein entführen. Die wirkliche Gräfin ist gerettet. Am Ende wartet noch eine Überraschung: Die Gräfin ist die Patin des Goldschmieds Felix.

Vor vielen Jahren, als im Spessart die Wege noch schlecht und nicht so häufig als jetzt befahren waren, zogen zwei junge Burschen durch diesen Wald. Der eine mochte achtzehn Jahre alt sein und war ein Zirkelschmidt [Werkzeugschmied], der andere, ein Goldarbeiter [Goldschmied], konnte nach seinem Aussehen kaum sechzehn Jahre haben und tat wohl jetzt eben seine erste Reise in die Welt. Der Abend war schon heraufgekommen, und die Schatten der riesengroßen Fichten und Buchen verfinsterten den schmalen Weg, auf dem die beiden wanderten. Der Zirkelschmidt schritt wacker vorwärts und pfiff ein Lied, schwatzte auch zuweilen mit Munter, seinem Hund, und schien sich nicht viel darum zu kümmern, daß die Nacht nicht mehr fern, desto ferner aber die nächste Herberge sei; aber Felix, der Goldarbeiter, sah sich oft ängstlich um. Wenn der Wind durch die Bäume rauschte, so war es ihm, als höre er Tritte hinter sich; wenn das Gesträuch am Wege hin und her wankte und sich teilte, glaubte er Gesichter hinter den Büschen lauern zu sehen.

Das
Wirthshaus im Spessart.

„Zirkelschmied und Goldschmied
auf dem Weg in die Herberge“.
Illustration von Carl Offterdinger 1869.

Der junge Goldschmidt war sonst nicht abergläubisch oder mutlos. In Würzburg, wo er gelernt hatte, galt er unter seinen Kameraden füreinen unerschrockenen Burschen, dem das Herz am rechten Fleck sitze; aber heute war ihm doch sonderbar zu Mut. Man hatte ihm vom Spessart so mancherlei erzählt; eine große Räuberbande sollte dort ihr Wesen treiben, viele Reisende waren in den letzten Wochen geplündert worden, ja man sprach sogar von einigen greulichen Mordgeschichten, die vor nicht langer Zeit dort vorgefallen seien. Da war ihm doch etwas bange für sein Leben, denn sie waren ja nur zwei und konnten gegen bewaffnete Räuber gar wenig ausrichten. Oft gereute es ihn, daß er dem Zirkelschmidt gefolgt war, noch eine Station zu gehen, statt am Eingang des Waldes über Nacht zu bleiben.

„Und wenn ich heute nacht totgeschlagen werde und ums Leben und alles komme, was ich bei mir habe, so ist's nur deine Schuld, Zirkelschmidt, denn du hast mich in den schrecklichen Wald hereingeschwätzt.“

„Sei kein Hasenfuß“, erwiderte der andere, „ein rechter Handwerksbursche soll eigentlich sich gar nicht fürchten. Und was meinst du denn? Meinst du, die Herren Räuber im Spessart werden uns die Ehre antun, uns zu überfallen und totzuschlagen? Warum sollten sie sich diese Mühe geben? etwa wegen meines Sonntagsrocks, den ich im Ranzen habe, oder wegen des Zehnpfennigs von einem Taler? Da muß man schon mit vieren fahren, in Gold und Seide gekleidet sein, wenn sie es der Mühe wert finden, einen totzuschlagen.“

„Halt! hörst du nicht etwas pfeifen im Wald?“ rief Felix ängstlich.

„Das war der Wind, der um die Bäume pfeift, geh nur rasch vorwärts, lange kann es nicht mehr dauern."

„Ja, du hast gut reden wegen des Totschlagens", fuhr der Goldarbeiter fort. „Dich fragen sie, was du hast, durchsuchen dich und nehmen dir allenfalls den Sonntagsrock und den Gulden und dreißig Kreuzer. Aber mich, mich schlagen sie gleich anfangs tot, nur weil ich Gold und Geschmeide mit mir führe."

Ei, warum sollen sie dich totschlagen deswegen? Kämen jetzt vier oder fünf dort aus dem Busch, mit geladenen Büchsen, die sie auf uns anlegen, und fragten ganz höflich: ‚Ihr Herren, was habt ihr bei euch, und machet es euch bequem, wir wollen's euch tragen helfen', und was dergleichen anmutige Redensarten sind; da wärest du wohl kein Tor, machtest dein Ränzchen auf und legtest die gelbe Weste, den blauen Rock, zwei Hemder und alle Halsbänder und Armbänder und Kämme und was du sonst noch hast höflich auf die Erde und bedanktest dich fürs Leben, das sie dir schenkten?"

So? meinst du", entgegnete Felix sehr eifrig, „den Schmuck für meine Frau Pate, die vornehme Gräfin, soll ich hergeben? Eher mein Leben; eher lass' ich mich in kleine Stücke zerschneiden. Hat sie nicht Mutterstelle an mir vertreten und seit meinem zehnten Jahr mich aufziehen lassen, hat sie nicht die Lehre für mich bezahlt und Kleider und alles? Und jetzt, da ich sie besuchen darf und etwas mitbringe von meiner eigenen Arbeit, das sie beim Meister bestellt hat, jetzt, da ich ihr an dem schönen Geschmeide zeigen könnte, was ich gelernt habe, jetzt soll ich das alles hergeben und die gelbe Weste dazu, die ich auch von ihr habe? nein, lieber sterben, als daß ich den schlechten Menschen meiner Frau Pate Geschmeide gebe!"

„Sei kein Narr!" rief der Zirkelschmidt; „wenn sie dich totschlagen, bekommt die Frau Gräfin den Schmuck dennoch nicht; drum ist esbesser, du gibst ihn her und erhältst dein Leben."

Felix antwortete nicht; die Nacht war jetzt heraufgekommen, und bei dem ungewissen Schein des Neumonds konnte man kaum auf fünf Schritte vor sich sehen; er wurde immer ängstlicher, hielt sich näher an seinen Kameraden, und war mit sich uneinig, ob er seine Reden und Beweise billigen sollte oder nicht. Noch eine Stunde beinahe waren sie so fortgegangen, da erblickten sie in der Ferne ein Licht. Der junge Goldschmidt meinte aber, man dürfe nicht trauen, vielleicht könnte es ein Räuberhaus sein; aber der Zirkelschmidt belehrte ihn, daß die Räuber ihre Häuser oder Höhlen unter der Erde haben, und dies müsse das Wirtshaus sein, das ihnen ein Mann am Eingang des Waldes beschrieb.

[…]

Adalbert Stifter

(Biographie auf Seite 245)

Der Hochwald

Zum Inhalt: Die Novelle spielt vor dem historischen Hintergrund des Dreißigjährigen Krieges, als schwedische Truppen in den Jahren 1632 bis 1634 bis nach Böhmen vordringen. Der Burgherr Heinrich von Wittinghaus bringt seine beiden Töchter Clarissa und Johanna in einem Haus im Wald in Sicherheit, wo sie unter der Obhut Gregors, eines alten Freundes, stehen. Ronald, Clarissas Verehrer, taucht auf und verspricht die väterliche Burg zu schützen. Im Kampf um die Burg wird er von dem Burgherrn, der ihn nicht erkennt, getötet, die Burg wird zerstört. Nach dem Angriff leben die beiden Schwestern weiterhin allein in der Ruine. Die Novelle umfasst sieben Kapitel, die alle den Wald im Titel tragen: Waldburg, Waldwanderung, Waldhaus, Waldsee, Waldwiese, Waldfels und Waldruine.

Waldhaus.

Des andern Tages Morgens nahm der Vater, der Bruder und der Ritter Abschied. Der Freiherr erklärte, daß er es für Pflicht halte, zu seinem Schlosse zurückzukehren, um es, falls es nur eine streifende Rotte berührte, gegen selbe zu halten, oder wenn ein Hauptcorps einträfe, es ehrenvoll und vielleicht vortheilhaft zu übergeben, und dadurch, daß er sich der kriegerischen Ehre der Schweden als Gefangener überliefere, die Forschung nach andern Bewohnern des Schlosses zu vereiteln, da es niemandem einfallen werde, weiter nach Mädchen zu fragen, wenn der Gebieter der Burg in ihren Händen sei. Felix, trotz der Bitten der Schwestern und des Vaters, konnte nicht bewogen werden, sich von letzterem zu trennen. Was die beweglichen Güter, Geld und Geldeswerth, anlangte, eröffnete ihnen der Freiherr, daß er dasselbe dem Schoße der Erde anvertraut habe, und daß, wenn manvon dem Muttergottesbilde an der großen Buche im Wittinghauser Forste abwärts stiege, und den Stein der neunten Stufe anhöbe, dort in einer blechernen Kapsel sich Auskunft darüber vorfände. Er eröffnete ihnen dieses, falls Gott etwas menschliches über ihn verhänge. – Mitwisser seien übrigens nur noch Felix und der Ritter.

Und damit, schloß er, mögen sie ihn durch unmäßige Trauer nicht betrüben: ihr größter Schutz sei ihre Einsamkeit. Er lasse ihnen drei Knechte zurück, welchen sie jede Art Aufträge hinsichtlich des Herbeischaffens von Lebensmitteln ertheilen könnten, Gregor's zweiter Enkel werde von Zeit zu Zeit Botschaften zwischen hier und Wittinghausen tragen, und nebst an-

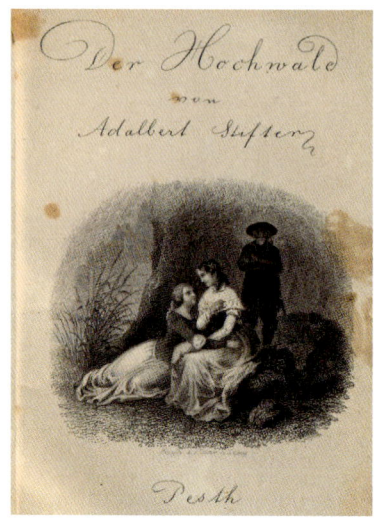

„Der Hochwald".
Titelkupfer der Ausgabe von 1852.

dern unter der Leitung Gregor's stehen, daß, sobald sich etwas verdächtiges an der Waldgränze ereigne, es demselben sogleich angezeigt werde; denn er besitze Mittel in seiner Kenntniß der Wälder sie immerhin zeitweise an Orte zu führen, wo sie vor einer vorübergehenden Gefahr sicher wären. Zu ihrer noch größeren Beruhigung lege er ihnen außer der gänzlichen Abgeschiedenheit noch die feste Lage ihres Hauses vor Augen: rückwärts ist die unzugängliche Seewand, links des Hauses stürzt der Blokenstein mit einem vorspringenden Pfeiler senkrecht in das Wasser, und rechts, wo der See umgangen werden könne, ist der Paß durch eine künstliche Seebucht abgegraben, und noch durch einen Verhau der größten Tannen geschützt, so daß der Zugang nur über den See möglich ist. Selbst für den Fall, daß sich ein Haufe bis in diese Einöden verschlüge, wisse Gregor einige Stunden von hier in den höchsten Klippen nur ihm zugänglich eine Höhle, wo er sie verstecken könnte, bis die Gefahr vorüber.

[…]

Noch ein Umarmen, ein Schütteln der Hände zwischen Vater und Geschwistern – die Männer verließen das Gemach – im nächsten Augenblicke waren sie am Strande, und die Mädchen sahen lange vom Balkone nach, wie die drei Gestalten auf dem Flosse stehend, langsam dem Wasser entlang schwebten, bis sie im entgegenliegenden Tannenwald verschwanden, und gleich darauf die zwei Knechte mit dem leeren Flosse zurückfuhren.

Seltsam und beklemmend mußte es ihnen freilich hier sein, wenn sie die ersten Tage aufwachten, und die Morgenröthe ihre frühesten Lichtströme hereingoß über lauter Wald und lauter Wald – erbrausend von der Musik des Morgens, darunter nicht ein Ton wie wir sie von Kindheit an gewohnt sind unter Menschenwohnungen zu hören, sondern ein Gethue und Gepränge, ein Rufen und Heischen, ein Erzählen und Jauchzen – und darein oft plötzlich von dem nächsten Tannenaste wie ein gesprochen Wort herabfallend, daß man erschrocken hinsah, aber nur ein fremdartiger Vogel schritt auf seinem Aste mit dem Kopfe blödsinnig nickend wie zum Einverständnisse mit dem Hinaufschauenden. – Aus den Thälern nahe und ferne wie Rauchsäulen stiegen indessen die Opfer der Morgennebel empor und zerschnitten die schwarzen bereitgelagerten Massen. – Etwas Seltsames geschah Johannen schon am ersten Tage nach ihrer Ankunft – – sie erwachte nehmlich schon bei dem frühesten Tagesgrauen, und neugierig, um den See auch bei Tage zu betrachten, schlich sie sich bei dem Lager der noch tief schlummernden Schwester leise vorbei, und ging auf die hölzerne Gallerie des Hauses hinaus – da zum Erschrecken nahe stand ein Hirsch am Fichtensaume in dem seichten Wasser, ein schöner großer Hirsch, ihr gerade gegenüber am Ufer, wo der Verhau war. Verwundert, betroffen und wohlgefällig sah sie auf das edle Thier, das seinerseits auch mit den unbeweglichen neugierigen Augen herüberglotzte auf das neue Wunderwerk der Wildniß, auf die weiße in der Morgenluft schwebende Gestalt und ihre bannenden Augen – das Haus mochte ihn weniger beirrt haben – mehrere Secunden dauerte die Situation, bis Johanna sich neigte, worauf er den Kopf leicht erschrocken zurückwarf, sich langsam wendete und zurück in die Gebüsche schritt, die Thautropfen von ihnen in den See schüttelnd.

[...]

Ludwig Uhland

(Biographie auf Seite 22)

Der Räuber

Einst am schönen Frühlingstage
Tritt der Räuber vor dem Wald.
Sieh! den hohlen Pfad hernieder
Kommt ein schlankes Mädchen bald.
„Trügst du statt der Maienglocken",
Spricht des Waldes kühner Sohn,
„In dem Korb den Schmuck des Königs,
Frei doch zögest du davon."
Lange folgen seine Blicke
Der geliebten Wallerin.
Durch die Wiesengründe wandelt
Sie zu stillen Dörfern hin,
Bis der Gärten reiche Blüte
Hüllt die liebliche Gestalt.
Doch der Räuber kehret wieder
In den finstern Tannenwald.

Wilhelm Hertz

geboren 1835 in Stuttgart, absolvierte zunächst eine kaufmännische, anschließend eine landwirtschaftliche Ausbildung. Es folgte der Besuch des Gymnasiums und ein Studium der Germanistik, Anglistik und Romanistik an der Tübinger Universität. Sein literarisches Talent zeigte sich bereits in der Schulzeit und wurde gefördert. Während des Studiums entstanden viele seiner Balladen. Enge Kontakte ergaben sich zu Paul Heyse und der Künstlervereinigung „Die Krokodile" in München. 1862 erfolgte Hertz' Habilitation in München, wo er 1878 zum ordentlichen Professor berufen wurde. Ab 1898 führte er den Titel „Ritter von Hertz". Er stab 1902 in München.

Der Räuber

Mein Herz ist kalt, meine Wang' ist roth,
Und der mich zeugte, ist der Tod.
  Die Rache ist mein Leben.
Ihr Schergen, die ihr vor mir kniet,
Ich will euch noch ein altes Lied
  Vor Nacht zum Besten geben.

Dort drüben in dem finstern Tann,
Da lebte einst ein tapfrer Mann
  Mit sieben kühnen Knaben.
Dort, wo das Roth vom Felsen scheint,
Dort haben sie manch bleichen Feind
  Im Zackengrund begraben.

Doch einst umringt in wilder Nacht
Die Knaben fielen in der Schlacht,
  Der Vater trof von Wunden.
Er sah der sieben Söhne Fall,
Schlug sich allein durch Feindes Schwall
  Und ist im Wald verschwunden.

Er kam zur Höhle sinnberaubt,
Von Säbelhieben klafft sein Haupt,
  Vom Blute glüh'n die Wangen.
Da küßt er noch sein treues Weib,
Die hat von seinem wunden Leib
  Ein wildes Kind empfangen.

„Wach auf den Keim in deinem Schooß,
Säug' ihn mit Blut und Thränen groß!
  Meine Rache soll er erben.
Wie der Tod kenn' er Erbarmen nicht;
Die Hölle soll sein Angesicht
  Mit blut'gem Zeichen färben!"

Und als das Weib ein Kind gebar,
Wie Blut so roth sein Antlitz war,
  Die Mutter starb vor Grausen.
Der Knabe aber wuchs heran
Und soll jetzt in des Vaters Tann,
  Ein wilder Rächer, hausen.

Ihr Schergen, die ihr vor mir kniet,
Will euch bei meinem alten Lied
Die Seele nicht erwärmen?
Mein Herz ist kalt, meine Wang' ist roth,
Und der mich zeugte ist der Tod, –
Der schenke euch Erbarmen!

Viktor von Scheffel

(Biographie auf Seite 94)

Waldfrevel

Ein gastlich Quartier um Mitternacht
Hab vom Wald ich geheischt; gern bot er mir dar
Ein windstill Lager im dicht'sten Gehölz,
In sammtweichem Moose, von Farren umschwankt,
Den umsponnenen Stein als Kissen des Kopfs,
Altknorrige Eichen als Hüter.

Unlang war der Schlaf; es umschwebte mich nicht
Süß gaukender Traum und entführte mir nicht
Zu dir, mein Magnet, die Gedanken.
Jäh fuhr ich empor mit unwirschem Fluch,
Geweckt von dem Schalle der hauenden Axt,
Der doppelt so stark
Denn bei Tag, weit rief durch die Nacht hin.

Im Silberglanzdämmern der Sommernacht
Hob Eiche bei Eiche ihr wipfelgrün Haupt.
Nur des Vordergrunds erste, geborsten im Stamm,
Lag einwärts gestürzt und erfüllte den Grund
Mit der mächtigen Krone Laubwirrsal.
Von dort kam der Schall, nichts Gutes vermeldend,
Denn hauende Axt um Mitternacht ruft
Zwar manchesmal: „Ehrlich!" doch öftermal: „Schuft!"
Hoch oben auf schief sich erbiegendem Stamm
Stand einer und hieb mit gewltiger Kraft,
Daß Späne flogen und Aeste,
Und auf den Schauplatz der nächtigen That
Sah kreisrund die Scheibe des Vollmonds herab,
Und dasselbe traumdämmrige Silberlicht,
Das Liebende lockt,
In sanften Gefühlen zu schwärmen,
Bestrahlte die Kanten der Nachbarbäume,
Bestrahlte mild den gesunkenen Koloß,
Der Aeste Verflechtung nach rechts und links,
Und ihm selber, dem Mann mit geschwungener Axt,
Kahlkopf, Hemdärmel und Haubeil.

Zum Glück ists ein Fall nicht, der Blutsühne heischt
Wie ehedem, wo grausam dem Frevler im Forst
Den rechten Daumen der frevelnden Hand
Als verwirkt abhieb der Gerichtsherr.
Ich kenne den Mann. Im Taglohn haut
Der Forstei er das Holz,
Der Sturm, nicht er, warf die Eiche.
Und weil er am Tage heut Kindtaufe hielt
Hilft verspäteter Fleiß und die Silberscheinnacht,
Der Säumnis Fehler zu bessern.

„Waldfrevel". Illustration von Julius Mařak 1884.

Und ich nahte dem, der sich den Schlummer brach
Und den meinen verdarb, doch ich zürnte ihm nicht,
Und gähnenden Mundes, schier schlaftrunken noch
Entbot ich den Gruß:
„Was ist, Sebastian, hauts gut?"

Deutscher Wald

Waldmythos, Wald-ideologie, Pathetik

Das geographisch begrenzte Waldgebiet, das später mit der Bezeichnung „Deutscher Wald" definiert wurde, hat seinen Mythos nicht selbst hervorgebracht. Ihm wurde dieser Mythos – im wahrsten Sinne des Wortes – im Laufe der Jahrhunderte „zugeschrieben". Die Berichte des römischen Feldherrn Gaius Julius Caesar in seinem „De bello Gallico" und des Historikers Gaius Plinius Secundus beziehen sich dabei auf den Herkynischen Wald, der sich nördlich der Donau vom damaligen Gallien bis zu den Karpaten erstreckte. Dessen Undurchdringlichkeit sowie die dortigen Kultorte der kriegerischen germanischen Völker empfanden die Römer als Gegenwelt zu ihrer eigenen, urban geprägten Zivilisation. In der „Germania" wie auch im zweiten Buch der „Annales" des Tacitus ist von grauenerregenden Wäldern, grässlichen Sümpfen und finsteren Waldtälern die Rede. Das Grauen fokussiert sich schließlich auf einen bestimmten Wald, den Teutoburger Wald, der erstmals von Tacitus mit seinem Namen „Teutoburgensis saltus" erwähnt wird. In dessen Bereich erlitt die römische Armee unter der Führung ihres Feldherrn Varus im Jahr 9 n. Chr. eine vernichtende militärische Niederlage durch den Cheruskerfürsten Arminius, den Tacitus den unbestrittenen Befreier Germaniens (liberator Germaniae) nennt.

Diese Berichte waren an die damalige römische Leserschaft gerichtet und keineswegs für eine spätere deutsch-nationale Identifikationsbildung gedacht. Eine Wendung beginnt in der Renaissance und wird im 19. Jahrhundert national gedeutet: Der Waldmythos wird zum Ursprungsmythos, als Natursymbol wird er zum ideologischen Symbol und letztendlich als histori-

Reklamemarke „Deutscher Wald" ca. 1928.

sche Wahrheit begriffen. Zur Zeit des Nationalsozialismus wird der Waldmythos als Waldideologie politisch vereinnahmt, die mit dem „deutschen Wald" in Beziehung gesetzten vermeintlich positiven Eigenschaften auf das deutsche Volk übertragen, das somit zum überlegenen „Waldvolk" erhoben wird.

In der Waldliteratur vom Ende des 18. bis zum Beginn des 20. Jahrhunderts finden wir immer wieder eine tiefempfundene, individuell erlebte oder auch verklärte „Waldliebe". Mit dem drohenden Waldsterben, das sich erstmals in jener Zeit deutlich wie nie zuvor abzeichnete, waren nicht nur individuelle, sondern auch kollektive Ängste verbunden, drohte doch mit dem Verlust des Waldes auch der Verlust von Tradition und Kultur wie auch ein Verlust deutscher Identität. Die poetische Romantisierung in Verbindung mit Verlustängsten geht einher mit teilweise national-patriotisch aufgeladenen Texten unterschiedlicher Ausprägung. Viele entstanden im Kontext der Befreiungskriege in der ersten Hälfte des 19. Jahrhunderts, einer „Zeit politischer Hochspannung". Die Romantiker hatten bewusst versucht, durch die Betonung von Reflexion, Seelischem, Traum, Sehnsucht, Unbewusstem dem rationalen Zeitalter der Aufklärung neue Kategorien der Wahrnehmung entgegenzuhalten. Der politischen Dynamik ihrer Zeit konnten sie sich dabei nicht entziehen. Die Romantik wurde vielmehr zu einem „Sammelbecken des Entgegengesetzten" (Frenzel, S. 296).

Kurzbiographien und Texte

Graf Friedrich Leopold zu Stolberg-Stolberg

geboren 1750 in Bramstedt in Holstein (Dänemark), war Jurist, Dichter und Übersetzer, studierte in Halle und unternahm Bildungsreisen u. a. in die Schweiz, bevor er in die Dienste des Herzogs von Oldenburg trat, wurde anschließend dänischer Gesandter in Berlin und ließ sich Anfang 1800 im Münsterland nieder, wo er zum Katholizismus konvertierte. Zu seinem literarischen Werk gehören Oden, Balladen, Dramen und Reiseberichte. Stolberg starb 1819 auf Gut Sondermühlen bei Melle.

„Der Triumph Hermanns nach seinem Sieg über Varus".
Gemälde von J. H. Tischbein d. Ä. 1758.

Der Harz

Herzlich sei mir gegrüßt, werthes Cheruskerland!
Land des nervigen Arms und der gefürchteten
Kühnheit, freieres Geistes,
Denn das flache Gefild' umher!

Dir gab Mutter Natur, aus der vergeudenden
Urne, männlichen Schmuck, Einfalt und Würde dir!
Wolkenhöhnende Gipfel,
Donnerhallende Ströme dir!

Im antwortenden Thal wallet die goldene
Fluth des Segens, und strömt in den genügsamen
Schooß des lächelnden Fleißes,
Der nicht kärglich die Garben zählt.

Schaafe weiden die Trift; auf der gewässerten
Aue brüllet der Stier, stampft das gesättigte
Roß; die bärtige Ziege
Klimmt den zackigen Fels hinan.

Wie der schirmende Forst deinem erhabenen
Nacken schattet! er nährt stolzes Geweihe dir!
Dir den schnaubenden Keuler,
Der entgegen der Wunde rennt.

Dein wohlthätiger Schooß, selten mit goldenem
Fluche schwanger, verleiht nützendes Eisen uns,
Das den Acker durchschneidet
Und das Erbe der Väter schützt.

Dir giebt reinere Luft, und die teutonische
Keuschheit, Jugend von Stahl; moosigen Eichen gleich,
Achten silberne Greise
Nicht der eilenden Jahre Flug.

Dort im wehenden Hain wohnt die Begeisterung;
Felsen jauchzten zurück, wenn sich der Barden Sang
Unter bebenden Wipfeln
Durch das hallende Thal ergoß.

Und dein Hermann vernahm's! Sturm war
Sein Arm! sein Schwert
Wetterflamme! betäubt stürzten die trotzigen
Römeradler, und Freiheit strahlte wieder im Lande Teuts!

Doch des Heldengeschlechts Enkel verhülleten
Hermanns Namen in Nacht, bis ihn (auch er dein Sohn)
Klopstocks mächtige Harfe
Sang der horchenden Ewigkeit.

Heil, Cheruska, dir! furchtbar und ewig steht,
Gleich dem Brocken, dein Ruhm! Donnernd verkünden dich
Freiheitsschlachten! und donnernd
Dich unsterblicher Lieder Klang!

Friedrich Gottlieb Klopstock

geboren 1724 in Quedlinburg, studierte evangelische Theologie
in Jena. Schon als Schüler und Student arbeitete er an seinem
religiösen Epos „Messias", das später sein Hauptwerk werden

sollte. Klopstock gilt als Begründer des Zeitalters der Empfind-samkeit, die sich literaturhistorisch von der rationalen Poetik der Aufklärungszeit löste. Seine „Oden", in die persönlich Erfah-renes mit einfließt, werden Vorbild für die sogenannte „Erlebnis-dichtung". Nach dem Studium arbeitete er als Hauslehrer, hielt sich dann auf Einladung in Zürich und Dänemark auf. Weitere Wirkungsorte waren neben Quedlinburg Braunschweig und Hal-berstadt, wiederum Dänemark, dann Hamburg und Karlsruhe. Klopstock vertrat die Vorstellung eines deutschen Nationalstaa-tes, entwarf in einer aufgeklärt-utopischen Schrift gleichzeitig „Die deutsche Gelehrtenrepublik", in der eine gebildete Elite zu-sammen mit den Zünften und dem Volk regieren sollte. Er starb 1803 in Hamburg. Der Gestalt des Hermann (Arminius) widmete er drei Bühnenstücke: „Hermann und die Fürsten", „Hermanns Schlacht" und „Hermanns Tod". Der Begriff „Bardiet" für ein va-terländisches Gedicht geht im Übrigen auf Klopstock zurück. Hier die ersten vier Strophen des Gesangs der Barden aus „Her-manns Schlacht".

Hermanns Schlacht [Gesang der Barden]

O Wodan, der im nächtlichen Hain
Die weissen siegverkündenden Rosse lenkt,
Heb hoch mit Wurzel und Wipfel den tausendjährigen Eichenschild,
Erschüttr' ihn, daß fürchterlich sein Klang dem Eroberer sey!

Ruf in des Widerhalla Felsengebirg
Durch das Graun des nächtlichen Hains,
Daß dem Streiter von Tiberstrom
Es ertöne wie ein Donnersturm!

Wink deinen Adlern, die mehr als ein Bild
Auf einer hohen Lanze sind!
Flamm' ist ihr Blick, und dürstet nach Blut!
Sie verwandeln Leichen in weisses Gebein!

Die Räder am Kriegswagen Wodans
Rauschen wie des Walds Ströme die Gebirg herab!
Wie schallet der Rosse gehobner Huf!
Wie weht die fliegende Mähn' in den Sturm!

[...]

Heinrich Heine

(Biographie auf Seite 83 f.)

Caput XI.

Das ist der Teutoburger Wald,
Den Tacitus beschrieben,
Das ist der klassische Morast,
Wo Varus stecken geblieben.

Hier schlug ihn der Cheruskerfürst,
Der Hermann, der edle Recke;
Die deutsche Nationalität,
Sie siegte in diesem Drecke.

Wenn Hermann nicht die Schlacht gewann,
Mit seinen blonden Horden,
So gäb' es die deutsche Freiheit nicht mehr,
Wir wären römisch geworden!

Joseph Freiherr von Eichendorff

(Biographie auf Seite 71)

Der Jäger Abschied

Wer hat dich, du schöner Wald,
Aufgebaut so hoch da droben?
Wohl den Meister will ich loben,
So lang noch meine Stimme schallt.
Lebe wohl,
Lebe wohl, du schöner Wald!

Tief die Welt verworren schallt,
Oben einsam Rehe grasen,
Und wir ziehen fort und blasen,
Daß es tausendfach verhallt:
Lebe wohl,
Lebe wohl, du schöner Wald!

„Der Chasseur im Walde".
Gemälde von C. D. Friedrich 1814.

Banner, der so kühle wallt!
Unter deinen grünen Wogen
Hast du treu uns auferzogen,

Frommer Sagen Aufenthalt!
Lebe wohl,
Lebe wohl, du schöner Wald!

Was wir still gelobt im Wald,
Wollens draußen ehrlich halten,
Ewig bleiben treu die Alten:
Deutsch Panier, das rauschend
    wallt,
Lebe wohl,
Schirm dich Gott, du schöner
    Wald!

Illustration zu Eichendorffs Gedicht.
Holzschnitt von R. Brend'amour 1867.

Max von Schenkendorf

wurde 1783 in Tilsit (heute im russischen Oblast Kaliningrad) geboren, studierte Kameral- und Rechtswissenschaften in Königsberg, war zunächst als Hauslehrer und anschließend bei der Landesdeputation in Königsberg tätig. 1813 meldete er sich als Freiwilliger für die Befreiungskriege und nahm 1814 an der Völkerschlacht bei Leipzig teil. In dieser Zeit entstanden seine Kriegs- und Vaterlandslieder, die sich rasch verbreiteten. Schenkendorf war anschließend für das Militärgouvernement Frankfurt, Köln und Aachen zuständig, wurde 1815 Regierungsrat in Koblenz, wo er 1817 starb. Von seinem zehnstrophigen Gedicht „Vaterland" hier die erste sowie die beiden letzten Strophen.

Vaterland

O Vaterland, das droben ist,
Das uns der Heiland Jesus Christ
Von Ewigkeit bereitet!
Wie herrlich wird es droben sein,
Wenn er aus allem Streit und Pein
Zu deiner Lust uns leitet!

[...]

Zum Eichenwald, zum Eichenwald,
Wo Gott in hohen Wipfeln wallt,
Möcht' ich wol täglich wandern.
Du frommes, kühnes, deutsches Wort,
Du bist der rechte Schild und Hort
Zur Scheidung von den Andern.

Das ist das deutsche Vaterland,
Da, Jüngling, Jungfrau, sei dein Stand,
Da führe du dein Leben!
Da will ich stehn, ein grüner Baum,
Will träumen manchen sel'gen Traum
Und nach dem Himmel streben.

Von Eichendorffs Gedicht wurden die erste, dritte und vierte Strophe von Felix Mendelssohn Bartholdy vertont. In der letzten Strophe: „Schirm dich Gott du deutscher Wald."

Theodor Körner

wurde 1791 in Dresden geboren. Die Familie Körner hatte enge Beziehungen zur Literatur- und Dichterszene der Zeit, u. a. zu Schiller und Heinrich von Kleist. Theodor Körner studierte an der Bergakademie Freiberg, in Leipzig und Wien, wo er Lustspiele für das Burgtheater und romantisch-patriotische Gedichte schrieb und das Studium vernachlässigte. 1813 schloss er sich als Freiwilliger dem Lützow'schen Freikorps an. In dieser Zeit entstand sein bekanntestes Gedicht „Lützows wilde Jagd". Körner fiel im August desselben Jahres in einem Gefecht im Forst von Rosenow durch die Kugel eines deutschen Schützen. Sein Grab unter der nach ihm benannten Theodor-Körner-Eiche in Wöbbeln wurde von den Nationalsozialisten zum „Ehrenhain" erklärt. Jedoch auch im Widerstand gegen die Nationalsozialisten wurde Körner zitiert.

Die Eichen

Abend wird's, des Tages Stimmen schweigen,
Röter strahlt der Sonne letztes Glüh'n;
Und hier sitz' ich unter euren Zweigen,
Und das Herz ist mir so voll, so kühn!
Alter Zeiten alte treue Zeugen,
Schmückt euch doch des Lebens frisches Grün,
Und der Vorwelt kräftige Gestalten
Sind uns noch in eurer Pracht erhalten.

Viel des Edlen hat die Zeit zertrümmert,
Viel des Schönen starb den frühen Tod,
Durch die reichen Blätterkränze schimmert
Seinen Abschied dort das Abendrot.

„Auf Vorposten".
Theodor Körner mit zwei weiteren
Freiheitskämpfern im Wald.
Gemälde von G. F. Kersting 1815.

Doch um das Verhängnis unbekümmert,
Hat vergebens euch die Zeit bedroht,
Und es ruft mir aus der Zweige Wehen:
„Alles Große muß im Tod bestehen!"

Und ihr *habt* bestanden! – Unter allen
Grünt ihr frisch und kühn mit starkem Mut.
Wohl kein Pilger wird vorüberwallen,
Der in euerm Schatten nicht geruht.
Und wenn herbstlich eure Blätter fallen:
Tot auch sind sie euch ein köstlich Gut,
Denn verwesend werden eure Kinder
Eurer nächsten Frühlingspracht Begründer.

Schönes Bild von alter deutscher Treue,
Wie sie bess're Zeiten angeschaut,
Wo in freudig kühner Todesweihe
Bürger ihre Staaten festgebaut!
Ach was hilft's, daß ich den Schmerz erneue?
Sind doch alle diesem Schmerz vertraut!
Deutsches Volk, du herrlichstes vor allen,
Deine Eichen stehn – du bist gefallen!

Viktor von Scheffel

(Biographie auf Seite 94)

Waldeingang

Glück auf, mein Marsch hat den Hochwald erreicht,
O Lust ihn zu beschreiten,
Sein Ruch und Duft erfüllt die Brust,
Hochathmend will sie sich weiten! ..
Das kleine Gestrüpp, das kriechende Zeug
Verbleib in der Niedrung und thu, was es kann!
Starkstämmig ragt er, sturmtrotzend und kühn,
Und nicht ohne Ehrfurcht betrete ich ihn
Gleich dem, der einer Versammlung sich naht
Der besten Männer des Landes.

Noch dämmert die Frühe, noch scheiden sich nicht
Im Sonnglanz die Massen mit Schatten und Licht.
Ein mächtig Eichenpaar hütet den Eingang.

Der Tiras bellt laut und springt wedelnd empor
Weil flüchtigen Hupfs das Eichhorn vom Gras
Aufklettert zum höchsten der Wipfel.
Betretener Pfad führt voran. Es senkt
Mit bemoostem Gestein eine Halde sich;
Das Bächlein sickert mit frohem Gemurr
Durch das rothe Gefels
Und trägt zu Thale des Himmels Thau
Und die quirrlenden Quellen des Mooses.

Lang wurzle und knospe und grüne noch fort,
Hochwölbig Portal des laubgrünenden Doms,
Eichenpaar, fürstliche Hochwaldzier!
Wie reckst du stattlich zum Himmel den Stamm
Stolz aufrecht und frank,
Wie entsendest du kräftig zur Seite den Ast
Hartwinkligen Schwungs, nicht sänftlich gewölbt,
Im waagrechter Linie und steilab;
Wie zweigt sich knorrig das Durcheinand'
Zur hochwipflig schießenden Krone!
Sind wir auch nicht mehr Waldmenschen von einst
Die eurer Eicheln Nahrung gelabt
Mit den grunzenden Herden gemeinsam:
Noch entzückt uns alle die Schönheit des Blatts,
Sein gekerbter Rand, sein Gebuschtsein zum Strauß;
Noch schmückt dem Krieger zum Sturmlauf der Schlacht
Das Eichreis den Helm,
Und ein Eichlaubkranz ehret den Sieger.
Denn den Göttern war und den Manen geweiht
Die Eiche, der Deutschen urheiliger Baum,
An ihrem Stamm hieng als Weihegeschenk
Des Besiegten Schild der Freisaß des Walds,
Und wenn ihm selber der Schwerttod genaht,
Hieng des Ahnherrn Schlachtschild der Enkel dazu
Als Denkmal im Hain ohne Inschrift.
Wenn mächtiger Sturm dann sein Brausen erhub,
Da klirrten im Wetter die Schilde zusamm',
Und zum Kind sprach die Mutter: „Nun sprengen einher
Die von Heervater Wodans altheiligem Heer!" –
Hier möchte ich dereinst am geweihten Ort,
Der so fromm mich stimmt, wie ein Münster von Stein,
Nach des Lebens Genuß und des Lebens Verdruß
Im Eichenschatten ausruhn mein Gebein,
Von geliebter Hand einen Kranz ob dem Grab,

„Waldein-
gang". Illus-
tration von
Julius Mařak
1884.

Und hoch im Geäst
Von der Wipfel flüstern noch leise genannt:
„Waldfreund!" …

Ernst Moritz Arndt

wurde 1769 in Groß Schoritz auf Rügen als Sohn einer ursprünglich leibeigenen Familie der Grafen von Putbus geboren. Sein Vater ermöglichte ihm den Besuch des Gymnasiums und der Uni-
versitäten in Greifswald und Jena, wo Arndt u. a. evangelische
Theologie, Geschichte und Erdkunde studierte und nach seinem
Abschluss als Privatdozent in Greifwald tätig war. 1806 musste
er vor den napoleonischen Truppen nach Schweden fliehen. In
dieser Zeit entstanden seine antifranzösischen Schriften sowie
patriotischen Gedichte. Nach seiner Rückkehr erhielt er eine
Professur in Bonn und wurde später Abgeordneter der Frankfurter Nationalversammlung. Arndt starb 1860 in Bonn. Seine Einstellung zum Judentum wie auch seine Rezeption zur Zeit des
Nationalsozialismus sind weiterhin aktuelle Forschungsthemen.

Rausche durch den Wald

Rausche durch den Wald, rausche durch das Herz,
Thränenzorn, du frischer Lebenswind!

Schweige nicht das Wort, schweige nicht den Schmerz,
Rausche, du des Mutes erstgebornes Kind!

Rausche, brause frisch! klinge, schalle kühn!
Kühner, weil der Freiheit Pestilenz,
Deutsche Pest, uns lei'rt Welken und Verblühn,
Winterfrost und Tod vor dem deutschen Lenz.

„Wo ist Babel heut? wo das alte Rom?
Welche Fahnen wehn heut vom Kapitol
Wie kein Tropfen fließt je hinauf den Strom,
Find't erloschner Stern nimmer neuen Pol."

Leiertest du so mit, verschneiter Greis?
Tod und Nacht, die deutsche Greisennacht,
Weil kein Kaiser kommt, welcher weist und weiß,
Was den deutschen Mut stark und fröhlich macht?

Feiger Memmen Klang, tönest du so nach,
Weiberhoffen, Weiberzagen nach,
Weil noch immer kein Adlerflügelschlag
Klingt den langen Schlaf Barbarossas wach?

Nicht also mit dir! Nimm dir deutschen Schwung,
Deutscher! nimm einmal dir den deutschen Stolz
Für dein großes Volk, unter Greisen jung,
Grün wie seines Waldes grünstes Eichenholz.

Nicht also mit dir! Rausche durch den Wald!
Rausche, brause, Zorn, durch Stein und Bein!
Brause, deutscher Mut, Gottes Zorngewalt!
legenheitenGreif die Adler dir, laß die Krähen schrein.

Ein Wort über die Pflegung und Erhaltung der Forsten

[…] Wenn ich König von Teutschland wäre, oder wenn ich in irgend einem
teutschen Land Fürst oder Erster Minister oder nur Oberforstmeister wäre
– versteht sich Oberforstmeister mit einiger Macht – würde ich sehr thätig
zugreifen und eingreifen in diese höchstwichtige Sache. Nun aber kann ich,
ein armer Schreiber, nichts weiter thun als sie zeigen und denen, welche
sie angeht, sie an die Herzen und Gewissen legen.

Ich meine hier bei dieser meiner Waldordnung Teutschland. Es giebt wohl
eine allgemeine Waldordnung, die fast für alle Länder anpassend und an-
gemessen wäre; aber jedes Land hat nach seinen Gelegenheiten und Ört-
lichkeiten wieder besondere Bedürfnisse, die man nie aus den Augen ver-

lieren muß. Ausser dem, was die Wälder überhaupt für den Leib und den Geist des Menschen und für das Gedeihen und die Fruchtbarkeit der Felder und Auen Wirksames und Wohlthuendes haben, müssen sie in einem heißen Klima Schirm gegen die Wuth der Sonne, in einem kalten Klima Schirm gegen die Wuth der Kälte und Winde geben: sie sind des Menschen bester Rock und Mantel und weder aus Fellen noch aus Wollen mag er sich einen machen. In Teutschland haben wir einen gar verderblichen Feind: der heißt Ostwind oder Nordostwind. [...].

In der Voraussetzung, daß der Mensch und vorzüglich daß die Erzeugung und Erhaltung eines edlen und kräftigen Menschengeschlechts einmal wieder das Erste und alles Andere und alle anderen Rücksichten das Zweite und Dritte dünken werden und dünken müssen, nehme ich an, daß die Erde künftig wieder recht in Beziehung auf den Menschen verwaltet werden wird. In dieser Voraussetzung muß jede verständige Regierung dem Menschensein Nothwendiges von Wäldern und Bäumen erhalten oder wieder erschaffen, wo es nicht mehr ist.

In der guten Waldordnung werden zuerst die höchsten Hohen der Berge, wo das Gebiet der Stürme und Blitze und des Schnees und Eises besonders herrschend seyn würde, gleichsam geheiligt wie die alten Götterhaine; sie werden vorzüglich dicht erhalten. Dann folgen in Zwischenräumen die niedrigeren Bergkämme, die in ihren einzelnen Ablüfen und Absätzen mit Hochwald bedeckt erhalten werden. Die Schlüchte zwischen den Kämmen mögen nach der Ortlichkeit und Gelegenheit in Felder und Wiesen verwandelt werden. So kommen wir zur Ebene. [...]

Je alle anderthalb teutsche Meilen müßte Wald seyn, der wenigstens fünfzehnhundert Fuß Breite hätte. Die Länge liefe den ganzen angegebenen Windstrich fort. Dieser Wald dürfte nie so gelichtet oder durchgehauen werden, daß die Stürme einen freien Durchgang hätten, sondern die Hochforst müßte immer gebührlich geschont und forstmäßig bewirthschaftet werden. [...]

Diese vom Staate als eines seiner Heiligthümer gehegten und gepflanzten Wälder mögten immerdar, je nachem die Dörfer und Grundstücke liegen, auch Privateigentum seyn. Sie müßten nur nach einem allgemeinen Gesetze verwaltet und bewirthschaftet werden, und der Staat hätte immer die Aufsicht über sie.

Das versteht sich von selbst, daß zwischen diesen Waldlinien jeder Einzelne nach Gefallen Wälder haben und anlegen oder zerstören dürfte, wie ihm gefiele. Nur diese Linien wären gleichsam die Heerlinien für die Wälder, und würden nach unserer Ueberzeugung wahre Heerlinien des Staates seyn, hinter welchen ein frisches und kräftiges Menschengeschlecht in Friede und Freude wohnen könnte.

[...]

Jagen und gejagt werden

Schenken wir der griechischen und römischen Mythologie Glauben, so ist eine Göttin die unbestrittene Herrscherin über Jagd und Wald: Artemis oder Diana, erkennbar an ihrem signifikanten Attribut, dem Mondsichel-Diadem. Mit Pfeil und Bogen oder auch Speer jagt sie, häufig nur leicht bekleidet, durch Wald und Flur. Die als keusch geltende Göttin wird begleitet von ihrem Hund sowie einer Schar von Nymphen und bietet seit der Antike ein Szenario, das die Phantasie der Künstler immer wieder aufs Neue beflügelt.

Die historisch-wissenschaftliche Betrachtung der Jagd fällt weit nüchterner aus. Demnach wird die Jagd als die älteste Tätigkeit des Menschen als „Jäger und Sammler" definiert. Aus dem ursprünglich gemeinschaftlichen und arbeitsteiligen Erleben einer sozialen Gruppe entwickelte sich die Jagd zu einem königlichen Regal (Recht), das lange Zeit einer adeligen, männlich dominierten Elite vorbehalten blieb. Neben dem juristischen Aspekt bildete sich eine Ritualisierung des Jagens heraus mit eigener Kultur, Fachsprache und eigenem sozialen Stand. Die Jagd wurde zum gesellschaftlichen Ereignis, bei dem sich unterschiedliche Formen, aber auch unterschiedliche, nicht selten konkurrierende Berufsgruppen von „Grünröcken" herausbildeten, Jäger und Förster, deren Zuständigkeiten nicht immer übereinstimmten, wie wir aus dem Gedicht von Carl Eduard Ney erfahren. Im 19. Jahrhundert wurde die Jagd, getrennt von der Forstwissenschaft, zunehmend als eigene wissenschaftliche Disziplin verstanden. Zahlreiche jagdwissenschaftliche Handbücher und Lexika erschienen, wie das unten zitierte „Lexikon für Jäger und Jagdfreunde" von Georg Ludwig Hartig. Doch auch belletristi-

„Jagdpartie mit zwei Jägern".
Gemälde von Eduard Leonhardi 1860.

sche Literatur, Erzählungen, Gedichte und Glossen sowie Lieder und, nicht zu vergessen, das berühmte „Jägerlatein" erfreuten sich großer Beliebtheit – so die Geschichten des Freiherrn von Münchhausen.

Doch bei der Jagd gibt es nicht allein die Jäger, es gibt auch die Gejagten. Selbst wenn sich genügend nachvollziehbare Gründe für das Jagen anführen lassen, so sehen wir das unschuldige Tier doch stets in der Rolle des Opfers, das, einmal ins Visier genommen, kaum Chancen hat, dem Tod zu entrinnen. Auch diese Perspektive kommt in der Literatur zum Ausdruck. So wird an die Verantwortung des Jägers appelliert, auch seiner Rolle als Heger und Pfleger gerecht zu werden und die Achtsamkeit gegenüber Tier und Natur nicht aus den Augen zu verlieren.

Kurzbiographien und Texte

Georg Ludwig Hartig

wurde 1764 im hessischen Gladenbach geboren. Er entstammte einer Forstbeamtenfamilie, bekleidete nach seiner Forstausbildung und dem Studium der Kameralwissenschaften in Gießen verschiedene Positionen als Oberförster und Landforstmeister, bevor er 1806 als Oberforstrat der württembergischen Forstverwaltung nach Stuttgart berufen wurde, wo er 1811 zum Oberlandforstmeister befördert wurde. Von dort wechselte er schließlich als Mitdirektor für Forst- und Jagdangelegenheiten in die Generalverwaltung der Domänen und Forsten nach Berlin. Dort richtete er an der Universität einen Lehrstuhl für Forstwirtschaft ein, aus dem die Forstliche Hochschule Eberswalde hervorging. Hartig ist Verfasser zahlreicher Lehr-, Handbücher und Lexika und vertrat bei der Pflege der Wälder das von Carl von Carlowitz propagierte Prinzip der Nachhaltigkeit.

Jagdgeschichte (Lexikonartikel)

Eine ausführliche Jagdgeschichte würde in diesem Lexikon viel zu viel Raum einnehmen. Sie kann daher hier nur sehr kurz und unvollständig abgehandelt werden. – In den ältesten Zeiten, wo unsere deutschen Vor-

fahren weder Ackerbau noch Handwerke trieben, lebten dieselben in den Waldungen, womit Deutschland überall bedeckt war, und ernährten sich von der Jagd und dem Fischfange, und auch von dem Rindvieh, den Schafen und den Ziegen, die sie allenthalben mit sich führten. Zum Erlegen des Wildes bedienten sie sich der Bogen und Pfeile und der Wurfspieße, mitunter auch der Fallgruben. Diese reichten auch hin, um ihnen das zur Nahrung und zur Bekleidung erforderliche Wild zu verschaffen. Als aber nach und nach die Wälder lichter, das Wild scheuer und weniger, und die Volksmenge größer wurde, kostete es viel Mühe, sich durch die Jagd ausüben, um die ihrem Milch- und Zugvieh gefährlichen Raubthiere zu schützen. Damals durfte J e d e r jagen und die erlegten wilden Thiere für sich behalten. Späterhin sahen aber die Regenten ein, daß die Jagd ihre Unterthanen von dem nützlicheren Ackerbau zu viel abzog. Sie schlossen daher den Bauernstand fast überall von der Jagd aus, und eigneten sich dieselbe entweder selbst zu, oder sie beliehen damit ihren nun entstandenen Adel und andere Korporationen. Doch gaben sie demselben nicht immer die Erlaubniß, a l l e Jagdthiere zu erlegen, sondern sie reservirten sich meistens diejenigen, deren Jagd ihnen das meiste Vergnügen verursachte, oder den meisten Vortheil gewährte.

Eine autobiographische Skizze von G. L. Hartig erschien 1816 in der Zeitschrift „Sylvan".

Dadurch entstand die Abtheiling in h o h e und n i e d e r e , in einigen Ländern auch: in h o h e , m i t t l e r e und n i e d e r e Jagd. Erstere behielt der Landesherr gewöhnlich für sich, und sie begriff meistens das Edelwild, die Elene, das Auerwild, die Rehe, Sauen, die Bären und das Auergeflügel – zuweilen auch das Birkwild, die Trappen und Schwäne in sich. War aber eine m i t t l e r e Jagd bestimmt, so rechnete man gewöhnlich dazu: die Sauen, die Rehe, das Birkgeflügel etc., zur niederen Jagd aber wurde dann alles übrige Haar- und Federwild gezählt. […]

Besonders große Jagdreviere nahmen die deutschen Kaiser für sich in Anspruch, ob sie gleich meistens die Holznutzung daraus den Waldeigenthümern überließen. In diesen Jagdrevieren, oder sogenannten Bannforsten, auch Königsforsten, wurde das Wild auf das Sorgsamste gehegt, damit der Kaiser, wenn er in die Gegend kam, darin recht viel Jagdvergnügen haben könne. Und weil die deutschen Kaiser die Rheinlande oft besuchten, so fand man darin auch die meisten Bannforste. – Kehren wir aber nach der älteren zeit zurück, so finden wir, daß das Wild nach Erfindung des Schießpulvers und der Schießgewehre schnell sich verminderte, und daß nun auch das viel mühsamere Fangen des Wildes in Fallgruben und Netzen, immer mehr aus dem Gebrauch kam. Nur bei kleinen Vögeln hat sich der Fang in Netzen und Schleifen bis jetzt erhalten, und nur in dem Falle, wo man Thiere lebendig haben will, oder wo man sie auf diese Art am leichtesten und sichersten bekommen kann, wendet man jetzt noch Netze an. Vorzüglich aber bedient man sich der Büchse und der Flinte zur Jagd, und seitdem die Jäger damit sehr geschickt umzugehen wissen, und nun auch seit 60 Jahren fast allgemein mit Doppelgewehren versehen sind, außerdem auch die Wildhege nicht mehr so, wie vormals, beobachtet wird, die Jagden an vielen Orten verpachtet werden, und die Grundbesitzer nicht mehr zugeben wollen, daß ihnen das Wild Schaden thue, ist die Jagd fast überall sehr in Verfall gekommen. Auch sind die vormaligengroßen Prunkjagden, die viel Geld kosteten, obgleich die Unterthanen die Dienste dabei unentgeltlich leisten mußten, ganz eingestellt worden, um so mehr, da es jetzt fast allenthalebn an dem dazu erforderlichen Wilde fehlt, und wo dessen noch ist, die Jagddienste aufgehoben worden sind, entweder ganz unentgeltlich, oder gegen ein unbedeutendes Aequivalent. – Kein vernünftiger Jäger wird die alte Zeit zurückrufen, dagegen aber wünschen, daß das harmlose Wild nicht allzusehr vermindert, oder wohl ganz ausgerottet werden möge.

Man muß leben und leben lassen!

Heinrich Wilhelm von Gerstenberg

geboren 1737 in Tondern (Schleswig), stand als Kornett, später Rittmeister, im dänischen Militärdienst, interessierte sich besonders für Fremdsprachen und Literatur. Das Haus seiner Eltern in Kopenhagen war Treffpunkt bedeutender Intellektueller und Künstler, durch die Gerstenberg zu eigenen literarischen Werken inspiriert wurde. Nach seinem Militärdienst 1771 wurde er dänischer Konsul in Lübeck, später Justizdirektor der königlichen Lotterie. Er starb 1823 in Altona. Seine „Taendeleyen" sind der Stilrichtung der Anakreontik zuzurechnen, einer literarischen Strömung im 19. Jahrhundert, die griechisch-mythologische Themen aufgriff, vor allem Liebe, Freundschaft und Natur.

„Die Jagd der Diana".
Gemälde von Arnold Böcklin 1896.

Die Nymphe Dianens.

Ich ging einsam durch die Schatten des idalischen Hains, den Lustwald
der Diane, die hier oft das erschrockene Wild verfolgt, und es auch itzt
verfolgte. In weiter Ferne toenten die frohen Jagdhoerner dumpfigt zu mir
herüber; und schnell sah ich vor mir auf spitzigen Klippen eine der Nymphen hinter einem Gemse daher fliegen, itzt, von ihrem Pfeile begleitet,
dicht hinter ihm; und es stürzte hinab in die haeler zu meinen Füssen, das
blutende stolze Thier, und auch die Nymphe stand vor mir da.

> Wild schoss ihr reizend Aug umher,
> Sah den erlegten Raub nicht mehr,
> Sah mich nur! ihre Haare flogen
> Um Hals und Stirn und Brust; sie stand
> So ernst, wie Juno, da! in ihrer rechten Hand
> Schwung sie den kühnen Pfeil; die linke trug den Bogen.

Ich zitterte, da ich die schoene Grausame sah, und blickte furchtsam nieder: denn ich fürchtete sie durch ein freyes Auge zu beleidigen, so lang ich

den Pfeil in ihrer Hand wahrnahm. Endlich redete ich sie an: Zürne nicht, schoenste Nymphe, dass ich so schüchtern da stehe. Ich Unerfahrner bin aus den Staaten der Goettinn Cythere [Aphrodite], und habe nie ein drohendes Maedchenauge, noch Bogen und Pfeil in der Hand einer Schoenen gesehen. Bey uns zürnt nie eine Schoene; oder wenn sie zürnt:

> So ist ein Frühlingstag, der durch ein Woelkchen lacht:
> Ihr Mund, zum Kuss so sanft gemacht,
> Weiss nur zu seufzen, nicht zu draeuen,
> Und droht er ja, es ploetzlich zu bereuen.

Daher sind keine Maedchen glücklicher, als die Maedchen der Goettinn Cythere. Es ist unglaublich, schoene Nymphe, was für Freuden der Kuss eines Jünglings in ihrem Busen erweckt.

> Nenn' auf der Welt mir eine Lust:
> Durch Küsse zaubr' ich sie in eine schoene Brust.

Deine Brust ist unvergleichlich, o Nymphe! – Ich sprachs, und gleich laechelte die furchtbare Nymphe; ein Seufzer hob ihre schoene Brust, sanft drohte sie, und bereute ploetzlich den drohenden Blick. Küsse mich auch, Jüngling, sagte sie, indem sie sich unter eine Fichte setzte; und ich küsste sie, und drückte sie an meinen Busen. Ach! da kam Diana. Wer ist dieser Jüngling, rief die trotzige Goettinn? Es ist Amor, antwortete die schlaue Nymphe: ich habe ihn hier gefangen, als er muthwillig hinter dem Wilde jagte. Seine Flügel habe ich ihm abgeschnitten, und seine Koecher ins Meer geworfen: soll ich ihn vom Felsen ins Meer stürzen? – Nein, sprach die Goettinn, nimm ihn mit in deine Grotte, und binde ihn; wenn ich diesen Abend von der Jagd zurück komme, so will ich ihn seiner Mutter zuschicken, dass er die Nymphen nicht verwunde. – Und nun, ihr Liebesgoetter, richtet Trophaeen dem maechtigen Sieger auf, der eine von Dianens Nymphen bezwang"

Ludwig Tieck

(Biographie auf Seite 76)

Im Walde

Muntres Herz, frischer Sinn
Ist Gewinn,
Fröhlich geht's durch Büsche hin.
Weicht die Nacht,

Auf zur Jagd! auf zur Jagd!
Wann der rothe Morgen lacht.
Waldgesang,
Hörnerklang,
Hörnerklang und Waldgesang
Tönt das Jagdrevier entlang.
Meiner Liebsten Stimm' ist schön,
Wann ihr lockendes Getön
Durch des Waldes Dämmrung bricht,
Aber höher schwillt die Brust,
Herz klopft dann nach Jägerlust,
Wenn des Waldhorns Stimme spricht.
Ist dein Herz dir matt und bang,
Schnell erfrischt es Waldgesang,
Waldgesang und Hörnerklang!

Joseph von Eichendorff

(Biographie auf Seite 71)

Jäger und Jägerin

Sie:
Wär ich ein muntres Hirschlein schlank,
wollt ich im grünen Walde gehen,
spazieren gehen bei Hörnerklang,
nach meinem Liebsten mich umsehn.

Er:
Nach meiner Liebsten mich umsehn
tu ich wohl, zieh ich früh von hier,
doch sie mag niemals zu mir gehen
im dunkelgrünen Waldrevier.

Sie:
Im dunkelgrünen Waldrevier
da blitzt der Liebste rosenrot,
gefällt so sehr dem armen Tier,
das Hirschlein wünscht, es läge tot.

Er:
Und wär das schöne Hirschlein tot,
so möchte ich jagen länger nicht;

„Jagdgesellschaft auf einem Waldweg".
Gemälde von Albert Arnz 1879.

scheint überm Wald der Morgen rot:
hüt, schönes Hirschlein, hüte dich!

  Sie:
Hüt, schönes Hirschlein, hüte dich!
Sprichts Hirschlein selbst in seinem Sinn:
wie soll ich, soll ich hüten mich,
wenn ich so sehr verliebet bin?

Er:
Weil ich so sehr verliebet bin,
wollt ich das Hirschlein, schön und wild,
aufsuchen tief im Walde drin
und streicheln, bis es stille hielt.

  Sie:
Ja, streicheln, bis es stille hielt,
falsch locken so in Stall und Haus!
Zum Wald springts Hirschlein frei und wild
und lacht verliebte Narren aus.

Die Jäger

Wir waren ganz herunter,
Da sprach Diana ein,
Die blickt so licht und munter,
Nun geht's zum Wald hinein!

Im Dunkeln Aeuglein funkeln,
Kupido schleichet leis,
Die Bäume heimlich munkeln –
Ich weiß wohl, was ich weiß.

Gotthold Ephraim Lessing

Geboren 1729 in Kamenz, gilt als der führende Vertreter der Aufklärungsliteratur, Begründer des bürgerlichen Trauerspiels sowie der modernen Religionsphilosophie. Nach dem Schulabschluss an der Fürstenschule in Maißen studierte er Theologie und Philosophie in Leipzig, anschließend Medizin in Wittenberg. Lessing war freier Dramatiker, Autor, Zeitschriftenherausgeber und Übersetzer, weiterhin Sekretär des preußischen Generals von Tauentzien in Breslau, später Dramaturg am Nationaltheater in Hamburg und schließlich Bibliotheksleiter der Herzoglichen Bibliothek in Wolfenbüttel, wo 1779 sein wohl berühmtestes Werk „Nathan der Weise" entstand. Lessing starb 1781 in Braunschweig.

„Den größten Hund, so
stark er ist, kann dein
Geweih mit einem Stoß ent-
seelen." (G. E. Lessing).

Der Hirsch und der Fuchs

,Hirsch, wahrlich, das begreif' ich nicht,'
Hört' ich den Fuchs zum Hirsche sagen,
,Wie dir der Muth so sehr gebricht;
Der kleinste Windhund kann dich jagen.
Besieh dich doch, wie groß du bist!
Und sollt' es dir an Stärke fehlen?
Den größten Hund, so stark er ist,
Kann dein Geweih mit einem Stoß entsee-
    len.
Uns Füchsen muß man wohl die Schwach-
    heit übersehn;
Wir sind zu schwach zum Widerstehn.
Doch daß ein Hirsch nicht weichen muß,
Ist sonnenklar. Hör meinen Schluß.
Ist jemand stärker, als sein Feind,
Der braucht sich nicht vor ihm zurückzu-
    ziehen;
Du bist den Hunden nun weit überlegen,
    Freund,
Und folglich darfst du niemals fliehen.'

,Gewis, ich hab' es nie so reiflich überlegt.
Von nun an', sprach der Hirsch, ,sieht man mich unbewegt,
Wenn Hund und Jäger auf mich fallen;
Nun widersteh' ich allen.'

Zum Unglück, daß Dianens Schar
So nah mit ihren Hunden war.
Sie bellen, und sobald der Wald
Von ihrem Bellen widerschallt,
Fliehn schnell der schwache Fuchs und starke Hirsch davon.

Natur thut allzeit mehr als Demonstration.

Karl Stieler

geboren 1842 in München, war Jurist und Archivar am damaligen Bayerischen Reichsarchiv, dem heutigen Bayerischen
Hauptstaatsarchiv in München. Beeinflusst durch den Dichterkreis um Emanuel Geibel und Paul Heyse sowie durch die Lektüre der Werke und Gedichte Ludwig Uhlands und Heinrich Heines
betätigte er sich als Dichter und Schriftsteller und hielt Vorträge

„Wenn Hund und Jäger auf mich fallen, nun widersteh' ich allen." (G. E. Lessing).

über die bayerische Kulturgeschichte. Bekannt wurde er durch seine bayerischen Dialektgedichte, aber auch durch seine hochdeutsche Dichtung, Erzählungen, Reise- und Landschaftsbeschreibungen. Politisch engagierte sich Stieler in der fortschrittlich national-liberalen Bewegung in München. Er starb 1885 in seiner Heimatstadt.

Wald-Idylle

Man mag am Hirsch die mächtige Gestalt bewundern und an den Gemsen die schneidige Kühnheit, an schlankem Baue aber, an Anmut und Gelenkigkeit übertrifft das Reh sie alle.

Das haben auch die Dichter gemerkt, denn kein Tier muß der Jäger so oft dem Poeten überlassen, wie dieses; fast alle Lyriker sind hier „wildern" gegangen und stahlen dem Weidmann sein „scheues Reh", um irgend ein schmachtendes Mädchen damit zu verzieren.

Denn was im derben dialektischen Gedicht die Gemse bedeutet, fällt ihm im Bereiche hochdeutscher Verse zu, man kann das „Dirndl", das sich nicht fangen läßt, wohl mit dem flüchtigen Gams vergleichen, aber das „Fräulein", das verschämt vor der Liebe flieht, läßt sich doch nur als schüchternes Reh besingen; dieses allein ist salonfähig von allem Wild. Sorgsam wird es gehegt in dem Parke der Lyrik, der mit dem Goldschnitt-zaun umgeben ist.

Wir aber wollen Natur, wir wollen das frische unbefangene Tier des Wal-des, das schallend durch die Büsche bricht. Nur dort ist der wahre Tum-melplatz für edles Wild, Natur ist der geheime Zauber, der den Weidmann auf seine Wege lockt und wahrlich, es fehlt diesem Wege (auch wenn wir die Poeten fortgejagt) doch nicht an Poesie!

Man muß nur hinausgehen an einem der goldenen frühen Junitage. Der Abend neigte sich schon, als wir aus dem Waldschlag auf die Alpenmatte traten, die sich in leichter Neigung bis an den Saum des Tannenwaldes hinzieht. Jeder Schritt war gedämpft durch das weiche sprossende Gras, das der Nachthauch leise befeuchtet, um die Wurzeln der Bäume wucher-ten wilde Veilchen und Heidekraut und in den schlanken Zweigen, die aus längst gefallenen Stämmen aufgeschossen, spielte der Wind. Weit hinein sah man in die Berge, auf denen die letzten Schatten lagen, regungslos ruhte drunten der See, von fern rauschen die Bäche und leise verklingt das Abendgeläut, das aus der Tiefe emporsteigt. Auf der Spitze des Zweiges daß eine Drossel und sang. Wie lockend, wie flötend war jeder Laut, wenn die kleine Brust sich dehnte und hob, der Odem des Frühlings zog über die Halde.

Und nun knistert es plötzlich drüben im Tannengrün, man hört das Stamp-fen der Läufe und das Knicken der Äste und in behenden Sätzen springen drei Rehe aus dem Dickicht hervor, ein viertes leichtfüßig hinterdrein. Wir sind geborgen hinter einem breiten Stamme und der Wind ist gut; sie hal-ten still mit hochgezogenem Lauf und lassen sich kosen von der kühlen Luft, wie wohl ist ihnen auf der offenen freien Matte; denn das Dickicht des Waldes ist so eng!

Jeden Morgen und jeden Abend wechseln sie hier über den Wiesengrund nach dem Schlage hinüber, um in der Lichtung zu äsen, und so scheu auch ihr ganzes Wesen ist, so schmiegsam vertraulich ist doch ihr Gang, wenn sie sich sicher glauben; in ihren Augen liegt ein Glanz, den kein anderes Wild besitzt. Der Jägerbrauch hat Recht, wenn er sie „Lichter" nennt.

Jetzt thut der Bock sich nieder, aber rasch springt er wieder empor, denn ein drohendes Geräusch ließ sich im Holz vernehmen; unruhig stampft er mit den Läufen, neugierig blicken die Geißen, da raschelt es zum zweiten-mal – noch stärker – und in schllender Hast ergreift der ganze Rudel die

„In behenden Sätzen springen drei Rehe aus dem Dickicht hervor,
ein viertes leichtfüßig hinterdrein.“
(K. Stieler).

Flucht. Der Schuß, den wir ihm nachgesandt, ging fehl, sie sind verschwunden in der Tiefe des Waldes, in der Tiefe der Dämmerung.

Obwohl das Rehwild leichter auf flachem Lande lebt, so scheuen sie doch auch die Berge nicht; gar manchem Jäger, der auf Gemsen birscht, kommt ein gewaltiger Sechserbock in den Weg, selbst über die höchsten Almen, wenn im Spätherbst die Herde abgezogen, sieht man sie wechseln und äsen. Auch hier wie bei den Gemsen hat der Wildbestand in den letzten Jahrzehnten beträchtlich zugenommen, da die Hegung und das Raubzeug weniger geworden ist, aber trotz alledem sind die Gefahren noch immer zahlreich.

Besonders sind die Kitze unablässig bedroht, Fuchs und Habicht stellen denselben nach und wenn auch die Alten mit rücksichtslosem Mute für sie einstehen, so gibt es doch gar manchen Feind, gegen den die Verteidigung nichts hilft, vor dem sie selber wehrlos sind.

Der furchtbarste dieser Feinde aber ist der Winter, jener Winter der Berge, der meilenweites Gebiet in undurchdringlichen Schnee begräbt. Man muß sie selber gesehen haben, diese Zeit der Not, um zu wissen, wie da das hagere Wild sich schauernd zusammendrängt, wie es kämpft um die letzten grünen Sprossen, die aus dem Schnee hervorragen, und in diesem Kampfe gibt es kein anderes Recht, als das der Stärke. Wenn es schon im Parke fast unmöglich ist, neben dem Edelwild einen ergiebigen Rehbestand aufzubringen, wie schwierig ist es damit erst hier bestellt, wo der Kampf ums Dasein in ungezähmter Härte herrscht. Mit drohendem Geweih stürzt sich der Zehenender auf die Rehe, die im Schneegestöber unter die mächtige Schirmtanne flüchten, wo er selber Schutz gefunden; hundertweis gehen die schlanken kümmernden Tiere zu Grund.

Am schlimmsten aber ist es, wenn im April und Mai noch einmal Fröste kommen oder schwerer Schneefall, nachdem das Wild schon den Winterstand verlassen und sich an frische Äsung gewöhnt hat. Mehrmals hintereinander war dies im bayerischen Hochland der Fall, und erst vor einigen Jahren fiel um die Mitte Mai so dichter Schnee, daß die Wagen fast auf ebener Straße versanken.

Der Schaden, welchen der Rehbestand dadurch erlitt, ist unberechenbar; auf einem Gebiet von wenigen Meilen, zwischen Valepp und Bayrisch Zell gingen allein an hundert Stück zu Grunde, nicht nur Geißen und Kitze, die dem Hunger erlagen, sondern auch starke Böcke, die durch die dünngefrorene Schneeschicht brachen und nicht mehr weiter zu kommen wußten. So fielen sie mühelos dem Raubzeug zur Beute.

Daß sich die Rehe übrigens leicht an den Menschen gewöhnen und alle Scheu verlieren, besonders wenn man die Kitze in hilfloser Lage aufnimmt, ist allbekannt. Mehr als einmal habe ich in der Kaiserklause einen prächtigen jungen Rehbock gesehen, den der Oberförster aufzog und der frei im ganzen Hause und in den benachbarten Wäldern umherlief. Er spielte mit den Hunden und war so vertraulich, daß er den Förster sogar viele Stunden weit auf die Jagd begleitete und nicht einmal bei Seite sprang, wenn dieser schoß. Zuletzt ward er im Walde, ganz nahe am Forsthaus, von einem Holzknecht erschlagen, weil sich der Thäter nicht durch einen Schuß verraten wollte. Aus Furcht vor der Entdeckung aber wagte er es doch nicht mehr, ihn rechtzeitig fortzuschaffen, sondern ließ ihn auf dem Platze, wo ihn die Hunde am anderen Morgen fanden.

Aber all diese Gefahren, die der harte Mensch und der harte Winter bringt, sind verschmerzt und vergessen, wenn nun wieder der Lenz auf den Alpenmatten sproßt, wenn in den glühenden Sommertagen der Wald sein kühles Dach verzweigt, wenn im Herbst die letzten milden Strahlen ins Gehege fallen.

Noch sind die Blätter grün, aber ein leiser goldner Schimmer hat doch die Buchen schon überflogen, noch ist das Blau, das durch die Zweige lugt, so weich und milde, aber es ist zugleich so durchsichtig klar geworden, wie nur der Herbst uns entgegenschaut!

Die hohen Blumen, die zwischen dem Farnkraut emporgeschossen, stehen in letzter Blüte, an dem schlanken Strauche glänzen die reifen Beeren; das volle Morgenlicht fällt herein in diese Waldeinsamkeit.

Hier stehen lauschend drei schlanke Rehe; sie sind auf der gewohnten Fährte herabgezogen an den klaren mit Riedgras umsäumten Quell – aber horch – was regt sich da, was knistert im Schilfe, was flattert über den Weg? Es ist ein Fasan mitseinen Hennen, der sich gerne zum Wasser hält, auch er ist stutzig geworden, kaum fußhoch über dem Boden streicht er dahin und geschäftig rippelnd folgen die Hennen ihm nach – dann ist es wieder tiefe stille Waldeinsamkeit.

In stolzem Selbstgefühl zieht der Hirsch durch den Tannenforst, das Treiben der Gemsen ist fröhliches Wagnis, das Leben des Rehes ist eine Idylle.

Theodor Fischer

geboren 1872 in Reinach (Kanton Aargau/Schweiz), gestorben 1925 in Basel, erlernte zunächst das Goldschmiedehandwerk und unternahm als fahrender Handwerksbursche Reisen durch Frankreich, Deutschland und Holland, kehrte in die Schweiz zurück und arbeitete nach Abschluss der Handelsschule bei einer Versicherungsgesellschaft. Ein Gehörleiden behinderte ihn seit seiner Kindheit und war Grund für seinen häufigen Rückzug in die Natur, für seine Leidenschaft für das Malen, Zeichnen und Schreiben sowie für die Jagd und das Reiten. Unter dem Pseudonym „Waldläufer" verfasste er humorvolle Jagd- und Wandergeschichten, von denen viele in der „Schweizerischen Jagdzeitung" veröffentlicht wurden. Während eines Ritts erlitt er einen tödlichen Herzanfall.

Titelseite von Theodor Fischers „Jagdskizzen" 1920.

Waidmannssprache

Hier stock' ich schon! Waidmann oder Weidmann? Duden schreibt Weidmann, und sämtliche Jagdzeitungen sind schon längst zu dieser Schreibweise übergegangen. Ich behalte das ai trotzdem bei, und zwar aus folgendem Grunde:

Waid kommt von Wald. Das i ist, wie dies auch in andern Sprachen vorkommt, aus dem l hervorgegangen. Wir haben im Schweizerdeutschen noch den Ausdruck „Waidling". Das ist heute ein etwas schweres Ruderboot, wie es die Fischer benutzen, und ursprünglich war es ein aus einem Baumstamm geschnitzter Kahn, ein Einbaum, ein „Waldling", also einer aus dem Walde.

[…]

Darnach haben Waid- und in diesem Sinne seine Zusammensetzungen also weder mit Weise […] etwas zu tun, sondern Waidmann ist ein Waldmann.

[…]

Als die Ausübung der Jagd sich bereits hoch entwickelt hatte und das Gewerbe der Jägerei zu einer Kunst geworden war, deren Erlernung lange Zeit, große Mühe und eine nicht geringe körperliche Anstrengung erforderte, bildete sich von selbst eine eigene, abgeschlossene Jägerzunft, und mit dieser entstanden unbemerkt und unbewußt zugleich auch der Zeit entsprechende, vollständig zunftgemäße Sitten und Gebräuche mit einer besondern Kunst- oder Zunftsprache, vermittelst welcher sich die Zunftgenossen zu erkennen pflegten.

[…]

Die Ausdrücke der Waidmannssprache sind nicht von den Jägern erfunden worden, sondern sie sind der damaligen allgemeinen Umgangssprache entnommen; höchstens daß ihnen der Jäger in einzelnen Fällen eine besondere Bedeutung gegeben hat, wenn sich eine solche nicht von selbst herausschälte.

So hat sich manches urdeutsche Wort, das in der Wort- und Begriffsentwicklung, in der Wandlung der Sprache, verloren gegangen ist, in der Waidmannssprache erhalten und ist damit zu einem „Fachausdruck" geworden. Als sich im Mittelalter die Berufsgenossen zusammentaten, die Innungen und Zünfte entstanden, wurde der Gebrauch der Kunstsprache, in diesem Falle der Waidmannssprache, absichtlich kultiviert und der Verstoß gegen die waidmännische Ausdrucksweise durch das Waidmesser mit den Pfunden bestraft.

Als im Laufe der Zeit die Jagd, die bisher ein Herrenrecht war, demokratisiert und nun von Leuten ausgeübt wurde, die die altherkömmlichen, dem ganzen Betrieb eine höhere Weihe verleihenden Sitten, Gebräuche und die Sprache entweder nicht genügend kannten oder doch nicht hochhielten, da drohte der Waidmannssprache der Untergang durch Vernachlässigung und Vergessenheit. Ihre Neubelebung ist nicht zum wenigsten Grimm zu verdanken, der die uralten „Jägerschreie und Waidsprüche" sammelte (3. Band „Altdeutsche Wälder"). Es sind dies Rätselfragen und Sprüche, die meistens mit „Lieber Waidmann, sag mir an" beginnen, welche die Waidleute vor und nach der Jagd zu gegenseitiger Erheiterung einander aufzugeben pflegten, und in denen ein reicher Schatz von Kenntnissen, Künsten, Sitten und Wörtern, welche auf die Jagd Bezug haben, aufgespeichert liegen. Die Literatur über die Waidmannssprache ist seither bedeutend bereichert und vervollständigt worden, was als Beweis des steigenden Interesses an ihr gelten darf.

Es gibt zwar noch viele Jäger und wird wohl auch stets welche geben, darunter sonst durchaus waidgerechte, die die Kunstsprache als „törichtes Zeug" direkt ablehnen.

Carl Eduard Ney

geboren 1841 in Kusel in der Pfalz, war nach seiner Ausbildung zum Förster in Aschaffenburg, Karlsruhe und München in verschiedenen Orten zunächst Forstgehilfe, dann kaiserlicher Oberförster, schließlich Forstrat in Straßburg und Oberforstmeister in Metz. 1897 gründete er den Reichsforstverein, der zwei Jahre später zusammen mit der „Versammlung Deutscher Forstmänner" zum heute noch bestehenden „Deutschen Forstverein" wurde. Neben forstwirtschaftlicher Fachliteratur verfasste Ney eine Reihe von Gedichten, in denen es stets in humorvoller, aber auch kritischer Weise um die Jagd, das Jagdwesen sowie um die Jäger und Förster in seiner Heimat, der Pfalz, geht. Ney starb 1915 in Kusel.

Forstwirtschaft und Jägerei

Früher galt's für selbstverständlich,
Daß der Forstmann Jäger sei;
Beide sind da gut gefahren,
Forstwirtschaft und Jägerei.

Was der Forstmann nicht erblickte,
Ward dem Jäger offenbar,
Und es war dem Jäger immer,
Was der Wald bedurfte, klar.

Ward das Wild zu sehr geheget,
Legt der Forstmann Veto ein,
Und mit Eifer sucht der Jäger,
Daß der Wildstand nicht zu klein.

Grundgelehrt kommt heut' der Forstmann
Von der Hochschul' hasenrein,
Von der Pürsche keine Ahnung,
Von der Saujagd keinen Schein!

Zoologisch hochgebildet,
Kennt er jedes Käferlein,
Und des kleinsten Käfers Bohrloch
Macht ihm heut' die größte Pein.

Doch an besten Hirsches Fährte
Geht vorbei er ahnungslos;
Sieht er ein verbissen Pflänzlein,
Auf die Jagd geht's Schelten los.

Umgekehrt der heut'ge Jäger
Sieht nur's Jagdrevier im Wald.
Der Kulturen größter Schaden
Läßt den Waidmann völlig kalt.

Sieht's mit Ingrimm, wenn der Forstmann
Seine Pflanzung rings umhegt,
Und zum Schutz des edlen Holzes
Einen Hieb ins Dickicht legt.

Heute liegt im ew'gen Streite
Forstmann d'rum und Jägerei.
Frag' mich oft, ob das denn nöthig,
Ob's dem Volk' von Nutzen sei

Und ich finde, daß sie beide
Fahren schlecht, so Wald wie Jagd;
Es verliert die Jagd an Reizen
Es verliert der Wald an Pracht.

Sollen beide sich vertragen,
Muß der Forstmann Jäger sein,
Und der Jäger sei auch Forstmann
Und nicht Jäger nur allein!

Um die beiden zu vereinen,
Kenn' ich eine Lösung nur:
Laßt dem Forstmann seine Jagden,
Er ist Jäger von Natur!

Rudolf Erich Raspe

wurde 1736 in Hannover geboren. Nach seinem Jurastudium in Göttingen arbeitete er als Bibliotheksschreiber, später als Bibliothekssekretär in Göttingen und Hannover, wo er bislang unbekannte Handschriften des Universalgelehrten Gottfried Wilhelm Leibniz entdeckte. Neben seiner bibliothekarischen und schriftstellerischen Tätigkeit widmete er sich zunehmend den Naturwissenschaften, vor allem der Geologie und Mineralogie. Seine Karriere als Professor für Altertumswissenschaften in Kassel nahm ein unglückliches Ende. Zur Begleichung von Schulden entwendete Raspe Münzen aus dem dortigen Münzkabinett, wurde des Diebstahls überführt und floh nach England. Dort betätigte er sich als Ingenieur und Geologe im Bergbauwesen sowie als Übersetzer. Bekannt wurde er vor allem durch die Herausgabe der Geschichten des berühmten „Lügenbarons" von Münchhausen, die 1781/1783 von einem anonymen Verfasser erschienen waren und die Raspe neu ordnete und auch ins Englische übersetzte. Raspe starb 1794 in Muckross bei Killarney in der Grafschaft Kerry in Irland.

**Abenteuer und Reisen des Freiherrn von Münchhausen
(aus dem Kapitel Jagdgeschichten):**

Sie haben sicher, meine Herren, von dem Heiligen und Schutzpatron der Jäger, St. Hubertus, gehört, ebenso wie von dem edlen Hirsche, der ihm im Walde mit einem heiligen Kreuze zwischen dem Geweih erschien. Ich habe

Illustration zu Münchhausens
Jagdgeschichten.

diesem Heiligen jedes Jahr in guter Gesellschaft gehuldigt und diesen Hirsch tausendmal in Kirchen gemalt oder auf die Brust der Ritter seines Namens gestickt gesehen, so daß ich bei der Ehre und dem Gewissen eines guten Jägers kaum zu sagen vermag, ob es nicht früher wirklich solche Hirsche mit Kreuzen gegeben hat, oder heutigen Tages noch gibt. Als ich einst all' mein Blei verschossen hatte, fand ich mich ganz unerwartet einem prächtigen Hirsche gegenüber, der mich so unerschrocken ansah, als wenn er wüßte, daß meine Taschen leer seien. Ich lud sofort mit Pulver und that eine Handvoll Kirschkerne darauf, denn ich hatte, so rasch es nur ging, eine Anzahl dieser Früchte ausgesteint. Damit schoß ich nach dem Hirsche und traf ihn genau in die Mitte zwischen dem Geweih; einen Augenblick war er betäubt – schwankte – raffte sich jedoch wieder auf und entkam. Ein Jahr oder zwei später, als ich wieder in demselben Walde jagte, sah ich einen stattlichen Hirsch mit einem über zehn Fuß hohen schönen Kirschbaume zwischen dem Geweih. Ich erinnerte mich sogleich wieder meines früheren Abenteuers, und da ich das Thier als mein Eigenthum von lange her betrachtete, so brachte ich es mit einem Schusse zu Fall und bekam dadurch Braten und Kirschsauce zugleich; denn der Baum war voll der schönsten Früchte, dergleichen ich früher nie genossen. Wer weiß, wer weiß, ob nicht ein leidenschaftlicher heiliger Nimrod oder jagdlustiger Abt oder Bischof das Kreuz in ähnlicher Weise zwischen dem Geweih des St. Hubertushirsches aufgepflanzt. Im Fall der äußersten Noth greift ein guter Jäger zu jedem Auskunftsmittel, ehe er sich eine günstige Gelegenheit entschlüpfen läßt, und ich war ja häufig in der Lage, mich bloß durch meine Geschicklichkeit aus den gefährlichsten Situationen zu ziehen.

„Jägerlatein".
Illustration von Emil Rau 1900.

Otto von Loeben

Otto Heinrich Graf von Loeben, geboren 1786 in Dresden, entstammte einer sächsisch-schlesischen Adelsfamilie. Er begann ein Studium der Rechtswissenschaften, das er jedoch abbrach, um freier Schriftsteller zu werden. Enge Kontakte bestanden zu Joseph und Wilhelm von Eichendorff sowie zu den Dichterkreisen um Ludwig Tieck und Justinus Kerner. In seinen Romanen, Novellen und Gedichten ist eine romantische, christlich-patriotische, später auch historisierende und psychologische Stilrichtung erkennbar. Große literarische Erfolge blieben ihm jedoch versagt. Otto von Loeben starb 1825 in Dresden.

Waldlust. (Nach dem Reisebuch).

Fernab im grünen Wald
Das Jagdhorn schallt,
Das Horn erschallt im grünen Wald,
Und auch ein Pilger wallt
Ohn' Aufenthalt
Wohl durch den lieben grünen Wald.

Wohl süß im grünen Wald
Das Jagdhorn schallt,
Mit möcht' ich durch den lieben Wald
Wie dort der Pilger wallt
Ohn' Aufenthalt
Wohl durch den lieben grünen Wald.

Das Horn im grünen Wald
Süß lockt und schallt,
Macht schön den Wirt im freien Wald,
Des Pilgers Ohr umwallt:
„Ohn' Aufenthalt
Kommst nimmer durch den grünen Wald!"

Fernab im grünen Wald
Das Horn erschallt,
Bin mitgezogen durch den Wald,
Zum Sänger-Aufenthalt
Bin ich gewallt,
Für immer in den grünen Wald.

Gottfried Keller

geboren 1819 in Zürich; wegen eines Schulverweises blieb ihm zunächst eine höhere Schulbildung verwehrt. Nach erfolgloser Ausbildung zum Landschaftsmaler in München betätigte er sich autodidaktisch der Schriftstellerei, erhielt jedoch nach seiner Rückkehr nach Zürich und dem erfolgreichen Erscheinen seines ersten Gedichtbandes von der Stadt ein Stipendium und studierte in Heidelberg Geschichte und Staatswissenschaften. Von 1861 bis 1876 war er Erster Staatsschreiber des Kantons Zürich, war jedoch ab 1876 nur noch als freier Schriftsteller tätig. Keller starb 1890 in seiner Heimatstadt.

Sonntagsjäger

Es lässet sich mit aller Kraft
Ein Horn im Walde hören;
Ich krieg' ein altes Rohr
    beim Schaft
Und schlendre in die Föh-
    ren.

Der Wald, der macht mir
    vielen Spaß,
Er flunkert in der Sonnen;
Der Reif hat, wie mit Jung-
    fernglas,
Die Nadeln übersponnen.

Da hüpft ein junger Haas
    daher
Und spielt vor mir im Grase:
Ich brenne, wie von unge-
    fähr,
Mein Schrot ihm auf die
    Nase.

Es ist, als schrie' er: „Gott
    vergelt's!"
Mit kläglicher Geberde;
Sein rothes Blütlein färbt
    den Pelz
Und macht sich in die Erde.

Was stierst du so, du Haidekind,
Im Sterben immer dümmer?
Ich bin halt, wie die Andern sind,
Nicht besser und nicht schlimmer!

Und als das Häslein ausgeschnappt,
Hab' ich es heimgetragen;
Doch hab' ich schon genug gehabt
Von „Waidmann's Heil" und Jagen!

„Der Sonntagsjäger".
Gemälde von Carl Spitzweg um 1845.

Friederike Kempner

geboren 1828 in Opatow in der damaligen Preußischen Provinz
Posen (heute Polen), entstammte einer wohlhabenden und literarisch produktiven Familie. Sie schrieb Gedichte, Novellen,
Trauerspiele und historische Dramen und engagierte sich neben
dieser Tätigkeit in vielen sozialen Bereichen. Soziale Reformen
lagen ihr besonders am Herzen. Friederike Kempner starb 1904
auf ihrem Gut Friederikenhof bei Reichtal (heute Rychtal) in
Schlesien.

„Hirschjagd".
Gemälde von Moritz Müller d. Ä.,
Ende des 19. Jahrhunderts.

Die Jagd.

Hell der Himmel ist erleuchtet,
Sonnenstrahlen hin und her,
Frischer Tau den Rasen feuchtet,
Silbern glänzt das Jagdgewehr.

Eine Jagd ist's! Blutig jagend
Eilt der Jäger durch den Wald,
Für das Böse Alles wagend,
Mordruf weit und breit erschallt!

Aufgescheucht fliehn junge Rehe
Von dem blut'gen Schauplatz fort,
Doch der Jäger Todesnähe
Eilet nach von Ort zu Ort.

Mit der Hast, dem wilden Grimme,
Der das Böse gern beschönt,
Der betäubend jene Stimme
Ernsten Mahnens wild verhöhnt.

Bei dem blut'gen Reh daneben
Steht der Schütze, blutig rot:
„Räche Gott, mein schuldlos Leben" –
Fleht das Tier vor seinem Tod.

Trotzig glänzt des Waldmanns Miene
Bei des jungen Rehes Blut
Und es war, als wenn's ihm schiene
Heute hätt' er Glück und Gut! –

„O, daß ich den Bock erwische"
Und so stürzt er rasend fort,
Und bleibt hängen im Gebüsche,
Fremdes Roß, es tummelt dort;

Schleift den Jäger zu der Halde,
Wo das Tier getroffen liegt,
Still am Boden liegen Beide,
Schuldlos Reh hat obgesiegt!

Endlich macht es eine Runde,
Endlich steht das wilde Roß,
Doch in selbiger Sekunde
Geht des Jägers Büchse los!

Jäger schaut's mit stierem Blicke,
Schmerz durchzuckt sein Angesicht:
Jäger, traue Deinem Glücke,
Deiner wilden Jagdlust nicht! –

„Ich lieg und keuche."
(C. F. Meyer).

Conrad Ferdinand Meyer

(Biographie auf Seite 72)

Wund.

Zu Walde flücht' ich, ein gehetztes Wild,
Indeß der Abendhimmel purpur quillt.

Ich lieg und keuche. Zu mir rinnt herein
Ein stilles Bluten über Moos und Stein.

Hermann Löns

(Biographie auf Seite 261 f.)

Der Heger

Das Schießen allein macht den Jäger nicht aus,
Wer weiter nichts kann, bleibe lieber zu Haus.

Doch wer sich ergötzet an Wild und an Wald,
Auch wenn es nicht blitzet und wenn es nicht knallt,

Und wer noch hinaus zieht zur jagdlosen Zeit,
Wenn Heide und Holz sind vereist und verschneit,

Wenn mager die Äsung und bitter die Not,
Und hinter dem Wilde einher schleicht der Tod,

Und wer ihm dann wehret, ist Waidmann allein,
Der Heger und Pfleger kann Jäger nur sein.

Wer bloß um das Schießen hinausging zur Jagd,
Zum Waidmanne hat er es niemals gebracht.

Grußkarte zur Jagd,
Anfang 20. Jahrhundert.

Drei Essays von Georg Ruppelt

Forstwirtschaft und Bibliotheken – 310 Jahre „Nachhaltigkeit"

Seit Anfang der 90er Jahre des letzten Jahrhunderts spielt das Thema „Sustainable development – nachhaltige Entwicklung" eine große Rolle in der Diskussion um Ökologie, Politik und soziale Gerechtigkeit. Der Begriff der Nachhaltigkeit hat seitdem erhebliche Weiterungen und Spezifizierungen erfahren, meint aber im Grundsatz den Erhalt natürlicher Ressourcen, damit sie auch zukünftigen Generationen zur Verfügung stehen.

Doch die Idee von der Nachhaltigkeit ist keine Erfindung unserer Tage. In alten Bibliotheken kann man ein Buch im Original einsehen, das 1713 erschienen ist, nämlich die „Sylvicultura Oeconomica oder Haußwirthliche Nachricht und naturmäßige Anweisung zur Wilden Baum-Zucht". Man kann auch eine gut kommentierte Neuausgabe im Buchhandel erwerben oder in einer wissenschaftlichen Bibliothek ausleihen, die zum 300-jährigen Jubiläum des Buches 2013 erschienen ist.

Es ist das erste deutsche, in sich geschlossene forstwirtschaftliche Werk, und es enthält an einer Stelle das Wort „nachhaltend": Im Kapitel VII „Von Nothwendigkeit und Nutzen des Holtz=Anbaues" heißt es:

„Wird derhalben die gröste Kunst/Wissenschaft/Fleiß und Einrichtung hiesiger Lande darinnen beruhen / wie eine sothane Conservation und Anbau des Holtzes anzustellen / daß es eine continuirliche beständige und nachhaltende Nutzung gebe /

Der Kletterwald in Travemünde.

weiln es eine unentberliche Sache ist / ohne welche das Land in seinem Esse [lat., das Sein, Dasein] nicht bleiben mag. Denn gleich wie ander Länder und Königreiche / mit Getreyde, / Viehe / Fischereyen / Schiffarthen / und andern von Gott gesegnet seyn /[...] also ist es allhier das Holtz [...]."

Der Verfasser, Hans Carl von Carlowitz (1645–1714), entstammte altem sächsischem Adel. Nach dem Studium der Rechts- und Staatswissenschaften widmete er sich naturwissenschaftlichen und bergbaukundlichen Studien. Auf einer Kavalierstour durch Europa konnte er seine Kenntnisse über den knappen Rohstoff Holz beträchtlich erweitern. Mit 32 Jahren wurde er zum sächsischen Vize-Berghauptmann ernannt — ein einflussreicher, hochdotierter Posten. 1711 stieg er zum Oberberghauptmann auf und gehörte damit noch für drei Jahre bis zu seinem Lebensende zu den mächtigsten Männern im Sachsen Augusts des Starken.

In seiner „Sylvicultura Oeconomica" von 1713 plädierte von Carlowitz für einen pfleglichen Umgang mit den Schätzen der Natur und gegen den damals überall üblichen Raubbau an ihr. Mit einer einzigen Erwähnung des Wortes „nachhaltend" wurde er zum Begründer der Idee von der Nachhaltigkeit. Diese Idee ist übrigens auch für Bibliotheken, Archive und Museen grundlegend, denn auch sie weisen über die kurze Menschen-Existenz hinaus und dienen zukünftigen Generationen.

Forstwirtschaft wird also zum nachhaltigen Nutzen betrieben. Nachhaltig heißt dabei zunächst einmal nur, über die eigene Existenz hinaus für zukünftige Generationen zu planen und zu wirtschaften. Nachhaltig ist auch die Fixierung des menschlichen Geistes in Büchern und Medien und ihre Aufbewahrung in Bibliotheken, und zwar, so der durchaus ernst gemeinte Anspruch, „für die Ewigkeit". Forstwirtschaft und Bibliotheken weisen so über die kurze Menschen-Existenz hinaus und sind damit bleibende Manifestationen der Hoffnung auf die Zukunft.

Die Nachhaltigkeit ist somit das wichtigste Bindeglied zwischen Bibliotheken und kultivierten Wäldern. In unseren Bibliotheken stehen tausende und abertausende von Büchern und Medien, die sich unter vielfältigsten Aspekten mit dem Thema Holz, Forst und Wald beschäftigen. Viele dieser Bücher bestehen zum Teil selbst aus (ehemaligem) Holz, jedenfalls solche, die Mitte des 19. Jahrhunderts erschienen sind. Holz bildete auch die Voraussetzung für die sogenannten Blockbücher – das sind von Holzstöcken auf Papier gedruckte Bilder und Texte, die aus der Zeit überliefert sind, als Gutenberg Mitte des 15. Jahrhunderts das Drucken mit beweglichen Blei-Lettern erfand. Blockbücher gehören zum seltenen und kostbaren Bibliotheksbesitz. Zu denken ist auch an die vielen tausend Holzschnitte und Holzstiche, die sich in Bibliotheken als Einzelblätter oder als Buchillustrationen finden – nicht zu

Abb. aus Hans Carl von Carlowitz: Sylvicultura oeconomica. 1713. Gottfried Wilhelm Leibniz Bibliothek, Sign. Ob-A 7001.

vergessen die alten Bucheinbände aus Holz für Handschriften und Drucke.

Fazit: Forstwirtschaft und Bibliotheken, Wälder und Bücher passen hervorragend zusammen. Gemeinsam bilden sie die Schatzkammer unseres Lebens und Wissens, ein Kulturgut, das es zu erhalten und „nachzuhalten" gilt.

DichterWald – Literarische Streifzüge

Bibliotheken und Wälder – wie passt das zusammen? Nun, es passt hervorragend zusammen. In unseren Bibliotheken stehen tausende und abertausende von Büchern und Medien, die sich unter vielfältigsten Aspekten mit dem Thema Wald beschäftigen. Viele dieser Bücher bestehen selbst aus ehemaligen Wäldern, jedenfalls solche, die seit Mitte des 19. Jahrhunderts erschienen sind: Blätterwälder aus genutztem Holz.

Holz bildete auch die Voraussetzung für die sogenannten Blockbücher – das sind von Holzstöcken auf Papier gedruckte Bilder und Texte, die aus der Zeit überliefert sind, als Gutenberg Mitte des 15. Jahrhunderts das Drucken mit beweglichen Blei-Lettern erfand. Blockbücher gehören zum seltensten und kostbarsten Bibliotheksbesitz. Zu denken ist auch an die vielen tausend Holzschnitte und Holzstiche, die sich in Bibliotheken als Einzelblätter oder als Buchillustrationen finden. Nicht zu vergessen die alten Bucheinbände aus Holz für Handschriften und Drucke.

Holz spielte für den Namensgeber der Leibniz Bibliothek in Hannover eine große Rolle, denn viele Jahre beschäftigte er sich mit der Optimierung der Bergbautechnik im Harz. Es ist kaum glaublich, dass Leibniz (1646–1716), der mit 1.400 Korrespondenten in aller Welt rund 15.000 Briefe wechselte, keinen Kontakt zu Hans Carl von Carlowitz (1645–1714) gehabt haben soll, denn die Interessen der beiden in Leipzig geborenen Zeitgenossen waren in Teilen durchaus ähnlich; beide studierten Rechtswissenschaften und widmeten sich naturwissenschaftlichen wie bergbaukundlichen Studien.

Die wichtigste Gemeinsamkeit aber, die Bibliotheken und kultivierte Wälder aufweisen, findet sich in dem von Hans Carl von Carlowitz in seinem – in der Gottfried Wilhelm Leibniz Bibliothek vorhandenem – Hauptwerk „Sylvicultura oeconomica" 1713 eingeführten Begriff der Nachhaltigkeit. Nachhaltig ist die vom Menschen kultivierte Natur, der Wald – Forstwirtschaft heißt über den eigenen Tod hinaus wirken für zukünftige Generationen. Nachhaltig ist auch die Fixierung des menschlichen Geistes in Büchern und Medien und ihre Aufbewahrung in Bibliotheken, und zwar, so der durchaus ernst gemeinte Anspruch, „für die Ewigkeit".

Wälder und Bibliotheken weisen so über die eigene endliche Menschen-Existenz hinaus und sind damit bleibende Manifestationen der Hoffnung.

Märchen

„(Fast) kein Märchen ohne Wald. Die beliebtesten: Schneewittchen, Rotkäppchen, Hänsel und Gretel" – so kann man es in der ansprechend gestalteten Broschüre des Bundesministeriums für Ernährung, Landwirtschaft und Verbraucherschutz „Entdecken Sie unser Waldkulturerbe!" zum Internationalen Jahr der Wälder 2011 lesen, das die Vereinten Nationen ausgerufen haben.[1] Und in der Tat, das Ministerium hat recht: In den Kinder- und Hausmärchen der Brüder Grimm, die in der 1. Auflage 1812/1815 erschienen und dann bis zu ihrer 6. Auflage 1850 zahlreiche Erweiterungen erlebten, kommt das Wort „Wald" in 161 der insgesamt 210 Märchen vor. In einer Untersuchung von Wolfgang Baumgart „Der Wald in der deutschen Dichtung" werden sieben Märchen als „reine Waldmärchen" bezeichnet, „die, abgesehen von der schmalen Außenhandlung, nur aus der Waldhandlung bestehen".[2] Außerdem werden 39 sogenannte „zusammengesetzte Waldmärchen" aufgeführt, in denen die Waldhandlung den Kern bildet oder als Teil vorkommt.

---

[1] Entdecken Sie unser Waldkulturerbe! Hrsg. vom Bundesministerium für Ernährung, Landwirtschaft und Verbraucherschutz (BMELV). Berlin 2011. S. 15.

[2] Wolfgang Baumgart: Der Wald in der deutschen Dichtung. Berlin, Leipzig 1936. (Stoff- und Motivgeschichte der deutschen Literatur. Hrsg. von Paul Merker u. Gerhard Lüdtke; Bd. 15.) S. 36.

Aus: Hausbuch Deutscher Lyrik. Gesammelt von Ferdinand Avenarius. Mit Zeichnungen von Fritz Philipp Schmidt. 271.–280. Tsd. München: Callwey, um 1920.

Der Wald bildet im deutschen Volksmärchen eine eigene Welt, die der realen Welt der Menschen gegenüber steht. Er ist eine Zauber- und Wunderwelt, vor allem aber ist er eine fremde Welt, ähnlich der Welt unter dem Wasserspiegel oder der Welt im Innern der Erde – ebenfalls Orte des Märchens. Doch der Wald, zu dem die Menschen allein physisch leichteren Zutritt haben als zu den anderen fremden Gebieten, ist eindeutig die Heimat der meisten deutschen Volksmärchen.

Baumgart vergleicht in seiner auch heute noch lesenswerten Studie die deutschen Waldmärchen mit einer ganz anderen Völkergruppe, nämlich mit den Indianern Südamerikas:

„Kein Land ist so stark von der Waldnatur geprägt wie die Heimat der Indianer des tropischen Südamerika; dennoch sind die Märchen, in denen der Wald am Stärksten hervortritt, die deutschen. [...] Für den Indianer ist die landschaftliche Natur, in der er lebt, aufgeteilt in die zwei Welten des Wassers und des Waldes, die nicht einmal scharf getrennt sind. Alles, was er an Erscheinungsformen des festen Erdbodens kennt, trägt das Zeichen der Waldvegetation. Sein Gewerbe ist vor allem das des Jägers, und der wenige Boden, den er als Pflanzer bebaut, ist dem Walde so mühselig abgerungen und stets von ihm so bedroht, dass er noch seiner Sphäre zugerechnet werden muss. Der Lebensraum des Indianers und die Waldwelt sind nicht (wenigstens nicht wesentlich) verschieden. Für den Menschen des deutschen Volksmärchens ist der Wald als Naturmacht zwar noch vorhanden, aber er bildet nur die äußerste Grenze eines kultivierten Raumes, in dem sich das menschliche Leben abspielt. Er ist also für den Menschen dieses Raumes eine fremde Welt, nicht mehr die einzige und eigene wie für den Indianer. So lange der Wald einzige Form der Naturwelt bleibt, fehlt ihm die Eigenschaft, die seinen einzigartigen Charakter unter allen vegetativen Erscheinungen bedeutet und ihn für den Menschen so wesentlich macht, die des abgeschlossenen, gegen ein anderes abgegrenzten Raumes [...]".[3]

NS-Wald

Die eben zitierte Untersuchung von Wolfgang Baumgart nähert sich ihrem Gegenstand, dem deutschen Wald in der Literatur, auf ganz nüchterne und faktenreiche Weise. Das ist erstaunlich angesichts des Zeitpunktes ihres Erscheinens, nämlich 1935.

Im Nazireich waren die schwülstige Rede oder das bedeutungsvolle, gern wagnermäßig alliterierende Geraune vom deutschen Wald, dem Lebensraum der Germanen, aus denen die Deutschen nahtlos hervorgegangen seien, in geradezu grotesker Weise allgegenwärtig – sei es in Politik, Wirtschaft, Wissenschaft oder Literatur. Es ist darüber eine Menge geschrieben worden, und ich will hier nicht allzu viel sagen über das, was unsäglich ist. Als Geschmacksprobe nur ein Zitat aus dem Jahr 1934:

„In der Wildnis reckenhafter Baumgestalten hat sich der heldenhafte Geist germanischer Krieger immer aufs Neue gestählt und gefestigt. Eine gehärtete Rasse wuchs hier heran – Geschlechter von Führern, bestimmt und befähigt, die Geschicke der Welt zu leiten. In hartem Kampfe mit dem Walde schuf sich der deutsche Mensch mit zäher Entschlossenheit vorwärtsdringend, seinen

---

[3] Ebd., S. 34/35.

Lebensraum. [...] Hier will uns der deutsche Wald mit seinen kühn in den Raum sich emporreckenden Säulen, mit seinen siegfriedhaften Heldengestalten erscheinen wie ein Sinnbild für das Dritte Reich deutscher Nationen."[4]

Von besonderem Interesse ist in diesem Zusammenhang ein von Alfred Rosenberg, dem „Chefideologen" der Nationalsozialisten, in Auftrag gegebener Film, der 1936 uraufgeführt wurde und den Titel „Ewiger Wald" trug.[5] Die rassistische Ideologie, die Blut- und Bodenmystik war in diesem Film ganz und gar auf den Wald übertragen worden. So heißt es darin etwa:

> „Brecht auf den wartenden Boden!
> Schlagt aus, was rassefremd und krank!
> Aus der Vielheit der Arten schafft
> Des ewigen Waldes neue Gemeinschaft!"[6]

Allerdings scheint der „Führer" Adolf Hitler nicht viel von dem Film gehalten zu haben, denn der war der Meinung, dass sich nur unterlegene Völker in den Wald zurückzögen.[7]

Tacitus

Der Mythos vom deutschen Wald hat seinen Ursprung in der um 100 n. Chr. entstandenen „Germania" des Tacitus, die von Jacob Grimm und von zeitgenössischen Historikern und Literaten als Quelle historischer Tatsachen rezipiert wurde. Schaut man

---

[4]   Walther Schoenichen: Urwaldwildnis in deutschen Landen. Bilder vom Kampf des deutschen Menschen mit der Urlandschaft. Berlin 1934. Zitiert nach Viktoria Urmersbach: Im Wald da sind die Räuber. Eine Kulturgeschichte des Waldes. Berlin 2009. S. 92.

[5]   Ulrich Linse: Der Film „Ewiger Wald" – oder: Die Überwindung der Zeit durch den Raum. Eine filmische Umsetzung von Rosenbergs „Mythus des 20. Jahrhunderts". In: Formative Ästhetik im Nationalsozialismus. Intentionen, Medien und Praxisformen totalitärer ästhetischer Herrschaft und Beherrschung. Hrsg. von Ulrich Herrmann und Ulrich Nassen. Weinheim, Basel. 1993 (Zeitschrift für Pädagogik; 31. Beiheft.). S. 57–75.

[6]   Ebd., S. 70.

[7]   Ebd., S. 73.

allerdings einmal in die „Germania" hinein, die offenbar von Tacitus auch als Gegenbild zu dem seiner Meinung nach verkommenen und verderbten Rom in Szene gesetzt wurde, – liest man also direkt in dem Tacitus-Text, so kommt der Wald nicht allzu häufig darin vor. Ich zitiere aus der deutschen Übersetzung von Anton Baumstark aus dem Jahr 1876, dessen Name bei unserem Thema gleichsam eine Verpflichtung ist:

> „Alle diese Völker haben wenig flaches Land, sonst nur Rauhwälder inne und Gipfel und Höhen der Berge. [...] Das Land, obgleich in der besonderen Erscheinung etwas verschieden, ist doch im Allgemeinen entweder durch Wälder schauerlich oder durch Sümpfe wüst. [...] Haine und Wälder heiligen sie [die Germanen], und nennen mit den Namen persönlicher Gottheiten jenes geheimnißvolle, das sie allein durch fromme Anbetung schauen."[8]

Der Untergang des Varus und seiner römischen Legionen wo auch immer, aber jedenfalls in einem Wald und im Jahre 9 n. Chr., war die Grundlage des Hermann-Kultes, der sich vornehmlich gegen Frankreich wandte, wie auch der vom Wald umgebene gigantomanische Denkmalshermann bei Detmold sein Schwert nicht gen Süden, sondern gen Westen richtet. Das Geschehen um die Hermannsschlacht hat eine Fülle literarischer Produkte hervorgebracht, wenn auch nicht immer von der Qualität wie die Dramen Klopstocks, Kleists oder Grabbes.[9]

In Heinrich Heines „Deutschland, ein Wintermärchen" liest sich die Niederlage des Varus im (angeblich) Teutoburger Wald so:

> „Das ist der Teutoburger Wald,
> Den Tacitus beschrieben,
> Das ist der klassische Morast,

---

8 Anton Baumstark: Die Germania des Tacitus. Deutsche Uebersetzung. Freiburg im Breisgau 1876. Zitiert nach Wikisource (6. August 2011).
9 Friedrich Gottlieb Klopstock: Hermanns Schlacht. Ein Bardiet für die Schaubühne, 1769. Heinrich von Kleist: Die Hermannsschlacht. Drama in fünf Akten, 1821. Christian Dietrich Grabbe: Die Hermannsschlacht, 1838.

Wo Varus stecken geblieben.
Hier schlug ihn der Cheruskerfürst,
Der Hermann, der edle Recke;
Die deutsche Nationalität,
Die siegte in diesem Drecke."[10]

Wald = Heer

„Der deutsche Wald", schreibt Viktoria Urmersbach in ihrer kleinen Kulturgeschichte des Waldes aus dem Jahr 2009, „hat einen zweifelhaften Ruf – ein bisschen wie der deutsche Schäferhund: Belastet durch den Nationalsozialismus, kann er kaum unbefangen genossen werden".[11] Ob dieser schlechte Ruf des deutschen Waldes – einmal abgesehen von bedrohlichen Zeckenplagen – heute noch auch nur bei wenigen Promille der Gesellschaft tatsächlich vorhanden ist, wage ich zu bezweifeln. Und auch das in der einschlägigen Literatur gern zitierte Wald-Heer-Gleichnis Elias Canettis von 1960 werden in unseren Tagen nur noch wenige nachvollziehen können. Canetti schreibt in „Masse und Macht":

„Das Massensymbol der Deutschen war das **Heer**. Aber das Heer war mehr als das Heer: es war der **marschierende Wald.** In keinem modernen Lande der Welt ist das Waldgefühl so lebendig geblieben wie in Deutschland. Das Rigide und Parallele der aufrechtstehenden Bäume, ihre Dichte und ihre Zahl erfüllt das Herz des Deutschen mit tiefer und geheimnisvoller Freude. Er sucht den Wald, in dem seine Vorfahren gelebt haben, noch heute gern auf und fühlt sich eins mit den Bäumen. [...] Der einzelne Baum aber ist größer als der einzelne Mensch und wächst immer weiter ins Reckenhafte. Seine Standhaftigkeit hat viel von derselben Tugend des Kriegers. Die Rinden, die einem erst wie Panzer erscheinen möchten, gleichen im Walde, wo so viele Bäume derselben Art beisammen sind, mehr den Uniformen einer

---

[10]　Heinrich Heine: Deutschland. Ein Wintermährchen, 1844. Zitiert nach Wikisource (12. Oktober 2011).
[11]　Urmersbach, wie Anm. 3, S. 91.

Heeresabteilung. Heer und Wald waren für den Deutschen, ohne dass er sich darüber im Klaren war, auf jede Weise zusammengeflossen. [...] Man soll die Wirkung dieser frühen Waldromantik auf den Deutschen nicht unterschätzen. In hundert Liedern und Gedichten nahm er sie auf, und der Wald, der in ihnen vorkam, hieß oft ‚deutsch'."[12]

Übrigens hat bereits Christian Morgenstern zu Anfang des 20. Jahrhunderts in den ersten Zeilen des Gedichtes „Im Tann" eine ähnliche Assoziation zum Ausdruck gebracht:

„Gestern bin ich weit gestiegen,
Abwärts, aufwärts, kreuz und quer;
Und am Ende, gliederschwer
Blieb im Tannenforst ich liegen.
Weil' ich gern in heitrer Buchen
Sonnengrünen Feierlichte,
Lieber noch, wo Tann und Fichte
Kerzenstarr den Himmel suchen.
Aufrecht wird mir selbst die Seele,
Läuft mein Aug' empor den Stamm:
Wie ein Kriegsvolk, straff und stramm,
Stehn sie da, ohn' Furcht und Fehle [...]"[13]

Der Mythos vom deutschen Wald ist eng mit der Zeit der Romantik und vor allem auch der napoleonischen Kriege verknüpft. Jack Zipes schreibt darüber in seiner Studie „The Brothers Grimm" von 1988:

„es war, als seien in ‚altdeutschen Wäldern' die wesentlichen Wahrheiten über deutsche Sitten, Gesetze und Kultur zu finden – Wahrheiten, die zu einem tieferen Verständnis des gegenwärtigen Deutschland führen und im deutschen Volk Einheit fördern könnten, zu einer Zeit, da die deutschen Fürstentümer während der napoleonischen Kriege geteilt und von den Franzosen besetzt waren. Das **Volk**, das durch eine gemeinsame Sprache verbun

---

[12] Elias Canetti: Masse und Macht. Hamburg 1960. S. 195/196.
[13] Zitiert nach Karl Kreitmair: Der Baum in der deutschen Lyrik des 20. Jahrhunderts. In: Pädagogische Welt. Bd. 14. 1960. S. 436–445. S. 438.

den, aber uneins war, musste, so dachten die Grimms, die altdeutschen Wälder betreten, um ein Gefühl für sein Erbe zu bekommen und die Bande, die es zusammenhielten, zu stärken."[14]

Waldeinsamkeit

So ist Mythos und Rede vom deutschen Wald auch immer die
Rede von der Freiheit, die der Wald bietet. Und das konnte
durchaus ganz persönliche Freiheit meinen. Einer der wichtigsten und bis weit in die erste Hälfte des 20. Jahrhunderts wir-
kenden „Waldideologen", auf den sich vor allem auch die Nazis
beriefen, war Wilhelm Heinrich Riehl. In seinem Werk „Die Naturgeschichte des Volkes als Grundlage einer deutschen Social-
Politik" heißt es in der 3. Auflage von 1856:

> „Der Wald allein läßt uns Culturmenschen noch den Traum ei-
> ner von der Polizeiaufsicht unberührten persönlichen Freiheit
> genießen. Man kann da doch wenigstens noch in die Kreuz und
> Quere gehen nach eigenen Gelüsten, ohne an die patentirte all-
> gemeine Heerstraße gebunden zu seyn. Ein gesetzter Mann kann
> da noch laufen, springen, klettern nach Herzenslust, ohne daß
> ihn die altkluge Tante Decenz für einen Narren hält. Diese Trüm-
> mer germanischer Waldfreiheit sind in Deutschland fast überall
> glücklich gerettet worden."[15]

Wir können dies wohl in unserer Zeit nur schwer nachvollziehen, in einer Zeit in der junge über 70-Jährige beim Joggen
oder Nordic Walking in allen Wäldern unseres Landes anzutref-
fen sind – dies freilich in Gruppen beiderlei Geschlechts und
ohne alle Dezenz.

---

[14] Zitiert nach Robert T. Harrison: Wälder. Ursprung und Spiegel der Kultur. Aus
dem Amerikanischen von Martin Pfeiffer. München, Wien 1992. (Originalaus-
gabe: Forests. The Shadow of Civilization. Chicago, London 1992.) S. 202.

[15] Wilhelm Heinrich Riehl: Land und Leute. 3. Aufl. Stuttgart, Augsburg 1856. (W.
H. Riehl: Die Naturgeschichte des Volkes als Grundlage einer deutschen Social-
Politik. Bd. 1.). S. 50.

In der Bemerkung von Riehl ist allerdings ein wichtiges Element enthalten, das auch in der Literatur eine große Rolle spielt: Im Wald ist man (hoffentlich) unbeobachtet, allein, und man kann Ruhe und Frieden genießen. Die mittelalterliche Einsiedelei im Walde ist noch Motiv in Goethes „Werther": „Ey, dies Wäldchen will ich mir zueignen und ein Einsiedler drinnen werden, sagte Kronhelm."[16] Und in der Romantik wird daraus ein Begriff, der wie die „blaue Blume" geradezu als Synonym für diese Kunst- und Literaturepoche stehen kann: Waldeinsamkeit. Ludwig Tieck hat diesen Begriff geprägt. Hier sein gleichnamiges Gedicht:

> „Waldeinsamkeit,
> Die mich erfreut,
> So morgen wie heut
> In ewger Zeit,
> Oh, wie mich freut
> Waldeinsamkeit.
>
> Waldeinsamkeit,
> Wie liegst du weit!
> Oh, Dir gereut
> Einst mit der Zeit.
> Ach einzge Freud,
> Waldeinsamkeit!
>
> Waldeinsamkeit,
> Mich wieder freut,
> Mir geschieht kein Leid,
> Hier wohnt kein Neid.
> Von neuem mich freut
> Waldeinsamkeit."[17]

Erst um 1800 wird der Wald vor allem zu einem positiv besetzten Raum; das war Jahrhunderte lang anders. „Wald und Wildnis", so der Hannoveraner Literaturwissenschaftler Hubertus

---

[16] Baumgart, wie Anm. 2, S. 30.
[17] Zitiert nach freiburger-anthologie.ub-freiburg.de (12. Oktober 2011).

Fischer, „waren gleichbedeutend, waren Gleichnis auch für Bedrohung und Unheil, bedeuteten nicht nur Unwegsamkeit, sondern auch Menschenferne."[18]

Menschenferne aber wird in der Romantik zum erstrebenswerten Ziel. Der Dichter des deutschen Waldes schlechthin, Joseph von Eichendorff, ist auch der Dichter der Waldeinsamkeit, die gegen die übrige Welt herausgestellt wird. Hier nur zwei Beispiele aus seinen wunderschönen Gedichten, die heute vor allem noch als Lieder bekannt sind.

> „O Thäler weit, o Höhen,
> O schöner, grüner Wald,
> Du meiner Lust und Wehen
> Andächt'ger Aufenthalt!
> Da draußen, stets betrogen,
> Saust die geschäft'ge Welt,
> Schlag' noch einmal die Bogen
> Um mich, du grünes Zelt! [...]"[19]

> „Waldeinsamkeit!
> Du grünes Revier.
> Wie liegt soweit
> Die Welt von hier! [...]"[20]

Das gesamte 19. Jahrhundert hindurch wurden der Wald und die Einsamkeit bedichtet, das hieß vor allem auch besungen, so etwa von Justinus Kerner:

---

18 Hubertus Fischer: „Draußen vom Walde ..." Der Wald im Spiegel der Literatur und der Geschichtsschreibung. In: Waldfacetten. Begegnungen im Wald. Hrsg. vom Deutschen Forstverein. Leinfelden-Echterdingen 1998. S. 74–91; S. 228–230. S. 77.
19 Zitiert nach Klaus Lindemann: Deutscher Dichter Wald. Waldgedichte. Paderborn, München, Wien, Zürich 1985. S. 45.
20 Ebd., S. 48.

Die Sterntaler. Auszug aus: Münchener Bilderbogen Nr. 235. 6. Aufl. München: Braun & Schneider, o. J. [Erstaufl. 1858].

„Waldleben

Sei willkommen, Wandersmann,
In des Waldes Einsamkeit!
Was ein armes Leben freut,
Hier man einzig finden kann. [...]

Aber hier, in Waldesschoß,
Gehst du einsam mit dem Quell,
Siehet dich kein Auge hell
Als der Tau auf Blum' und Moos."[21]

Oder von Johann Nepomuk Vogl:

„Waldeinsamkeit

Waldesnacht,
Waldesnacht,
Schließe mich ein.

Könnt' ich für immer, immer und immer
Eigen dir sein [...]

Waldesnacht,
Waldesnacht,
Hülle mich ein!"[22]

Die Waldeinsamkeit ist präsent im gesamten 19. Jahrhundert und lässt sich weit bis in das 20. verfolgen. Die Einsamkeit, die der Mensch im Wald sucht und findet, steht fast immer als Gegensatz zur „geschäft'gen Welt" wie bei Eichendorff. Ganz besonders deutlich wird dies in einem Gedicht von 1843, das Friedrich von Sallet schrieb:

„Welt, Wald

Welt – das gellt so hell und grell;
Wald – das schallt und hallt so hold;

---

21   Ebd., S. 50.
22   Ebd., S. 53.

Welt – das schnellt und prellt sich schnell;
Wald, da wallt und waltet Ruh;
Welt, so lasse mich,
Wald, umfasse mich!
Welt, so dreh und kräusle dich,
Wald, umweh, umsäusle mich!"[23]

Im Wald da sind die Räuber

Doch wenn man Pech hatte, fand man im Wald nicht die ge-
wünschte Einsamkeit, nicht den Einklang mit der Natur oder
mit dem Allmächtigen, sondern man wurde von Räubern überfallen. Nicht von ungefähr hausen Schillers „Räuber" im Wald –
ähnlich wie zahllose Räuber, auch der edlen Art, in der Literatur
seit Robin Hood.

Der Wald als Ort der Fremde, als Ort der Gefahr und des Schre-
ckens ist die andere Seite der Medaille, wie etwa bei Friedrich
Hebbel:

„Dicker Wald

Seid ihr's wieder, finstre Wälder,
Voll von Mord und Tod und Gift,
Wo man keine Grenzen-Wächter,
Doch zuweilen Räuber trifft?

Belladonna bietet gastlich
Ihre Kirschen, roth und rund,
Und der Schlange grünes Auge
Blinzt mich an vom schwarzen Grund.

Eine Natter als Geschmeide
Um den Hals, in dumpfem Sinn,
Kauert dort ein gelbes Mädchen,
Sie ist Schlangen-Königin.

---

[23] Zitiert nach Urmersbach, wie Anm. 3, S. 75.

Hei, wie fühlt man hier sein Leben,
Und wie hängt man sich daran,
Wo aus nächstem Busch des Räubers
Erster Schuß es nehmen kann! [...]"[24]

Dieser Blick auf den Wald, auf den deutschen Wald, geht durchaus synchron mit den Hexen und Unholden in den Volksmärchen, für die an dieser Stelle nur „Hänsel und Gretel" genannt sei.

Die Hexe ist in Märchen und Dichtung freilich auch ein Symbol für Erotik, für Verführung und für (verbotene?) Lust. So geht es im Gedicht „Waldeinsamkeit" des Romantikers und Postromantikers Heinrich Heine auch ganz anders zu:

„Wie haben mich lieblich die Elfen umflattert!
Ein luftiges Völkchen! das plaudert und schnattert!
Ein bißchen stechend ist der Blick,
Verheißend ein süßes, doch tödliches Glück.
[...]
Wo ist die Fee mit dem langen Goldhaar,
Die erste Schönheit, die mir hold war?
Der Eichenbaum, worin sie gehaust,
Steht traurig entlaubt, vom Winde zerzaust."[25]

Und auch Eichendorffs „Lorelei" ist schließlich lebensgefährlich:

„Es ist schon spät, es wird schon kalt,
Was reit'st du einsam durch den Wald?
Der Wald ist lang, du bist allein,
Du schöne Braut! Ich führ dich heim!

‚Groß ist der Männer Trug und List,
Vor Schmerz mein Herz gebrochen ist,
Wohl irrt das Waldhorn her und hin,
O flieh! Du weißt nicht, wer ich bin!'

---

[24] Zitiert nach: O schöner, grüner Wald. Der Wald in Literatur und Kunst. Ausgewählt und hrsg. von Ulrike Nikel. München 1983. S. 124.
[25] Ebd., S. 151.

So reich geschmückt ist Roß und Weib,
So wunderschön der junge Leib,
Jetzt kenn ich dich – Gott steh' mir bei!
Du bist die Hexe Lorelei.
‚Du kennst mich wohl – von hohem Stein
Schaut still mein Schloß in tiefen Rhein;
Es ist schon spät, es wird schon kalt,
Kommst nimmermehr aus diesem Wald!'"[26]

Wald und Erotik

Der Wald und die Erotik – dies sei ein Thema, so hatte der Verfasser eigentlich vermutet, bei dem die Quellen auch der Lyrik nicht aufhören würden zu sprudeln. Das trifft – leider – nach des Verfassers Eindruck jedenfalls für die deutsche Lyrik nach der Lektüre von zahlreichen Anthologien und Werkausgaben nicht zu. Wir wollen dennoch einige Verse, die schicklicherweise hier zitiert werden dürfen, wiedergeben und beginnen bei dieser Thematik freilich ganz unspektakulär und nüchtern mit einer Feststellung für die heutige Zeit, die von Albrecht Lehmann stammt. Sie ist in dessen Buch „Von Menschen und Bäumen. Die Deutschen und ihr Wald" zu finden. Es ist dies eines der wohl nach wie vor wichtigsten und lesenswertesten Bücher zum Thema.

Lehmann schreibt unter dem Kapitel „Der Ort der Liebe":

„Zwar hat der Wald seine Bedeutung als wichtiger Ort für die ersten sexuellen Erfahrungen längst an das Auto, die elterliche Wohnung und Urlaubsstrände abgetreten. Die Heimlichkeit, die früher für die jungen Leute dazugehörte, ist der öffentlichen Toleranz und der großzügigen elterlichen Duldung gewichen. Aber der Wald ist immer noch ein Platz, an dem Liebes- und Ehepaare aller sexualtüchtigen Altersgruppen gelegentlich miteinander ‚schlafen'. Aber eben nur ein üblicher Platz neben vielen anderen. Das zeigt sich in der Offenheit und Selbstverständlichkeit, mit der über das Thema geredet wird. Schließlich gibt es nichts

---

[26] Zitiert nach Lindemann, wie Anm. 18, S. 49.

einzuwenden gegen ‚natürliche' Sexualität an diesem traditions-
reichen Ort. Wer käme auf die Idee, ‚unnatürliche' ausgefallene
Praktiken ausgerechnet im Wald zu inszenieren?

Als besonders romantisch wird die Liebe im Wald indes gegen-
wärtig nicht mehr empfunden. Wenn solche Töne bei den Erinnerungen unserer Informanten mitklingen, sind die wohl primär
den nostalgischen Gefühlen geschuldet, die beim Rückblick auf
schöne Erlebnisse in lange zurückliegenden Zeiten unverzicht-
bar sind."

Lehmann zitiert dann ein Volkslied, das eine Begegnung der Geschlechter im Wald zum Gegenstand hat, in dem man bei kritischer Sichtweise aber durchaus auch die Beschreibung einer
Vergewaltigung vermuten kann:

„Er nahm sie darauf gefangen
gefangen muß sie sein
er zog ihr ihre Kleider aus
sie gab sich geduldig drein"[27]

Es kommt einem dabei unwillkürlich das Volkslied vom „Jäger aus
Kurpfalz" in den Sinn, das vollständig sechs Strophen enthält. Die
Strophen 3 bis 5 werden in Schul- oder Kindergartenausgaben
nicht aufgeführt. Aber sie sind notwendig, um die 6. Strophe zu
verstehen, darin geht es nämlich um ein Kuckuckskind.

„1. Ein Jäger aus Kurpfalz,
Der reitet durch den grünen Wald,
Er schießt das Wild daher,
Gleich wie es ihm gefällt.

Refrain:
|: Juja, Juja, gar lustig ist die Jägerei
Allhier auf grüner Heid',
Allhier auf grüner Heid',:|

---

[27]   Albrecht Lehmann: Von Menschen und Bäumen. Die Deutschen und ihr Wald.
Reinbek bei Hamburg 1999. S. 248.

2. Auf! Sattelt mir mein Pferd
Und legt darauf den Mantelsack,
So reit' ich hin und her
Als Jäger aus Kurpfalz.

3. Hubertus auf der Jagd,
Der schoß ein'n Hirsch und einen Has'.
Er traf ein Mägdlein an,
Und das war achtzehn Jahr.

4. Des Jägers seine Lust
Den großen Herren ist bewußt,
Jawohl, jawohl bewußt,
Wie man das Wildpret schuß.

5. Wohl zwischen seine Bein,
Da muß der Hirsch geschossen sein,
Geschossen muß er sein,
Auf eins, zwei, drei.

6. Jetzt reit' ich nimmer heim,
Bis daß der Kuckuck kuckuck schreit,
Er schreit die ganze Nacht
Allhier auf grüner Heid'!"[28]

Exkurs zur Jagd

Das Thema Wald ist natürlich auf vielen Ebenen eng verknüpft mit dem Thema Jagd, in der Realität wie in der Literatur. Wir wollen uns an dieser Stelle damit jedoch nicht eingehender beschäftigen. Vom Verfasser sei hier nur ein Ausflugstipp mit auf den Weg gegeben. In der Nähe von Sehlde zwischen Salzgitter-Bad und Bad Salzdetfurth verbirgt sich auf dem dicht bewaldeten Hainberg, unterhalb des um 1830 entstandenen „Jägerhauses" – ein Jagdschloss des Grafen Münster – eine nicht ganz leicht zugängliche Grotte. Der auf dem nahen Wohldenberg residierende Drost (Amtmann) Bocholtz ließ in ihr 1733 die Legende

---

[28]   Zitiert nach Wikipedia „Ein Jäger aus Kurpfalz" (6. August 2011).

vom begeisterten Jäger Hubertus und einem geheimnisvollen Hirsch in Stein meißeln.

Diese berühmte Geschichte geht in ihrem Ursprung auf Hubertus, Bischof von Maastricht und Lüttich (655–727), zurück. Hubertus soll als junger Adliger auf der Jagd einem prachtvollen Hirsch begegnet sein, dem er durch dichten Wald nachsetzte und den er schließlich stellte. Der Jagdspieß, den er auf das Tier schleuderte, aber prallte von dessen Geweih ab, und ein Kreuz leuchtete inmitten des Geweihs auf. Hubertus kniete nieder, fand zum christlichen Glauben, wurde schließlich Bischof und ist Patron der Jagd und der Jäger.

Der Hirschkopf mit dem Strahlenkreuz wurde im 20. Jahrhundert das Markenzeichen einer weltberühmten Wolfenbütteler Spirituosenfabrik.

Wieder Erotik

Doch zurück zur Erotik im Wald. Deutlich geht es in der dritten Strophe der „Waldhochzeit" von Ernst Moritz Arndt zu, die da lautet:

> „Sei nicht bange, Mädel, es muß so sein,
> Die Liebe sie brauchet Gewalt,
> Fährt gern mit Donnern und Blitzen drein,
> Und lustig zur Hochzeit schallt.
> Dein Blümchen magst nimmer du retten,
> Drum freu' dich der blumigen Betten
> Im grünen, grünen Wald. [...]"[29]

Das Lied von der „Vogelhochzeit", die im „grünen Walde" stattfindet, ist seit dem 16. Jahrhundert nachzuweisen und hat zahlreiche Umdichtungen, Parodien und Ergänzungen gefunden. Recht deftig ist die Umdichtung einer studentischen Fassung aus dem Jahr 1929, in der es etwa in der achten Strophe heißt:

---

[29]   Lindemann, wie Anm. 18, S. 42.

„Der Marabu, der Marabu
spricht: ‚Kinder, laßt mich auch mal zu.‘“

Oder in der elften:

„Der Kranich, der Kranich
setzt dreimal an und ka-hannicht.“[30]

Natürlich spielt gelegentlich auch ein einzelner Baum in der erotischen Dichtung eine Rolle. Wir wollen es aber bei einem Beispiel von Detlev von Liliencron belassen:

„Wie sich der Efeu rankt am starken Stamm,
Schmiegt sie sich an mich mit den vollen Brüsten.
Zum Boden schon fiel ihr der Perlenkamm,
Und aus den Augen spricht ein süß Gelüsten. [...]“[31]

Goethe darf bei diesem Thema natürlich nicht ganz fehlen; nein,
nicht des schönen „Über allen Gipfeln ist Ruh“ wollen wir uns
erinnern, sondern wir wollen eines seiner schönsten Liebesge-
dichte zitieren:

„Gefunden

Ich ging im Walde
So für mich hin
Und nichts zu suchen,
Das war mein Sinn.

Im Schatten sah ich
Ein Blümchen stehn,
Wie Sterne leuchtend,
Wie Äuglein schön.

Ich wollt es brechen,
Da sagt’ es fein:

---

[30] Rolf W. Brednich (Hrsg.): Erotische Lieder. Texte mit Noten und Begleit-Akkor-
den. Frankfurt a. M. 1979. S. 41.
[31] Zitiert nach: Lutz Görner (Hrsg.): Lyrik für alle. Eine kleine gesprochene Geschichte der Lyrik vom Barock bis heute. Teil 2. Weimar o. J. S. 241.

‚Soll ich zum Welken
Gebrochen sein?'

Ich grub's mit allen
Den Würzlein aus,
Zum Garten trug ich's
Am hübschen Haus.
Und pflanzt es wieder
Am stillen Ort.
Nun zweigt es immer
Und blühet fort."[32]

Kahlschläge und Totes Holz

Werfen wir zum Schluss noch einen Blick in die zweite Hälfte
des 20. Jahrhunderts.

Das nationalsozialistische Geraune vom germanischen oder
deutschen Wald hatte mit Literatur nur wenig zu tun; ohne-
hin war das literarische Leben im Deutschen Reich einem Kahl-
schlag zum Opfer gefallen dergestalt, dass aus rassistischen
oder politischen Gründen missliebig gewordene Schriftsteller
mit Publikationsverbot belegt, verfemt und in die Emigration
getrieben wurden. Bereits im Mai 1933 hatte sich ja Heinrich
Heines Prophezeiung auf das Schrecklichste bewahrheitet: „Das
war ein Vorspiel nur. Dort, wo man Bücher verbrennt, verbrennt
man auch am Ende Menschen."

Mit dem befreienden Kriegsende formierte sich eine neue Ge-
neration von Schriftstellern, die für die Entwicklung der Bun-
desrepublik große Bedeutung erlangen sollte. In der *Gruppe 47*
fanden sich junge Autoren zusammen, die sich nicht mehr lange mit der Vergangenheit beschäftigen wollten. Die Idee – ein
Gemeinsamkeit stiftendes Gefühl – war, von einem „Nullpunkt"
aus unbelastet von der Vergangenheit in die Zukunft zu starten.

---

[32] Zitiert nach www.staff.uni-mainz.de (12. Oktober 2011). Erster Eintrag in Goo-
gle bei der Eingabe „Goethe Gefunden".

Ein eher brachiales Waldbild gab der Literatur dieses Aufbruchs den Namen: *Kahlschlagsliteratur!* So radikal wie das Waldbild war der Neuanfang gemeint. Alle Bäume auf einer Fläche werden abgeräumt, um einen neuen Wald zu pflanzen. Der neue Wald hat keine Verbindung mehr zu dem vorher dort wachsenden Waldbestand. Die Natur muss – sie kann - von vorn beginnen.

Wolfgang Borchardt, Heinrich Böll, Siegfried Lenz, Arno Schmidt, Ingeborg Bachmann, Alfred Andersch, Ilse Aichinger, Martin Walser, Hans Magnus Enzensberger, Peter Handke und Günter Grass sind nur einige, die zumindest zwischenzeitig der Gruppe 47 angehörten. Im September 1961 tagte die Gruppe einmal auch im Jagdschloss in der Göhrde. Da ist die Gruppe aber längst aus den anfänglichen Kahlschlägen hinausgewachsen. Sie erneuert sich fortlaufend mit nachwachsenden jungen Talenten und es naht die Zeit der Aufarbeitung, die Zeit der Politisierung, die Zeit der 68er. Aufarbeitung und Abrechnung. Günter Grass knüpft später noch einmal an die frühen *Kahlschläge* an. 1990 bringt er sein Buch *Totes Holz – Ein Nachruf* mit Zeichnungen und Texten heraus: Das Waldsterben wird im kollektiven Gedächtnis der Deutschen bleiben, auch wenn der Wald dann doch nicht stirbt. Die Wiedervereinigung auch. Im Oberharz zeichnet und dichtet Günter Grass zu beiden Motiven. [...]

Überarbeitete Fassung eines Vortrages in der Gottfried Wilhelm Leibniz Bibliothek anlässlich einer gemeinsamen Veranstaltung der Stiftung Zukunft Wald und der Bibliothek am 1. November 2011. Wiederabdruck mit einer Ergänzung in:

Niedersachsens Wälder im Wandel. Vom Raubbau zur Nachhaltigkeit. Hrsg. von den Niedersächsischen Landesforsten. Husum: Druck- und Verlagsgesellschaft 214. S. 170-181.

Die Erbauung des Molkenhauses bei Harzburg

In der Zeitschrift „Braunschweigisches Magazin" vom Sonnabend, dem 15. August 1886, beschäftigt sich ein anonymer Beitrag mit Dokumenten, Aktivitäten und Beschreibungen des Harzes in den 60er Jahren des 16. Jahrhunderts.Wir stellen zum Schluss dieses Waldbuches eine interessante Berichterstattung aus dem 19. Jahrhundert vor, weil sie aktuelle Themen von heute wie Luftverschmutzung, Bedeutung des „deutschen Waldes" und Holzgewinnung behandelt. Im Mittelpunkt des Zeitschriftenaufsatzes steht Herzog Rudolf August. Er war der älteste Sohn von Herzog August dem Jüngeren und Dorothea von Anhalt Herbst. Nach dessen Tod 1666 trat Rudolf August die Regentschaft als Herzog zu Braunschweig-Lüneburg und Fürst von Braunschweig-Wolfenbüttel an. Rudolf August widmete sich jedoch eher seinen Studien und der Jagd. Von seinem Vater war er bereits 1663 zum „Jägermeister" ernannt worden. Später überließ er seinem jüngeren Bruder Anton Ulrich im Wesentlichen die Regierungsgeschäfte. Der Beitrag im Braunschweigischen Magazin von 1868 beginnt mit einer Hymne auf den Harz.

„Alle die, welche Sehnsucht nach Gottes herrlicher Natur hinaustreibt aus dem Qualm der Städte in die schattigen Buchen- und Tannwälder des Harzes, auf dessen Bergen die Luft reiner und erquickender weht als unten im flachen Lande, versäumen wohl selten, besonders wenn sie ihre Wanderung von Harzburg aus antreten, das Molkenhaus als einen der liebsten Punkte zu besuchen. Dieses Plätzchen, mit seinem noch bis vor Kurzem mit Schindeln gedeckten Blockhause, davon der geräumige Kuhstall den bei weitem größten theil einräumt, macht keinen Anspruch darauf, mit den in den letzten beiden Jahrzehnten entstandenen eleganten Etablissements auf dem ‚Burgberge', auf ‚Bad Juliushall' oder der am Fuße der Roßtrappe ‚im Thale' irgendwie zu concurriren. Statt der reichbesetzten Tafeln, welche uns aus den geöffneten Speisesälen genannter Hotels entgegenwirken, laden vor dem Molkenhause nur schlichte tannene Tische und Bänke unter grünen, schattigen Buchen zum Sitzen ein. Statt der dort von schwarzbefrackten Kellnern dargereichten, inhaltsschweren Speisekarte, erleichtert uns hier eine schmucke Magd die Wahl durch freundliches Anbieten von Milch, Kaffee oder Bier, und an die Stelle der Tafelmusik tritt hier das melodische Läuten der Glocken, mit denen angethan die Kühe auf der nahen Bergweide umherwandern. Und dennoch vergessen wir all den Comfort drüben auf dem Berge und unten im Thale über den Frieden

Herzog Rudolph August zu Braunschweig-Lüneburg als Jäger. Portrait von Christoph Bernhard Francke um 1685.

und die Stille dieses idyllischen Aufenthaltes, von dessen Geschichte wir hier etwas mittheilen wollen, obgleich wir den Leser von vornherein bitten müssen, auch in dieser Beziehung auf dem Molkenhause ‚fürlieb‘ zu nehmen, indem wir nicht zu berichten haben von Käisern und Fürsten, die dort lebten und starben, oder von Fehden und Raubzügen, welche von dort ab geführt wurden, von solchen und ähnlichen sachen wissen wir Nichts.

Dafür liegt uns aber ein Document vor, daraus hervorgehet, daß das Molkenhaus im Jahre 1665 auf Befehl des damaligen Oberjägermeisters, des Erbprinzen Rudolf August, für den Amtmann zu Harzburg erbauet wurde, der dadurch in den Stand gesetzt ward, die schönen Bergweiden zu benutzen, ohne seine Heerde des Nachts aussetzen zu müssen. Wir wollen hier gleich bemerken, daß es unseres Wissens der einzige Fall ist, daß ein Mitglied der Herzoglichen Familie eine Ober-Hof-Charge, wie Rudolf August derzeit, bekleidet hat. Die Veranlassung zur Verleihung derselben war allerdings eine ungewöhnliche gewesen. Im Herbst 1662 befand sich Herzog August auf einer Jagd im Solling, da brach plötzlich dicht vor dem Herzoge ein mächtiger Eber aus und der alte drei und achtzigjährige Herr wäre verloren gewesen, hätte nicht sein Sohn Rudolf August das wüthende Thier rechtzeitig noch abgefangen; in Anerkennung dieser Tat, welche Hermann Conring in einem lateinischen Gedicht besang, wurde der Erbprinz zum Oberjägermeister ernannt. Als solcher erließ er nun am 1. Mai 1665 an den Oberförster Zacharias Koch zu Harzburg folgendes Schreiben, das uns im Originale vorliegt:

‚Der Oberförster am Hartz Zacharias Koch und der Forstschreiber daselbsten Johann Friedrich Hoffmann wollen zu einem dem Hartz benöthigten Molkenhause, hernach geseztes Holz alß:

300 stam dannen Holz, worunter die Füllhölzer mit begriffen, 12 eichen Sülle, 1 Eiche zu Thorflügeln zu schneiden, 8 Schock gespaltener Latten, 200 Schindeln, und 6 Fuder Tannen Dielen in, und über die Stuben, über die Cammer, die Giebeln zu beschlagen, zu Thüren und Thorwegen, auch Tischerarbeit ins gemein, dem Herkommen nach dem Amtmann zu Hatzburg gegen dessen Quittung ausweisen und abfolgen zu lassen.

Gegeben Wolfenbüttel d. 1. Mai Ao. 1665.

Rudolph August Jägermeister.

Dem Oberförstern und Forst Schreibern am Hartz Zacharias Koch und Johann Friedrich Hoffmann dieses einzu Liefern.‘

Daß vor dem Jahre 1665 kein zu gleichen Zwecken dienendes an Stelle des jetzigen Gebäudes gestanden hat, geht aus den Worten: ‚zu einem dem Hartz nöthigen Molkenhaus‘ hervor, so

Das Molkenhaus bei Bad Harzburg. Postkartenansicht um 1900.

hat denn dasselbe bereits vor drei Jahren sein zweihundertjäh-
riges Jubiläum gefeiert. Schwerlich möchte es aber in den 180
Jahren seines Bestehens, so viel Gäste bewirthet haben, als in
den letzten 20, wo, nachdem durch die Eisenbahn der Harz erst
eigentlich aufgeschlossen wurde, bequeme Fuß- und Fahrwege
den Reisenden das erreichen der schönsten Punkte leicht machen.“

Nachweise der zitierten Texte

Dichterwald

S. 18 f.: Georg Neumark: Loblied des Feld- und Waldlebens.

Quelle: Karl Gödeke (Hrsg.): Elf Bücher Deutscher Dichtung. Von Sebastian Brant (1500) bis auf die Gegenwart. 1. Abt.: Von Sebastian Brant bis J. W. Goethe. Leipzig 1849, S. 309.

S. 19 f.: Georg Scherer: Deutscher Dichterwald.

Quelle: Georg Scherer (Hrsg.): Deutscher Dichterwald. Lyrische Anthologie. 6. Aufl. Stuttgart 1874, S. 551.

S. 21: Heinrich Kämpchen: Waldpoesie.

Quelle: Heinrich Kämpchen: Was die Ruhr mir sang. Bochum 1909, S. 94.

S. 22 f.: Ludwig Uhland: Freie Kunst.

Quelle: Ludwig Uhland: Gedichte. Stuttgart und Tübingen 1815, S. 58.

S. 23 ff.: Gottlob Kemmler: Im Dichterwald.

Quelle: Gottlob Kemmler: Winterrosen. Stuttgart 1900, S. 25–27.

Wald und Mensch

S. 28 ff.: Paul Heyse: Waldchronik.

Quelle: Paul Heyse: Skizzenbuch. Lieder und Bilder. Berlin 1877, S. 8–11.

S. 32: Max Dauthendey: Holzflöße.

Quelle: Max Dauthendey: Gesammelte Werke. Bd. 4: Lyrik und kleinere Versdichtungen. München 1925, S. 341.

S. 32 f.: August Heinrich Schumacher: Wald und Welt.

Quelle: August Schumacher: Gedichte. Leipzig 1864, S. 299–301.

S. 34: Wilhelm Heinrich Riehl: Kapitel „Land und Leute".

Quelle: Wilhelm Heinrich Riehl: Die Naturgeschichte des Volkes als Grundlage einer deutschen Social-Politik. Bd.1. 3. Aufl. Stuttgart und Augsburg 1856, S. 34–35.

S. 35 f.: Rudolph Skuherský: Kapitel „Der Wald".

Quelle: Bericht über die Allgemeine Agricultur- und Industrie-Ausstellung zu Paris im Jahre 1855. II. Classe, 18. Heft. Wien 1858, S. 2, 10.

S. 37 ff.: Emil Adolf Roßmäßler: Der Wald. Die Lebensgesetze des Waldes (aus dem Vorwort).

Quelle: Emil Adolf Roßmäßler: Der Wald. Leipzig und Heidelberg 1863, S. VII ff.

S. 40 ff.: Julius von Schroeder / Carl Reuss: Die Beschädigung der Vegetation durch Rauch und die Oberharzer Hüttenrauchschäden (aus der Einleitung.

Quelle: Schroeder, Julius von / Reuss, Carl: Die Beschädigung der Vegetation durch Rauch und die Oberharzer Hüttenrauchschäden. Berlin 1883. Reprint: Olms Verlag Hildesheim (u.a.) 1986, S. 2, 3, 5, 11–13.

S. 43 f.: Christian Friedrich Wagner: Der gefällte Wald.

Quelle: Christian Wagner: Sonntagsgänge. Dritter Teil. Balladen und Blumenlieder. Stuttgart 1890, S. 82.

S. 44 f.: Leo Greiner: Der Wald.

Quelle: Leo Greiner: Das Tagebuch. Gedichte. München und Leipzig 1906, S. 59.

S. 46 ff.: Hermann Hesse: Der Waldmensch.

Quelle: Hermann Hesse: Sämtliche Werke in 20 Bänden. Hrsg. von Volker Michels. Bd. 8: Die Erzählungen 3. © Suhrkamp Verlag Frankfurt am Main 2002, S. 121-127.

Waldgespräche

S. 52 ff.: Emanuel Geibel: Waldgespräch.

Quelle: Emanuel Geibel: Neue Gedichte. Bd. 2. 1. Aufl. Stuttgart 1870, S. 44–46.

S. 54: August Wilhelm Schlegel: Waldgespräch.

Quelle: Böcking, Eduard (Hrsg.): August Wilhelm Schlegel's sämmtliche Werke. Bd. 1. Leipzig 1846, S. 347.

S. 55: Justinus Kerner: Der Grundton der Natur.
Quelle: Justinus Kerner: Die lyrischen Gedichte, S. 184.

S. 56 ff.: August Schnezler: Waldgespräch.
Quelle: Schnezler, August: Gedichte. München 1833, S. 223–225.

S. 57 ff.: Adolf Ritter von Tschabuschnigg: Waldgespräch.
Quelle: Adolf Ritter von Tschabuschnigg: Gedichte. 4. Aufl. Leipzig 1872, S. 148–150.

S. 59: Leo Greiner: Waldgespräch.
Quelle: Leo Greiner: Das Tagebuch. Gedichte. München und Leipzig 1906, S. 24.

S. 60: Nikolaus Lenau: Das Waldgespräch.
Quelle: Nikolaus Lenau: Faust. Ein Gedicht. Stuttgart und Augsburg 1858, S. 131 f.

S. 61 f.: Rose Ausländer: Der Wald erzählt.
Quelle: Rose Ausländer: Schattenwald. Gedichte. Frankfurt am Main 1995, S. 29. (Mit freundlicher Genehmigung des Fischer Verlags Frankfurt am Main).

S. 62: Peter Hille: Waldstimme.
Quelle: Virnsberg, Georg (Hrsg.): Vom Reichtum der deutschen Seele – ein Hausbuch deutscher Lyrik. Leipzig 1928, S. 114.

S. 64: Max Dauthendey: Stets sind Gespräche im Wald.
Quelle: Max Dauthendey: Gesammelte Werke. Bd. 4: Lyrik und kleinere Versdichtungen. München 1925, S. 303.

S. 64 f.: Max Schlierbach: Waldgespräch.
Quelle: Max Schlierbach: Gedichte. Berlin 1872, S. 69 f.

S. 65 ff.: Friedrich von Heyden: Waldgespräch.
Quelle: Friedrich von Heyden: Dichtungen. Königsberg 1820, S. 51–58.

S. 71: Joseph von Eichendorff: Waldgespräch.
Quelle: Scholz, Wilhelm von (Hrsg.): Von Wald und Welt. Gedichte und Erzählungen von Josef Freiherrn von Eichendorff. München und Leipzig 1909, S. 166.

S. 73: Conrad Ferdinand Meyer: Jetzt rede du!
Quelle: Conrad Ferdinand Meyer: Gedichte. Leipzig 1882, S. 42.

Waldeinsamkeit

S. 77: Ludwig Tieck: Der blonde Eckbert.

Quelle: Ludwig Tieck: Der blonde Ekbert. In: Volksmährchen herausgegeben von Peter Leberecht [Ludwig Tieck]. Erster Band. Berlin 1798,
S. 164-207; hier die Seiten 180, 194, 205.

S. 77 ff.: Ludwig Tieck: Waldeinsamkeit (Novelle).

Quelle: Ludwig Tieck: Waldeinsamkeit. In: Ludwig Tiecks gesammelte Novellen. Bd. 10. (Gesammelte Schriften. Bd. 26). Berlin 1854, S. 475–533;
hier die Seiten 475–480.

S. 82: Joseph von Eichendorff: Waldeinsamkeit.

Quelle: Scholz, Wilhelm von (Hrsg.): Von Wald und Welt. Gedichte und
Erzählungen von Josef Freiherrn von Eichendorff. München und Leipzig
1909, S. 139.

S. 83: Graf Franz Ludwig Evarist Alexander von Pocci: Waldeinsamkeit.

Quelle: Franz G. Pocci: Dichtungen. Schaffhausen 1843, S. 199 f.

S. 84 ff.: Heinrich Heine: Waldeinsamkeit.

Quelle: Heinrich Heine: Dichtungen. 4. Theil. (Heinrich Heine's sämmtliche
Werke Band 18). Hamburg 1868, S. 102–106.

S. 87 ff.: Auguste Kurs: Nur eine Stunde im grünen Wald.

Quelle: Auguste Kurs: Epheublätter. Gedichte. 3. Aufl. Berlin 1854.

S. 89 f.: Johann Nepomuk Vogl: Waldeinsamkeit.

Quelle: Johann Nepomuk Vogl: Lyrische Blätter. Wien 1836, S. 58–60.

S. 90 ff.: Adolf Ritter von Tschabuschnigg: Waldeinsamkeit.

Quelle: Adolf Ritter von Tschabuschnigg: Gedichte. 4. Aufl. Leipzig 1872,
S. 37–39.

S. 92: Friedrich von Sallet: Welt, Wald.

Quelle: Friedrich von Sallet: Gedichte. 3. Aufl. Hamburg und Leipzig 1845,
S. 51.

S. 93: Theobald Kerner: Zuflucht.

Quelle: Theobald Kerner: Natur und Frieden. Frankfurt a. M. 1859, S. 79 f.

S. 95 ff.: Viktor von Scheffel: Morgengesang.

Quelle: Viktor von Scheffel: Waldeinsamkeit. 4. Aufl. Stuttgart 1884, S. 17 ff.

S. 96 f.: Heinrich Seidel: Waldeinsamkeit.

Quelle: Heinrich Seidel: Glockenspiel. Gesammelte Gedichte. Bd. 7. Leipzig 1897, S. 32 f.

S. 98 ff.: Henry David Thoreau: Walden oder Leben in den Wäldern.

Quelle: Henry David Thoreau: Walden oder Leben in den Wäldern. Aus dem Englischen übersetzt von Wilhelm Nobbe. Neuaufl. Hamburg 2022; hier die Seiten 33, 136 f., 142, 245, 306 f, 415 f.

Waldmärchen, Märchenwald

S. 105 ff.: Jacob und Wilhelm Grimm: Hänsel und Gretel.

Quelle: Jacob und Wilhelm Grimm (Hrsg.): Hänsel und Gretel. In: Kinder- und Hausmärchen (KHM 15). Berlin 1812, S. 49–58.

S. 110 f.: Eduard Mörike: Waldidylle. An J. M.

Quelle: Eduard Mörike: Erzählungen und Gedichte. München und Zürich o. J., S. 247 f.

S. 112 ff.: Wilhelm Hauff: Das kalte Herz.

Quelle: Wilhelm Hauff: Das kalte Herz. In: Märchen-Almanach auf das Jahr 1828, S. 149; S. 159–160.

S. 115 ff.: Ferdinand Freiligrath: Im Walde.

Quelle: Detlev Hellfaier / Winfried Freund (Hrsg.): Ferdinand Freiligrath. Im Herzen trag ich Welten. Ausgewählte Gedichte. Detmold 2010, S. 75 ff.

S. 117 ff.: Max Herrmann-Neiße: Ballade vom Zauberwald.

Quelle: Max Herrmann-Neiße: Einsame Stimme. Ein Buch Gedichte von Max Herrmann. München 1973 [Reprint der Ausgabe von 1927], S. 11.

S. 119 f.: Adolf Ritter von Tschabuschnigg: Waldmährchen.

Quelle: Adolf Ritter von Tschabuschnigg: Aus dem Zauberwalde. Romanzenbuch. Berlin 1856, S. 1–3.

S. 121 ff.: Gustav Heick: Waldtreue.

Quelle: Gustav Heick / Frida von Kronoff: Waldmärchen. Augsburg 1998 [Reprint der Ausgabe von 1905], S. 11–15.

Waldfrauen

S. 129 ff.: Friedrich de la Motte Fouqué: Die Waldfrau.

Quelle: Friedrich Baron de la Motte Fouqué: Gedichte. Wien 1816, S. 167 ff.

S. 131 ff.: Johann Karl August Musäus: Libussa.

Quelle: Johann Karl August Musäus: Volksmährchen der Deutschen. Hrsg. von Ludwig Klee. Leipzig 1842, S. 256–262.

S. 135 ff.: Christoph von Schmid: Genovefa.

Quelle: Christoph von Schmid: Genofeva. Eine der schönsten und rührendsten Geschichten des Alterthums, neuerzählt für alle guten Menschen besonders für Mütter und Kinder. Augsburg 1810, S. 37–41.

S. 138 ff.: Joseph Viktor von Scheffel: Ekkehard (aus dem Kapitel: Die Waldfrau).

Quelle: Joseph Viktor von Scheffel: Ekkehard. Eine Geschichte aus dem zehnten Jahrhundert. 3. Aufl. Berlin 1865, S. 128–130, 134.

S. 141 ff.: Marie Itzerott: Die Waldfrau (Ballade).

Quelle: Marie Itzerott: Meine Lieder. Gedichte. Hrsg. von Friedrich Hefty. Preßburg und Leipzig 1896, S. 113 ff.

S. 144 f.: Mathilde Raven: Die Waldfrau.

Quelle: Karl Wilhelm Bindewald (Hrsg.): Deutschlands Dichterinnen. Blüthen deutscher Frauenpoesie aus den Werken deutscher Dichterinnen der Vergangenheit und Gegenwart. Osterwieck/Harz o. J. [1895], S. 47 f.

S. 146 ff.: Franz Otto Gensichen: Waldgeheimniß.

Quelle: Franz Otto Gensichen: Aus sonnigen Fluren. Ein Märchenstrauß. Berlin 1874, S. 102–106.

S. 148 ff.: Julius Lohmeyer: Die Waldhexe.

Quelle: Die Gartenlaube. Heft 45. Leipzig 1888, S. 771.

S. 150 ff.: Else Galen-Gube: Waldhexe.

Quelle: Else Galen-Gube: Aus dem Leben und den Träumen eines Weibes. 4. Aufl. Berlin und Leipzig [1905]; hier: Kindle-Ausgabe.

Flora und Fauna

S. 156 f.: Friedrich Schiller: Der Spaziergang.

Quelle: Friedrich Schiller: Gedichte. Erster Theil. Leipzig 1804, hier S. 49–51.

S. 158: Nikolaus Lenau: In das Tagebuch einer Künstlerin. Erinnerung an einen Spaziergang.

Quelle: Nikolaus Lenau: Lenaus sämtliche Werke. Erster Band. Leipzig 1882, S. 202 f.

S. 158 f.: Friedrich von Matthisson: Der Wald.

Quelle: Friedrich Matthisson: Gedichte. Bd. 1. Tübingen 1912, S. 195–197.

S. 160: Friedrich Ludewig Bouterweck (auch: Bouterwek): Das Mühlen-wäldchen.

Quelle: Friedrich Bouterwek: Gedichte. Reutlingen 1803, S. 38 f.

S. 161 f.: Theodor Fontane: Die Blumen des Waldes.

Quelle: Theodor Fontane: Balladen. Berlin 1861, S. 251 f.

S. 162 ff.: Theodor Fontane: Wanderungen durch die Mark Brandenburg. In den Spreewald.

Quelle: Theodor Fontane: Wanderungen durch die Mark Brandenburg. Bd. 4: Spreeland. Berlin 1882, S. 3 ff.

S. 165: Paul Heyse: Den Wald durchläuft verworrner Stimmen Klang.

Quelle: Paul Heyse: Skizzenbuch. Lieder und Bilder. Berlin 1877, S. 118 f.

S. 166: Stephan Milow: Im Walde.

Quelle: Stephan Milow: Gedichte. Stuttgart 1882, S. 229–231.

S. 168 ff.: Eduard Mörike: Waldplage.

Quelle: Eduard Mörike: Erzählungen und Gedichte. München und Zürich o. J., S. 285–287.

S. 170 f.: Heinrich Seidel: Wälder im Walde.

Quelle: Heinrich Seidel: Neues Glockenspiel. Gesammelte Gedichte. Zweite Sammlung. Stuttgart 1900, S. 12–15.

S. 172 f.: Theophania: Waldröschen.

Quelle: Hungari, Anton (Hrsg.): Gottes-Blumen aus dem deutschen Dichtergarten. Eine Festgabe religiöser Lieder und Betrachtungen. Bd. 1. Frankfurt am Main 1850, S. 90.

S. 173 f.: Johann Wolfgang von Goethe: Gefunden.

Quelle: Johann Wolfgang von Goethe: Goethes sämmtliche Werke in sechsunddreißg Bänden. Erster Band. Stuttgart 1868, S. 13.

S. 174 f.: Francisca Stoecklin: Tiere im Walde.

Quelle: Francisca Stoecklin: Die singende Muschel. Zürich 1925.

S. 175: Heinrich August Hoffmann von Fallersleben: Ein Männlein steht im Walde.

Quelle: August Heinrich Hoffmann von Fallersleben: Vier Kinder-Gesangfeste. Mit zweistimmigen Volks- und anderen Weisen. 2. Aufl. Berlin 1864, S. 72 f.

S. 176: Adolf Frey: Waldmeister.

Quelle: Adolf Frey: Blumen Ritornelle. Zürich 1921, S. 17.

S. 177 Fridolin Hofer: Waldmeister.

Quelle: Fridolin Hofer: Daheim. Neue Gedichte. Luzern 1918, S. 32.

Jahreszeiten

S. 181 f.: Konrad Fuß: Der Wald im Frühling.

Quelle: Konrad Fuß: Der erste Unterricht in der Naturgeschichte für Schule und Haus. 2. Aufl. Nürnberg 1894, S. 58 f.

S. 183: Julius Rodenberg: Der Wald.

Quelle: Julius Rodenberg: Der Wald. In: Deutsches Museum. Zeitschrift für Literatur, Kunst und öffentliches Leben. Hrsg. von Robert Prutz. Nr. 44, Leipzig 1857, S. 656 f.

S. 184: Friedrich Christian Paul Schnizlein: Waldfrühling.

Quelle: Friedrich Christian Paul Schnizlein: Gedichte. Ansbach 1853, S. 46 f.

S. 185: Heinrich Heine: In dem Walde sprießt und grünt es.

Quelle: Heinrich Heine: Heinrich Heine's sämtliche Werke 16. Bd. Dichtungen. Zweiter Theil: Tragödien und neue Gedichte. Hamburg 1868, S. 142.

S. 185 f.: Hans Morgenthaler: Sogar der Wald.

Quelle: Hans Morgenthaler: Ich selbst. Gefühle. Zürich 1923, S. 163.

S. 186 f.: Konrad Fuß: Der Wald im Sommer.

Quelle: Konrad Fuß: Der erste Unterricht in der Naturgeschichte für Schule und Haus. 2. Aufl. Nürnberg 1894, S. 120 f.

S. 187 f.: Max Dauthendey: Im Sommerwald.

Quelle: Max Dauthendey: Gesammelte Werke. Bd. 4: Lyrik und kleinere Versdichtungen. München 1925, S. 315 f.

S. 188: Peter Krauß: Im stillen Sommerwald.

Quelle: Deutsche Dichterhalle. Organ für deutsche Dichtkunst Nr. 1, 1. Band. Leipzig 1872, S. 26.

S. 189: Fridolin Hofer: Waldschlaf.

Quelle: Fridolin Hofer: Mit leuchtendem Land versponnen. (Luzerner Poeten 6). Hitzkirch 1983, S. 15.

S. 189 ff.: Arno Holz: Deutscher Sommerwald.

Quelle: Werke. Bd. 1. Hrsg. von Wilhelm und Anita Holz. Neuwied und Berlin 1961, S. 355 f.

S. 191: Heinrich Heine: Der scheidende Sommer.

Quelle: Heinrich Heine: Heinrich Heine's sämmtliche Werke. 16. Bd. Dichtungen. Zweiter Theil: Tragödien und neue Gedichte. Hamburg 1868, S. 229.

S. 192 f.: Konrad Fuß: Der Wald im Herbst.

Quelle: Konrad Fuß: Der erste Unterricht in der Naturgeschichte für Schule und Haus. 2. Aufl. Nürnberg 1894, S. 169–171.

S. 194: Ferdinand Falkson: Herbsttag.1838.

Quelle: Ferdinand Falkson: Gedichte eines Königsberger Poeten. Königsberg 1844, S. 29 f.

S. 195: Ferdinand von Saar: Herbst.

Quelle: Die Dioskuren. Literarisches Jahrbuch des ersten allgemeinen Beamtenvereins der österreichisch-ungarischen Monarchie. 8. Jg. Wien 1879, S. 1.

S. 195 f.: Max Dauthendey: Im Wald der Boden von kalten Blättern.

Quelle: Max Dauthendey: Gesammelte Werke. Bd. 4: Lyrik und kleinere Versdichtungen. München 1925, S. 322.

S. 196: Nikolaus Lenau: Brief an Emilie v. Reinbeck vom 20. September 1843.

Quelle: Nikolaus Lenau: Lenaus sämtliche Werke. Erster Band. Leipzig 1882, S. 22.

S. 197: Nikolaus Lenau: Waldlieder IX.

Quelle: Nikolaus Lenau: Gedichte. Bd. 2. 7. Aufl. Stuttgart und Tübingen 1846, S. 414.

S. 198: Ludwig Adolf Stöber: Der Bergwald im Herbst.

Quelle: Ignaz Hub (Hrsg.): Die deutschen Dichter der Neuzeit. Auswahl aus den Quellen. Mit biographisch-litterarischen Einleitungen. München 1852, S. 693.

S. 198 ff.: Konrad Fuß: Das Pflanzen- und Tierleben im Winter.

Quelle: Konrad Fuß: Der erste Unterricht in der Naturgeschichte für Schule und Haus. 2. Aufl. Nürnberg 1894, S. 286 f.

S. 200: Hermann Löns: Bergwaldwildnis.

Quelle: Hermann Löns: Sämtliche Werke. Bd. 1. Leipzig 1924, S. 183 f.

S. 201 ff.: August Corrodi: Waldbriefe.

Quelle: August Corrodi: Waldleben. St. Gallen 1856, S. 251–259.

S. 204: Karl Mayer: Der Tannenwald im Winter.

Quelle: Karl Mayer: Gedichte. 3. Aufl. Stuttgart 1864, S. 376.

S. 204: Heinrich Heine: Unterm weißen Baume sitzend.

Quelle: Heinrich Heine: Heinrich Heine's sämtliche Werke 16. Bd. Dichtungen. Zweiter Theil: Tragödien und neue Gedichte. Hamburg 1868, S. 141 f.

S. 205 f.: August Corrodi: Waldbriefe.

Quelle: August Corrodi: Waldleben. St. Gallen 1856, S. 287–289.

Waldästhetik, Emotionen

S. 211 ff.: Franz von Baur: Über die Sonderstellung des Waldes.

Quelle: Franz Baur: Ueber die Sonderstellung des Waldes im nationalen Wirthschaftsleben. München 1895, S. 22 ff.

S. 213 f.: Albert Vierling: Auf dem Haselstein (1876).

Quelle: Albert Vierling: Erinnerungen aus der Oberpfalz. Weiden 1878, S. 122, S. 125 f.

S. 215 f.: Johann Carl Ludwig Schultze: Die Schönheit des Waldes.

Quelle: Johann Carl Ludwig Schultze: Forstliche Berichte mit Kritik über die neueste forstliche Journal-Literatur. Neue Folge. 5. Jg. Nordhausen 1856, S. 23–26.

S. 218 f.: Henriette Davidis: Vor Sonnenaufgang im Walde.

Quelle: Anton Hungari (Hrsg): Deutscher Dichterfrühling der neueren und neuesten Zeit. Erster Band. Frankfurt am Main 1854, S. 132 f.

S. 219 f.: Katharina Diez und Elisabeth Grube (geb. Diez): Im Walde.

Quelle: Katharina Diez und Elisabeth Grube: Gedichte. Stuttgart 1857, S. 77 f.

S. 221 f.: Emerenz Meier: Mein Wald, mein Leben.

Quelle: Emerenz Meier: Gesammelte Werke. Bd. 2: Gedichte, Briefe, Vermischtes. Hrsg. von Hans Göttler. 2. Aufl. München 2012, S. 71 [mit der Überschrift des Herausgebers].

S. 222: Ada Christen: Im Walde.

Quelle: Maximilian Bern (Hrsg.) Deutsche Lyrik seit Goethes Tod. 2. Aufl. Berlin 1905, S. 56 f.

S. 223: Heinrich Seidel: Der Waldsee.

Quelle: Heinrich Seidel: Neues Glockenspiel. Gesammelte Gedichte. Zweite Sammlung. Stuttgart 1900, S. 57.

S. 223: Adolf Ritter von Tschabuschnigg: Im Walde.

Quelle: Adolf Ritter von Tschabuschnigg: Gedichte. 4. Aufl. Leipzig 1872, S. 94.

S. 224: Clemens Brentano: O kühler Wald.

Quelle: Clemens Brentano: Clemens Brentano's Gesammelte Schriften. 2. Band: Weltliche Gedichte. Hrsg. von Christian Brentano. Frankfurt am Main 1852, S. 123 f.

S. 225 f.: Karl Mayer: Der Urwald.

Quelle: Karl Mayer: Gedichte. 3. Aufl. Stuttgart 1864, S. 258 f.

S. 226 f.: Francisca Stoecklin: Der schwarze Wald.

Quelle: Francisca Stoecklin: Gedichte. Bern 1920.

S. 228 f.: Hugo Salus: Am Waldsaum.

Quelle: Hugo Salus: Die Harfe Gottes. Gedichte. Wien 1928, S. 25 f.

S. 230 f.: Friedrich Theodor Vischer: Die Schönheit des Pflanzenreichs.

Quelle: Friedrich Theodor Vischer: Aesthetik oder Wissenschaft des Schönen. Zum Gebrauch für Vorlesungen. Zweiter Theil: Die Lehre vom Schönen in einseitiger Existenz oder vom Naturschönen und der Phantasie. Reutlingen und Leipzig 1847, S. 83 f.

S. 231: Friedrich Theodor Vischer: Unterm Buchenbaum.

Quelle: Friedrich Theodor Vischer: Lyrische Gänge. 4. Aufl. Stuttgart und Leipzig 1904, S. 110 f.

S. 232 ff.: May, Karl: Des Waldes Seele.

Quelle: Karl May: Himmelsgedanken. Freiburg 1900, S. 258–261.

S. 234: Karl Ernst Knodt: Wald der um mein Leben rauscht.

Quelle: Karl Ernst Knodt: Meine Wälder. Worte von Ernst Knodt. 8. Aufl. München 1921, S. 89.

S. 234 ff.: Karl Ernst Knodt: Wie oft ging meine ungestillte Sehnsucht die Sterne fragen.

Quelle: Karl Ernst Knodt: Meine Wälder. Worte von Ernst Knodt. 8. Aufl. München 1921, S. 13 f.

S. 237 ff.: Peter Rosegger: Waldheimat.

Quelle: Peter Rosegger: Waldheimat. Band 1: Das Waldbauernbübel. Gesammelte Werke. Bd. 11. Leipzig 1914, S. 5 f. [Erstdruck der ersten Fassung: Preßburg 1877].

Wald, Liebe, Erotik

S. 243 ff.: Jakob Michael Reinhold Lenz: Der Waldbruder.

Quelle: Jakob Michael Reinhold Lenz: Der Waldbruder, ein Pendant zu Werthers Leiden. In: Johann Froitzheim: Lenz und Goethe. Stuttgart u. a. 1891, S. 71–103.

S. 245 ff.: Adalbert Stifter: Der Waldsteig.

Quelle: Studien von Adalbert Stifter. Bd. 3. 5. Aufl. Pesth [Budapest] 1863, S. 111–168.

S. 249: Maximilian (Max) Beilhack: Ein Waldsteig.

Quelle: Max Beilhack. Gedichte. Würzburg 1875, S. 3.

S. 251: Hermann Lingg: Waldritt.

Quelle: Hermann Lingg: Gedichte. Zweiter Band. 2. Aufl. Stuttgart 1869, S. 174.

S. 252 ff.: Theodor Storm: Waldwinkel.

Quelle: Theodor Storm: Werke in vier Bänden. Band 2. Köln 1998, S. 412–462; hier: S. 436–438.

S. 255 f.: Adolf Frey: Liebeswald.

Quelle: Adolf Frey: Gedichte. 2. Aufl. Leipzig 1908, S. 71.

S. 256 f.: Adolf Frey: Waldgeheimnis.

Quelle: Adolf Frey: Neue Gedichte. Stuttgart und Berlin 1913, S. 86.

S. 257 ff.: Ludwig Ganghofer: Das Schweigen im Wald.

Quelle: Ludwig Ganghofer: Das Schweigen im Walde. Berlin o. J., S. 5 f.; 26 f.; S. 29–33.

S. 261: Karl Friedrich Henckell: Schweigen im Walde (Neun Böcklinbilder).

Quelle: Karl Friedrich Henckell: Gipfel und Gründe. Neue Gedichte. Leipzig 1904, S. 98.

S. 262: Hermann Löns: Der Märchenwald.

Quelle: Hermann Löns: Sämtliche Werke. Bd. 1. Leipzig 1924, S. 204 f.

S. 264: Christian Morgenstern: Hier im Wald mit dir zu liegen.

Quelle: Christian Morgenstern: Werke und Briefe. Bd.1. Hrsg. von Martin Kießig. Stuttgart 1988, S. 358.

S. 264 f.: Novalis: Es färbte sich die Wiese grün.

Quelle: Novalis: Schriften 2. Teil. Hrsg. von Ludwig Tieck und Friedrich Schlegel. 2. Aufl. Berlin 1905, S. 60–62.

S. 266 f.: Francisca Stoecklin: Die Lichtung.

Quelle: Francisca Stoecklin: Gedichte. Bern 1920.

S. 267 f.: Max Herrmann-Neiße: Der Liebe Traumwald.

Quelle: Max Herrmann-Neiße: Einsame Stimme. Ein Buch Gedichte. Berlin 1927, S. 64.

S. 268: Else Galen-Gube: Wir fanden das Glück im Walde.

Quelle: Else Galen-Gube: Aus dem Leben und den Träumen eines Weibes. Leipzig 1903, S. 127.

S. 269 f.: Else Galen-Gube: Wenn die Dämmrung über den Wald sich neigt.

Quelle: Else Galen-Gube: Aus dem Leben und den Träumen eines Weibes. Leipzig 1903, S. 17 f.

S. 270 f.: Wilhelm Busch: Waldfrevel.

Quelle: Wilhelm Busch: Schein und Sein. Nachgelassene Gedichte. München 1909, S. 12.

Schutz und Gefahr

S. 274 ff.: Johann Wolfgang von Goethe: Faust I: Wald und Höhle.

Quelle: Johann Wolfgang von Goethe: Faust. Eine Tragödie von Goethe. Tübingen 1808, S. 214 f. und 262 f.

S. 277 ff.: Friedrich Schiller: Die Räuber.

Quelle: Friedrich Schiller: Die Räuber. Ein Schauspiel. Frankfurt und Leipzig 1781. [Anonym veröffentlichter Erstdruck].

S. 280 f.: Alexander Schöppner: Der bayerische Hiesel im Inxhofe.

Quelle: Alexander Schöppner (Hrsg.): Sagenbuch der Bayerischen Lande. Aus dem Munde des Volkes, der Chronik und der Dichter. Bd. 3. München 1853, S. 234.

S. 281 ff.: Ludwig Thoma: Der Menten-Seppei. Eine altbayerische Wilderergeschichte.

Quelle: Ludwig Thoma: Die schönsten Erzählungen. Bd. 1: Lausbuben-geschichten und andere Erzählungen. Hrsg. von Richard Lemp. München 1999, S. 217–220.

S. 285 ff.: Wilhelm Raabe: Die Innerste.

Quelle: Wilhelm Raabe: Gesammelte Erzählungen. 3. Bd. 2. Aufl. Berlin 1902, S. 244 f.; 293 f.

S. 288 ff.: Wilhelm Hauff: Das Wirtshaus im Spessart.

Quelle: Märchen-Almanach auf das Jahr 1812, S. 115–117.

S. 291 ff.: Adalbert Stifter: Der Hochwald.

Quelle: Iris. Taschenbuch für das Jahr 1842. 3. Jg. Pesth [Budapest] 1842, S. 323–328.

S. 293: Ludwig Uhland: Der Räuber.

Quelle: Ludwig Uhland: Werke. Bd. 1. München 1980, S. 161 f.

S. 294 f.: Wilhelm Hertz: Der Räuber.

Quelle: Wilhelm Hertz: Gedichte. Hamburg 1859, S. 137 f.

S. 294 ff.: Viktor von Scheffel: Waldfrevel.

Quelle: Viktor von Scheffel: Waldeinsamkeit. 4. Aufl. Stuttgart 1884, S. 37–39.

Mythos und Pathetik

S. 301 f.: Graf Friedrich Leopold zu Stolberg-Stolberg: Der Harz.

Quelle: Johannes Minckwitz: Der neuhochdeutsche Parnaß. 1740 bis 1860. Eine Grundlage zum besseren Verständnis unserer Litteraturge-schichte in Biographien, Charakteristiken und Beispielen unserer vorzüg-lichsten Dichter. Leipzig 1861, S. 820 f.

S. 303: Friedrich Gottlieb Klopstock: Hermanns Schlacht. [Gesang der Barden]

Quelle: Friedrich Gottlieb Klopstock: Hermanns Schlacht. Ein Bardiet für die Schaubühne. Hamburg und Bremen 1769.

S. 304: Heinrich Heine: Caput XI.

Quelle: Heinrich Heine. Deutschland. Ein Wintermährchen. In: Heinrich Heine: Neue Gedichte. 1. Aufl. Hamburg 1844, S. 328.

S. 304 f.: Joseph von Eichendorff: Der Jäger Abschied.

Quelle: Joseph von Eichendorff: Gedichte. Berlin 1837, S. 161.

S. 307: Max von Schenkendorf: Vaterland.

Quelle: Max von Schenkendorf: Gedichte. Leipzig o. J., S. 195–197.

S. 308 f.: Theodor Körner: Die Eichen.

Quelle: Theodor Körner: Werke. Bd. 1. Leipzig und Wien 1893, S. 72 f.

S. 309 ff.: Viktor von Scheffel: Waldeingang.

Quelle: Viktor von Scheffel: Waldeinsamkeit. 4. Aufl. Stuttgart 1884., S. 14 ff.

S. 311 f.: Ernst Moritz Arndt: Rausche durch den Wald.

Quelle: Ernst Moritz Arndt. Gedichte. Auswahl. Halle a. S. 1891, S. 235.

S. 312 f.: Ernst Moritz Arndt: Ein Wort über die Pflegung und Erhaltung der Forsten.

Quelle: Ernst Moritz Arndt: Ein Wort über die Pflegung und Erhaltung der Forsten und der Bauern im Sinne einer höheren, d. h. menschlichen Gesetzgebung. In: Der Wächter. Heft 3/4. Köln 1815, S. 394–395.

Jagen und gejagt werden

S. 316 ff.: Georg Ludwig Hartig: Jagdgeschichte (Lexikonartikel).

Quelle: Georg Ludwig Hartig: Lexikon für Jäger und Jagdfreunde, oder waidmännisches Conversations-Lexikon. Berlin 1836, S. 269–271.

S. 319 f.: Heinrich Wilhelm von Gerstenberg: Die Nymphe Dianens.

Quelle: Heinrich Wilhelm von Gerstenberg: Taendeleyen. Wien 1805, S. 33–35.

S. 320 f.: Ludwig Tieck: Im Walde.

Quelle: Ludwig Tieck: Gedichte. 2. Teil. Dresden 1821, S. 15 f.

S. 321 f.: Joseph von Eichendorff: Jäger und Jägerin.

Quelle: Joseph von Eichendorff: Von Wald und Welt. München und Leipzig 1909, S. 102 f.

S. 323: Joseph von Eichendorff: Die Jäger.

Quelle: Joseph von Eichendorff: Gedichte. Berlin 1837, S. 10.

S. 324: Gotthold Ephraim Lessing: Der Hirsch und der Fuchs.

Quelle: Gotthold Ephraim Lessing: Sämtliche Schriften. Bd. 1. Hrsg. von Karl Lachmann. Berlin 1838, S. 102.

S. 325: Karl Stieler: Wald-Idylle.

Quelle: Karl Stieler: Auf der Birsch. Jagdgeschichten. München 1895, S. 23–26.

S. 330: Theodor Fischer: Waidmannssprache.

Quelle: Theodor Fischer: Da hab ich meine Freude! Weitere Jagdskizzen vom Waldläufer. Frauenfeld 1920, S. 56 ff.

S. 332 f.: Carl Eduard Ney: Forstwirtschaft und Jägerei.

Quelle: Carl Eduard Ney: Lieder und Reimereien eines alten Grünrocks aus der Pfalz. Straßburg 1896, S. 48–50.

S. 333 f.: Erich Rudolf Raspe: Jagdgeschichten.

Quelle: Erich Rudolf Raspe: Abenteuer und Reisen des Freiherrn von Münchhausen. Neu bearbeitet von Edmund Zoller. Stuttgart [ca. 1875], S. 23 f.

S. 336: Otto von Loeben: Waldlust. (Nach dem Reisetagebuch).

Quelle: Aurora. Ein romantischer Almanach. Bd. 1. Hrsg. von Karl von Eichendorff und Adolf Dyroff. Oppeln 1929, S. 78.

S. 337: Gottfried Keller: Sonntagsjäger.

Quelle: Gottfried Keller: Gedichte. Heidelberg 1846, S. 64 f.

S. 339 f.: Friederike Kempner: Die Jagd.

Quelle: Friederike Kempner: Gedichte. 8. Aufl. Berlin 1903, S. 51.

S. 340: Conrad Ferdinand Meyer: Wund.

Quelle: Conrad Ferdinand Meyer: Gedichte. Leipzig 1882, S. 42.

S. 341: Hermann Löns: Der Heger.

Quelle: Hermann Löns: Kraut und Lot. Ein Buch für Jäger und Heger. Hannover 1911, ohne Seitenangabe.

Bildnachweise

Die Fotos aus den lizenzfreien Bildportalen Pexels, Pixabay und Unsplash dienen hier lediglich als Symbolbilder. Sie stehen ursprünglich nicht im Zusammenhang mit den ausgewählten Zitaten im Text.

Umschlag: Collage Symbolfoto Pixabay und private Postkartenansicht.

S. 7: Aquarell von Manfred Sturm ca. 1990; Privatbesitz; abgedruckt mit freundlicher Genehmigung von Karin Sturm, Gotha.

S. 10: Symbolfoto, Pixabay, Autor: Albrecht Fietz.

S. 12: Symbolfoto, Pixabay, Autor: Dean Page.

S. 13: Symbolfoto, Pixabay, Autor: Manfred Antranias Zimmer.

S. 14: Symbolfoto, Pixabay, Autor: Albrecht Fietz.

S. 15: Symbolfoto, Pixabay, Autor: Reinhardi.

S. 16: Symbolfoto, Pixabay, Autor: Amys Art-Dreams.

S. 20 oben: Privatbesitz.

S. 20 unten: https://books.google.de.

S. 21: Bayerische Staatsbibliothek München, Sign.: P.o.germ. 585b; hier: Digitale Sammlungen.

S. 24: Privatbesitz.

S. 25: Symbolfoto, Pixabay, Autor: Dikky Oesin.

S. 26: Wikimedia Commons.

S. 29: Symbolfoto, Pixabay, Autor: Manfred Richter.

S. 31: Wikimedia Commons.

S. 34: Symbolfoto Pixabay, Manfred Antranias Zimmer.

S. 37: Bayerische Staatsbibliothek München, Sign.: Oecon. 1522n; hier: Digitale Sammlungen.

S. 40/41: Reprint Olms 1986.

S. 43: Symbolfoto, Pixabay, Autor: Manfred Richter.

S. 44: Symbolfoto, Pixabay, Autor: StockSnap.

S. 46/47: Symbolfoto, Pixabay, Autor: Fajar Addona.

S. 50: Symbolfoto, Pixabay, Autor: Andreas.

S. 53: Symbolfoto, Pixabay, Autor: Heiko Stein.

S. 58: Symbolfoto, Pixabay, Autor: Dennis Larsen.

S. 61: Symbolfoto, Pixabay, Autor: Joe.

S. 63: Symbolfoto, Pixabay, Autor: Marco Carli.

S. 66: Symbolfoto, Pixabay, Autor: Dimitris Vetsikas.

S. 70: Symbolfoto, Pixabay, Autor: Elias.

S. 72: Postkartenansicht um 1900, Privatbesitz.

S. 73: Postkartenansicht um 1903, Privatbesitz.

S. 74: Wikimedia Commons.

S. 79: Symbolfoto, Pixabay, Autor D Mz.

S. 85: Symbolfoto, Pixabay Autor Fietz.

S. 87: Privatbesitz.

S. 88: Symbolfoto Pixabay, Autor G. C.

S. 90: Privatbesitz.

S. 94: Symbolfoto, Pixabay, Autor: Johannes Plenio.

S. 95: Privatbesitz.

S. 99: Wikimedia Commons.

S. 101: Der Walden Lake im Jahr 2012, Wikimedia Commons, Autor: Cbaile19.

S. 102: Privatbesitz

S. 105: Bayerische Staatsbibliothek München, Sign.: P.o.germ. 521 c-1.

S. 107: Wikimedia Commons.

S. 111: Wikimedia Commons.

S. 112: Wikimedia Commons.

S. 116: Symbolfoto, Pixabay, Autor: Mysticsartdesign.

S. 118: Symbolfoto, Pixabay, Autor: Janusz Walczak.

S. 119: Wikimedia Commons.

S. 123: Privatbesitz.

S. 125: Stadtarchiv Kerpen, Bestand Amt Kerpen, Nr. 4125.

S. 126: Symbolfoto, Pixabay, Autor: Anatoly777.

S. 129: Symbolfoto, Pixabay, Autor: Jim Cooper.

S. 133: Privatbesitz.

S. 136: Wikimedia Commons.

S. 139: Privatbesitz

S. 142: Privatbesitz.

S. 147: Symbolfoto, Pixabay, Autor: stanbalik.

S. 149: Wikimedia Commons.

S. 153: Symbolfoto, Pixabay, Autor: ariadne-a-mazing.

S. 154: Symbolfoto, Pixabay, Autor: Sven Lachmann.

S. 159: Privatbesitz.

S. 161: Symbolfoto, Pixabay, Autor: Kristine Lejniece.

S. 163: Spreewald, Symbolfoto, Pixabay, Autor: Gundula Vogel.

S. 166: Symbolfoto, Pixabay, Autor: Julita.

S. 169: Symbolfoto, Pixabay, Autor: Adina Voicu.

S. 171: Symbolfoto, Pixabay, Autor: moderatenorthwind.

S. 173: Buschwindröschen, Wikimedia Commons, Autor: Andreas Eichler.

S. 174: Privatbesitz.

S. 176: Wikimedia Commons.

S. 177: Privatbesitz.

S. 178: Wikimedia Commons.

S. 180: Wikimedia Commons

S. 181: Symbolfoto, Pixabay, Autor: Ben_Kerchx.

S. 182: Wikimedia Commons.

S. 186: Wikimedia Commons.

S. 187 oben: Symbolfoto, Pixabay, Autor: raindancerin.

S. 187 unten: Symbolfoto, Pixabay, Autor: GLady.

S. 190: Symbolfoto, Pixabay, Autor: Birgit Keil.

S. 191: Wikimedia Commons.

S. 193: Symbolfoto, Pixabay, Autor: LoggaWiggler.

S. 196: Symbolfoto, Pixabay, Autor: stefaniejockschat.

S. 197: Wikimedia Commons.

S. 199: Symbolfoto, Pixabay, Autor: Websi.

S. 203: Symbolfoto, Pixabay, Autor: Brun-O.

S. 206/207: Symbolfoto, Pixabay, Autor: Sonyuser.

S. 208: Symbolfoto, Pixabay, Autor: Albrecht Fietz.

S. 209: Wikimedia Commons.

S. 210: Wikimedia Commons.

S. 214: Foto Haselstein, Wikimedia Commons, Autor: Stefankrapf.

S. 216/217: Privatbesitz.

S. 218: Privatbesitz.

S. 221: Symbolfoto, Pixabay, Autor: Harmony Lawrence.

S. 225: Wikimedia Commons.

S. 227: Symbolfoto, Pixabay, Autor: Pexels.

S. 228: Privatbesitz.

S. 233: Wikimedia Commons

S. 235: Symbolfoto, Pixabay, Autor: Pexels.

S. 238: Wikimedia Commons.

S. 239: Wikimedia Commons.

S. 240: Symbolfoto, Unsplash, Autor: everton-vila.

S. 243: Wikimedia Commons.

S. 247: Wikimedia Commons.

S. 250: Symbolfoto, Pixabay, Autor: Markito.

S. 251: Privatbesitz.

S. 253: Wikimedia Commons, Autor: H.-P. Haack, Antiquariat Dr. Haack, Leipzig.

S.:256: Symbolfoto, Pexels, Autor: elizaveta-dushechkina.

S. 261: Privatbesitz.

S. 263: Privatbesitz.

S. 265: Symbolfoto, Pixabay, Autor: canopy.

S. 267: Privatbesitz.

S. 269: Symbolfoto, Pixabay, Autor: cocoparisienne.

S. 271: Symbolfoto, Unsplash, Autor: siora-photography.

S. 272: Symbolfoto, Pexels, Autor: boys-in-bristol-photography.

S. 275: Wikimedia Commons.

S. 279: Wikimedia Commons.

S. 281: Wikimedia Commons.

S. 287: Foto Wikimedia Commons, Autor: Torbenbrinker.

S. 289: Wikimedia Commons.

S. 292: Bayerische Staatsbibliothek München, Sign.: Res/P.o.germ. 1420gx; hier: Digitale Sammlungen.

S. 297: Privatbesitz.

S. 298: Privatbesitz.

S. 301: Wikimedia Commons.

S. 305: Wikimedia Commons.

S. 306 oben: Bayerische Staatsbibliothek München, Sign.: P.o.germ 1985m; hier: Digitale Sammlungen.

S. 306 unten: Bayerische Staatsbibliothek München, Sign.: Mus. pr. 9716-1; hier: Digitale Sammlungen.

S. 308: Wikimedia Commons.

S. 311: Privatbesitz.

S. 314: Wikimedia Commons.

S. 317: Bayerische Staatsbibliothek München, Sign.: BA/Oecon. 1676g-1816.

S. 319: Wikimedia Commons.

S. 322: Wikimedia Commons.

S. 324: Symbolfoto, Pixabay, Autor: Jon Pauling.

S. 325: Symbolfoto, Pixabay, Autor: DeWeg.

S. 327: Symbolfoto, Pixabay, Autor: InsightPhotography.

S. 330: Bayerische Staatsbibliothek München, Sign.: 81.93321; hier: Digitale Sammlungen.

S. 334: Staatsbibliothek Bamberg, Sign.: JJ.q.514; S. 23; hier: Digitale Sammlungen.

S. 335: Wikimedia Commons.

S. 337: Wikimedia Commons.

S. 338: Wikimedia Commons.

S. 340: Symbolfoto, Pixabay, Autor: thraniwen.

S. 341: Privatbesitz.

S. 342: Foto privat.

S. 345: GWLB, Sign.: Ob-A 7001.

S. 348: Hausbuch deutscher Lyrik (um 1920).

S. 357. Münchner Bilderbogen (o. J.) Nr. 235.

S. 369: Wikimedia Commons.

S. 371: Privatbesitz.

S. 372: privates Foto: Hannover, Eilenriede.

Primär- und Sekundärliteratur

Primärliteratur

Allgemeine Zeitung Nr. 10-12 vom 13.12.1868. Tübingen u. a. 1868.

Arndt, Ernst Moritz: Gedichte. Auswahl. Halle a. d. Saale 1891.

Arndt, Ernst Moritz: Ein Wort über die Pflegung und Erhaltung der Forsten und Bauern im Sinne einer höheren d. h. menschlichen Gesetzgebung. Schleswig 1820.

Ausländer, Rose: Schattenwald. Gedichte. Frankfurt am Main 1995.

Baur, Franz von: Ueber die Sonderstellung des Waldes im nationalen Wirthschaftsleben. Rede beim Antritt des Rektorats der Ludwig-Maximilians-Universität gehalten am 25. November 1895. München 1895.

Beilhack, Max: Gedichte. Würzburg 1875.

Bericht über die Allgemeine Agricultur- und Industrie-Ausstellung zu Paris im Jahre 1855. II. Classe, 18. Heft. Wien 1858.

Bern, Maximilian (Hrsg.): Deutsche Lyrik seit Goethes Tod. 2. Aufl. Berlin 1905.

Bindewald, Karl Wilhelm (Hrsg.): Deutschlands Dichterinnen. Blüthen deutscher Frauenpoesie aus den Werken deutscher Dichterinnen der Vergangenheit und Gegenwart. Osterwieck/Harz o. J. [1895].

Böcking, Eduard (Hrsg.): August Wilhelm Schlegel's sämmtliche Werke. Bd. 1. Leipzig 1846.

Borel, Eugène (Hrsg.): Album Lyrique de la France moderne. 2. Aufl. Stuttgart 1857.

Bouterweck, Friedrich Ludewig: Gedichte. Reutlingen 1803.

Braunschweigisches Magazin vom 15. August 1886. (Erbauung des Molkenhauses bei Bad Harzburg).

Breitkopf, Johann Gottlob Immanuel: Beschreibung des Reichs der Liebe. Mit beigefügter Landcharte. Ein Zweyter Versuch im Satz und Druck geographischer Charten, durch die Buchdruckerkunst. Leipzig 1777.

Brentano, Clemens: Clemens Brentano's Gesammelte Schriften. 2. Bd.: Weltliche Gedichte. Hrsg. von Christian Brentano. Frankfurt am Main 1852.

Busch, Wilhelm: Schein und Sein. Nachgelassene Gedichte. München 1909.

Caesar, Gaius Iulius: Der Gallische Krieg. Hrsg. u. übers. von Marieluise Deißmann. Stuttgart 2015.

Carlowitz, Hans Carl von: Syvicultura oeconomica. Leipzig 1713.

Colshorn, Theodor: Des Mägdleins Dichterwald. Stufenmäßig geordnete Auswahl deutscher Gedichte für Mädchen. 6. Aufl. Hannover 1871.

Corrodi, August: Waldleben. St. Gallen 1856.

Dauthendey, Max: Gesammelte Werke. Bd. 4: Lyrik und kleinere Versdichtungen. München 1925.

Deutsche Dichterhalle. Organ für die deutsche Dichtkunst Nr. 1, 1. Band. Leipzig 1872.

Deutsches Museum. Zeitschrift für Literatur, Kunst und öffentliches Leben. Nr. 44. Leipzig 1857.

Diez Katharina / Grube, Elisabeth: Gedichte. Stuttgart 1857.

Die Dioskuren. Literarisches Jahrbuch des ersten allgemeinen Beamtenvereins der österreich-ungarischen Monarchie. 8. Jg. Wien 1879.

Doehn, Rudolf: Aus dem amerikanischen Dichterwald. Literaturhistorische Skizzen. Leipzig 1881.

Ellermann, Heinrich (Hrsg.): Das Gedicht. Blätter für die Dichtung. 2. Jg. April 1936. 14. Folge: Arno Holz – Aus dem Phantasus. Nachgelassene neudurchgeformte Fassung. Hamburg 1936.

Eichendorff, Joseph von: Werke. Bd. 1. München 1970.

Eichendorff, Joseph von: Gedichte. Berlin 1837.

Eichendorff, Karl von / Dyroff, Adolf (Hrsg.): Aurora: Ein romantischer Almanach. Bd. 1. Oppeln 1929.

Falkson, Ferdinand: Gedichte eines Königsberger Poeten. Königsberg 1844.

Fischer, Theodor: Da hab ich meine Freude! Weitere Jagdskizzen vom Waldläufer. Frauenfeld 1920.

Fontane, Theodor: Wanderungen durch die Mark Brandenburg. Bd. 4: Spreeland. Berlin 1882.

Fontane, Theodor: Balladen. Berlin 1861.

Freiligrath, Ferdinand (Hrsg.): The Rose, Thistle and Shamrock. A Selection of English Poetry. Chiefly Modern. Stuttgart 1853.

Freund, Winfried / Hellfaier, Detlev (Hrsg.): Ferdinand Freiligrath. Im Herzen trag ich Welten. Ausgewählte Gedichte. Detmold 2010.

Froitzheim, Johann: Lenz und Goethe. Stuttgart (u. a.) 1891.

Frey, Adolf: Blumen Ritornelle. Zürich 1921.

Frey, Adolf: Neue Gedichte. Stuttgart und Berlin 1913.

Frey, Adolf: Gedichte. 2. Aufl. Leipzig 1908.

Fuß, Konrad: Der erste Unterricht in der Naturgeschichte für Schule und Haus. 2. Aufl. Nürnberg 1894.

Galen-Gube, Else: Aus dem Leben und den Träumen eines Weibes. 4. Aufl. Berlin und Leipzig [1905]; hier: Kindle-Ausgabe.

Ganghofer, Ludwig: Das Schweigen im Walde. Berlin o. J.

Die Gartenlaube. Heft 45. Leipzig 1888.

Geibel, Emanuel: Neue Gedichte. Bd. 2. 1. Aufl. Stuttgart 1870.

Gensichen, Franz Otto: Aus sonnigen Fluren. Ein Märchenstrauß. Berlin 1874.

Gerstenberg, Heinrich Wilhelm von: Taendeleyen. Wien 1905.

Gödeke, Karl (Hrsg.): Elf Bücher deutscher Dichtung. Von Sebastian Brant (1500) bis auf die Gegenwart. 1. Abt.: Von Sebastian Brant bis J. W. Goethe. Leipzig 1849.

Goethe, Johann Wolfgang: Faust. Erster und zweiter Teil. 8. Aufl. München 2005.

Goethe, Johann Wolfgang: Goethes sämmtliche Werke in sechsunddreißig Bänden. Erster Band. Stuttgart 1868.

Goethe, Johann Wolfgang: Faust. Eine Tragödie. Tübingen 1808.

Greiner, Leo: Das Tagebuch. Gedichte. München u. Leipzig 1906.

Grimm, Gunter E.: Deutsche Naturlyrik. Stuttgart 1995.

Grimm, Jacob / Grimm, Wilhelm: Altdeutsche Wälder. Band 1: Kassel 1813; Band 2: Frankfurt a. M. 1815; Band 3: Frankfurt a. M. 1816/17.

Grimm, Jacob / Grimm, Wilhelm (Hrsg.): Kinder- und Hausmärchen. (KHM 15) Berlin 1812.

Hartig, Georg Ludwig: Lexikon für Jäger und Jagdfreunde, oder waidmännisches Conversations-Lexikon. Berlin 1836.

Hauff, Wilhelm: Werke. Bd. IV.: Märchenalmanach. Hrsg. von Max Mendheim. Leipzig und Wien 1891–1909.

Haug, Friedrich (Hrsg.): Poetischer Lustwald. Sammlung von Gedichten älterer großentheils jetzt unbekannter Dichter. Tübingen 1819.

Heick, Gustav / Kronoff, Frida von: Waldmärchen. Augsburg 1998. [Reprint der Ausgabe von 1905].

Heine, Heinrich: Heinrich Heine's sämtliche Werke. 16. Bd. Dichtungen. Zweiter Theil: Tragödien und neue Gedichte. Hamburg 1868.

Heine, Heinrich: Neue Gedichte. 1. Aufl. Hamburg 1844.

Hertz, Wilhelm: Gedichte. Hamburg 1859.

Hesse, Hermann: Die Erzählungen 1911-1954. (Hermann Hesse. Sämtliche Werke. Hrsg. von Volker Michels. Band 8: Die Erzählungen). Frankfurt am Main 2002.

Heyden, Friedrich von: Dichtungen. Königsberg 1820.

Heyse, Paul: Skizzenbuch. Lieder und Bilder. Berlin 1877.

Heyse, Paul (Hrsg.): Anatologia dei moderni poeti italiani. Stuttgart 1869.

Hellfaier, Detlev / Freund, Winfried (Hrsg.): Ferdinand Freiligrath. Im Herzen trag ich Welten. Ausgewählte Gedichte. Detmold 2010.

Henckell, Karl Friedrich: Gipfel und Gründe. Neue Gedichte. Leipzig 1904.

Herrmann-Neiße, Max: Einsame Stimme. Ein Buch Gedichte von Max Herrmann. München 1973. [Reprint der Ausgabe von 1927].

Hofer, Fridolin: Mit leuchtendem Land versponnen. (Luzerner Poeten 6). Hitzkirch 1983.

Hofer, Fridolin: Daheim. Neue Gedichte. 1. Aufl. Luzern 1918.

Hoffmann von Fallersleben, August Heinrich: Vier Kinder-Gesangfeste. Mit zweistimmigen Volks- und anderen Weisen. 2. Auf. Berlin 1864.

Hoffmann von Fallersleben, August Heinrich: Unsere volksthümlichen Lieder. Mit Fortsetzungen und Nachträgen. Leipzig 1869.

Holz, Arno: Werke. Bd. 1. Hrsg. von Wilhelm und Anita Holz. Neuwied und Berlin 1961.

Hub, Ignaz (Hrsg.): Die deutschen Dichter der Neuzeit. Auswahl aus den Quellen. Mit biographisch-litterarischen Einleitungen. München 1852.

Hungari, Anton (Hrsg.): Gottes-Blumen aus dem deutschen Dichtergarten. Eine Festgabe religiöser Lieder und Betrachtungen. Bd. 1. Frankfurt am Main 1850.

Itzerott, Marie: Meine Lieder. Gedichte. Hrsg. von Friedrich Hefty. Preßburg und Leipzig 1896.

Kämpchen, Heinrich: Was die Ruhr mir sang. Bochum 1909.

Keller, Gottfried: Gedichte. Heidelberg 1846.

Kemmler, Gottlob: Gedichte. Calw (u. a.) 1887.

Kempner, Friederike: Gedichte. 8. Aufl. Berlin 1903.

Kerner, Justinus: Werke. Bd. 1. Berlin 1914.

Kerner, Theobald: Natur und Frieden. Frankfurt a. M. 1859.

Klopstock, Friedrich Gottlieb: Hermanns Schlacht. Ein Bardiet für die Schaubühne. Hamburg und Bremen 1769.

Knodt, Karl Ernst: Meine Wälder. Worte von Ernst Knodt. 8. Aufl. München 1921.

Körner, Theodor: Werke. Bd. 1. Leipzig und Wien 1893.

Kurs, Auguste (Hrsg.): Germania. Beiträge deutscher Dichter und Dichterinnen. Berlin 1861.

Kurs, Auguste: Epheublätter. Berlin 1854.

Lenau, Nikolaus: Sämtliche Werke. Band 1. Leipzig 1882.

Lenau, Nikolaus: Faust. Ein Gedicht. Frankfurt am Main 1858.

Lenau, Nikolaus: Gedichte. Bd. 2. 7. Aufl. Stuttgart und Tübingen 1846.

Lessing, Gotthold Ephraim: Sämtliche Schriften. Bd. 1. Hrsg. von Karl Lachmann. Berlin 1838.

Lindemann, Klaus (Hrsg.): Deutscher Dichter Wald. Waldgedichte. Paderborn (u.a.) 1985.

Lingg, Hermann: Gedichte. Zweiter Band. 2. Aufl. Stuttgart 1869.

Löns, Hermann: Sämtliche Werke. Bd. 1. Leipzig 1924.

Löns, Hermann: Kraut und Lot. Ein Buch für Jäger und Heger. Hannover 1911.

Mall-Grob, Beatrice: Lyrik und Prosa: Francisca Stoecklin. (Schweizer Texte. Neue Folge, Band 3). Bern (u. a.) 1994.

Marxhausen, Conrad (Hrsg.): Deutsch-amerikanischer Dichterwald. Eine Sammlung von Originalgedichten Deutsch-amerikanischer Verfasser. Detroit, Michigan 1856.

Matthisson, Friedrich von: Gedichte. Bd.1. Tübingen 1912.

May, Karl: Himmelsgedanken. Freiburg 1900.

Mayer, Karl: Gedichte. 3. Aufl. Stuttgart 1864.F

Meier, Emerenz: Gesammelte Werke. 2. Bd.: Gedichte – Briefe – Vermischtes. Hrsg. von Hans Göttler. Grafenau 1991.

Meyer, Conrad Ferdinand: Gedichte. Leipzig 1882.

Milow, Stephan: Gedichte. Stuttgart 1882.

Minckwitz, Johannes: Der neuhochdeutsche Parnaß. 1740 bis 1860. Eine Grundlage zum besseren Verständnis unserer Litteraturgeschichte in Biographien, Charakteristiken und Beispielen unserer vorzüglichsten Dichter. Leipzig 1861.

Morgenstern, Christian: Werke und Briefe. Bd. 1. Hrsg. von Martin Kießig. Stuttgart 1988.

Morgenthaler, Hans: Ich selbst. Gefühle. Zürich 1923.

Mörike, Eduard: Erzählungen und Gedichte. München und Zürich o. J.

Motte Fouqué, Friedrich Baron de la: Gedichte. Wien 1816.

Musäus, Johann Carl August: Volksmährchen der Deutschen. Hrsg. von Ludwig Klee. Leipzig 1842.

Ney, Carl Eduard: Lieder und Reimereien eines alten Grünrocks aus der Pfalz. Straßburg 1896.

Novalis: Schriften 2. Teil. Hrsg. von Ludwig Tieck und Friedrich Schlegel. 2. Aufl. Berlin 1905.

Pocci, Franz G.: Dichtungen. Schaffhausen 1843.

Raabe, Wilhelm: Die Innerste. In: Gesammelte Erzählungen. 3. Bd., 2. Aufl. Berlin 1902.

Raspe, Erich Rudolf (Hrsg.): Abenteuer und Reisen des Freiherrn von Münchhausen. Neu bearbeitet von Edmund Zoller. Stuttgart o. J. [ca. 1875].

Riehl, Wilhelm Heinrich: Die Naturgeschichte des Volkes als Grundlage einer deutschen Socialpolitik. Bd. 1. 3. Aufl. Stuttgart und Augsburg 1856.

Rosegger, Peter: Gesammelte Werke. Bd. 11. Leipzig 1914.

Roßmäßler, Emil Adolf: Der Wald. Leipzig und Heidelberg 1863.

Salisch, Karl Wilhelm Rudolph Heinrich von: Forstästhetik. Berlin 1885

Sallet, Friedrich von: Gedichte. 3. Aufl. Hamburg und Leipzig 1845.

Salus, Hugo: Die Harfe Gottes. Gedichte. Wien 1928.

Scheffel, Joseph Viktor von: Waldeinsamkeit. 4. Aufl. Stuttgart 1884.

Scheffel, Joseph Viktor von: Ekkehard. Eine Geschichte aus dem zehnten Jahrhundert. 3. Aufl. Berlin 1865.

Schenkendorf, Max von: Gedichte. Leipzig. o. J.

Scherer, Georg: Deutscher Dichterwald. Lyrische Anthologie. 6. Aufl. Stuttgart 1874.

Schiller, Friedrich: Sämtliche Gedichte und Balladen. Hrsg. von Georg Kurscheidt. Frankfurt a. M. und Leipzig 2004.

Schiller, Friedrich: Gedichte. Erster Theil. 2. Aufl. Leipzig 1804.

Schiller, Friedrich: Die Räuber. Studienausgabe. Hrsg. von Bodo Plachta. Stuttgart 2015

Schiller, Friedrich: Die Räuber. Ein Schauspiel. Frankfurt und Leipzig 1781.

Schlierbach, Max: Gedichte. Berlin 1872.

Schmid, Christoph von: Genofeva. Eine der schönsten und rührendsten Geschichten des Alterthums, neuerzählt für alle guten Menschen besonders für Mütter und Kinder. Augsburg 1810.

Schnezler: August: Gedichte. München 1833.

Schnizlein, Friedrich Christian Paul: Gedichte. Ansbach 1853.

Schöppner, Alexander (Hrsg.): Sagenbuch der Bayerischen Lande. Aus dem Munde des Volkes, der Chronik und der Dichter. Bd. 3. München 1853.

Scholz, Wilhelm von (Hrsg.): Von Wald und Welt. Gedichte und Erzählungen von Josef Freiherrn von Eichendorff. München und Leipzig 1909.

Schroeder, Julius von / Reuss, Carl: Die Beschädigung der Vegetation durch Rauch und die Oberharzer Hüttenrauchschäden. Berlin 1883. [Reprint: Olms Verlag Hildesheim 1986].

Schultze, Johann Carl Ludwig: Forstliche Berichte mit Kritik über die neueste forstliche Journal-Literatur. Neue Folge. 5. Jg. Nordhausen 1856.

Schumacher, August Heinrich: Gedichte. Leipzig 1864.

Seidel, Heinrich: Neues Glockenspiel. Gesammelte Gedichte. 2. Sammlung. Stuttgart 1900.

Seidel, Heinrich: Glockenspiel. Gesammelte Gedichte. Bd. 7. Leipzig 1897.

Stieler, Karl: Auf der Birsch. Jagdgeschichten. München 1895.

Stifter, Adalbert: Der Waldsteig. In: Studien von Adalbert Stifter. Bd. 3. 5. Aufl. Pesth [Budapest] 1863, S. 111–168.

Stifter, Adalbert: Der Hochwald. In: Iris. Taschenbuch für das Jahr 1842. 3. Jg. Pesth [Budapest] 1842, S. 268–413.

Stoecklin, Francisca: Die singende Muschel. Zürich 1925.

Stoecklin, Francisca: Gedichte. Bern 1920.F

Storm, Theodor: Waldwinkel. In: Werke in vier Bänden. Band 2. Köln 1998, S. 412–462.

Strümpel, Jan: Ich ging im Walde so für mich hin. Die schönsten Natur- und Tiergedichte. München 2021.

Tacitus, Cornelius: Germania. Hrsg. von Hartmut Froesch. Stuttgart 2012.

Tacitus, Cornelius: Annalen. Übers. von Walther Sontheimer. Stuttgart 2013.

Thoma, Ludwig: Die schönsten Erzählungen. Bd. 1.: Lausbubengeschichten und andere Erzählungen. Hrsg. von Richard Lemp. München 1999.

Thoreau, Henry David: Walden oder Leben in den Wäldern. Hamburg 2022. (korr. Neuauflage nach der Ausgabe Jena 1922).

Tieck, Ludwig: Gedichte. 2. Teil. Dresden 1821.

Tieck, Ludwig: Waldeinsamkeit. In: Ludwig Tieck: Gesammelte Novellen. Bd. 10. (Ludwig Tieck's Schriften Bd. 26). Berlin 1854, S. 473–567.

Tieck, Ludwig: Der blonde Ekbert. In: Volksmährchen. Hrsg. von Peter Leberecht [Ludwig Tieck]. Berlin 1798, S. 164–207.

Tschabuschnigg, Adolf Ritter von: Gedichte. 4. Aufl. Leipzig 1872.

Tschabuschnigg, Adolf Ritter von: Aus dem Zauberwalde. Romanzenbuch. Berlin 1856.

Uhland, Ludwig: Werke. Bd. 1. München 1980.

Uhland, Ludwig: Gedichte. Stuttgart und Tübingen 1815.

Vierling, Albert: Erinnerungen aus der Oberpfalz. Weiden 1878.

Virnberg, Georg (Hrsg.): Vom Reichtum der deutschen Seele. Ein Hausbuch deutscher Lyrik. Leipzig 1928.

Vischer, Friedrich Theodor: Lyrische Gänge. 4. Aufl. Stuttgart und Leipzig 1904.

Vischer, Friedrich Theodor: Aesthetik oder Wissenschaft des Schönen. Zum Gebrauch für Vorlesungen. Zweiter Theil: Die Lehre vom Schönen in einseitiger Existenz oder vom Naturschönen und der Phantasie. Reutlingen und Leipzig 1847.

Vogl, Johann Nepomuk: Lyrische Blätter. Wien 1836.

Vollmer, Hartmut (Hrsg.): Der Wald. Gedichte. Stuttgart 2008.

Wagner, Christian: Sonntagsgänge. Dritter Teil: Balladen und Blumenlieder. Stuttgart 1890.

Sekundärliteratur

Baumgart, Wolfgang: Der Wald in der deutschen Dichtung. (Stoff- und Motivgeschichte der deutschen Literatur. Bd. 15). Berlin u. Leipzig 1936.

Boetticher, Friedrich von: Malerwerke des neunzehnten Jahrhunderts. Beitrag zur Kunstgeschichte. Bde. 1–2. Dresden 1895.

Brednich, Rolf W. (Hrsg.): Erotische Lieder. Texte mit Noten und Begleit-Akkordeon. Frankfurt am Main 1979.

Brinker-Gabler, Gisela (Hrsg.: Deutsche Dichterinnen vom 16. Jahrhundert bis heute. Gedichte und Lebensläufe. Erweiterte und aktualisierte Neuaufl. München 2020.

Brinker-Gabler, Gisela / Ludwig, Karola / Wöffen, Angela (Hrsg.): Lexikon deutschsprachiger Schriftstellerinnen 1800–1945. München 1986.

Brümmer, Franz: Lexikon der deutschen Dichter und Prosaisten des 19. Jahrhunderts. Bde. 1–2. Leipzig 1880/1885.

Bundesministerium für Ernährung, Landwirtschaft und Verbraucherschutz (BMELV): Entdecken Sie unser Waldkulturerbe! Berlin 2011.

Deutschsprachige Autoren. 100 Porträts. Stuttgart 2004.

Ennulat, Gertrud: Wo die Waldfrau wirkt. Bilder und Märcheninterpretationen. Zürich und Düsseldorf 1996.

Fischer, Hubertus: „Draußen vom Walde…" der Wald im Spiegel der Literatur und der Geschichtsschreibung. In: Waldfacetten. Begegnungen mit dem Wald. Hrsg. vom Deutschen Forstverein 1998.

Frenzel, Herbert A. / Frenzel, Elisabeth: Daten deutscher Dichtung. Bde. 1–2. 33. Aufl. München 2001.

Freund, Winfried: Deutsche Märchen. Eine Einführung. München 1996.

Görner, Lutz (Hrsg.): Lyrik für alle. Eine kleine gesprochene Geschichte der Lyrik vom Barock bis heute. Teil 2. Weimar o. J.

Harrison, Robert T.: Wälder. Ursprung und Spiegel der Kultur. (Aus dem Amerikanischen von Martin Pfeiffer). München und Wien 1992.

Jansen, Michael: Un retour secret vers la fôret. Wald, Park und Natur in der französischen Literatur des 18. Jahrhunderts. (Abhandlungen zur Sprache und Literatur. Bd. 58). Bonn 1992.

Jung-Kaiser (Hrsg.): Der Wald als romantischer Topos. 5. Interdisziplinäres Symposion der Hochschule für Musik und Darstellende Kunst Frankfurt am Main 2007. Bern (u.a.) 2008.

Kohl, Johann G. / Küster, Hansjörg / Michal Sip: Wald Naturwald Urwald. Texte zum Wald. Oldenburg 2005.

Kreitmair, Karl: Der Baum in der deutschen Lyrik des 20. Jahrhunderts. In: Pädagogische Welt. Bd. 14. 1960, S. 436–445.

Küster, Hansjörg: Der Wald. Natur und Geschichte. München 2019.

Küster, Hansjörg: Geschichte des Waldes. Von der Urzeit bis zur Gegenwart. 3. Aufl. München 2013.

Küster, Hansjörg: Das ist Ökologie. Die biologischen Grundlagen unserer Existenz. München 2005.

Lehmann, Albrecht: Mythos Deutscher Wald. In: Der deutsche Wald. Der Bürger im Staat 51. Jg., H.1. Hrsg. von der Landeszentrale für politische Bildung Baden-Württemberg. 2001, S. 4–9.

Lehmann, Albrecht: Von Menschen und Bäumen. Die Deutschen und ihr Wald. Reinbek b. Hamburg 1999.

Lindemann, Klaus (Hrsg.): Deutscher Dichter Wald. Waldgedichte. Paderborn (u. a.) 1985.

Linse, Ulrich: Der Film „Ewiger Wald" – oder: Die Überwindung der Zeit durch den Raum. Eine filmische Umsetzung von Rosenbergs „Mythus des 20. Jahrhunderts. In: Formative Ästhetik im Nationalsozialismus. Intentionen. Medien und Praxisformen totalitärer ästhetischer Herreschaft und Beherrschung. Hrsg. von Ulrich Herrmann und Ulrich Nassen. (Zeitschrift für Pädagogik. 31. Beiheft). Weinheim und Basel 1993, S. 57–75.

Meyer, Ludwig: Niedersächsische Förster und ihre Familien. 3. Aufl. Hannover 2004.

Nehrhoff von Holderberg, Björn: Wild Guide Deutsche Wälder. Entdecke die 150 magischsten Wälder von der Küste bis zu den Alpen. Berlin 20122.

Nikel, Ulrike (Hrsg.): O schöner, grüner Wald. Der Wald in Literatur und Kunst. München 1983.

Ott, Thomas: Der Wald. Hamburg. 2021.

Pataky, Sophie: Lexikon deutscher Frauen der Feder. Band 1: A–L. Berlin 1898.

Propp, Vladimir: Die historischen Wurzeln des Zaubermärchens. München 1987.

Rölleke, Heinz: Alt wie der Wald. Reden und Aufsätze zu den Märchen der Brüder Grimm. (Schriftenreihe Literaturwissenschaft. Bd. 70). Trier 2006.

Schneider, Helmut J. (Hrsg.): Deutsche Landschaft. 1. Aufl. Frankfurt a. M. 1981.

Schoenichen, Walther: Urwaldwildnis in Deutschen Landen. Bilder vom Kampf des deutschen Menschen mit der Urlandschaft. Berlin 1934

Schroeder, Julius von / Reuss, Carl (Hrsg.): Hundert Jahre Waldsterben. Die Beschädigung der Vegetation durch Rauch und die Oberharzer Hüttenrauchschäden. Berlin 1883. [Reprint Hildesheim 1986].

Schubenz, Klara: Der Wald in der Literatur des 19. Jahrhunderts. Geschichte einer romantisch-realistischen Ressource. Konstanz 2020.

Simard, Suzanne: Die Weisheit der Wälder. Auf der Suche nach dem Mutterbaum. München 2022.

Spitzer, Manfred: Der Wald. Manfred Spitzer über die positive Wirkung von Natur auf die Psyche. „Gesünder, glücklicher, freundlicher." In: Chrismon. Das evangelische Magazin. August 2019.

Spitzer, Manfred: „Wer in den Wald geht, ist netter zu den Leuten." In: Chrismon. Das evangelische Magazin. Dezember 2018.

Stölb, Wilhelm: Waldästhetik. Über Forstwirtschaft, Naturschutz und die Menschenseele. Remagen-Oberwinter 2005.

Urmersbach, Viktoria: Im Wald da sind die Räuber. Eine Kulturgeschichte des Waldes. Berlin 2009.

Virnsberg, Georg (Hrsg.): Vom Reichtum der deutschen Seele. Ein Hausbuch deutscher Lyrik. Leipzig 1928.

Weyergraf, Bernd (Hrsg.): Waldungen. Die Deutschen und ihr Wald. Ausstellung der Akademie der Künste 1987. Berlin 1987.

Wohlleben, Peter: Gebrauchsanweisung für den Wald. München 2022.

Wohlleben, Peter: Das geheime Leben der Bäume. Was sie fühlen, wie sie kommunizieren – die Entdeckung einer verborgenen Welt. 7. Aufl. München 2020.

Zechner, Johannes: Der deutsche Wald. Eine Ideengeschichte zwischen Poesie und Ideologie1800–1945. Darmstadt 2016.

Im Internet

https://www.deutsche-digitale-bibliothek.de

https://www.deutschestextarchiv.de

https://www.digitale-sammlungen.de

Archive

Niedersächsisches Landesarchiv – Abteilung Wolfenbüttel: 39 H Slg Teil 1 (Personalien braunschweigischer Hof- und Staatsbediensteter).

Stadtarchiv Kerpen: Bestand Amt Kerpen, Nr. 4125 (darin: Gustav Heick).

Die Autoren

Dr. Annette von Boetticher

Freiberufliche Historikerin, Autorin, Herausgeberin und Lehr-
beauftragte; Studium der Geschichte, Anglistik, Historischen
Hilfswissenschaften und Philosophie in Göttingen; Promotion
mit einer Arbeit über die Wirtschaftsgeschichte des Zisterzien-
serordens im Mittelalter an der heutigen Leibniz Universität
Hannover. Forschungsschwerpunkte: Geschichte des Mittelalters, der Frühen Neuzeit und der niedersächsischen Landesge-
schichte sowie Leben und Werk des Universalgelehrten Gottfried
Wilhelm Leibniz; zahlreiche Veröffentlichungen zu den genannten Themen; weiterhin tätig als Trainerin für philosophische Ge-
sprächsführung an der Akademie für Philosophische Bildung
und Wertedialog (früher: Akademie Kinder philosophieren) in
München.

Dr. Georg Ruppelt

Autor, Herausgeber; Studium: Geschichte, Literaturwissenschaft; Dissertation „Schiller im nationalsozialistischen
Deutschland". Direktionsassistent und Abteilungsleiter an der
Staats- und Universitätsbibliothek Hamburg; Leitender Biblio-
theksdirektor an der Herzog August Bibliothek Wolfenbüttel
und der Gottfried Wilhelm Leibniz Bibliothek Hannover; seit
Nov. 2015 Pensionist.

Ehrungen: Bundesverdienstkreuz 2005; Cord-Borgentrick-Stein
des Heimatbundes Niedersachsen und der Landeshauptstadt
Hannover 2014; Theodor-Fuendeling-Plakette des Börsenver-
eins des Deutschen Buchhandels, Landesverband Nord 2015.

Vita und Publikationsverzeichnis: www.georgruppelt.de

Danksagung

Wir danken

der Braunschweiger Zeitung, Braunschweig;

den Niedersächsischen Landesforsten, Braunschweig;

dem Niedersächsisches Landesarchiv – Abteilung Wolfenbüttel;

dem Stadtarchiv Kerpen;

dem Stadtarchiv Nürnberg;

der Stadt Weiden i. d. OPf., Amt für Kultur, Stadtgeschichte und Tourismus;

Herrn Dr. Manfred von Boetticher, Hannover, für Fotos und die Unterstützung bei der Erstellung des Personenindexes;

Herrn Detlev Hellfaier M. A., Detmold, für die Klärung von Sachfragen;

Herrn Dr. Axel Kuhn, Christian-Wagner-Gesellschaft, Leonberg, für Informationen zu Christian Wagner;

Frau Karin Sturm, Gotha, für die Erteilung der Bildlizenz (S. 7).

Personenindex